अम्बर पाण्डेय का उपन्यास *मतलब हिन्दू* एक अनोखा उपन्यास। यह उपन्यास लिखे हुए शब्दों के भेष में बोले गये शब्दों में अपने नरेटिव की ऊँचाइयों को छू लेता है। मैंने इस रचनात्मक प्रयोग को हिन्दी फ़िक्शन में इतनी सुन्दरता और गहनता के साथ बरतते हुए आज तक नहीं देखा। महान चेक उपन्यासकार मिलान कुन्देरा का कहना है कि नॉवेल में अगर अस्तित्व के किसी छुपे हुए आयाम पर प्रकाश नहीं पड़ता, तो नॉवेल लिखना बेकार है। *मतलब हिन्दू* में तो लगभग हर पन्ने पर ऐसी रौशनी बिखरी हुई है जो हमारे काले और अन्धकार में छुपे हुए गुनाहों को बहुत बेरहमी के साथ रौशन कर देती है।

इस उपन्यास का केन्द्रीय चरित्र बचपन से लेकर आख़िर तक अपने अपराधबोध के तले दबा हुआ है और उसकी तमाम यात्रा उसके अकेलेपन, अवसाद और अपराधबोध के अलग-अलग पड़ाव के सिवा कुछ नहीं मगर अम्बर पाण्डेय ने इस भयानक और असहनीय दुख को जगह-जगह ब्लैक कॉमेडी के मुखौटे बनाकर हमारे लिए बर्दाश्त के क़ाबिल बना दिया है। इसके बावजूद यह उपन्यास अपने केन्द्रीय चरित्र की तरह एक मार खाये हुए गदहे से टकरा फिर उससे लिपटकर रोने पर भी हमें मजबूर करता है। नॉवेल का केन्द्रीय चरित्र नायक और खलनायक के बीच कहीं अपना स्पेस खोजता हुआ नज़र आता है और यही चीज़ इस उपन्यास को असाधारण रूप से बड़ा बनाती है।

मतलब हिन्दू का बयानिया बहुत घना है और इस घनेपन के रेशों को मानवीय संवेदनाओं और इन्सान के दुखों से बुना गया है, जहाँ अच्छाई-बुराई, नैतिकता, व्यभिचार, सुन्दरता और असुन्दरता सब की शक्लें कार्टूनों में बदलती हुई नज़र आती हैं। न सिर्फ़ इन्सान और इन्सानी रिश्ते बल्कि उनके चारों तरफ़ फैला हुआ संसार, खाने और खानों का बयान के साथ कामवासना के गुनहगार अँधेरे सब जैसे नॉवेल ही के एक किरदार बुआ का रूपक नज़र आते हैं जो नकटी होने की वजह से घटिया डॉक्टरों के पास नक़ली नाक लगवाने के लिए जगह-जगह भटककर दुख और ज़िल्लत उठा रही हैं। यह उपन्यास हमें बताता है कि हमारी सारी axiology (मूल्यशास्त्र) पहले ही से शायद नकटी है और नक़ली नाकें उस पर कभी भी पूरी तरह फिट नहीं बैठती हैं। ये सब एक भयानक रूप से हास्यास्पद भी है।

नॉवेल में महात्मा गांधी के किरदार की भी एक झलक है जिसके गहरे अर्थ नॉवेल के अन्त में नैतिक-अनैतिक की पहेलियाँ या फिर कशमकश के बीच में ही उजागर होते हैं। ज़ाहिर है कि नॉवेल का जो बुनियादी चरित्र है वह एक तरह से गांधी जी को अपना आदर्श मानकर भी नहीं मानता है और गांधी जी से कुछ सहमा हुआ-सा नज़र आता है। गांधी जी का चरित्र एक तरह से उपन्यास के बुनियादी चरित्र के लिए एक चैलेंज है जिससे वह जगह-जगह सहमा हुआ-सा भी नज़र आता है। उसको यह भी शक होता है कि कहीं गांधी जी भी तो व्यभिचार या फिर अनैतिकता के दोषी थे कि नहीं थे। गांधी जी के चरित्र और उपन्यास में समाये हुए इतिहासबोध ने अविश्वसनीय को जिस तरह विश्वसनीय बना दिया है, वह भी अम्बर पाण्डेय की क़लम का एक करिश्मा ही कहा जायेगा। नॉवेल में गांधी जी के रसोइए का किरदार भी इसी धर्म-अधर्म के बीच अपने पाठक से अपने हिस्से के सम्मान का तलबगार है। नॉवेल के अन्त पर पहुँचकर मुझे यह भी महसूस हुआ कि जैसे मैंने किसी यूनानी ट्रेजेडी को पढ़कर ख़त्म किया हो। मगर एक ऐसी ट्रेजेडी जो अपनी हास्यास्पदता की वजह से और भी ज़्यादा बड़ी बन गयी हो और यह काम आधुनिक समय में एक बड़ा नॉवेल ही कर सकता है। यह काम इस नॉवेल यानी *मतलब हिन्दू* के ज़रिये अपने अंजाम को पहुँचा।

–**ख़ालिद जावेद**, उपन्यासकार

नाटककार बनने और 'बारिस्टर' गांधी के सम्पर्क में आकर बेदोष जीवन जीने के इच्छुक एक युवक की आपबीती, जो इन दोनों इच्छाओं से दूर ही दूर होता चला जाता है। बिना किसी आत्म-ग्लानि, आत्म-दया या आत्म-छल के अपने इस होने को बारीकी से देखता हुआ। महात्मा बन जाने वाले गांधी के बरअक्स, सत्य से एक दूसरा ही साक्षात्कार कराती है उसकी यह आपबीती।

इसके बाद क्या करवट लेगी अम्बर पाण्डेय की 'हिन्दू त्रयी', शिद्दत से इन्तज़ार रहेगा।

विषय-वस्तु के मुताबिक़ गढ़ी गयी गुजराती-सम्पृक्त बोलचाल वाली खुरदरी भाषा का अपना अनोखा कलात्मक तेवर है, जो हिन्दी को और समृद्ध करता है।

–**गीतांजलिश्री**, उपन्यासकार

"मुसाफ़िरी के दस्तावेज़ बरोबर किये, काग़ज़-पत्तर जमाये, रसद बाँधी और कुवा, फुदु, रामदीन और हुआंग महाराज के संग मैं विक्टोरिया हार्बर शंघाई जाने वास्ते सन् 1901 की जनवरी के आख़री इतवार को उषाकाल साढ़े पाँच बजे निकला। चलती रिक्शा तलक में चैन न था, अगर सुन चुंग शान की उदूली करूँ भी तो वह कौन मेरे मुल्क की रानी विक्टोरिया है..."

इस अद्भुत उपन्यास में एक बीते हुए समय की कहानी अनोखी गुजराती-मालवी-मराठी हिन्दी में लिखी गयी है जिसमें युवा बैरिस्टर गांधी की उपस्थिति शुरू और अन्त में ही नहीं, एक नैतिक कसौटी की तरह बीच-बीच में भी चली आती है। कथा का विस्तार बम्बई से पानी के जहाज़ पर यात्रा करते हुए हांगकांग तक फैला है। चीनी राजशाही को ख़त्म करने की लड़ाई करने वाले सुन यात-सेन भी कथा में हैं। कहानी का नायक गोवर्धनदास दवे का ब्राह्मणत्व और हिन्दूपन—कहाँ-से-कहाँ की यात्रा कर लौटता है। एक रोलरकोस्टर की यात्रा से कम नहीं है उपन्यास। मनुष्य की शारीरिक वासना की बेबाक यात्रा भी है। रस-रूप-गन्ध-स्पर्श का ऐसा वर्णन कि पाठक खुद को सौ साल पहले के हांगकांग की गलियों से गुज़रता पाये।

गोवर्धनदास के माने हुए संस्कार लगातार दरवाज़े पर बैठ कुत्ते की तरह भौंकते हैं पर उनसे बेपरवाह वह जीने के रास्ते निकालता, हर नियम की उदूली करता है। ऐसा करते हुए खुद को विपद्धर्म या आपातकालीन धर्मपालन की तसल्ली भी देता है। अपने नीचे गिरने का अहसास लगातार उसे कोंचता है। वह अन्ततः गांधी से आँख नहीं मिलाता। सवाल यही है कि शुद्धतावादी धर्म क्या सिर्फ़ घरघुस्सू कुएँ के मेढकों की ही ख़यालनवीसी है?

बम्बई में कास्ट आयरन की इमारत में रहते दवे परिवार का रोज़मर्रा का खान-पान, चाय की नयी पाली हुई लत, ढिबरी का प्रकाश ऐसे जगमगाता है कि लगता है यह किसी डेढ़ सौ साल की उम्र के लेखक का आँखों-देखा वर्णन है और सौ साल पुरानी भाषा में ही लिखा गया है। गोवर्धन की बुआ प्लेग में अपनी नाक गँवा कर नकटी हो जाती है। डॉक्टर से नक़ली नाक लगाने की कथा पिछली शताब्दी के जीवन में विज्ञान की घुसपैठ की भी कथा है। यथार्थ और स्वप्न के घालमेल-सी कथा में चीनी मुनीम से बेतरह पीटे जाने पर वैसी ही नियति को झेलते गधे के गले लगकर गोवर्धनदास का रोना पाठक को समय-स्थान-क्रोनोटोप—के परे के अनुभव में ले जाता है।

—**अलका सरावगी**, उपन्यासकार

वो जो गांधी न हुए : जिन्हें युग-पुरुष कहते हैं, अपनी कई मद्धिम परछाइयाँ वैसे ही पैदा करते हैं अपने काल-खण्ड में और उसके बाद भी, जैसे कोई कालजयी रचना महान होते-होते रह गयीं कई माइनर कृतियाँ। शहीद वे ही नहीं होते जो किसी महान उद्देश्य के लिए जान की बाज़ी ही लगा देते हैं, शहीद उन्हें भी मानना चाहिए जिन्होंने महान होने का स्वप्न तो देखा, पर कई तरह की परिस्थितियों-मनःस्थितियों के दबाव में "आये थे हरिभजन को ओटन लगे कपास!" यशपाल के 'अख़बार में नाम' का नायक हो या 'डेथ ऑफ़ अ सेल्समैन' का, त्रास तो भोगता ही है, भले ही वह त्रासदी-नायक के उन पारम्परिक मानदण्डों पर खरा न उतर पाये जिनके अनुसार 'फॉल प्रीसपोजेस ए हाइट', त्रासदी नायक सम्राट या लार्ड ही हो सकते हैं, जिनके पास खोने को कुछ है ही नहीं, खोयेंगे क्या, "ही दैट इस डाउन नीड्स फियर नो फॉल।"

इस उपन्यास का नायक संस्कारी ब्राह्मण घर का एक पढ़ाकू किशोर है, लेखक बनना चाहता है, पड़ोस में रह रहे बैरिस्टर गांधी से प्रभावित है, उनके रास्ते पर चलना चाहता है, पर नेकनीयती से उसके नर्क का रास्ता भी पटा जान पड़ता है। इस उपन्यास की जान उसके जीवन्त स्त्री-किरदार हैं—माँ, बुआ और फुफेरी बहन तो हैं ही, उनके अलावा भी जिन सबके प्रति उसका शारीरिक रुझान बनता है—भोली-भाली किशोरी जो पत्नी बनकर कम उम्र में ही उसके परेशानहाल पर दिलचस्प परिवार में आ जाती है, और (इस पत्नी की असामयिक मृत्यु के बाद) चाहते-न-चाहते उससे दैहिक सामीप्य बना लेने वाली धोबिन और फुफेरी बहन की जापानी सौत जो उसे हांगकांग में मिलती है। इन सबके ऊपर है तेजस्विनी लीला जो अभी उसकी अंकशायिनी नहीं पर जिसके प्रति उसका आकर्षण सबसे घना है। जिसे मैथ्यू अर्नोल्ड ने 'मोमेंट एंड मिल्यू' का संघात कहा था, उसे मंचित करने में यहाँ बड़ी भूमिका निभाई है लेखक की गुजराती हिन्दी की अद्‌भुत त्वरा ने!

—**अनामिका,** उपन्यासकार

असाधारण (गांधी) में साधारण और साधारण (अन्य चरित्र) में असाधारण का ऐसी हिन्दी में प्रकटन जिसमें गुजराती मन का बसेरा है, निराला उपन्यास!

—**उदयन वाजपेयी,** उपन्यासकार

इस उपन्यास के चरितनायक की जीवनचर्या, ग़ैरइरादतन और अयोजित ढंग से गांधी जैसे युगपुरुष की महानता के विलोम के बतौर आकार लेती है और ऐसा होने के पीछे वह उद्दाम 'लाइफ़ फ़ोर्स' है जो मनुष्य की तीव्र कामनाओं, लालसाओं, कमज़ोरियों और आवेग का नियन्त्रण अपने हाथों में लेते हुए जीवन की सम्भावनाओं को अलग-अलग किनारों पर फेंक देता है। गांधी यहाँ पार्श्व में हैं और उनके 'महात्मा' में विकास के व्युत्क्रमानुपाती, उनके क्षीण सम्पर्क में आये गोवर्द्धनलाल दवे का चरित्र एक असमतल, ऊबड़-खाबड़, अपूर्वानुमेय ग्राफ़ की ओर जाता है। यह एक समय-विशेष को उसी समय की गद्यभाषा में मूर्त करने की दुर्लभ और साहसिक हिकमत है और इसमें उपन्यासकार ने रोमांचकारी, अविश्वसनीय कौशल दिखाया है। अतिप्रचलित, अतिस्वीकृत और अतिप्रशंसित सरणियों में मगन-मन रमण करने वाले हिन्दी के औपन्यासिक परिदृश्य में अम्बर पाण्डेय का यह उपन्यास एक विचलनकारी हस्तक्षेप है जो हमारी पढ़त में एक सर्वथा भिन्न, नवीन और मूल्यवान अनुभव जोड़ता है। यह इतिहास की पृष्ठभूमि में एक सामान्य मनुष्य के भले-बुरे, घटना संकुल, बनते और भहरते हुए जीवन की अन्तहीन और लगातार वर्तमान गाथा है जो हमारे मूल्य निर्णय की माँग नहीं करती, हमारी समझ में कुछ नया जोड़ती है।

—**आशुतोष दुबे,** कवि

उपन्यास विधा को यदि पुनःपरिभाषित की ज़रूरत हो तो अम्बर पाण्डेय की नवीनतम कृति *मतलब हिन्दू* ली जा सकती है। कथा उस काल की है जब गांधी जी महात्मा नहीं बैरिस्टर थे, मुम्बई में। किशोर आयु गोवर्द्धन दवे उनसे प्रभावित, उनका पीछा करते-करते उनका परिचित बन जाता है। कालान्तर में वह पानी के जहाज़ पर मुनीम बन जाता है और कई बन्दरगाहों पर तीते मीठे तजुर्बे बटोरता है। चीनी तस्करों के प्रपंच और अंग्रेज़ हाकिमों की हेकड़ी से छूट कर किसी तरह वह स्वदेश पहुँचता है। तब तक गांधी जी भी दक्षिण अफ्रीका से वापस मुम्बई आ गये हैं किन्तु नायक के पास संवाद का मनोबल क्षीण है। पुस्तक में बीसवीं सदी के आरम्भ की काठियावाड़ी गुजराती, हिन्दी और चीनी शब्दों का सम्मिश्रण इसे विशिष्ट बनाता है। सम्भोग से समाधि तक के अनुभव जताता बताता *मतलब हिन्दू* कथा जगत में एक अभिनव प्रयोग है।

—**ममता कालिया,** उपन्यासकार

मतलब हिन्दू

'हिन्दू त्रयी' का पहला भाग

अम्बर पाण्डेय

वाणी प्रकाशन

प्रकाशन के उत्कृष्टतम 62 वर्ष

vaniprakashan.com

सजिल्द प्रथम संस्करण : 2025

वाणी प्रकाशन
4695, 21-ए, दरियागंज, नयी दिल्ली-110 002
फ़ोन : +91 11 23273167, 23275710

शाखाएँ

अशोक राजपथ, पटना-800 004, बिहार
कॉफ़ी हाउस कैम्पस, महात्मा गांधी मार्ग, प्रयागराज-211 001, उत्तर प्रदेश
महात्मा गांधी अन्तरराष्ट्रीय हिन्दी विश्वविद्यालय, वर्धा-442 001, महाराष्ट्र

sales@vaniprakashan.in
vaniprakashan@gmail.com

Matlab Hindu
by Amber Pandey

ISBN : 978-93-6287-851-9
Novel

मूल्य : ₹ 650

आर. टेक ऑफ़सेट प्रिंटर्स, दिल्ली-110 032 में मुद्रित

वाणी प्रकाशन का लोगो मक़बूल फ़िदा हुसैन की कूची से

मेरे पिता श्री शिवदत्त पाण्डेय को समर्पित
जिनके सहयोग के बिना मैं उपन्यासकार
कभी न बन पाता।

"Let me fall if i must fall.
The one i will become will catch me."

—Baal Shem Tov

कास्ट आयरन की इमारत

उस अस्वच्छ और मोटे ब्राह्मण को काठियावाड़ी बारिस्टर ने भोजन बनाने के काम पर रख लिया।

"शिव-शिव कैसा मैला पण्डित है," पड़ोसन सावित्रीताई ने उसे देखकर कहा।

"भाण्डे धोने के लिए महरी कौन है?" रसोइये महाराज ने पूछा और झाँककर भीतर देखने लगा।

"बाप रे, इसे चौके में घुसायेगा यह बारिस्टर," सावित्रीताई ने दूर से महाराज की बात सुनकर माँ से कहा।

"मैं भाण्डे मसने का काज न करूँगा" महाराज बोला और हथेली पर तम्बाकू मसलने लगा।

काठियावाड़ी बारिस्टर ने उत्तर दिया, "भाण्डे धोना मेरा दायित्व रहा।"

महाराज ने बारिस्टर को ऐसे देखा जैसे किसी बावले को देखता हो, पगार दे भी पायेगा! सोचा। भाण्डे ख़ुद मसेगा बारिस्टर होकर! जागते ही जलपान, फिर कलेवा, चार बजे शाम चाय और रात को ब्यालू और मासिक पगार (सुन नहीं सका कितनी पगार तय हुई) और दीवाली पर दो धोती दी जायेगी।

महाराज जाड़े में कम्बल लेने पर अड़ा।

"बम्बई में कम्बल की क्या दरकार, बारहों मास तो उमस रहती है?"

"ओढ़ूँ नहीं तो सो नहीं पाता। कम्बल दो तो रुकूँ, नहीं तो चलूँ।"

"दोहर दूँगा," बारिस्टर ने कहा।

"ठीक है, हमारे भाग्य का मारकर आप नगरसेठ बनकर बैठिए," महाराज ने कहा।

मुझे लगा, काम नहीं करेगा मगर कहकर वह भीतर घुस गया। उसके बाद से काठियावाड़ी बारिस्टर और महाराज की झकझक और ठहाके नित्य सुनाई पड़ने लगे।

परीक्षा पास करना मेरे लिए बायें हाथ का खेल था किन्तु मैं नाटक कम्पनी में आजीविका करूँगा, ऐसा मन ही मन निश्चय कर लिया था हालाँकि घर में किसी को बताया नहीं था। मेरे विद्यालय कॉन्वेंट ऑफ़ जीजस अंड मेरी से लौटते समय मैं देर तक डेविड ससून वाचनालय में बैठकर ग्रीक नाटकों के अंग्रेज़ी उल्थे पढ़ा करता था किन्तु शेक्सपियर पढ़ना कठिन गुज़रता। रात को काठियावाड़ी बारिस्टर और उनके रसोइये महाराज की जासूसी करता था। मैंने निश्चय किया था कि मेरा पहला नाटक मालिक और नौकर के सम्बन्धों पर होगा।

बारिस्टर का नाम श्रीमान मोहनदास करमचन्द गांधी था और रसोइये महाराज को बारिस्टर गांधी रविशंकर महाराज या कभी केवल पण्डित जी कहकर बुलाते थे। वह दोनों हमारी इमारत में ही दूसरे माले पर निवास करते थे। उनकी रसोई में छज्जे की तरफ़ कोई खिड़की न थी, केवल ऊपर बड़े-बड़े आड़े रोशनदान थे। बड़ी खिड़की परली ओर थी। इमारत कास्ट आयरन की थी जैसी वॉटसन हॉटेल की इमारत है, इसलिए जिस लोहे के जंगले पर इमारत बनी थी, उसके खम्भों पर मैं जब जी चाहे चढ़कर बारिस्टर गांधी के घर का नज़ारा करता था। नज़ारे को वैसे धरा भी क्या था। कभी जौ की लपसी बनते देखो तो कभी बारिस्टर को भाण्डे धोते। ऐसे तो नाटक की कथावस्तु मिलने से रही, यह सोचकर मैंने बारिस्टर और महाराज का जब वे बाहर जायें तब उनका पीछा करने की ठानी।

एक दिन रसोई की दशा अत्यन्त अस्त-व्यस्त थी और बारिस्टर गांधी सिगड़ी से भाण्डे धोने के लिए राख निकालते हुए महाराज पर बड़बड़ा रहे थे, "तुम्हें रोज़ी पर रखने से पहले ही सफ़ाई रखने की शर्त बदी थी और अब देखो रसोई का हाल! ख्वाह तुम हो कि मैं, घर स्वच्छ न रहे तो आदमी आदमी नहीं। तुम्हारी धोती पर दूध गिरे कितने रोज़ हुए, तुम्हें धोने का ध्यान नहीं। दूध हम लेते नहीं फिर क्या गिरा है, यह भी ठीक-ठीक पता नहीं। ऐसे काम करना है तो पगार लो और किसी कारोबारी भोजनालय में रोज़ी ढूँढ़ो।"

किसी रसोइये को इतने निकट से देखने का यह मेरा पहला अनुभव था। वह इतना अस्वच्छ नहीं था जितना लगता था। वह शुद्धता में विश्वास रखता था स्वच्छता में नहीं। शुद्धता है क्या, शायद महाराज को पता भी नहीं था किन्तु बारिस्टर को यह निश्चय ही पता था कि स्वच्छता क्या है, इसलिए बारिस्टर के विचार की उस समय तो महाराज की अवधारणा पर विजय हुई। आगे चलकर इन दोनों के जीवन में शुद्धता स्वच्छता को दबाकर उभर आयेगी, ऐसा दोनों को देखकर पता लगता था।

शुद्धता बारिस्टर के धुले हुए किन्तु बिना इस्तरी किये हुए कपड़ों और साफ़ टोपी-जूतों में दिखाई भी देती थी। महाराज की शुद्धता जैसे केवल शुद्धता के विचार में थी और जीवन में छुपी हुई थी। शुद्धता कोई आध्यात्मिक विचार है और स्वच्छता पाश्चात्य, भौतिकतावादी विचार यह कहना सरलीकृत और असत्य है। शुद्धता भी आधिभौतिक ही होती है जैसे निर्धनता आधिभौतिक होती है। गोलमटोल महाराज और दुबले बारिस्टर का शरीर शुद्ध था। शरीर स्वभाव से ही शुद्ध रहता है, स्वच्छ इसे करना पड़ता है। यदि शरीर को साफ़ किये बिना ऐसे ही छोड़ दें तब भी यह शुद्ध रह सकता है जैसे पक्षियों और बिल्लियों के शरीर।

"आदमी की आत्मा शुद्ध होनी चाहिए। बर्तन-भाडे, धोती-गमछा, चूल्हा-चौका चाहे कैसा रहे," महाराज ने कहा और सिगड़ी में कोयले जमाने लगा।

बारिस्टर गांधी परात रगड़ते हुए बोले, "बाहर गन्दीवाड़ा हो तो अन्दर शुद्धता नहीं हो सकती। मैंने सुबह उठते ही पूरे घर में पोंछा मारा और अब देखो तुमने लौकी के छिलके यहीं पटक दिये। नमक कूटा तो आधा यहीं फैला दिया। तुम्हें नमक के मोल का अन्दाज़ा है! एक दिन आयेगा जब लोगों को नमक मिलना मुहाल होगा।"

महाराज का थुलथुल पेट पहले धीरे-धीरे डोला और फिर उसका अट्टहास सुनाई पड़ा, "नमक की हिन्दुस्तान में क्या कमी! समुद्र में नमक ही नमक है। कोई खेती करनी पड़ती है क्या नमक की।"

"तुम अस्वच्छ ही नहीं, फ़िज़ूलख़र्च और बदतमीज़ भी हो," कहकर बारिस्टर गांधी ग़ुस्से में परात ज़ोर-ज़ोर से रगड़ने लगे।

"इतना घिसेंगे तो परात में छेद हो जायेगा," महाराज ने कहा और बारिस्टर गांधी के हाथ से परात ले ली और उसे बिना पोंछे एक पीपे से उसमें आटा उलटने लगा।

"महाराज, तुमसे मैंने कल रात ही कह दिया था कि आज भोजन में मैं पालक डालकर पौरिज खाऊँगा," अब बारिस्टर लोटा रगड़ रहे थे।

"बारिस्टर साहेब, मैं रोज़-रोज़ आटे का घोल खाकर नहीं जी सकता। उसमें भी पालक के डण्ठल ही डण्ठल। आपने रोज़ी पर रखते टेम कहा था कि जागते ही जलपान, कलेवा, ब्यालू और चाय मिलेगी। चाय का यहाँ मुँह देखने तक नहीं मिलता।" परात पटककर महाराज उठा और अपने खड़ाऊँ पहनकर खटखट करता नीचे उतरकर कहीं चला गया।

बारिस्टर गांधी ने शान्ति से जई का आटा एक टीन के डिब्बे से निकाला और उसमें डण्ठल सहित पालक के बड़े-बड़े टुकड़े डालकर सिगड़ी पर उसे चढ़ा दिया। वह खदकता रहा तब तक बारिस्टर तैयार हो गये।

उस दिन ईसाइयों का कोई जलसा था, अदालतें बन्द थीं, बारिस्टर कहाँ जायेंगे? जब तक बारिस्टर गांधी जई की लपसी खा रहे थे, मैं उनका पीछा करने के लिए तैयार होने चला गया। मैंने धूप में अपना बरसाती कोट पहन लिया और छाता ले लिया ताकि कोई मुझे पहचान न सके। माँ ने ज़रूर जाते बखत टोक दिया, "इतनी घाम में बरसाती क्यों पहन ली? तेरा माथा तो बरोबर है!" मैं पलटा तो पिताजी के हजामत के दर्पण में अपनी परछाईं मुझे दिखाई पड़ी। गोल फ्रेम की ऐनक में चमकती मेरी आँखें दिखाई दे रही थीं। मेरी वय सोलह थी और मुझे ऐनक लगाते कुछ समय ही हुआ था। डॉक्टर ने मोटे काँच की ऐनक पर्चे पर लिखी थी। अब तो बिना ऐनक लगाये मेरा जगत् सहसा विलीन हो जाता था। ऐनक बनवाना उन दिनों बहुत महँगा काम था और कई-कई बार दुकान पर जाना पड़ता था। तब कहीं बमुश्किल सही ऐनक बन पाती थी। किसी काँच से माथा दर्द करता तो किसी से संसार डोलता दिखता तो कई ऐनकों से ऊँचे-नीचे की पहचान चली जाती और लोग ज़ीनों से फिसलकर हड्डी तुड़वा बैठते। पन्द्रह से बीस रुपये देकर ऐनक मिलती उसे लगाकर भी दृष्टि की खोट बनी रहती थी।

"मुझे पूरा विश्वास है आज वर्षा होगी।" मैंने माँ को बताया और बिना उनका उत्तर सुने सीढ़ियों की तरफ़ दौड़ा।

"बरसाती बूट तो भूल ही गये, गोवर्द्धन !" मेरी फुफेरी बहन कुमुद पीछे से ठहाका मारते हुए चिल्लायी, उसके हाथों में बूट थे।

बारिस्टर गांधी बहुत तेज़ चलते थे। वह सीढ़ियाँ उतरकर पाँयपथ पर आ चुके थे और फटाफट चले जा रहे थे। गिरगाँव से झवेरी बाज़ार सवा दो मील का रास्ता है, वह बारिस्टर ने आधे घण्टे में पूरा कर लिया। बरसाती और छाते में चलते हुए लोग मुझे ऐसे देख रहे थे जैसे पागलख़ाने से फ़रार आदमी को देख रहे हों। अन्तर बस इतना था कि पागल आदमी का दोष नहीं होता और मेरा दोष ही दोष था। क्या इस प्रकार किसी भलेमानुष का पीछा करने का मुझे अधिकार था? क्या नाटककार होने के नाते मैं चाहे जो करने के लिए स्वतन्त्र था? सोचते हुए शिखा से पाँव के नख तक स्वेद से भीगा मैं बारिस्टर गांधी के पीछे भीड़ में दौड़ा जा रहा था।

झवेरी बाज़ार में रेवाशंकर जनजीवनराम झवेरी की पेढ़ी पर बारिस्टर गांधी रुके और एक नौकर से कुछ देर रास्ते पर ही बात करते रहे जो भीड़-भाड़ में सुनना मुश्किल था। फिर पेढ़ी के आगे रखे पत्थर का आश्रय लेकर वे पेढ़ी की ओर बढ़े। थड़े पर चढ़कर बारिस्टर गादी के आगे बैठ गये। गादी पर एक सुकड़ा पुरुष चौकी पर मुँह झुकाये क़लम से कुछ लिख रहा था। बिना इस्तरी का पुरातन कुर्ता और

सिकुड़ी धोती पहने वह पेढ़ी का मुनीम मालूम देता था। गादी पर सफ़ेद झक चाँदनी बिछी हुई थी और गावतकियों पर धुले, साफ़ खोल चढ़े हुए थे। वहीं उस मुनीम के निकट हीरों से जड़ी एक लड़ पड़ी थी जिससे पूरी दुकान रौशन हो रही थी।

"बारिस्टर, कहाँ रहे इतने दिनों?" मुनीम ने मुँह उठाकर बारिस्टर को देखते हुए कहा।

क्षण के शतांश उनका दर्शन हुआ और फिर उन्होंने मुँह बही पर झुका लिया। इतने में ही मैं जान गया वह मुनीम नहीं, पेढ़ी का सेठ नहीं किन्तु कोई ऐसा पुरुष है जिसे पेढ़ी के सेठ की तो क्या ब्रितानी सरकार की भी चिन्ता न हो। उनके नेत्र की ज्योति से जगत् झिलमिलाता प्रतीत हुआ। गाल धँसे हुए थे, माथे से कोई प्रकाश भी नहीं फूट रहा था परन्तु उन्हें देखकर मुझे कुछ ऐसा लगा जैसे पुष्टिमार्गियों की हवेली में किसी उत्सव के मध्य खड़ा हूँ। वहाँ सब कुछ सफ़ेद होने पर भी ऐसा लगता था जैसे गेंदे की मालाएँ बाँधकर किसी ने घी के दीये जला दिये हों।

"दिन में कचहरी जाता हूँ और साँझ रसोइये से माथा-पच्ची करने में ख़राब होती रही, इसलिए आ नहीं सका रायचन्दभाई," बारिस्टर ने जवाब दिया, तो इस पुरुष का नाम श्रीमान रायचन्दभाई है, मैं जान गया। निकट पड़ी पोटली उस पुरुष ने चौकी पर उलटी और पानीदार मोतियों की ढेरी वहाँ लग गयी। उसमें से दो-एक मोती बीन-बीनकर रायचन्दभाई बाहर नाली में फेंकने लगे। बारिस्टर ने चकित होकर रायचन्दभाई की यह लीला देखी।

रायचन्दभाई मुस्कुराये, "वह नक़ली मुक्ताएँ हैं काँच काट-काटकर बनायी हुई," कहकर उन्होंने मुट्ठी भर मोती बारिस्टर गांधी की हथेली पर रख दिये, "यह टंच माल है बसरे का।"

बारिस्टर गांधी ने पुनः मोती वहीं चौकी पर पटक दिये उनकी मोती माणिक में अधिक रुचि न थी। एक पर्ची पर रायचन्द भाई ने कुछ लिखा, मोती पोटली में बन्द किये और लाख की मुहर लगाकर पोटली का मुँह बन्द कर दिया। पर्ची पोटली से बाँधकर उसे थोड़ी दूर बैठे एक बूढ़े की ओर फेंका। वह बूढ़ा वहाँ मुनीमी करता होगा, उसके साथ और भी तीन-चार मुनीम बैठे थे। देश-देशान्तर तक फैला व्यापार लगता था।

इतने में एक तरुण किन्तु मोटा व्यापारी लाल मख़मल की थैली पकड़े दौड़ता आया। मेदस्वी काया और तंग मोहरी के पायजामे में दौड़ने में उसे बहुत यत्न करना पड़ा था, इसलिए चौकी पर थैली रखकर दुकान के काष्ठ-स्तम्भ से टिककर हाँफने लगा। उसे अँगुलियों में ढेरों रत्नजड़ित अँगूठियाँ पहने देख मैं समझ गया कि वह

जवाहरों का दलाल है। रायचन्दभाई ने क्षमा माँगती दृष्टि से बारिस्टर गांधी की ओर देखा और थैली में से एक माचिस की डिब्बी बरोबर पन्ना निकाला, "बहुत महार्घ मरकतमणि है।" उन्होंने कहा।

जवाहरों के दलाल ने तुरन्त कान उनकी ओर किये और पूछा, "क्या है?" रायचन्द जी ने पर्ची पर कुछ लिखकर जवाहरों के दलाल को पकड़ाया। उसकी पुतलियाँ अचम्भे से फैल गयीं। वह मुनीम के पास गया और पर्ची मुनीम को दे दी। मुनीम ने पर्ची उनके पीछे बैठे एक रोकड़िये को दी। उस रोकड़िये ने गिनकर रोकड़ का मोटा ढेर जवाहरों के दलाल को पकड़ा दिया। दलाल जाते-जाते पेढ़ी पर काम करते एक एक-सदस्य को झुक-झुककर नमस्कार करके लौट गया।

बही लपेटकर रायचन्दभाई ने किनारे रखी और बारिस्टर गांधी के सम्मुख होकर बैठ गये। फिर किंचित् सोचकर एक ग्रन्थ चौकी के नीचे से निकाला जिस पर बड़े-बड़े लाल अक्षरों में लिखा था—'उपासक दशांग सूत्र'।

"इतना गम्भीर ग्रन्थ पढ़ने की अभी मेरी तैयारी नहीं। इससे पहले बुद्धि को शान्त रखना मुझे सीखना है। बारिस्टरी में आमदनी का टोटा है। भाइयों से रुपया माँगते अब लाज आती है। उस पर हमारा मोढ़बनिया समाज मेरे विदेश जाने के पाप पर रोज़-रोज़ नये हुकम और जुर्माने निकाल रहा है।" बारिस्टर गांधी भरे बैठे थे, दु:ख-भरी आपबीती कहते गये।

"बस इतना ही कि कुछ और भी?" रायचन्दभाई ने पूछा।

"जैसे नयी वधू के बक्से में चूहा छुपकर बैठ जाता है और दिन-रात उसके जोड़े कुतरता रहता है, उसी तरह काम-पिपासा मेरी बुद्धि को खाती रहती है। पत्नी का ध्यान बुद्धि से जाता नहीं। कैसे रहती होगी? कहाँ जाती होगी? किससे मिलती होगी?" बारिस्टर ने कहा।

उन दिनों सोलह-सत्रह की मेरी वय थी और मैं काम-पिपासा क्या होती है यह जानने लगा था। जठराग्नि की भाँति मुझे भी काम-पिपासा भी व्याकुल किये रहती थी, इसलिए बारिस्टर का भाव समझते मुझे देर न लगी।

"कामना है या पत्नी पर सन्देह?" रायचन्दभाई ने पूछा।

"क्या उसे भी मेरी तरह इच्छाएँ न होती होंगी!" बारिस्टर गांधी ने कहा।

बारिस्टर गांधी का मुख मैं देख नहीं पा रहा था। उनका बायाँ हाथ आकाश में उठा हुआ था और झंझावात में फड़फड़ाती ध्वजा-सा वह हाथ व्याकुल था और उनके अडोल शरीर में स्थित मनोदशा का परिचय उससे मुझे भली-भाँति हो गया।

चार बजने को आये थे, धूप मुक्तावली की प्रभा जैसी कोमल पड़ गयी थी।

साइकिल की घण्टियों के बीच, भीड़ के कोलाहल, दूर रेलगाड़ियों की छुकछुक, रिक्शावालों की तेज़ श्वासों के फुफकारों, कोचवानों की हाँक और घोड़ागाड़ी की लय, दुकानदारों की झिकझिक और पुकारों के बीच जीवन में मुझे प्रथम बार यह अनुभव हुआ था कि संसार का सूत्र कितना कच्चा और कमज़ोर है। उसे इच्छा कहते हैं। इच्छा के कारण हम कितने दु:ख उठाते हैं और उसके पूरे हो जाने पर कितनी कम देर के लिए हमें शान्ति प्राप्त होती है–घण्टे भर, दिन भर या सप्ताह भर की शान्ति।

भरे हृदय से मैं घर की ओर चला। रुपया मेरे पास नहीं था, इसलिए पैदल चलना ही एकमात्र उपाय था। टाँगों का निचला भाग कस गया था और अभ्यास न होने के कारण यों दुख रहा था जैसे हड्डियाँ टूट जायेंगी। रह-रहकर अपने भविष्य का विचार आने लगा। क्या मेरा भविष्य भी बारिस्टर गांधी की तरह दो कमरों के घर में अकेले भाण्डे धोते बीतेगा। नारी और रोकड़ का टोटा जीवन खायेगा। महाराज का मुँह जागते ही देखना होगा और दिन रोटी-पानी की व्यवस्था करते खपेगा। वयस्क होने का रोमांच और उसकी यन्त्रणा का एक साथ मैंने बारिस्टर गांधी और रायचन्दभाई की बातचीत में साक्षात्कार कर लिया था। पैरों की वेदना और तीव्र प्यास से अधिक जिसने मुझे श्रान्त कर दिया था, उसके लिए इतने वर्षों बाद आज तक मैं शब्द नहीं ढूँढ़ पाया। सम्भवतया वह मेरे अनुभव की महानता और मेरे अस्तित्व की क्षुद्रता के बीच की दूरी ही थी।

घर पहुँचते-पहुँचते बत्तियाँ जल गयी थीं, हालाँकि अस्ताचल में क्षीण ज्योति अब भी शेष थी। जाते समय बरसाती और छाते को लेकर मैं कितना संकोच अनुभव कर रहा था और लौटते समय इसका ध्यान तब आया जब घर पहुँचकर मैंने बरसाती उतारी और पसीने से एकदम गीली बण्डी को ठण्डी हवा लगी। इस समय कुमुद अपनी सहेली के घर कढ़ाई करने जाती थी। रविशंकर महाराज द्वार पर खड़ा होकर बीड़ी फूँक रहा था।

"अपने ठिकाने जाकर फूँको बीड़ी, यहाँ नहीं। दरवाजे पर क्यों खड़े हो!" रौब जमाने की मंशा से मैंने कहा। उसने जल्दी से एक गहरा और लम्बा कश भरा और बीड़ी नीचे फेंक दी।

"बहुत भीग गया है, तुझे भी थोड़ी चाय पिलाती हूँ।" माँ हँसी। बरसाती और छाता लेकर बम्बई की गलियों में दिसम्बर के महीने में घूमने का हमारे पारिवारिक इतिहास में एक अत्यन्त हास्यास्पद घटना के रूप में टंकण होगा, यह मुझे तब पता लग गया था।

तम्बाकू के साथ-साथ अब घर-घर चाय का नशा शुरू हो गया था। बिना चाय के कनपटियाँ टीसतीं, माथे पर बल पड़ जाते थे और चक्कर आते। शाम को घर-घर चीनी नशा होता था। पिता जी चाय से घृणा करते थे। उनका मानना था कि चीनी चायपत्ती में अफ़ीम मिलाकर हिन्दुस्तान भेजते हैं और ब्रितानी सरकार यहाँ की जनता को चाय की लत लगाकर निकम्मी कर देना चाहती है। बा, कुमुद और मैं चाय लिये बिना जी नहीं सकते थे। पिता जी से छुप-छुपकर हम लोग रोज़ शाम को और कभी-कभी ज़्यादा तलब होने पर दोपहर में भी चाय पीते थे। इतने में महाराज भी अन्दर आ गया और माँ ने उसे रुपया पकड़ाते हुए कहा, "चूना रखा है, बस तम्बाकू लाना, महाराज जी!" सुपारी, तम्बाकू और चाय की लत बा को बम्बई आने के बाद ही लगी थी और इसमें पिता जी का बहुत रुपया जाता था। पिता जी के पूछने पर कि इतना कैसे महीने में ख़र्च हो गया, माँ उन्हें परचून महँगा होने का हवाला देती थी।

एक गिलास में माँ ने महाराज को भी चाय दी और वह निर्लज्ज हमारे घर के अन्दर ही मेरे स्वर्गवासी दादा जी अम्बाशंकर गिरिजाशंकर दवे की कुर्सी पर बैठकर चाय पीने लगा। प्रत्येक घूँट पीने से पूर्व वह सीं-सीं करता और घूँट भरने पर स्लर्प (slurp) की आवाज़ करता। डिब्बे में से मैंने चार-पाँच नानख़ताई निकालीं और चाय में डुबा-डुबाकर खाने लगा। "दो नानख़ताई महाराज जी को भी दो, गोवर्द्धन," बा ने आदेश दिया और कढ़ाई का कपड़ा, सुई-धागे हाथ में लिये कुमुद भी तब तक आ गयी थी। उसे भी महाराज का वहाँ बैठकर चाय पीना अच्छा न लगा था मगर उसने कुछ कहा नहीं। अपनी चाय का कप उठाकर अन्दर चली गयी। मैंने माँ का आदेश नहीं माना और चाय में नानख़ताई डुबाकर खाता रहा। इतने में महाराज ने ख़ुद ही कहा, "मैं नानबाइयों के हाथ की बनी चीज़ें नहीं खाता। हिन्दू हॉटेल की चीज़ें ही खाता हूँ। पारसी या मुसलमान जगह पर पाँव नहीं रखता।" माँ घर पर ब्राह्मण कुल होने पर भी पारसियों की बेकरी में बनी नानख़ताई रखने पर सहसा कान्तिहीन हो गयी, कहा, "बच्चे ले आते हैं, सुनते नहीं मगर रसोई से बाहर रखती हूँ मैं भी।" गिलास बाहर जाकर नल पर महाराज ने धोया और मेज़ पर रखकर माँ के लिए तम्बाकू लेने चला गया।

"बा, यह बारिस्टर मोहनदास गांधी का रसोइया है।" मैंने कहा और उस महाराज के सीढ़ियों पर बजते खड़ाऊँ सुनकर आश्वस्त हुआ कि वह दूर निकल गया है और मेरी बात उसे सुनाई नहीं दी होगी।

कुमुद अन्दर चाय पी रही थी। उसकी गोद में मेज़पोश पड़ा हुआ था जिस पर उसने बाबूना के फूल काढ़े थे। वह लगभग सोलह वर्ष की थी, मुझसे छह मास छोटी और उसे चिढ़ाकर मुझे कैशोर का वह विकृत सुख मिलता था जिसे प्रत्येक किशोर अपना अधिकार समझता है। मैंने झटके से मेज़पोश उसके हाथों से छीन लिया और ऐसे अभिनय करने लगा जैसे वह तौलिया हो और उसके अपने पसीने से भीगे केश पोंछने लगा। कुमुद ने कप सिरहाने रखा और मेरे पीछे दौड़ी। मेज़पोश मैला हो गया था जो दूर से मैंने उसे रसोई में जलते केरोसीन लैम्प के आलोक में दिखाया और उससे दूर भागा। देर तक दो शयनकक्ष, एक विशाल स्नानघर (शौचालय नहीं था नीचे सामूहिक शौचालय में निवृत्ति हेतु जाना पड़ता था), भोजनगृह और रसोई के उस घर में हम दौड़ते रहे।

श्वास लेने को कुमुद भोजन-कक्ष में साँस लेने को ठहरी जहाँ मेरे पढ़ने की मेज़ और पलंग बिछा रहता था। हमारे घर खाने की मेज़ नहीं थी और चौकी-आसन या पलंग पर बैठकर भोजन होता था। मैंने पीछे से जाकर मेज़पोश कुमुद के मुँह पर यों डालकर पकड़ लिया कि उसे कुछ दिखाई न पड़े और फिर उसे आलिंगन में कसकर गोल-गोल घुमाने लगा। वह हँसते हुए चिल्ला रही थी, "छोड़ो, छोड़ो" और लीलावश छूटने को थोड़ा कुनमुनाकर हिलती थी। उसके भारहीन और कोमल शरीर से उठती स्वेद की गन्ध से मुझे ऐसा अनुभव हो रहा था जैसे मेरा मस्तिष्क ही नहीं है। मस्तिष्क ही क्यों कण्ठ से ऊपर जैसे मेरा मुख, मस्तक, शीश कुछ भी नहीं है। हम दोनों किन्हीं दो कबन्धों की भाँति आनन्द में नाच रहे थे। माँ केरोसीन-लैम्प लेकर द्वार की तरफ़ जाती दिखी। वह जल्दी में थी, "लाओ, बताओ। अच्छा तम्बाकू है कि नहीं?" महाराज तम्बाकू लेकर आ चुका था। उसके जाने के बाद बा ने हमें फटकराना आरम्भ किया, "तुम दोनों अब बड़े हो चुके हो। ऐसे एक-दूसरे की बाँह लगना नहीं शोभता अब तुम्हें। अपने ममेरे भाई के चरणस्पर्श करो, कुमुद! वह तुमसे बड़ा है और ख़बरदार जो यह धींगाकुश्ती दोहरायी।" कुमुद ने चरणस्पर्श के बहाने मेरी पिण्डली का एक बाल खींचकर तोड़ दिया। "आह!, माँ आह" मैं पीड़ा से कराहता उसके पीछे दौड़ा तब तक वह माँ के संग रसोई में व्यस्त होने की नाटिका करने लगी थी।

मेरे पिता जी देर से घर लौटते थे। वे बुम्बई गुजराती नाटक मण्डली में रोकड़िया और मुनीम थे। टिकट खिड़की सँभालते फिर टिकट-संख्या से रोकड़ का मिलान करके सेठ के हवाले करते तब ग्रांट रोड से गिरगाँव में हमारे घर तक वे पैदल-पैदल आते। इसमें देर रात हो जाती थी। पिता जी बाहर का जल भी ग्रहण

नहीं करते थे। माँ उनके हाथ-पाँव धोने के लिए बाल्टी भरकर रखती और रात को ही उनका लोटा माँज-माँजकर सुवर्ण जैसा चमका देती परन्तु फिर भी वे बा को अपशब्द कहते, उनके कार्य की पूर्वनिर्धारित व्यवस्था में किंचित् भी परिवर्तन होने पर कटुवचन उचारते। कुमुद और मैं सोने का इतना अभिनय करते कि श्वास भरना भी भूल जाते। पिता जी ने माँ को हमारे सम्मुख कभी मारा तो न था किन्तु वे सप्ताह में लगभग दो से तीन बार बीभत्स भाषा का उपयोग तो करते ही थे। माँ भोजन खाये बिना रसोई में देर तक रोती रहती, वहीं भूमि पर कुछ बड़बड़ाती सो जाती थी, "इससे अच्छा हो कि मुझ पर वे हाथ उठा दें। मेरे बा और बापू के लिए ऐसे अपवचन सुनने से अच्छा है, मैं कल का दिन न देखूँ।" प्रातःकाल होते ही पुनः सब कुछ पूर्वावस्था में आ जाता। बा की रसोई के काँसे, पीतल के भाण्डे धुले हुए एक लीक में जमे रहते। पूजा की चाँदी की थाली में चम्पकपुष्प रखे होते और चाँदी का लोटा जल से मुख तक भरा रहता। बा के हाथ की दाल खदकने की सुगन्ध से पूरी इमारत भर जाती थी।

पिता जी घर पर टिकते भी न थे। सूर्योदय होते ही जाग जाते और शौचादि निपटाकर स्नान करके पूजा करने बैठ जाते। दो घण्टों में पूजा-पाठ पूर्ण होता और उसके पश्चात् भोजन करके वे नाटक-मण्डली के कार्यालय चले जाते थे।

"क्या कोई दफ़्तर इतनी जल्दी खुलता होगा?" कई बार बा मुझसे पूछती थी।

"मामा जी पर उनके सेठों की गाढ़ी श्रद्धा है। तिजोरी की चाभी उनके पास रहती है। वे ही हिसाब-किताब रखते हैं, लेनदेन; भूल-चूक सब उनके माथे रहती है। जल्दी न जाये तो सेठों को उनकी पगार कैसे पूरेगी।" कुमुद ज्ञानवितरण में कब पीछे रहती थी।

"बेटके की चाकरी है।" मैंने मुँह बनाते हुए किसी उपन्यास में पढ़ा मुहावरा कहा।

"अपने बाप के बारे में ऐसी बात! दो जून की रोटी, कपड़ा, शिक्षा सब उनकी नौकरी के कारण है, गोवर्द्धनचन्द्र" बा ने पिता जी का पक्ष लिया।

रात्रि की घटना माँ के चित्त से ऐसे उतर गयी थी जैसे रात्रि का चन्द्रमा सूर्योदय होते ही अदृश्य हो जाता है, "कल रात को पिता जी ने जो कटु भाषण किया था वह भूल गयी" मैंने बा से कहा यह जानते हुए कि इस बात से बा को कितना क्लेश होगा। कहकर बाहर आ गया क्योंकि ऐसी कड़वी बात कहकर बा का मुख देख पाना सम्भव न था।

सीढ़ी पर बैठकर मैं विचार करने लगा कि मेरा कितना ख़र्चा है जो पिता जी उठाते हैं। छह रोटी सुबह और आठ रात की, घी अलग, उसके बाद साग-सब्ज़ी और दाल का मोल, कपड़े दीवाली पर, शेष शाला का शुल्क और पुस्तक-व्यय शून्य क्योंकि मुझे बीते वर्ष पारितोषिक प्राप्त हुआ था। हाँ चाय और बिस्कुट का व्यय अवश्य था जिसके बिना जीवन चल सकता था, इसलिए मैंने उसी क्षण से चाय और बिस्कुट त्यागने का निर्णय किया। रात्रि को दूध पीना छोड़ना असम्भव प्रतीत हुआ। दूध महँगा आता था, इसलिए देर तक दूध का सस्ता विकल्प सोचता रहा तभी पीछे से बारिस्टर गांधी आये। उन्हें रास्ता देने के लिए मैं तुरन्त सीढ़ी से उठ खड़ा हुआ। लाटसाहब जैसा कोट और मज़बूत जूते, स्वर्णघड़ी और तराशी मूँछों में वे ऐसे पुरुष दिखते थे जैसा मैं बड़ा होकर होने का स्वप्न देखता था।

"नमस्कार!" मैंने हाथ जोड़कर कहा, "हम आपके पड़ोसी है।" बारिस्टर गांधी जल्दी में थे किन्तु फिर भी बात करने को ठहर गये, "तुम्हारा नाम क्या है?" मैंने दो सीढ़ियाँ उतरकर उन्हें निहारते हुए कहा, "गोवर्द्धनचन्द्र गंगाशंकर दवे।" मैंने उत्तर दिया।

बारिस्टर गांधी ने घड़ी निकालकर देखी, फिर पूछा, "बखत खोटा करने में नफ़ा नहीं। जाओ पढ़ाई करो।" और सीढ़ी उतरने लगे।

मैं बारिस्टर को बताना चाहता था कि कड़वी बात कहकर बा का मुख कैसे देखूँ, इसलिए घर नहीं जा रहा; शाला का समय हो गया है, भोजन करके मुझे निकलना है। अचानक आँखों से जल गिरने लगा, नाक बहने लगी और कण्ठ भर आया। रोना क्यों आ गया, मुझे स्वयं ही समझ नहीं आया।

"गोवर्द्धन, जीमने नहीं आया अभी तक? शाला नहीं जायेगा क्या?" बा पुकारती आयी। रोता पाकर उलटे डपटने लगी, "क्यों रे बाहर आकर क्यों नैन मूत रहे हैं तेरे! इतना बड़ा ढींगरा हो गया पूरा पुरुष और रोता है।" सुनकर मुझे और वेग से रोना आ गया।

इतने में दत्तू डाकिया इमारत के पते पर आयी सब टपाल लेकर आ गया। सबसे अधिक पत्र बारिस्टर गांधी के नाम थे। "आये चार दिन नहीं हुए और प्रतिदिन टपाल और तार। बारिस्टर मो.क. गांधी कहाँ है?" दत्तू डाकिये ने पूछा।

"वह तो कचहरी गये हैं। आप मुझे यह पत्र दे दीजिए मैं पहुँचा दूँगा।" मैंने कहा।

यह पत्र यदि मेरे हाथ लग जाये तो नाटक की बहुत सामग्री मिल जायेगी। मैंने

देखा कई पत्र ब्रितानिया से आये थे। सम्भवतया फ़िरंगी स्त्रियों के प्रेमपत्र हों। मैंने जल्दी की, भय था कहीं महाराज न आ जाये।

"पक्का पहुँचा दोगे न बारिस्टर की टपाल उसके ठिकाने। कौन सा घर है? लाओ, बताओ मैं ही डाल आऊँ।" दत्तू डाकिये ने कहा।

"आप अकारण कष्ट न करें, दत्तू दादा! मैं पहुँचा दूँगा। वैसे भी यह आपका बड़प्पन है कि यह भारी भरकम टपाल लादकर आप यहाँ तक आये।" मैंने लगभग पत्र दत्तू डाकिये के हाथ से छीनते हुए कहा।

"टपाल लादने के काम का तो वेतन मिलता है। हाँ, पर इस बारिस्टर के नाम तो ढेरों चिट्ठी-तार आते है। ठीक है, तुम दे देना ध्यान से। देखना बारिस्टर का एक भी पत्र इधर से उधर हुआ तो क़ायदे का नोटिस भेजेगा।"

दत्तू डाकिया नीचे उतरने लगा। मैं निश्चिन्त हुआ परन्तु वह पलटा और आधा ज़ीना उतरकर पुनः ऊपर चढ़ा। "तुम्हारे बाप के नाम का भी पत्र है।" दत्तू डाकिये ने डाक मेरे हाथ में पकड़ायी और चलता बना।

ऊपर से रविशंकर महाराज बिलार सरीखे चुपचाप चले आ रहे थे। मैं डाक हाथ में पकड़े नीचे की ओर दौड़ा। "नानोभाई, बारिस्टर साहब के नाम की कोई डाक आयी क्या?" महाराज ने पूछा। हाथ में खड़ाऊँ पकड़े सबसे ऊपरवाली सीढ़ी पर खड़े थे। मैंने डाक उलटी-पलटी और सबसे मोटा लिफ़ाफ़ा महाराज को देते हुए कहा, "आपको ही देने आ रहा था। लगत है कोई ग्रन्थ है अन्दर।"

महाराज ने परिचय गाढ़ा करने के उद्देश्य से पूछा, "भोजन हो गया, नानोभाई? तुम्हारी माता जी की टेर सुनी थी अभी।" मुझे चिढ़ हुई। रसोइया होकर उसका मुझे अनुज मानना सहन नहीं हुआ। क्रोध में मेरी जिह्वा जड़ हो जाती थी, इसलिए कुछ कह नहीं सका। भीतर स्वयं को ही धिक्कारा, 'केवल बा को ही उत्तर दे सकता है तू, गोवर्द्धन चन्द्र।' धोती में बारिस्टर की डाक छुपाये घर में प्रवेश किया।

पत्र मेरे पिता के नाम था किन्तु सम्बोधित कुमुद को था। कुमुद के पति श्री नर्मदाप्रसाद त्रिवेदी को बम्बई में बॉम्बे बर्मा ट्रेडिंग कम्पनी में उचित वेतन पर कारकुन का पद प्राप्त हुआ था और वे क्वार मास पूर्ण होते ही बम्बई में आ जायेंगे; ऐसा पत्र में दर्ज था। पिता जी और मुझसे डॉकयार्ड के निकट किराये पर दो कमरे खोजने की सविनय प्रार्थना भी की थी। पत्नी को सम्बोधित करके पत्र लिखना इतना उत्तेजक था कि पढ़ते-पढ़ते मुझे श्वास लेने के लिए रुकना पड़ा। मैं हाँफ रहा था। कुमुद रसोई से पत्र सुन रही थी और माँ गृह-देवताओं को नहलाते हुए। मेरा मुख

उत्तेजना से आरक्त हो गया था, इससे आप कल्पना कर सकते हैं, कुमुद जो कि एक स्त्री थी, उसकी क्या दशा हुई होगी।

उस पत्र ने मेरे जीवन में अत्यधिक महत्त्वपूर्ण भूमिका निभायी थी। नर्मदाप्रसाद जी ने यह आग्रह करके कि पिता जी और मैं उनके लिए भाड़े का खोली खोजें, यह बात सबके सम्मुख स्पष्ट कर दी कि अब मैं वयस्क हो गया था। इसके साथ ही उनके अपनी पत्नी कुमुद को सीधे सम्बोधित करके पत्र लिखने से मुझे सर्वप्रथम यह अनुभव हुआ कि स्त्री और पुरुष के मध्य आत्मीयता क्या होती है। बा भी पत्र सुन लेने के पश्चात् इस बात को लेकर व्याकुल हुई कि कुमुद अब अपने घर चली जायेगी और वह नर्मदाप्रसाद जी के बम्बई आने को लेकर अत्यन्त उत्सुक भी थी।

मेरी दो सगी बहनें भी थीं दीनाबेन और ललिताबेन किन्तु मैंने दीनाबेन का केवल नाम ही सुना था। दीनाबेन का विवाह मेरे जन्म से चार मास पूर्व चौदह वर्ष की वय में हुआ था और वर्ष भर में प्रसव के समय उसकी मृत्यु हो गयी थी। ललिताबेन के विवाह की मुझे स्मृति है। मैं आठ वर्ष का था जब उसका विवाह सर सेठ गोकुलभाई मथुराभाई मेहता की धर्मशाला में बेलारामजी पाठक से हुआ। पिता जी से उसके पति बेलारामजी पाठक का किसी बात पर मतभेद होने के कारण फिर वह कभी हमारे घर नहीं आयी। मेरी बा और मुझे भी यह छूट नहीं थी कि हम ललिताबेन के घर जायें। मेरा एक छोटा भाई मानक पाण्डुर रोग के कारण छह वर्ष पूर्व कालकवलित हो चुका था। इतनी सन्तानों को खोने वाली बा कुमुद में, जो मेरी विधवा बुआ की बेटी थी, अपनी सभी मृत सन्तानों की छवि देखती थी।

बारिस्टर गांधी की डाक जो मैंने उन्हें देने के लिए ले ली वह अपनी पुस्तकों में छुपायी और नीचे से नहाने के लिए जल भरने चला गया। भोजन करते-करते इतनी देर हो गयी कि विद्यालय पहुँचते-पहुँचते घण्टा चूकना ही था। उस दिन मैं विद्यालय जाना भी नहीं चाहता था। बा और कुमुद भोजन होते ही कैंची, सूई-धागे लेकर बैठ गयी। बा कुमुद के नये पोलके के लिए थान काट रही थी। कुमुद अपना कढ़ाई का बक्सा खोलने लगी। बाबूना के फूलों के मध्य कुसुम्भी तागे का काम निकालकर बैठ गयी। वे दोनों बैठक में अपने-अपने कामों में व्यस्त थीं। बारिस्टर की डाक खोलने का यह उचित समय था। यदि कोई देख लेता तो प्रश्नोत्तर-माला बाँध देता। हमारे घर कभी एक साथ इतनी डाक नहीं आती थी। छठे-चौमासे पत्र आता था।

अंग्रेज़ी पतोंवाले पत्र पहले खोलने का निश्चय करके मैं डाक शय्या पर फैलाकर पेट के बल लेट गया। माथा स्वेदबिन्दु से भरने लगा और मन ग्लानि से। क्या किसी के पत्र मुझे यों चोरी करके पढ़ना चाहिए? पहले मैंने बारिस्टर के घर में

ताका-झाँकी की, फिर उनका पीछा किया और अब उनकी डाक छल से प्राप्त कर पढ़ रहा हूँ। इतने में कुमुद पीछे आकर खड़ी हो गयी। घबराकर मैं पलटा और डाक पर पीठ के बल लेट गया ताकि डाक मेरी पीठ के नीचे दब जाये।

"मामी तो मेरे जाने के बाद बहुत दुखी होंगी पर तुम तो प्रसन्न होगे न गोबर!" कुमुद चिढ़ाने के लिए मुझे गोबर पुकारती थी।

"मेरे मन के बारे में अनुमान लगाने का तुम्हें कोई अधिकार नहीं। यह मेरा निजी विषय है" मैंने कहा। कहते हुए मेरा बायाँ घुटना ज़ोर से हिल रहा था। मैं चाहता था कि कुमुद यहाँ से चली जाये।

"निजी विषय क्या होता है?" कुमुद ने पूछा।

अंग्रेज़ी पढ़ी न होने के कारण उसे निजी और सार्वजनिक के भेद का ज्ञान नहीं था। उसने मेरे घुटने पर हाथ रखा और कहा, "घुटना क्यों हिलाते रहते हो। ठीक आदत नहीं।" उसकी हथेली उष्ण थी किन्तु मुझे वर्षा के पश्चात् चट्टान की भाँति शीतल लगी। उसकी हथेली मेरे घुटने को मसल रही थी किन्तु मुझे लगा वह शव की हथेलियों की भाँति जड़ है। जिस कुमुद को जकड़कर विकृत सुख पाना मैं अपना अधिकार समझता था, वह सुख मेरे अनुसार कुमुद के लिए सर्वथा निषिद्ध था।

रसोइया महाराज का पीछा करते हुए मुझे यह पता लगा कि वह पुंश्चलियों के फेर में है। उसके पीछे आने-जाने के लिए भाड़े के रुपये मेरे पास न होने से अनुमान का ही आश्रय था। हलवाइयों के यहाँ रोटी बेलने वाली बाइयों और महरियों पर महाराज की आधी से अधिक पगार नष्ट होती थी। बारिस्टर के जाने के बाद खड़ाऊँ, कुरता और टोपी पहनकर वह निकल जाता था। मोरूबाई नामक एक बाई तारदेव तरफ़ रहती थी। उसके घर महाराज का प्रतिदिन का आना जाना रहता था, दोपहर वहीं नष्ट होती थी। बाद में मोरूबाई जब बारिस्टर गांधी के घर चोरी-छिपे भाण्डे माँजने आने लगी तब उसके दर्शन हुए। भाण्डे करने के बजाय दोनों मज़ा करते थे।

एक बेला मैंने स्वयं अपनी दृष्टि से महाराज को एक पुंश्चली को वापरते देखा था। नाटक में जो ब्रह्मानन्दसहोदर रसराज बनकर दृष्टिगोचर होता है, वह संसार में बीभत्स रस है, यह मुझे उस दिन ज्ञात हुआ। निद्रा में मैंने स्त्री और पुरुष के अनेक प्रसंगों की कल्पना की थी किन्तु रसोइये और उस रण्डी का सम्भोग-युद्ध देखकर मैं मूर्च्छित होते-होते बचा। मुझे लगा, मेरा अन्तर पूर्णरूपेण नष्ट हो चुका है और मेरा केवल शरीर शेष है। यदि अन्तर नष्ट न होता तब ऐसा घृणित दृश्य देखकर जुगुप्सा होती किन्तु मुझे वह देखकर रोमांच हुआ। महाराज के थुलथुले पेट पर चढ़ी वह नारी

उछल रही थी। उसके ढीले स्तन महाराज की तोंद से रगड़ खा रहे थे। दोनों ही ऐसे शब्द कर रहे थे जैसे यह सब करते हुए उन्हें सुख न होकर बहुत कष्ट हो रहा हो।

मैं दौड़कर नीचे शौचालय में छुप गया। थोड़ा समय वहीं व्यतीत किया और फिर पुनः उस घृण्य क्रिया को देखने ऊपर दौड़ लगायी। अब महाराज बारिस्टर गांधी की खाट पर विर्वस्त्र खर्राटे भर रहा था और वह पुंश्चली कमरे के एक कोने में घुटनों में शीश दिये रो रही थी। सम्भवतः उसे एक साधुपुरुष के शयनकक्ष में ऐसी नीचता करने का पश्चात्ताप हो रहा था। बारिस्टर गांधी का चरित्र शुद्ध था, ऐसा मैं उनका पीछा करते हुए परख चुका था। अपनी पत्नी को लेकर भले उनके मन में कामनाएँ हों किन्तु इस प्रकार की व्यभिचारिणियों की ओर वे नेत्र उठाकर कभी न देखते थे। मुझे उनकी डाक में भी कोई प्रेमपत्र नहीं मिला था। सभी चिट्ठियाँ शाकाहार सम्बन्धी प्रचार सामग्री और दो एक अंग्रेज़ मित्रों के कुशल मंगल जानने के पत्र थे।

इस बीच पुस्तकालय से मैं एक ग्रन्थ लेकर घर लौट रहा था तब समुद्र के सामने छाता पकड़े और बरसाती पहने बारिस्टर गांधी से भेंट हो गयी। वे किसी की प्रतीक्षा कर रहे थे। वर्षा असमय थी किन्तु बारिस्टर ने भीगने से बचने की व्यवस्था की हुई थी। मैं जान-बूझकर सड़क के उस पार जाकर उनके सामने से निकलने लगा। सम्भवतः वे कुछ बात करें। मैंने प्रणाम किया। उन्होंने भी नमस्कार किया और फिर समुद्र देखने लगे। वर्षा थोड़ी देर पूर्व ही थमी थी किन्तु घटा नीचे तक घिर आयी थी और अन्धकार हो गया था। कुछ देर मैं खड़ा रहा, फिर चलने को हुआ तो हाथ की पुस्तक देख बारिस्टर ने रोका, "बताओ, कौन सी किताब है? लगता है पढ़ने में दीदा लग गया तुम्हारा।"

मैंने तुरन्त उन्हें किताब ही। तुकाराम तात्या के सुबोध प्रकाश प्रेस में छपा मणिलाल नभुभाई द्विवेदी का ग्रन्थ था–A Compendium of The Rajayoga Philosophy, देर तक बारिस्टर गांधी उसे पलटते रहे फिर कहा, "तुम अंग्रेज़ी समझ लेते हो?" दौंगरा पड़ा और मैं खोमचे की आड़ लेने दौड़ा। बारिस्टर के छाते में पुस्तक सुरक्षित थी, इसलिए वे धीमे, डबरों से जूते बचाते हुए आये। खोमचे पर एक पण्डित बटाटे और शकरकन्द उबाल रहा था। सुवास से हम दोनों के नासापुट भर उठे थे और इससे बारिस्टर की और बात करने की वृत्ति हुई।

"इतनी गम्भीर किताब पढ़ने का मंसूबा कैसे हुआ?" बारिस्टर ने पूछा, "अंग्रेज़ी ठीक समझ न आवे तो मेरे पास बेखटके आना। जहाँ अटको, मैं बताऊँगा।"

भीषण वृष्टि होने लगी थी। मेरी धोती खोमचे में खड़े-खड़े भी भीग रही थी किन्तु घर जाऊँ ऐसा हृदय में दूर-दूर तक कोई विचार न था।

मैंने बारिस्टर से कहा, “आपके पास मैं ख़ुद ही आना चाहता था। आपकी नियामत हो तो कुछ पूछना चाहता हूँ।”

इतने में एक हाथ में छतरी सँभाले और दूसरे से साइकिल चलाते आदमी ने बारिस्टर को आवाज़ दी और वह उस ओर दौड़े, “चलता हूँ, गोवर्द्धन चन्द्र। इतवार प्रात:काल तुम चाहो तो आना। नमस्ते!”

बारिस्टर गांधी से इतवार को भेंट न हो सकी। शनिवार को वडोदरा से कुमुद के पति नर्मदाप्रसाद त्रिवेदी आ गये। उन्हें देखकर मुझे ध्यान आया कि डॉकयार्ड पर उनके लिए भाड़े का मकान देखना रह ही गया और अब वे कुपित होंगे किन्तु माँ ने बताया कि पिता जी ने भाड़े का मकान पक्का करके बयाना भी दे दिया है। मुझे बहुत सन्ताप हुआ। नर्मदाप्रसाद जी ने पत्र में मेरा नाम स्पष्ट लिखा था और अब मुझे न ले जाकर पिता जी का मकान पक्का करना नर्मदाप्रसाद जी के साथ ही नहीं मेरे साथ भी विश्वासघात था।

भोजन में अनेक व्यंजन बने थे और नर्मदाप्रसाद जी स्नान करके काँसे की नयी थाली पर बैठे तब उनका गौरवर्ण और काली मूँछें थाली की धातु में दाल और मेथी की भाजी, चटनियों और कढ़ी के मध्य प्रतिबिम्बित होने लगीं। वे रसिक वृत्ति के प्राणी थे और कुमुद रोटी, साग या मिठाई परोसने जब आती तब बहाने से वे उसका रजताभूषणों से सजा पाँव छू लेते और फिर मुझे देखकर मुस्कुराते। उसी दिन अपने दूर के सम्बन्धी की बेटी से मेरे विवाह का प्रस्ताव उन्होंने पिता जी को दिया।

रात्रि को देर तक माँ, कुमुद, नर्मदाप्रसाद जी और मैं बातचीत करते रहे। बैठक में घासलेट की चिमनी को घेरे हम चारों बैठे थे। पिता जी की नींद लगते ही कुमुद चाय बनाकर ले आयी। नर्मदाप्रसाद जी ने इससे पूर्व वह पेय नहीं पाया था इसलिए वे चुस्की ले-लेकर चाय पीने लगे। सबकी नींद उड़ गयी। जब मैंने बताया कि अगले वर्ष एलफिंस्टन कॉलेज में मेरा जाना लगभग तय है और पारितोषिक मुझे अवश्य ही प्राप्त होगा। नर्मदाप्रसाद जी ने एलफिंस्टन कॉलेज को अविद्या और अधर्म का गढ़ बताया, “क्या तुम्हें पता है, हमारे सम्प्रदाय को कलंकित करने वाले करसनदास मूलजी की जीवनी लिखने वाला दुष्ट महीपतराम रूपराम नीलकण्ठ एलफिंस्टन कॉलेज का ही विद्यार्थी रहा है।”

कुमुद धर्मभीरु थी। उसके मुख से अनायास निकल पड़ा, "पुष्टिमार्ग को कलंकित करने वाला कौन हो सकता है। नवनीतप्रिय का कौन शत्रु हो सकता है!" बात पूरी करते-करते लज्जा से उसके कान लाल हो गये। पति से परिजनों के सम्मुख नववधुएँ बात न करती थीं। नर्मदाप्रसाद अपनी नववधू का स्वयं से कहा प्रथम पूर्ण वाक्य सुनकर पुलकित हो रहे थे।

"अख़बारवाले सत्य न लिखकर नाना मतों की स्तुतियाँ लिखने लगेंगे तो अख़बार और भजन-पुस्तिका में क्या अन्तर रह जायेगा। करसनदास मूलजी ने सत्य को स्पष्ट लिखकर लेखकों के लिए एक निर्भय आदर्श की स्थापना की थी।" मैंने कहा। मैंने महीपतराम रूपराम नीलकण्ठ की पुस्तक उत्तम कपोल करसनदास चरित्र पढ़ी थी। माँ ने फ़ौरन मुझे टोका, "बड़ों की बात सुनना चाहिए न कि यों फटाफट उसका जवाब देना चाहिए।"

नर्मदाप्रसाद जी को माँ की उनके पक्ष में पैरवी अच्छी न लगी, इसलिए कहा, "तब तो तुम मानते हो कि पुष्टिमार्ग के आचार्य जदुनाथ ब्रजरतन जी महाराज कामुक वृत्ति के एक चरित्रहीन व्यक्ति थे!" प्रश्न न था केवल नर्मदाप्रसाद जी का विस्मय और स्वयं को तर्कशिरोमणि जानने की विजयी शान्ति थी।

"अदालत में नतीजा उनके उलटे पड़ा था। वे हार गये थे और उनके चरित्र पर आक्षेप करने वाले सही सिद्ध हुए थे।" मैंने चिमनी के प्रकाश में नर्मदाप्रसाद जी को देखते हुए कहा।

उनके ललाट की शिराएँ खिंच गयीं। वे तर्क न करते थे और यों अपनी बात कहते जैसे वह व्यक्ति कहता है जिसे पता होता है कि वह झूठ कह रहा है, इसलिए अतिरिक्त विश्वास से बात करता है, "क्या तुम्हें इतना तक नहीं पता कि फ़िरंगी बारिस्टर के गाउन का सिरा जदुनाथ महाराज के शुद्ध शरीर से छू जाने पर वे भरी अदालत में फ़िरंगी बारिस्टर पर बिगड़ पड़े थे और बारिस्टर ने उनसे रार ठान ली। फ़िरंगी जज क्या किसी हिन्दू के पक्ष में नतीजा सुनाते!" नर्मदाप्रसाद जी का गौरवर्ण भावावेश के कारण रक्तिम हो गया था और अँगुलियाँ काँप रही थी।

"और क्या आपको यह नहीं पता कि गौड़ सारस्वत ब्राह्मण और शुद्ध आचार-विचारवाले डॉक्टर भाऊ दाजी लाड ने उनके ख़िलाफ़ अदालत में गवाही दी थी और कहा था कि जदुनाथ जी की सिफ़लिस का उपचार उन्होंने किया है।" मुझे भी आवेश आ गया था और मैं कहता गया, सत्य में एक अग्नि होती है जिसे कहते कहने वाले की जिह्वा जले न जले सुननेवाले के कान अवश्य जल जाते हैं।

“सिफ़लिस क्या होती है?” कुमुद ने निर्दोष भाव से पूछा। माँ भी प्रश्नसूचक भाव से देख रही थी। मैं लज्जा से भर उठा। नर्मदाप्रसाद जी ने तब उदारता का परिचय देते हुए बताया कि सिफ़लिस एक प्रकार का रोग है जो चरित्रहीन होने पर हो जाता है। कुमुद संकोचवश चाय के कप उठाकर मोरी की तरफ़ जाती बनी। नर्मदाप्रसाद ने अब पुनः मुझे सम्बोधित किया, “यह तुम्हारा केवल मत है, गोवर्द्धनचन्द्र! सत्य है मैं कैसे मान लूँ?”

बहस बढ़ती देख माँ ने कहा कि रात बहुत हो चुकी है और अब सो जाना चाहिए। मैंने चिमनी उठायी और नर्मदाप्रसाद जी को कुमुद के कमरे में ले जाने लगा। कुमुद रसोई में छुपी बैठी थी। यह वयस्क होने के पश्चात् उसकी पति के संग प्रथम रात्रि थी। नर्मदाप्रसाद जी को जैसे इसे लेकर विशेष उत्सुकता नहीं थी या वे इसे अप्रकट रखना चाहते थे। कुर्ता उतारते हुए उन्होंने मुझे पुनः बहस में घसीटने के उद्देश्य से कहा, “तुमने मेरी बात का उत्तर नहीं दिया, गोवर्द्धनचन्द्र! अपने मत को सत्य मानने का यह कैसा दुराग्रह है तुम्हारा जो हिन्दू धर्म को अपमानित होते देख सकता है पर अपना दुराग्रह नहीं त्याग सकता।”

जब तक कि वे कपड़े बदलें, चिमनी लेकर वहाँ खड़े रहना मेरी विवशता थी और उत्तर दिये बिना निस्तार भी न था, “आप मेरी बनेवी हैं, मेरे पूज्य हैं, इसलिए विनयसहित मैं इतना ही आपसे कहना चाहता हूँ कि भाऊ दाजी लाड का यह कहना कि उन्होंने जदुनाथ महाराज की सिफ़लिस का उपचार किया था, उसका कचहरी के कागदों में दर्ज होना और मेरा यहाँ उसके बारे में आपको कहना यह तथ्य है या तथ्यात्मक सत्य। तथ्य को मत कहने से तथ्य न मत सिद्ध होता है न असत्य। जो घट चुका, वह बदला तो नहीं जा सकता, इसलिए वह उसी प्रकार दर्ज होगा जैसे घटा था।”

“और न हो तो?” नर्मदाप्रसाद जी ने कहा हालाँकि अब उनका स्वर कोमल पड़ गया था, “हो सकता है यह हिन्दू धर्म को नष्ट करने का षड्यन्त्र हो।”

“नष्ट होने के भय से जो धर्म ग्रस्त होते हैं, प्रायः वे नष्ट हो चुके होते है। जिस इमारत का थोड़े से सुधार और मरम्मत से गिरने का जोखम हो, उस इमारत को छोड़ ही देना चाहिए।” मैंने कहा किन्तु नर्मदाप्रसाद जी पूरा वाक्य सुन नहीं पाये थे। बा कुमुद को लेकर द्वार पर खड़ी थी और कुमुद को भीतर धकेल रही थी। धर्म को लेकर आधी रात को कठोर वाणी में विवाद करने वाला पुरुष, मैंने देखा, अपनी नववधू को देखकर संकोच से भर उठा था।

दूसरे दिन बक्सा-पेटी, पोटलियाँ और बर्तन बाँध दिये गये थे और कुमुद के जाने का समय हो गया था। बा रो रही थी। पिता जी ने कहा, "एक ही शहर में रहेगी। जब चाहे नर्मदाप्रसाद लेकर आते रहेंगे।" कुमुद की आँखों से टपाटप अश्रु गिर रहे थे। अंजन-रचित नेत्रों के कारण कपोल काले पड़ गये थे और शृंगार अस्तव्यस्त हो गया था। नर्मदाप्रसाद और पिता जी फटाफट सीढ़ियाँ उतर गये और बा द्वार पर खड़ी रही। सन्ध्या हो चुकी थी और सीढ़ियों पर अन्धकार था। कुमुद का स्वर ऐसा सुनाई दे रहा था जैसे बहुत दूर से आ रहा हो, "मुझसे स्नेह करना कभी न छोड़ना, गोवर्धन! मेरे घर आयेगा न भोजन करने। जब जी चाहे आ जाना।" जहाँ पर हृदय बताया जाता है, उस स्थान पर मुझे अनुभव हुआ कोई पाषाण रखा हुआ है। कुछ देर पूर्व मेरे विवाह की बात चली थी, मैं बड़ा हो गया था और एक पुरुष को रोना शोभा नहीं देता, ऐसा सोचकर मैं मौन रहा। घोड़ागाड़ी पर लालटेन जल रही थी। अन्धकार से उतरकर जब वह आँख में पड़ी तो हमारी आँखें चौंधिया गयीं। आलोक और तिमिर के खेलों को यदि संसार कहा जाता है तो जीवन निश्चय ही तीव्र प्रकाश से होने वाला क्षणिक अन्धापन है।

डेविड ससून वाचनालय में एक दिन बारिस्टर गांधी मिल गये। तब तक मैंने निर्णय कर लिया था कि मैं महाविद्यालय में इतिहास पढ़ूँगा। नर्मदाप्रसाद जी से उस रात्रि हुई बहस से मेरे सुव्यवस्थित विचार अक्रम हो गये थे। अतीत में जो घट चुका है, उसके अनेक विवरण हमें प्राप्त होते हैं और यदि सभी वर्णन स्व की छाया में लिखे गये है तब क्या सत्य हमें कभी प्राप्त नहीं हो सकता और क्या घटना का केवल वर्णन ही व्यक्तिनिष्ठ होता हैं उसका साक्षात्कार नहीं? हम देखते भी वही हैं जो देखना चाहते है या कम-से-कम यह चाह हमारे देखने को सीमित तो करती ही है।

हिन्दूजाति को घृणित यहाँ तक कि नपुंसक कहने वाले जेम्स मिल का तीनों खण्डों में प्रकाशित ग्रन्थ The History of British India का प्रथम भाग मुझे पुस्तकालय से प्राप्त हो गया था दूसरे दो भाग पर मेज़ पर पलटकर देख रहा था। नाटककार बनने के लिए अपनी जाति के अतीत को जानना ज़रूरी है, यह मुझे ग्रीक त्रासदियाँ पढ़कर पता लग चुका था। अब प्रश्न था, उसे जानना जो सच में घटित हुआ था न कि उन घटनाओं के स्वार्थवश गढ़े गये वर्णनों को पढ़ना। "सच कहीं पर है मगर हम उसे नहीं जान सकते, इसका दु:ख अपने बाप के मरने के मातम से कहीं ज़्यादा डरावना होता है।" मैंने बारिस्टर गांधी से कहा। उन्होंने कोई उत्तर नहीं दिया और देर तक मुझे मौन देखते रहे। मैंने ही बात आगे बढ़ायी, "इसमें हिन्दू जाति

को गन्दी, धोखेबाज़, झूठी और क्या-क्या नहीं कहा गया है। हिन्दुओं को हिजड़ा तक कह दिया है जेम्स मिल ने।"

"क्या तुम्हें नहीं लगता हिजड़ा भी राम का बनाया जीव है और वही इज़्ज़त उसका हक़ है जितना आदमी को इज़्ज़त का हक़ है। तब कोई हिजड़ा समझे तो हतक क्यों मानना।" बारिस्टर ने कहा।

"प्रश्न हिजड़ा होने का नहीं। बेइज़्ज़ती जो है उसकी अनदेखी करके हमें, कुछ और कहने का है। बेइज़्ज़ती इसमें है कि कोई हमें वह न माने जो हम ख़ुद को मानते है।" कहते-कहते बात मुझ पर भी खुली कि हम उसी भाँति जाने जाना चाहते जैसे हम समझते हैं कि हम हैं तो क्या हमारा स्वयं के विषय में ज्ञान भी सत्य नहीं। उस पर भी हमारे अहंकार की छाया पड़ती है। मुझे लगा बारिस्टर ने मेरी बात नहीं समझी; मैं इतना दुखी, इतना विकल था कि मुझे अपनी भाषा अपूर्ण लग रही थी। मुझे लग रहा था कि जो मैं अनुभव कर रहा हूँ वह व्यक्त नहीं कर पा रहा।

आगामेम्नॉन (Agamemnon) त्रासदी में वचन है, To be born is to be heir to grief, शोक जन्म से हमें मिल जाता है जन्म से मिली आँखों की तरह। तब तो बारिस्टर मेरे शोक को समझ सकते थे। आते-जाते उन्हें मैं पुस्तकें पढ़ते देखता था। घर में नौकर के होते भाण्डे धोते, पोंछा मारते देखता था। उनके जीवन में मुझे भले अध्यात्म न दिखता था किन्तु मशीनों से, नवीन संसाधनों से, सुखों के त्याग से वे जीने की नयी तरतीब तो गढ़ रहे थे। कुमुद को जब मैंने बताया था कि महाराज के होते वे भाण्डे स्वयं धोते हैं और महाराज को नौकरी पर रखते हुए उन्होंने भाण्डे धोने का जो वचन दिया था, वे आज तक निभा रहे हैं तब कुमुद हँसी थी और उसने कहा था कि वे सनकी हैं। अधिक शिक्षा-दीक्षा और विदेश यात्रा के कारण उनकी बुद्धि अपने स्थान से सरक गयी है। साथ में यह भी कहा था कि युवावस्था में पत्नीवियोग के कारण भी सम्भवतया उनकी यह अवस्था हुई हो।

मैं कुमुद की बात पर उस समय तो हँसा था क्योंकि मैं उसके साथ हँसने का अवसर नहीं छोड़ना चाहता था, कभी छोड़ता नहीं था; वह मेरे जीवन के सबसे सुन्दर क्षण होते थे किन्तु मैं उसकी बात से सहमत नहीं हो सका था और आज तक हो नहीं सका। बारिस्टर खोजी थे और हो सकता है कि वे जीवन भर खोजते रहे और उन्हें कुछ न मिले किन्तु खोज नाम्नी इस क्रिया को पाना कुछ और मिलने से कहीं बढ़कर और कहीं महान होगा।

"यदि हम ख़ुद को हमेशा दूसरे की नज़र से देखेंगे-जानेंगे तो उसके ग़ुलाम हो जायेंगे और फिर इस बात की ज़रूरत ही क्या रहेगी कि हम ख़ुद के बारे में क्या

सोचते हैं।" बारिस्टर ने कहा। हमारी अनेक पूर्व भेंटों में यह प्रथम थी जब वे घड़ी निकालकर नहीं देख रहे थे न कहीं जाने की जल्दी में थे। उन्हें समय नष्ट होने का जो भय सदैव लगा रहता था, वह उस दिन न था।

"ग़ुलाम होने का जोखम उठाकर भी हमें ख़ुद को दूसरे की नज़र से देखना ही चाहिए वरना हम अपने दसों तरफ़ ख़ुद का जेलख़ाना बनाकर उसमें बन्द हो जायेंगे।" मैं अपना वाक्य पूर्ण कर भी न पाया था कि बारिस्टर अधीर होकर खड़े हो गये और कहने लगे, "जल्दी से यह किताबें अपने खानों में रखकर आ जाओ। तुम्हारे सवालों के जवाब कवि की दुकान पर जाकर ढूँढ़ेंगे।" मैं तुरत-फुरत वह भारी ग्रन्थ उनके स्थान पर रख आया। मैं जान गया था कि हम झवेरी बाज़ार में रायचन्द जी की पेढ़ी पर जायेंगे।

प्याऊ पर हम दोनों ने जी भर जल पिया। मैंने मूड़ी और मूँगफली की एक पूँगी बँधवा ली और हम दोनों चल पड़े। "तुम भी बेइज़्ज़ती से उतना ही डरते हो जितना मैं; ऐसा लगता है। बेइज़्ज़ती के बारे में बहुत सोचता रहता हूँ कि वह आख़ीर है क्या? दूसरे की नज़र से ख़ुद को देखना बेइज़्ज़ती की वजह बनता है। हम अपनी नज़र से ख़ुद को देखे-परखें तो कोई हमारी बेइज़्ज़ती कैसे कर सकता है!" बारिस्टर बहुत तेज़ चलते थे और उनके क़दम से क़दम मिलाकर चलूँ भी और उनकी बात भी समझ लूँ, यह मेरे लिए सम्भव न था।

किसी मनुष्य से और मनुष्य से ही क्यों बल्कि किसी भी प्राणी के साथ एक समय और देश में विद्यमान होना मात्र इसका आनन्द ही जीवन का आनन्द कहा जा सकता है जैसे मैं 1891 के दिसम्बर में दिनांक 27 को सायंकाल बारिस्टर गांधी के साथ कवि रायचन्द से मिलने झवेरी बाज़ार जा रहा था। आकाश में अनामधन्य पक्षियों का एक झुण्ड समुद्र से मछलियाँ खाकर बॉम्बे में गूलरों और पार्श्वपिप्पल के वृक्षों पर बने अपने नीड़ों को लौट रहा था। कौवें दुकान के आगे लगी टपरियों पर बैठे आगन्तुकों को अपनी ग्रीवाएँ मटका-मटकाकर जब तब निहार लेते थे। दूर पारसियों के दख़मे से अपने विशाल पंख फैलाये आकाश को अन्धकार से भरते गिद्ध उड़ रहे थे।

बिल्लियाँ हवा में गुलाटियाँ खाकर भूमि पर सीधी और आत्मविश्वास से उतरकर कसाइयों की गली में गुम हो जाती थीं। कहीं कोई बिलार संसार से अनभिज्ञ अपनी प्रेयसी के ध्यान में लीन कबूतर का झपट्टा मारकर शिकार कर रहा था तो कहीं जामुन के वृक्ष पर तोतों की भीड़ लगी थी। एक इमारत की छत पर, जिसके नीचे अंग्रेज़ों के नाई ससून एंड संस सैलून है, बन्दर किसी मारवाड़ी गृहिणी के

सुखाये आलू के पापड़ चट कर रहे थे। इन असंख्य जीवों और आठ लाख बीस हजार जनों के बीच बारिस्टर के संग विद्यमान होने का अनुभव ही उस समय मेरे जीवन का अर्थ था। इस सायंकाल तक, बम्बई के डेविड ससून वाचनालय तक और उस मेज़ तक आने में जहाँ से बारिस्टर मुझे देख सकते हों, मैंने कितनी लम्बी यात्राएँ की थीं।

इस सायंकाल की अनन्त पुनरावृत्ति होती रहेंगी। मेरी माँ मेरे लिए हमारी रसोई में कच्चे केलों की मेरी प्रिय सब्ज़ी बना रही होगी, पिता जी बम्बई गुजरात नाटक मण्डली के नूतन नाट्य-प्रबन्ध का टिकट बेचते होंगे। कुमुद नर्मदाप्रसाद जी के लिए चायपत्ती उबाल रही होगी। अवश्य ही उसने नर्मदाप्रसाद जी को चाय के नशे का आदी बना दिया होगा ताकि स्वयं मज़े में जब जी चाहे चाय पी सके। बारिस्टर गांधी के रसोइया महाराज ने दोपहर भर जमकर मोरूबाई को बापरा होगा और अब थककर सो रहा होगा और अपने पुंश्चली होने की ग्लानि के कारण मोरूबाई उस दिन की भाँति आज भी रो रही होगी।

बारिस्टर की जो डाक मैंने चुरायी थी, वह मेरे बिस्तर के नीचे छिपी होगी, जिसमें शाकाहार के गुणों को बखानते पत्र और पुस्तिकाएँ हैं। बा ने जो दोपहर में अपनी साड़ी, मेरी और पिता जी की श्वेत धोतियाँ और कुर्ते धोकर छज्जे पर सुखाये होंगे वे इसी झंझा में उड़ते हुए सूख रहे होंगे और उन पर जाती हुई ज्योति की अरुण किरणें काँपती होंगी। पीपों में हमारा महीने भर का आटा, कोठी में वर्ष भर का गेहूँ भरा होगा। थोड़ी-सी ज्वार और बाजरा होगा और सप्ताह भर का तेल और चावल। मटके में जल होगा जिसे माँ ने पुनः किनोरों तक भर दिया होगा। दूसरे मटके में नमक की डलियाँ होंगी। काँच की बरनी में गुड़ की भेलियाँ भरी होंगी जैसे इस ईरानी दुकान की बरनियों में बिस्कुट, लेमनचूस और शक्कर-नमक चढ़ी इमलियाँ और आँवले भरे हुए हैं। यहाँ झाड़ू बाहर पड़ी हुई है किन्तु हमारे घर पर बा ने झाड़ू गहने की तरह सहेजकर, छुपाकर रखी होगी।

दो हाथों में छह-छह दोनों पर जलपान सँभाले यह छोकरा भी इस समय इस संसार में है जिस समय में मैं हूँ। अंग्रेज़ अफ़सर, ऊँचे हिन्दुस्तानी साहब, उनके कारकुन और अर्दली सब अपने-अपने दफ़्तरों से निकल रहे हैं। दिन भर अन्दर अँधेरों में रहने के कारण आँखें मिचमिचाते वे चारों ओर देखते हैं और उनकी पुतलियाँ बारिस्टर गांधी और मुझ पर से गुज़रती समुद्र तक जाती हैं और फिर अपनी घोड़ागाड़ी ढूँढ़ने लगती हैं। अदालत से अपने बँगलों और चालों को जज, मुंसिफ़, सरिश्तेदार, वकील, हिमायती, बारिस्टर, सॉलिसिटर, वादी-फ़रियादी, क्लर्क और

चपरासी लौट रहे हैं। दर्ज़ी किसी मोटे सेठ का नाप ले रहा है तो उसका नौसिखिया असिस्टेंट एक पर्ची पर नाप के आँकड़े लिखता जाता है। बारिस्टर अपने विचार में पूर्णत: लीन चले जा रहे हैं। उनकी पतलून का निचला भाग उनके झटके से पाँव उठाने के कारण फड़फड़ाता है।

आतश बहराम में चन्दन जलने की गन्ध जो बीच हवा में झाड़ियों पर पके हुए बेर की भाँति लटकी हुई है, इसका अस्तित्व मुझे उसी दिन प्रथम बार उतनी ही तीव्रता से अनुभव हुआ जितनी तीव्रता से मैं स्वयं को अनुभव करता हूँ। यह गन्ध तो अपरोक्ष है, जब कि मैं तो स्वयं के लिए सदैव परोक्ष रहा आया हूँ और रहूँगा। इतने मनुष्य, जीव, वस्तुएँ और घटनाओं के बीच स्वयं को पा लेना इतना अद्भुत था और उस सायंकाल तो मेरे साथ बारिस्टर गांधी भी थे। मुझे पता था यह मेरा संसार है क्योंकि मेरे साथ ही इसने जन्म लिया है और मेरे साथ ही यह खो जायेगा। मैं इसके बिना और यह मेरे बिना असत् है। कवि रायचन्द की पेढ़ी पर पहुँचने से पूर्व ही मैं वह समझ चुका था जिस पर विचार करने हम वहाँ जा रहे थे और ऐसा अनुभव होता था कि बारिस्टर भी इसे समझ गये हैं।

पहुँचते-पहुँचते सूर्यास्त हो गया था। पेढ़ी समेटी जा रही थी। गल्ला और माल कवि रायचन्द जी के साथ जा चुका था और बहियाँ और खातों का मिलान भी हो चुका था। गादियाँ लपेटकर रख दी थीं। श्रीगणेश और लक्ष्मी के चित्र के आगे सन्दीप रखा हुआ था। "पहुँचने में अबेर हुई। कवि घर को निकल गये।" बारिस्टर गांधी ने मुझसे कहा। वे उस स्थान को देख रहे थे जहाँ रायचन्द जी बैठते थे; वहाँ पर गावतकिये और गादी मोड़कर रखी हुई थी। "बखत की पाबन्दी मैं हमेशा रखता हूँ, आज मन की सुनकर चला आया।"

"रायचन्द बाबू कहते हैं, मन से हमेशा उलटा चलना चाहिए।" एक मुनीम ने कहा। बूढ़ा था, सफ़ेद बाल, कान का ऊपरी भाग कटा हुआ था और उसके ऊपर क़लम खोंसे था। सफ़ेद धोती, सफ़ेद कुर्ता और उस पर काली बण्डी पहने वह जाने की तैयारी में था। "मेरे पड़ोसी हैं गोवर्द्धन चन्द्र दवे, नागर ब्राह्मण हैं। इन्हें कवि से मिलाने लाया था। सच सबके अपने-अपने हैं या एक सच है इस पर बहस चल पड़ी थी।"

बारिस्टर ने कहा, "तुम्हें मुनीम जी के पाँव छूना चाहिए। नागर ब्राह्मण है।" मैंने मुनीम मेहता के चरण स्पर्श किये। वे संस्कृत में आशीष वचन कहने लगे।

"मुझे तुम मोटोभाई कहकर पुकारा करो। बारिस्टर अदालती शब्द है।" बारिस्टर गांधी ने लौटते हुए मुझसे कहा। "मोटोभाई" मैंने दोहराया। हम दोनों हँसे।

समुद्री पवन शीतल था जैसे दूसरी ओर से आता हो। बम्बई में ऐसा तापमान दुर्लभ है। सत्य पर हमारा विवाद अपूर्ण रह गया था और उसके बाद ऐसा दिन आया भी नहीं कि यह बात पुनः होती। दूसरे विषयों ने पकड़ लिया। मुझसे बारिस्टर गांधी ने पूछा, "क्या पढ़ाई करने का मंसूबा है?"

"इतिहास।" मैंने उत्तर दिया।

"वह क्यों?" बारिस्टर ने फ़ौरन पूछा।

"मैं नाटककार बनना चाहता हूँ।" मैंने उत्तर दिया किन्तु बारिस्टर मौन रहे। ऐसा लगा नाटककार बनने के विषय में उनके अच्छे विचार न थे या इसके बारे में उन्होंने कभी कुछ सोचा न था। बात बीच में रुक गयी, सो मैंने उसे बढ़ाने के लिए कहा, "ब्रितानिया जाकर पढ़ने की न मेरी हैसियत है न क़ूवत।"

"बारिस्टरी में बहुत माथापच्ची है। ईमान रखकर बारिस्टरी करना टेढ़ी खीर है।" इतना कहकर वे पुनः मौन हो गये।

जिस गली में हम चल रहे थे, वह भी नीरव पड़ी थी। आते समय जो कोलाहल और अगणित जनों का आवागमन था, वह अब न था हालाँकि रात बहुत न हुई थी। घोड़ागाड़ियाँ, साइकिलें फर्र से हमारे निकट से निकल जाती थीं। घरों से दीपकों और गैसलाइटों का क्षीण आलोक सड़क तक आ रहा था। बीच बीच में म्युनिसिपैलिटी के लैम्पपोस्ट के आसपास पढ़ाकू विद्यार्थियों और उपन्यास के नये बने प्रेमियों का जमघट लगा था जिनके बीच कन्धों पर जैसे अख़बार के पंख लगाये कुछ प्रौढ़ बीत चुके दिवस के समाचार पढ़ रहे थे।

बारिस्टर को घर पहुँचने की जल्दी न थी। वे चलते ही तेज़ थे। उनके भाण्डे माँजने की शारीरिकता, उनका अपने कपड़े ख़ुद धोने की, पैदल चलने की, रसोइया होने के बाद भी कई बार राँधने में जिस शारीरिकता के मैंने दर्शन किये थे, उसके कारण मैं उनकी आत्मा का परिचय पा सका था। इतवार के दिन जब वे अपनी हजामत का बक्सा लेकर खिड़की पर बैठ अपनी मूँछें कतरते थे या कोयले का ख़र्चा बचाने के लिए पतलून इस्तिरी न करके धोकर उसे सीधा लटकाकर सुखाते थे तब ऐसा लगता था जैसे उनका शरीर पारदर्शी हो गया है और उनके शुद्ध हृदय का मुझे दर्शन हो रहा हो। उनके पारदर्शी शरीर में उनका हृदय भी पारदर्शी दिखता था जिसमें उठते-खोते विचार और भावनाएँ इतनी स्पष्ट दिखाई देती थीं जैसे वह हृदय न होकर कोई पत्र हो जो मेरे बड़े भाई ने केवल मुझे लिखा था। हमारी भेंटें बहुत कम होती थीं और न ही हम दोनों में कोई घनिष्ठता ही थी और हो सकता है, उनके सुविचारों की मैं मात्र कल्पना कर रहा था। सम्भव है कि वे मेरे विचारों के विपरीत हों, कचहरी

में असत्यभाषण करते हों, पैसों के लिए अपराधियों को जेलखाने से बचाते हो और दलालियाँ पेशगी देते हों या दार्शनिक स्तर पर उनके विचार अस्पष्ट हों, वे सचमुच में कुमुद के कहे अनुसार सनकी हों। यह सब सम्भव था किन्तु मेरी युवावस्था के आरम्भ में वे ही ऐसे व्यक्ति थे जिनका अस्तित्व मेरे आदर्शों की कल्पना का वहन कर सकता था या वहीं मेरी कल्पना अपना पूर्ण विकास पाती थी।

हमारे घर की इमारत के निकट पहुँचते ही उन्हें अपनी रसोई के ऊँचे, आड़े रोशनदान से धुआँ निकलता हुआ दिखाई दिया। उन्होंने चम्पक के वृक्ष तक पहुँचते पहुँचते घूरे के ऊपर से छलाँग लगायी और ज़ीने की ओर दौड़े, "गोवर्द्धनचन्द्र, फिर मिलेंगे।" यों कहकर उनका दायाँ पाँव ज़ीने की दूसरी सीढ़ी पर पड़ा। बायें पाँव का जूता ढीला था, वह खुलकर हवा में उछला और बारिस्टर असन्तुलित हो गये। उनके हाथ से छाता छिटककर खुल गया और पीछे की ओर आकाश में तैरने लगा। वे ख़ुद भी पीछे की ओर गिरने लगे। टोपी उड़ गयी और उनकी स्वर्णघड़ी जेब से निकलकर लड़ी से बँधी उनके मुँह की ओर उठी। घुमावदार लकड़ी के ज़ीने की रेलिंग उनकी पकड़ में न आ सकी और वे कुर्सी के निकट गिर गये। मैं उनकी ओर दौड़ा।

जब तक मैं पहुँचा, वे खड़े हो गये थे। मैंने उनकी टोपी से धूल झटककर उन्हें दी और उनका छाता उठाने लगा। बारिस्टर हाँफ रहे थे। उन्होंने कहा, "तुम जल्दी से ऊपर जाओ और महाराज से कहो मैं पौरिज खाऊँगा। मेरे पैर में दुख है, मुझे चढ़ने में देर होगी तब तक वह मेरे लिए कहीं रोटी न बना दें।" मैं ऊपर भागा। मैंने पौरिज कभी खाया नहीं था। उसके बारे में अंग्रेज़ी पुस्तकों में पढ़ा अवश्य था और उसके बारे में मेरा केवल इतना अनुमान था कि वह दलिये की भाँति स्वादहीन पदार्थ है जो अनाथालयों और अस्पतालों में खिलाया जाता था और बारिस्टर गांधी के रसोइया महाराज को उससे घृणा थी।

महाराज आसन बिछाकर तुलसी माला पर कोई जप कर रहा था। सिगड़ी पर दाल उबल रही थी। महाराज के निकट एक दीपक और सिगड़ी के निकट तेल की चिमनी जल रही थी। मेरे घुसते ही कमरे से एक बिल्ली पतीली से मुँह उठाकर दूध भरी मूँछें लिये भागी। "महाराज, महाराज!" मैंने आवाज़ लगायी। महाराज ने फ़ौरन आँखें खोलकर मुझे देखा, "क्या हुआ साहब? इस बखत यहाँ?"

"बारिस्टर ने कहा है कि उनके लिए रोटी मत बनाना वे पौरिज खायेंगे" मैंने महाराज ने कहा।

महाराज ने पुनः आँखें मूँद लीं, "रोटी तो बन चुकी। दाल और लौकी की सब्ज़ी भी।"

इतने में बारिस्टर भी आ गये, "मैंने तुमसे अदालत जाने से पहले ही कह दिया था कि मैं आज पौरिज खाऊँगा।"

महाराज फ़ौरन खड़ा हो गया और सिगड़ी की तरफ़ दौड़ा, "ध्यान नहीं रहा, साहब।"

बारिस्टर गांधी की त्यौरियाँ नासिका के ठीक ऊपर सिमट आई, "खाने को लेकर मैं कुछ प्रयोग कर रहा हूँ मगर तुम रोज़ घी चुपड़कर दर्जन भर रोटियाँ, घी से भरी दाल-भाजी बनाकर रख देते हो।"

"हमारे देश में यह भोजन बाप-दादा के ज़माने से खाते आ रहे हैं। यही हमारी मिट्टी में होता है। आटे की लपसी रोज़-रोज़ खाइएगा तो बदन में धातु कैसे बनेगी! बुढ़ा जाओगे, बारिस्टर साहब! मग़ज़ और बदन में ज़ोर रहे, इसलिए घी ज़रूरी है। घी तो अमृत है अमृत।" महाराज ने सिगड़ी से दाल उतारते हुए कहा।

बारिस्टर जूते पहनकर अन्दर आ गये थे, इसलिए बाहर अपने जूते रखकर आये और कमरे के अगले भाग में पोंछा लगाने लगे। मुझे समझ नहीं आ रहा था कि मैं रुकूँ या जाऊँ और यदि जाऊँ तो बारिस्टर गांधी से विदा कैसे लूँ। वे क्रोध में फ़र्श रगड़ रहे थे। फिर नीचे से बाल्टी भरकर लाये और हाथ-पैर धोने लगे।

"आप दोनों की थाली लगा दूँ या पौरिज बनायेंगे?" महाराज ने पूछा।

पतलून उतारकर धोती बाँधते हुए बारिस्टर ने कहा, "हम दोनों पौरिज ही खायेंगे। रोटी जो बन गयी है, मैं कल खा लूँगा। खाना घूरे पर जाये, यह मुझे स्वीकार नहीं, न मेरे कारण तुम बासी रोटी खाओ, यह स्वीकार है। तुम खा लो, मैं गोवर्द्धन और अपने लिए पौरिज बना लूँगा।"

धोती पहने हुए बारिस्टर को देखने का यह पहला अनुभव था। माँ ने घर पर मेरे लिए भोजन बनाया होगा, फिर भी मैं पौरिज खाने में कैसा होता है, यह जानने के लिए रुका रहा।

दो

बारिस्टर गांधी दोपहर तक जनूबी अफ्रीका जाने वाले जहाज़ में बैठ गये थे। इस बीच मैट्रिकुलेशन की परीक्षाओं, महाविद्यालय में प्रवेश, अपने विवाह में इतना व्यस्त रहा कि बारिस्टर से एक बार भी शान्ति से बैठकर भेंट न हो सकी थी। मेरा विवाह नर्मदाप्रसाद जी की बहन की ननद अन्नपूर्णा से भड़ौच में अक्षय तृतीया के दिन गोधूलि बेला में सम्पन्न हुआ। अन्नपूर्णा की वय मुझसे मात्र चार वर्ष ही कम थी। उसे अक्षरज्ञान था किन्तु गणित में गति शून्य थी। पत्र और अख़बार पढ़ लेती थी किन्तु पुस्तक पढ़ने में अरुचि दिखाती थी। लिखने के नाम पर केवल अपना नाम बड़े प्रयास के बाद जैसे-तैसे लिख लेती थी। भोजन बनाने में उसकी बुद्धि किंचित् न लगती थी। स्वयं भी भाजी और दाल की तरफ़ देखती तक न थी। घी और गुड़ के साथ रोटी खाती थी और दिन भर फरसाण की फ़िराक़ में रहती थी। स्वभाव से अत्यन्त चपल थी और उसकी सबसे बुरी आदत थी मुझे अपना परमेश्वर न मानकर अपने बरोबर का समझना। मैंने अनेक अंग्रेज़ी उपन्यास पढ़े थे और मुझे पता था कि स्त्री को उसके पति के बरोबर माना जा सकता है किन्तु पता नहीं क्यों अन्नपूर्णा मुझे परमेश्वर माने, मैं यही चाहता था। अपने प्रेम के कारण मैं विवश था।

अन्नपूर्णा के संग मेरी पहली रात उठापटक में नष्ट हुई। कुलदेवताओं की पूजा, फिर उसके और मेरे इष्टदेवता के दिन की प्रतीक्षा और उस दिन दोनों का व्रत करने के पश्चात् गणेश मन्दिर के दर्शन किये और तब अन्नपूर्णा को मेरे कमरे में रात्रिशयन के लिए भेजा गया। कुमुद का कमरा मुझे मिला। उस रात्रि पहले तो बहुत देर तक कुमुद हमारे संग बैठी रही। अन्नपूर्णा संकोच के कारण कुर्सी पर बैठी थी। थोड़ी देर में उसकी कुर्सी पर ही नींद लग गयी। कुमुद सम्पूर्ण जगत् का वृत्तान्त उस रात लेकर बैठी हुई थी, "गोवर्द्धन, भड़ौच में जनवासा कैसा था? शर्बत का इन्तज़ाम तो बरोबर था न।"

"तरबूज़ और गुलाब का शर्बत और साथ में मुँह मीठा करने को मोहन हलवा।" मेरी वाणी निरुत्साह थी। जिसकी नववधू उसकी नवीन शय्या से लगी कुर्सी पर बैठी हो, रात आधी से अधिक बीत चुकी हो, उसका शर्बत और मिठाइयों की बात में, क्या उल्लास होगा!

"पंगत के बारे में बताओ न गोवर्द्धन, क्या-क्या बना था?" कुमुद ने बात आगे बढ़ाई। इससे पूर्व मैं उत्तर देता ललिताबेन भी आकर बैठ गयी। अपने विवाह के पश्चात् वह इतने वर्षों बीते अब मेरे विवाह में आयी थी। बहू से अधिक उसके आने से माँ सुखी थी। उसके तीन-तीन बालक ब्रजोत्सवदास, कुंजोत्सवदास और गोकुलोत्सवदास क्रमशः बारह, दस और नौ वर्ष के हो गये थे और पहली बार बम्बई आये थे। उसके पति बेलाराम पाठक जी तो इन तेरह वर्षों में पूरे बूढ़े हो गये थे और खाँसे बिना किसी कमरे में न आते थे। उन्होंने ब्रजोत्सवदास का विवाह ठहरा दिया था और आगामी देवोत्थापिनी एकादशी के पश्चात् उसका विवाह निश्चित किया था। मेरे विवाह में आने का उद्‌देश्य मेरा लग्न न होकर बेटे के विवाह में मामा की ओर से आने वाले भात की व्यवस्था करना था।

"बताओ न भैया, पंगत कैसी हुई थी?" कुमुद ने पूछा। अन्नपूर्णा नींद में कुर्सी से लुढ़कने-लुढ़कने को थी।

"बहुत पकवान बने थे, अब याद नहीं।" मैंने टालना चाहा। "पत्नी आ गयी तो हम परायी हो गयी!" कुमुद ने कहा। उसका मुख दुःख और अचम्भे से स्थिर रह गया था। मैंने ललिताबेन की ओर देखा, वह तो मेरे लिए पराई ही थी। भात में स्वर्ण, वर्ष भर का अनाज, नये जोड़े, मेवे और चाँदी के बर्तन उन्हें दे इसकी आशा में वे मेरे लिए सुवर्ण की अँगूठी और अन्नपूर्णा के लिए सुवर्णनिर्मित कर्णफूल लायी थी। अपनी सहोदरी से इतने वर्षों पश्चात् मिलने पर मुझे भार ही अधिक अनुभव हुआ। जुड़ाव जो कुमुद से था, वह कभी ललिताबेन से न हो सका। मन हुआ कुमुद के सिन्दूर से सजे भाल का स्पर्श करके उसे बताऊँ कि वह अब भी मुझे भी उतनी ही प्रिय है जितने मेरे विवाह से पूर्व थी और मेरा निरुत्साह केवल इसलिए है कि पूजा-पाठ, रीतियों को निबाहते मैं बहुत थक गया हूँ और मेरी पत्नी हमारी प्रथम रात्रि कुर्सी पर सोयी है, गिरने-गिरने को है। कुछ कह न सका। कुमुद की बायीं आँख के कोने में अश्रु प्रकट होते-होते अदृश्य हो गया। वह उठ खड़ी हुई। भारी बनारसी साड़ी का आँचल ठीक करती हुई वह काँप रही थी।

"बक्से से निकालकर गोरस की मेरी लुटिया में दो चमचे घी तो डाल दो, ब्रजोत्सव!" बेलाराम जी को ललिताबेन को पुकारना होता तो ब्रजोत्सव को ही टेरते

थे। वे लोग अपना घी आप लाये थे और इससे पिता जी और बा को पहले बहुत बुरा भी लगा था। फिर उनके घी की खपत को देखते हुए सभी समझ गये कि वे अपना घी अपने संग क्यों लाये हैं। ललिता पति का हुकम बजाने दौड़ी। कुमुद थोड़ी देर खड़ी रही, "चल अब नहीं बनती अड़चन तेरे और तेरी पत्नी के बीच।" जाते-जाते कुमुद ने ग्रीवा नहीं मोड़ी किन्तु पीछे से मित्रों जैसा हाथ बढ़ाया। उसे मैंने आगे बढ़कर पकड़ा नहीं। कुमुद ने कहा "श्रीगणेश" और चली गयी।

लाख उठाने के बाद भी अन्नपूर्णा नहीं जागी। मैंने किवाड़ लगाया और उसे उठाकर बिस्तर पर सुला दिया। गुड़ और फरसाण खा-खाकर मोटी का भार बहुत था। जब उसे चादर मैंने उढ़ा दी तो आँखें खोलकर बोली, "मुझे पहले क्यों नहीं जगाया! कुमुद दीदी और ललिताबेन के चरण स्पर्श नहीं कर सकी।"

जब कान पर ज़ोर-ज़ोर से चिल्लाया तब नहीं जागी। जब कुर्सी से उठाकर बिस्तर पर सुलाया तब नहीं जागी और अब बिस्तरे से कह रही है कि पहले क्यों नहीं जगाया। मैंने मूँछों पर हाथ फेरते हुए पूछा, "क्या कहा?" तब तक वह पुन: सो चुकी थी या सम्भवत: सोने का अभिनय कर रही थी।

उस रात हमारी इमारत में कोई कोलाहल नहीं था। इतनी शान्ति थी कि उससे विघ्न अनुभव होता था। ऐसा लग रहा था हमारी आवाज़ दूर तक जा सकती है और लोग हमारी बात सुन रहे हैं, इसलिए हमने उस रात कोई बात नहीं की। मैंने उसके कन्धे पर हाथ रखा। उसने मेरा हाथ पकड़ा तब ऐसा लगा मानो उसकी हड्डियाँ नवनीत से बनी हों। देर तक मैंने उसे अपना हाथ यों ही पकड़े रहने दिया और फिर झटके से छुड़ा उसके दोनों हाथों को उसकी पीठ से लगाकर उसके संग मनवांछित व्यवहार किया। वह मौन रही।

यूरोप का इतिहास पढ़ता था तो लगता था, वह न केवल सुलिखित है बल्कि उसमें एक प्रकार की पूर्णता है। भारत का इतिहास बनती हुई इमारत की तरह था। उसे पढ़कर अपूर्णता का बोध होता था। उसका अचानक अन्त हो जाता था। बारिस्टर गांधी इंग्लैंड होकर आये थे क्योंकि उनके पास रुपया था। और बारिस्टर होने का उद्देश्य था। मेरे पास दोनों नहीं थे। इतिहास पढ़ने कोई इंग्लैंड जाता हो ऐसा देखा नहीं था रुपया तो था ही नहीं। पारितोषिक प्राप्त होने की भी आशा नहीं थी क्योंकि महाविद्यालय में मुझसे कहीं अधिक मेधावी विद्यार्थी थे। मुझे लगता था, मैं इस संसार में धकेल दिया गया हूँ। इस स्थान पर जहाँ मैं रहता हूँ, इससे कितनी दूर जा सकता हूँ! उस समय से इतिहास के किसी और काल में जाना असम्भव

था। हमारे साथ हमारा समय और देश भी जन्म लेता है और हम उसी में जीने के लिए अभिशप्त रहते हैं।

दूसरे स्थान पर जाकर स्थान भले बदल जाये, समय वही रहता है और यह स्थान भी हम क्या बदल पाते हैं! जहाज़ में बैठकर बारिस्टर जनूबी अफ्रीका चले गये। आधिभौतिक रूप से उन्होंने अपना स्थान बदल भी लिया हो, आस्तित्विक दृष्टि से वह अपनी नियति के बनाये काल और देश में बँधे रहेंगे। इतिहास के जेलख़ाने में दण्ड काटने का अनुभव मुझे इतिहास पढ़कर और भी अधिक होता था। यह सब अन्नपूर्णा समझने का प्रयास नहीं करती थी। बारिस्टर का पता-ठिकाना न था कि उन्हें पत्र लिखता। एलफिंस्टन कॉलेज में मुश्किल से मेरी मित्रता एक पारसी लड़के खोदादाद कोतवाल के साथ हुई थी। उसके पिता आतश बहराम में दस्तूरजी थे और खोदादाद के जीवन का उद्‌देश्य भी दस्तूरजी बनना था। वह खाने-पीने और धार्मिक रीतियों की बात ही अधिक करता था।

बारिस्टर गांधी के रसोइये रविशंकर महाराज से अवश्य भेंट होती रहती थी। हमारे घर में तम्बाकू और चायपत्ती आपूर्ति का ज़िम्मा उसका ही था। भायखला में किसी सेठ के यहाँ दिन का भोजन बनाता था। वहीं रहता था किन्तु हमारी इमारत के नीचे अक्सर पाया जाता। मेरे महाविद्यालय से लौटने की प्रतीक्षा करता रहता और मेरे आते ही मेरे पीछे-पीछे आ जाता था। बारिस्टर गांधी जिन तीन कमरों में रहते थे वहाँ उनके पीछे कोई और किरायेदार न आया था। मकान मालिक ने ताला डालकर कुंजियाँ पिता जी के हवाले की थीं। मैं वहाँ पर अध्ययन करता था और महाराज मेरे लिए चाय बनाता और तम्बाकू लपेटकर सिगरेट तैयार करता था। हालाँकि एक रसोइये को मित्र मानना महाविद्यालय में पढ़ने वाले और जीवन में निश्चय ही कुछ विराट करने का स्वप्न देखने वाले पुरुष की गरिमा के अनुरूप नहीं था किन्तु बारिस्टर गांधी को उसकी उपस्थिति में कई बार भाण्डे धोते देखकर और उसके साथ बरोबरी का व्यवहार करते देखकर मैंने उसे नौकर और थोड़ा मित्र मान लिया था।

"यह लो, बढ़िया तम्बाकू है। मैंने लपेटा भी ढेर सारा है।" महाराज ने सिगरेट आगे बढ़ायी। मेरे होंठों के बीच फँसाते ही उसने माचिस की जलती तीली आगे की। महाराज पतीली पर उबलती चाय छानने लगा। बाहर घनघोर वृष्टि हो रही थी और अन्दर भाप छोड़ती चाय से भरा कप और एक मोटी सिगरेट मेरे हाथ में थी। बारिस्टर ऐसे दृश्य को बर्दाश्त नहीं कर पाते। वे अनुशासन के हामी थे। क्या बारिस्टर के जीवन में भी ऐसे दिन आये होंगे? महाराज मुझे ध्यान से देख रहा था। मैंने आँख उठाकर उसे देखा तो उसके धूप से काला पड़ गये माथे और चमकती

किन्तु डूबती आँखों में एक विशेष कोमलता मुझे दिखाई दी। अपनी इच्छा से डूबते मनुष्य की पुतलियों में जो दीप्ति प्रकट होती है, उसी दीप्ति से मुझे ब्रह्माण्ड जगमग लग रहा था। रण्डियाँ बापरना, तम्बाकू पीना और मदिरापान करना ही महाराज के दिनों को बिताये जाने योग्य बनाता था। उसके जीवन ने उसे जो जेलख़ाना दिया था, उसमें यही खिड़कियाँ थीं।

झुटपुटा छा गया था और हमारे पास चिमनी नहीं थी। मैंने पुस्तक बन्द कर दी। "क्या सोच रहे हो, गोबरधन भैया?" महाराज ने पूछा, "यही न कि बारिस्टर साहेब अभी होते तो कितना ग़ुस्सा होते!"

महाराज ने सिगड़ी के कोयलों को चिमनी से फूँककर प्रकाश के लिए आग सुलगा दी। "तम्बाकू, चाय, परायी औरतों से मज़े करना इससे वे घिन खाते थे।" मैंने लज्जित होकर कहा। यह सब करते मेरा मन दु:ख में डूबने लगा था।

"ऐं, बाईस-तेईस का आदमी है बारिस्टर। अभी कहाँ दुनिया जहान देखा। मूँछ तो ठीक से उगी नहीं। कौन मर्द है जो यह सब नहीं करता! और अकेले करता है क्या! लुगाई संग नहीं होती जब करता है।" महाराज प्रौढ़ पुरुष की भूमिका में कूद पड़ा।

"तो तुम्हारा मतलब है उम्र बढ़ने पर बारिस्टर ऐसे मज़ों में मशगूल हो जायेंगे।" मैं उत्सुक हो उठा। वैसे महाराज उनका चाकर था मगर वह हाँ में जवाब देता तो मेरे मन को शान्ति पहुँचती और मैं भी बिना ग्लानि के यह पाप करता। अन्नपूर्णा के आने के पश्चात् मुझे स्त्री के सुख का पता पड़ा था और मैं किसी व्यभिचारिणी के जंजाल में पड़ना चाहता था।

"और नहीं तो क्या! आधी रात को घबराकर कई बार उठते थे बारिस्टर साहब। उसी बखत लँगोट धोते। गृहस्थ मानुष को यह सब लफड़े तो होते ही हैं।" महाराज ने आँखें नचा-नचाकर कहा।

तब क्या मेरी भाँति बारिस्टर भी स्वप्नदोष नामक व्याधि से ग्रस्त है? यह तो ऐसे चरित्रहीन पुरुषों की व्याधि है जो सतत स्त्रियों के विषय में मनन करते रहते हैं। बारिस्टर गांधी ऐसे नहीं हैं। "महाराज, नाहक उनका नाम ख़राब मत करो।" मैंने महाराज से कहा। वह हँसने लगा। देर तक मूर्ख किन्तु नीच मनुष्य की भाँति हँसता रहा। क्या मेरी भाँति बारिस्टर भी स्वयं को स्त्रियों के संग भिन्न-भिन्न अवस्थाओं और आसनों में काम-क्रीड़ा करते देखते होंगे? मेरा हृदय यह किसी भी भाँति मानने को तैयार नहीं हो रहा था। मुझे बारिस्टर गांधी का कवि रायचन्द जी से यह कहना

कि वे कामवासना से व्याकुल रहते हैं, यह तो याद है किन्तु उन्हें कुमार्गगमन के स्वप्न आते हैं, ऐसा मानना मेरे लिए असम्भव था।

"चलो, समय बीत चला। अँधेरा भी हो गया है। घर जाओ, मैं भी अपने घर चला।" मैंने कहा और हम दोनों बाहर आ गये। सीढ़ियाँ अन्धकार से भरी हुई थीं। हाथ को हाथ नहीं सूझता था। उसी अन्धकार का लाभ लेकर सम्भवत: महाराज ने कहने का साहस किया, "गोबरधन भैया, आप कहें तो महरी बुलाकर कमरे साफ़ करवा दूँ?"

ताले में कुंजी घुमाकर मैंने उसे देखा और उत्तर दिया, "हाँ, मगर रुपया एक न मिलेगा।"

महाराज उल्लसित हो गया ऐसा अन्धकार में सीढ़ी टटोल-टटोलकर उतरते हुए उसकी गति में और उसके शब्दों में मुझे अनुभव हुआ, "रुपये की कौन सी बात है। इस ठिकाने मैं भी महीनों रहा हूँ। इतना तो मेरा ज़िम्मा है।"

मैंने खिड़की से देखा वह घटाटोप वृष्टि में भीगता चला जा रहा था। उसकी आकृति रात में घुलती जा रही थी, धोती का श्वेत किन्तु अब मटमैला छोर पंकिल होकर भारी हो गया था।

सात बजने को आये थे। रात का भोजन बनाने के बाद बा और अन्नपूर्णा धुले किन्तु अब तक न सूखे कपड़ों पर कोयला भरकर इस्तरी कर रही थीं। निकट तेल की चिमनी के प्रकाश में बैठी सुभद्रा बुआ दीये की बत्तियाँ बंट रही थी। "इतनी देर कहाँ सरस विलास हुआ, गवर्नर गोवर्द्धन जी?" बुआ ने पूछा। वह हमें कठोर अनुशासन में रखती थी। उसके पति सूरत के थे। विधवा होने के पश्चात् उसने सूरत में ही जैन मन्दिर में चन्दन घिसकर और मन्दिर के अन्य कार्य करके जीवनयापन किया किन्तु पिता जी जो उसके भाई थे या देवरों के घर न गयी। थोड़े समय पीछे दिन भर घर में अकेली रहकर कुविचार मन में घर न करे, इसलिए नर्मदाप्रसाद जी से लग्न करके कुमुद को द्विरागमन होने तक हमारे घर भेजा था।

"मैं तो पड़ोस ही में अध्ययन कर रहा था, बुआ।" मेरे कण्ठ से स्वर ही न निकलता था।

"चाय-तम्बाकू के बिना पढ़ाई-लिखाई नहीं होती गवर्नर साहब की! पूरी इमारत बास रही है।" बुआ ने कहा। बा और अन्नपूर्णा ने मुझे देखा। वे जानती थीं कि मैं तम्बाकू और चाय पीता हूँ। तम्बाकू माँ सिगरेट बनाकर पीती तो न थी किन्तु कभी-कभी उदर वेदना का बहाना बनाकर खाती अवश्य थी। चाय तो माँ और अन्नपूर्णा दोनों पिये बिना न रहती थीं।

"चाय-तम्बाकू जैसे व्यसन को तो मैं सौ हाथ दूर से प्रणाम करता हूँ बुआ जी।" मैंने दोनों हाथ जोड़कर अत्यन्त नाटकीय मुद्रा बनायी।

बुआ ने होंठ बिचकाये, "फाड़ूँगी चीर करूँ गल कन्था रहूँगी बैरागन होय री।" भजन गाने लगीं। देर तक गम्भीरता छायी रही जिसे बुआ ने तोड़ा, "क्यों री गोबरगौरी तेरा ससुर कब तक आयेगा? ब्यारी का बखत हो गया।"

आते ही सुभद्रा बुआ ने अन्नपूर्णा का नाम बदलकर गोबरगौरी कर दिया था—गोवर्द्धन चन्द्र दवे की भार्या का नाम गोबरगौरी।

"पिता जी तो देर रात बीते आते हैं। हम तो उनके आने से पहले ही भोजन कर लेते हैं" अन्नपूर्णा उर्फ़ गोबरगौरी ने कहा। पहले वह पिता जी के खाने के बाद ही बा के साथ भोजन करती थी किन्तु गर्भवती होने के कारण इन दिनों बा उसे पहले ही भोजन करवा देती थी।

"दीदी, आपका खाना लगा दूँ? गोबरगौरी और गोवर्द्धन के संग खा लीजिए।" बा ने कहा और अन्नपूर्णा को गोबरगौरी कहते हुए अचानक हँस पड़ी। अन्नपूर्णा रोते हुए अन्दर भाग गयी। मैं कपड़े बदलने के बहाने उसे मनाने अन्दर दौड़ा।

अन्नपूर्णा रो तो यों रही थी जैसे किसी ने उसकी सब जायदाद हथिया ली हो।

"क्या हुआ तुम्हें? बा की याद आ रही है?" मैंने कुर्ता उतारते हुए पूछा।

उसने ऊपर देखा और फिर दहाड़ मार-मारकर रोने लगी। बाहर से बा का स्वर सुनाई दिया, "दीदी, देखूँ भीतर गोबरगौरी रो क्यों रही है?"

बुआ ने उत्तर दिया, "भर्ता और भार्या के बीच तेरा क्या काज।"

अन्नपूर्णा नाक पोंछती हुई बोली, "मेरे बा और बाप का दिया नाम बुरा लगता है तो मैं बुरी नहीं लगती!"

मैंने किवाड़ के दोनों पल्ले एक किये और ऐसी आवाज़ में कहा कि बाहर सुनाई दे, "मेरी धुली हुई धोती कहाँ है?"

धोती उतारकर खूँटी पर टाँगी और अन्नपूर्णा के कानों में फुसफुसाया, "जब तक बुआ रहेंगी तब तक का नाम है।"

अन्नपूर्णा पलटी और मुझे कौपीन में खड़ा देखकर रोते-रोते हँसने लगी। पुन: अपने नामकरण की स्मृति उसे हो आयी और मुँह उतर गया, "यह भी कोई नाम है! गोबरगौरी! मैं नहीं मानती इस सड़े-सड़ाये नाम को अपना नाम।" मैंने उसे रोकने के लिए उसके मुँह पर हाथ रखा तो उसने मेरी अँगुली काट ली, "आयँ आह!" मैं चीख़ पड़ा।

"रास-विलास पीछे होता रहेगा। पहले भोजन कर लेने दो गोबरगौरी को; वह दो जी से है।" बुआ बाहर से चिल्लायी। मैंने जल्दी से धोती लपेटी और किवाड़ खोलने को बढ़ा। उससे पूर्व "चलो खाना लगाओ।" मैंने अन्नपूर्णा से कहा, "गोबरगौरी बुरा लगता है तो ठीक है, आज से तुम्हारा नाम गोवर्द्धनप्रिया" कहकर उसका चुम्बन लेने को बढ़ा तब कहीं जाकर वह रसोई की ओर भागी।

"गंगागौरी तेरी भी थाली लगा," बुआ ने आदेश किया। बा पिता जी से पूर्व कभी खाती न थी किन्तु उस दिन बुआ ने इस रूढ़ि को कुचल दिया। अन्नपूर्णा को भूमि पर बैठने में गर्भावस्था के कारण अड़चन होती थी, इसलिए मेरी पढ़ाई की मेज़ पर भोजन लगाया गया। बीच में चिमनी रखी गयी। अंग्रेज़ों की भाँति खाने का हमारा यह प्रथम अनुभव था। इमारत के दूसरे लोगों को जब यह पता लगा तब हमें पीठ पीछे कुजात और न जाने क्या-क्या कहा गया। महाराज को इससे तकलीफ़ न हुई। "बारिस्टर भी इसी प्रकार मेज़ पर विराजमान होकर रोटी खाते थे मगर बाद में धरती पर आलथी-पालथी मारकर खाने लगे।" उसने बताया था और यह भी बताया कि उसके सेठ और उनके परिजन भी मेज़ पर भोजन करते हैं।

अन्नपूर्णा फरसाण के साथ थेपला खाने लगी। बुआ ने टोका, "दाल खाओ गोबरधनप्यारी!" तो बुआ ने मेरा अन्नपूर्णा को गोवर्द्धनप्रिया कहना सुन लिया था। बुआ की बात सुनकर अन्नपूर्णा के कपोल कान तक लाल हो गये और लज्जा के कारण मेरे मुँह का कौर भी बाहर आ गया। मैंने पानी पिया। "भर्ता चाहे जो रखे अपनी घरनी का नाम। जूनी राँड की कौन सुने," बुआ ने अमचूर के साथ थेपला खाते हुए कहा। बा मुस्कुरा रही थी। अन्नपूर्णा ने उस दिन कटोरा भरकर दाल खायी और मुझसे डेढ़ थेपले से अधिक खाया न गया।

"ऐसी बरसती घटा में कौन बावला नाटक देखने आता होगा!" बुआ ने आचमन करते हुए कहा। उन्हें पिता जी की प्रतीक्षा थी। उनकी आचमन विधि पूरे ब्रह्माण्ड में अद्वितीय थी। थाली धोकर उसका पानी पीना, देर तक अँगुली से मसूड़ों की मालिश करना, कुल्ले पर कुल्ले करना और सबसे अन्त में मुख में जल भरकर दस मिनट तक आँखें बन्द करके बैठना।

मेरे पुत्र यज्ञदत्त के जन्म को चार वर्ष बीत गये। सेठ प्रेमचन्द रायचन्द पारितोषिक की रक़म से यज्ञदत्त का नामकरण, अन्नप्राशन और मुण्डन धूमधाम से सम्पन्न हो गये किन्तु पिता जी की पगार में घर चलाना दिन-प्रतिदिन कठिन होता जा रहा था। बीए के पश्चात् मर्कंटाइल बैंक ऑफ़ इंडिया लिमिटेड में कारकुनी का काम पकड़ने को मैं विवश था। गोबरगौरी, हाँ उसने अनन्ततः यह नाम लड़ने-झगड़ने

के बाद स्वीकार कर लिया था, ने अपने आभूषण बेचकर मुझे ब्रितानिया बारिस्टर भेजने का प्रस्ताव अनेक बार दिया किन्तु पिता जी ने इसे अस्वीकार कर दिया। बुआ का इसके पीछे पिता जी से बहुत कलह हुआ, बा ने भी उन्हें मनाने का असफल यत्न किया किन्तु वे नहीं माने और मैं छोटी पगार पर मर्कंटाइल बैंक ऑफ़ इंडिया लिमिटेड में चाकरी बजाने लगा। नाटककार बनने का स्वप्न घूरे पर गया।

एक रात मेरे साथ अनोखी घटना घटी। शारीरिक सुख को छोड़ मेरे जीवन में कोई और सुख शेष न था। गोबरगौरी के गाढ़े अनुराग के कारण मैं जीवित था। उस रात यज्ञदत्त को ज्वर था और वह जल्दी सो गया था। ऐसे वह बारह के घण्टे बजने से पूर्व न सोता था। मैंने गोबरगौरी की लम्बी चोटी उठाकर उसकी ग्रीवा पर दन्तक्षत किया। वह पलटी और अपने बड़े-बड़े नयनों से मुझे ताकने लगी। मैंने उसके ओठों का चुम्बन लेना चाहा। उसने नयन मूँद लिये। मैं साँस भरने को क्षण भर को रुका तो उसने कहा, "कुछ महीने तुम्हें ब्रह्मचारी रहना होगा। मुझे लगता है, मैं गर्भवती हूँ।" मैंने अनसुना करके उसके पोलके के बटन खोलना चाहे। उसने अब मेरी चिबुक थामकर कहा, "मैं गर्भवती हूँ।" सहसा शारीरिक सुख से वंचित होना कोई विशेष घटना नहीं, पत्नियाँ तो गर्भवती होती रहती हैं किन्तु मेरी आँखों से अश्रु टपकने लगे। गोबरगौरी भयभीत हो गयी और अपने पोलके के बटन स्वयं खोलने लगी।

उसे अपने प्रति इतना कोमल, इतना तरल पाकर मैं और अधिक रोने लगा। मैं कभी रोता न था। ऐसी दशा को मैं कैसे प्राप्त हुआ मुझे स्वयं समझ नहीं आ रहा था। अपनी पत्नी के आगे, उसके पुनः गर्भवती होने का समाचार सुनकर मैं रो रहा था या स्त्रीप्रसंग के मध्य गोबरगौरी के मना करने पर, मैं नहीं जानता था। यज्ञदत्त जाग गया और मुझे रोता देखकर वह भी दहाड़ मार-मारकर रोने लगा। देर तक गोबरगौरी उसे मनाती रही। कितनी निर्बल हो गयी थी वह। उसके लम्बे-लम्बे हाथों में लग्न में दिया सोने का कंगन कलाई से फिसलकर न गिरे, इसलिए उसके आगे उसने हरे काँच की छोटी चूड़ियाँ पहन ली थीं। लग्न के दिन यही कंगन उसके हाथ में मुश्किल से चढ़ा था। मुख पर भी कान ही कान और बड़े-बड़े नेत्र ही दिखते थे। कपोल धँस गये थे और आँखों के नीचे देर से सोने और ब्रह्ममुहूर्त में उठने के कारण कृष्ण वलय बन गये थे। उसकी मोटी चोटी ही उसके सुखमय बचपन और कैशोर की कथा कहने को शेष थी। कितने दिनों से वह अपने बा और बापू से न मिली थी। कितने दिन हुए उसने फरसाण खाना छोड़ दिया था।

गोबरगौरी ने जल का लोटा पकड़ाया। गद्दे के नीचे छुपाकर रखा बताशा दिया। आँसू पोंछकर और जल पाकर मैंने गोबरगौरी से कहा, "तुम्हें मुझसे लग्न करके कोई सुख नहीं मिला न अन्नपूर्णा।"

उसने पीठ फेर ली, "मना किया तो मैं गोबरगौरी से अन्नपूर्णा हो गयी।"

मैंने उसे कन्धे से अपनी ओर खींचते हुए कहा, "गोबरगौरी" और क्षमाप्रार्थियों की भाँति कान पकड़े, "यहाँ आकर सुख नहीं पाया न तुमने।"

गोदी से उतारकर यज्ञदत्त को शय्या पर सुलाते हुए गोबरगौरी ने कहा, "कौन सा सुख नहीं मुझे! पति का, बेटे का, घी-गुड़ का! आप बृथा बात न बनाइए। छोटी-सी बात पर ऐसा दु:ख कोई आदमी मनाता है क्या।"

"कष्ट रोकड़ का है, गोबरगौरी! पाई-पाई जोड़ो, कौड़ी-कौड़ी का हिसाब रखो। दरिद्रता से बड़ा दु:ख कौन सा है!" मेरे मुँह से निकली बात से ही मैं समझा कि मेरा यों अचानक रो पड़ना हमारे घर के आर्थिक संघर्षों के कारण था। और गोबरगौरी के जापे, उनकी बड़ी सन्तान के असाध्य रोग का उपचार, फिर पहली सन्तान की जीवनलीला का अन्त और नर्मदाप्रसाद जी को जेल जाने से बचाने में हमारा बहुत रुपया ख़र्च हो गया था। ऊँचे ब्याज पर रोकड़ भी उधार ली थी। इस बीच ललिताबेन ने अपने तीन-तीन पुत्रों के लग्न किये और उनके भात, छूचक भरने में बहुत ख़र्चा हुआ था। 1896 के अकाल के कारण प्रत्येक वस्तु महँगी आती थी। कुछ भी करके पिता जी और मेरी पगार पूरी नहीं पड़ती थी। गोबरगौरी ने अपनी दोनों हथेलियाँ देर तक रगड़ीं और मेरी आँखों का सेंक करने लगी। उसने एक शब्द नहीं कहा।

मच्छरदानी में मच्छरों का एक जोड़ा घुस आया था। उनकी भनभन सुनकर शब्द का पीछा करते हुए गोबरगौरी तालियाँ बजा-बजाकर उन्हें मारने को पलंग पर उछल रही थी। यह पलंग एक व्यक्ति के सोने के लिए ही उचित था किन्तु इस पर गोबरगौरी, यज्ञदत्त और मैं जैसे-तैसे सोते थे। उस पर मच्छरदानी बाँधने से पलंग और छोटा लगता था। यह पलंग बिस्तरे समेत गोबरगौरी के पिता पण्डित नटेश्वरचन्द्र बटेश्वरचन्द्र नागर ने मुझे दहेज में दिया था। शीशम का नक्काशीदार और मज़बूत, हम दोनों के गृहस्थ जीवन का साक्षी यह पलंग कितनी मुश्किलों से इस इमारत के दूसरे माले तक पहुँचाया गया था। पिता जी जब इसे कुमुद के कमरे में रखवाने लगे जो कुमुद के जाने के बाद से मेरा कमरा बन गया था, तब मुझे कितना संकोच हुआ था। गोबरगौरी लज्जा से भूमि में गड़ी जा रही थी।

इसी पलंग पर जब मैंने गोबरगौरी का एक बार हाथ पकड़ा था, वह मूर्च्छित हो गयी थी और मैं पसीना-पसीना हो गया था। उसके बाद इसी पलंग पर हम दोनों ने एक-दूसरे से परम निर्लज्ज खेल किये थे। इसी पलंग पर यज्ञदत्त का जन्म हुआ था जिसके बाद इस पलंग के नीचे अजवायन और अगरु जलाये जाते थे। इसी

पलंग पर दुलाई में छुपकर गोबरगौरी मुझे अपने जापे का लड्डू चुपचाप खाने को कहती थी क्योंकि उससे वह लड्डू खाये न जाते थे। मुझसे ग़ुस्सा होकर इसी पलंग को त्यागकर कितनी बार गोबरगौरी भूमि पर सोती थी और उसे मनाने के लिए मैं भी उसके साथ भूमि पर लेट जाता था। इसी पलंग पर 17 सितम्बर को मेरी गर्भवती पत्नी अन्नपूर्णा उर्फ़ गोबरगौरी ने प्राण त्याग दिये थे।

"कौन ताली पीट रहा है आधी रात को! हल्ला-गुल्ला कर रहे हैं, इतने बड़े ढींगरे हो गये। बच्चे के बा और बाप हो गये बचपन्ना नहीं छूटता।" गोबरगौरी की मच्छरमार तालियाँ सुनकर बुआ चिल्लायी, "मेरा गंगाशंकर बेचारा दिन भर खपकर दो घड़ी नींद निकाल ले मगर नहीं—नाच-गाना, ताली-मंजीरे, रासलीला सब अभी होगी। गृहस्थी में तीन-तीन गुरुजन हैं, उनका न संकोच न गोद के गोपाल के आगे लज्जा। मैं कहती हूँ मलाई खाओ मगर कम्बल ओढ़कर चुपाई मारकर मलाई खाओ।" बुआ बड़बड़ाती जा रही थी।

पिता जी मेरे ब्याह के बाद से ही बैठक में सोते थे, बुआ वहीं भूमि पर गद्दा डालकर पड़ी रहती थी, सो बुआ की बड़बड़ सुनकर पिता जी कुनमुनाये। "गधेड़ा भी दिन भर का बोझा ढोते थककर सो जाता है मगर ये अनूठे धनी-लुगाई हुए हैं, ढोर-डाँगर की जाँगर पायी है जानो। बड़ी धन्नासेठ की चोदी है, भोर होते ही चाकर-दासियों की रेजीमेंट लगी है इसके वास्ते।" बुआ बोलती ही जा रही थी। गोबरगौरी श्वास भरना रोककर चित्रलिखित-सी बिस्तर पर बैठी थी। इतनी भयभीत थी कि लेट भी नहीं पा रही थी कि कोई आवाज़ न हो। "मैं डोकरी-जान दो घड़ी का विश्राम मुझको यहाँ मुहाल कर रखा है" बुआ ने आगे कहा ही था कि पिता जी चिल्लाये, "कौन बड़बड़ कर रहा है आधे घण्टे से! सोने नहीं देता।" पिता जी बुआ का मान रखते थे। बड़ी बहन को सीधे एक शब्द नहीं कहते थे।

बुआ को अनिद्रा रोग था। चोरों का खटका उन्हें लगा रहता था। चूहों से गृहस्थी की रक्षा करना वे अपना बिल्ली से बढ़कर कर्तव्य समझती थीं। इमारत के अन्य लोगों के रात्रिकालीन आवागमन की जासूसी करना उनका परम धर्म था। थोड़ी भी आवाज़ होने पर वे तुरन्त उठ जातीं और अपनी लाठी उठाकर घर भर का चक्कर लगातीं, कभी-कभी अधिक उत्तेजित होने पर लाठी भाँजने लगती थीं। इमारत का कौन मानुष कितने बजे पाखाने गया, किसे क़ब्ज़ है, किसे संग्रहणी, उन्हें सबका समाचार रहता था। गोबरगौरी को कभी असमय हाजत निपटाना होती तो बुआ संग जाती और पाखाने के आगे लाठी भाँजती रहती। पूरी इमारत को पता लग जाता, आज गोबरगौरी दो बार गयी है।

रसोइया महाराज और मैं चौदह जुलाई को नॉवल्टी नाटकगृह में सिनेमा नामक नाटक देखने जायेंगे, इसका समाचार बुआ ने ही पिता जी को दिया था, "गंगाशंकर, इससे तो अच्छा है बाईजी का नाच देखने चला जाये अपना गोवर्द्धन। इसमें तो हाड़ मांस की असली फ़िरंगी नारियाँ अधनंगी होकर नाचेंगी।"

पिता जी ने मुझे बुलाया और फटकारने लगे, "नाटक कम्पनी की नौकरी मैंने घर पालने को पकड़ी थी। यह नाटक-नौटंकी सज्जनों का दिवालिया निकालने की तरकीबें हैं। सुनते हैं, सिनेमा तो घर उजाड़ने का साधन है। सिनेमा का कुटेव लगाना है तो अपनी गृहस्थी न्यारी कर लो।"

उधर गोबरगौरी रुष्ट हो गयी थी कि निर्वस्त्र फ़िरंगी नारियाँ देखने की मेरी योजना थी और बुआ जी की सर्वज्ञ दृष्टि के कारण उसकी गृहस्थी की रक्षा हुई। गोबरगौरी को कष्ट देने के कारण माँ भी मुझसे चिढ़ गयी, "क्या तुमने बचपन से देखा नहीं, तुम्हारे पिता जी का व्यवहार मुझसे कैसा रहा। अब क्या गोबरगौरी का मन दुखाकर वंश-परम्परा का निर्वाह करने की ठानी है।"

दूसरे दिन इतवार की दोपहर जब बारिस्टर गांधी के कमरे में एडमंड बुर्क का ग्रन्थ Reflections on the Revolution in France पढ़ रहा था कि महाराज आ गया। पोटली में तम्बाकू, सिनेमा के समाचार और विज्ञापनों से भरा 'द बॉम्बे समाचार' अख़बार और चायपत्ती का पूड़ा लिये हुए।

"सिनेमा जाने पर पिता जी घर से निकाल देंगे। जाना सम्भव न होगा।" मैंने घोषणा की।

महाराज के मस्तक पर एक बल न पड़ा जैसे उसे पहले से ही पता हो कि हम जा नहीं पायेंगे। देर तक तम्बाकू के ढेर से कचरा बीनता रहा, फिर उसने कहा, "महँगा भी बहुत था टिकट। पूरे एक रुपिया।" फिर तम्बाकू को अख़बार में बाँधकर परे रख दिया। मैं सिगरेट के लिए अधीर हो रहा था, "क्या बात है आज सिगरेट नहीं लपेट रहे?" वह मुस्कुराया और अख़बार के काग़ज़ की भोंगली बनाकर उसमें तम्बाकू भरने लगा। उसकी आँखों में पानी चमक रहा था। हाथ-पैर ढीले हो रहे हैं। "क्या तुम्हें ज्वर है, महाराज?" मैंने पूछा तो उसने हाथ आगे कर दिया। छूने पर तापमान था। उसने कहा, "आज यहीं सो जाऊँ क्या? घर तक चलकर न जा पाऊँगा।"

"पिता जी से पूछना होगा। कहीं मकान मालिक नाराज़ न हो जाये।" मैंने उत्तर दिया। पिता जी तो देर रात को लौटते थे। मैं चाहता था महाराज अपने घर ही चला जाये। पड़ौसियों ने यदि मकान मालिक को समाचार दिया कि हम लोग कमरों का

उपयोग करते हैं तो मकान मालिक लड़ेगा और पिता जी को क्लेश होगा। महाराज ने धीमे से गरदन हिलायी और हलके से मुस्कुराया। मेघ गरजे और ढेरों कौए आकर खिड़की पर बैठ गये, काँव-काँव करने लगे। महाराज कम्बल ओढ़े था, उसी में चुपचाप बैठा रहा। मैं उसे फ्रांसीसी क्रान्ति के विषय में बताता रहा। सायंकाल होते ही कमरों में ताला लगाने का समय हो गया। इस बार महाराज कुछ न बोला, चुपचाप उठकर बाहर आ गया और मुझसे कुंजी लेकर ताले में घुमाने लगा। मैंने अधिक बात इस भय से नहीं की कि चलने में महाराज अपनी असमर्थता न बताने लगे। कुंजी अँगुली में घुमाता घर आ गया।

भोजन में आमरस और पूड़ियाँ बन रही थीं। चाय की व्यसनी बुआ भी हो गयी थी। मेरे आते ही फ़ौरन पतीली सिगड़ी पर चढ़ा दी। मेरी बा ने चाय मसाले का आविष्कार किया था, भले इसे संसार स्वीकार न करे। चाय में सोंठ, कच्ची हल्दी, इलायची, दालचीनी, काली मिर्ची, गुड़ और केसर डालकर वे चायपत्ती का काढ़ा तैयार करती थी। पिता जी ने भी इसे पीना स्वीकार कर लिया यह समझकर कि यह ज़ुकाम और ज्वर की औषधि थी। बुआ के अनुसार वर्षों पुरातन उनकी आधसीसी की वेदना का निवारण इसी चायपत्ती के काढ़े से हुआ था। इतने तत्त्व डालने पर कई बार चाय का दूध फट जाता था, इसलिए दूध ऊपर से डालने की अंग्रेज़ी रीति अपनायी गयी। मुश्किलों से महाराज ने हमारे घर के लिए पीतल की केतली की व्यवस्था की थी। सिगड़ी पर खौलती केतली की नाक से निकलती भाप देखकर मुझे सहसा महाराज का ध्यान हो आया। किस प्रकार इतनी वृष्टि, अँधेरे और ज्वर में वह घर पहुँचेगा?

अन्दर कपड़े बदलकर आया तब तक मेज़ पर भोजन लग चुका था। चिमनी की ज्योति में थालियाँ जगमगा रही थीं। बा खिचड़ी से धुँधुआता पतीला आँचल से पकड़ी बाहर निकली। "आमरस और पूड़ी बनी थी न भोजन में, फिर यह मूँग की दाल की खिचड़ी कैसे!" एक गगरी में आमरस पकड़े बुआ आयी और चिमनी से दूर उसे रखने लगी। पूड़ियों का डब्बा लिये पीछे से गोबरगौरी भी आ गयी। "अरे अपने जूतों-चप्पलों की अलमारी है न बाहर, उससे लगकर गांधी बारिस्टर का रसोइया महाराज बुख़ार में तपता पड़ा है। उसी के लिए बनायी है खिचड़ी। आज घर न जा सकेगा बेचारा। अभी गद्दा चद्दर देकर आयी हूँ।" बा ने जल्दी से कहा और खिचड़ी की गरम पतीली लिये दौड़ी।

मैंने पहले कटोरी भर आमरस पिया, पीछे पूड़ियाँ और आम का अचार थाली में लिया। माँ अब तक न आयी थी। गोबरगौरी अपनी थाली सजाये बैठी थी और बा के

आने की प्रतीक्षा कर रही थी। "गोबरधन, गोबरगौरी" माँ ने आवाज़ लगायी। इससे पहले हम दोनों उठते बुआ दौड़ी। "क्या हुआ गंगा?" बुआ चिल्लाती जा रही थी। वह बा को पिता जी के नाम से पुकारती थी। मैं और गोबरगौरी वहाँ पहुँचे तो देखते है महाराज आधी नींद में कुछ बड़बड़ा रहा था। "बुख़ार बहुत तेज़ है। सन्निपात हुआ है। दूध की पट्टी रखना होगी।" माँ ने कहा। मेरे नाना पोरबन्दर में वैद्य थे और बा को आधि-व्याधि-औषध आदि के विषय में थोड़ा ज्ञान था। फिर परमाश्चर्य घटित हो गया। बुआ जो अपने दूध के लोटे को अपने प्राणों से अधिक प्रेम करती थी और सोने से पूर्व आधा मुझे और आधा पिता जी को देती थी; वह दौड़ी-दौड़ी गयी और दूध का अपना लोटा ले आयी। "तुम लोग भोजन करो, मैं पट्टी रखती हूँ।" बा ने निस्संकोच भाव से कहा।

मुझे अपेक्षा थी कि बुआ इसके विरुद्ध होंगी कि बा पराये पुरुष वह भी एक रसोइये के माथे पर भरी इमारत के दालान में पट्टी रखे किन्तु बुआ राज़ी होकर भीतर आ गयी। मैं वहीं फ़र्श पर माँ के निकट बैठ गया। "भोजन बीच में छोड़ना अच्छा नहीं। जल्दी खाकर यहाँ आ जा, गोबरधन।" बा ने लोटे के दूध से निकालकर पट्टी लोटे में निचोड़ी। मुझे बा को यह कहते संकोच हुआ कि यहाँ इस प्रकार से रसोइये की परिचर्चा करना ठीक नहीं, इससे बा के विषय में लोग बातें बना सकते हैं। मैंने पट्टी बा के हाथ से लेना चाही तो उन्होंने मुझे आँख दिखाई। बा का मान खोटा हो, यह मुझे स्वीकार न था। मैं वहीं अड़ा रहा। "अरे, तेरी घरनी दो जी से है। ध्यान कर और जल्दी आ, गोबरगिरधारी! गोबरगौरी कब से थाल सजाये बैठी है।" बुआ ने पुकारा। मन मारकर मैं उठा और मेज़ पर जाकर जैसे तैसे दो पूड़ियाँ मुँह में ठूँस लीं।

पलटकर आया तो देखा बा तन्मय और निष्कामभाव से रसोइये की सेवा कर रही थी। इस बार मैंने बा के हाथ से लोटा छीना और महाराज के माथे से पट्टी उठाकर लोटे में पटक दी। महाराज को सचमुच तीव्र ज्वर था। तापमान ऐसा था कि हाथ रखने पर अँगुली जलती थी। "इन्हें अन्दर सुलाये क्या?" बा ने कहा। बा की बुद्धि में विकार उत्पन्न हुआ था। इस तम्बाकू-चायपत्ती लाने वाले रसोइये से ऐसी भी क्या माया। "अन्दर कैसे सोयेगा? बैठक में फ़र्श पर बुआ सोती है।" मेरे स्वर में कटुता थी। "तब तो यहाँ टाट बाँधना होगा। वर्षा के छींटे पड़ रहे हैं जब तब यहाँ।" बा ने कहा और दालान से बाहर खिड़की में देखा। भयंकर वृष्टि हो रही थी। इतने में महाराज ने आँखें खोलीं और क्षीण स्वर में कहा, "भोर हो गयी क्या, भूलन?" वह सन्निपात में बड़बड़ा रहा था।

गोबरगौरी मृत्यु उपरान्त कितनी अपरूप हो गयी थी। उसके केश ही केवल ऐसे लगते थे जैसे किसी जीवित स्त्री के हों। जन्म कितना नैसर्गिक लगता है किन्तु मृत्यु नहीं लगती। मृत्यु आकस्मिक ही नहीं होती बल्कि अप्राकृतिक भी लगती है। शवों का वर्णन पूर्व के साहित्य में निषिद्ध है; धूल का, दूषित जल का, मलिन आकाश का वर्णन निषिद्ध नहीं। शव संसार से उतना ही परे होता है जितना साहित्य और उतना ही संसार में बना हुआ। साहित्य में भी शव उतना ही आकस्मिक लगता है जितना संसार में और दोनों में मृत्यु की उपस्थिति कथारस को तात्कालिक और अनेक बार पूर्णकालिक रूप से स्थगित कर देती है।

पिता जी, बा की मृत्यु का पूर्वाभ्यास मैंने कितनी बार, कितनी-कितनी बार अपने दु:स्वप्नों में किया था। भय जैसे नाटक निर्देशक था जो प्रत्येक निर्बल क्षण में उनकी मृत्यु का पूर्वप्रयोग लेकर आ जाता था। इस घटना की मेरे भीतर इतनी आवृत्तियाँ थीं कि उनकी यथार्थ मृत्यु केवल एक आवृत्ति ही होगी। गोबरगौरी की मृत्यु का कोई पूर्वप्रयोग मेरे निकट नहीं था। समय जो घटनाओं की फाँक पर फाँक रखता जाता और हमारे कन्धे जिसके भार से झुकते जाते हैं, गोबरगौरी की मृत्यु से वह सभी फाँकें बिखर गयीं। मेरा कालबोध नष्ट हो गया। नवीन और अनुभवहीन लेखक अक्सर चमत्कार दिखाने के लिए कालक्रम को अव्यवस्थित कर देते हैं। मेरा ऐसा कोई उद्देश्य नहीं। मेरे लिए मेरे परिजनों की मृत्यु के अर्थ को एक बार में, सतत आख्यान में ग्रहण करना मेरे लिए सम्भव नहीं। कथा ही एकमात्र ऐसा स्थान है जहाँ मृत्यु यदि है तो पुनरुज्जीवन भी उतना सम्भव है। मैं केवल इसलिए ही लिखता हूँ क्योंकि जानता हूँ काग़ज़ के अलावा मृत्यु का अर्थ मुझे कहीं प्राप्त नहीं हो सकता, क्योंकि केवल काग़ज़ पर मृत्यु शब्द लिख देने से मृत्यु भी उतनी ही वायवीय लगती है जितना लिखा हुआ प्रेम या पवन।

मृत्यु केवल स्थायी अनुपस्थिति नहीं है। यह उससे भी बढ़कर होती है और इसका अनुभव इतना तीव्र, इतना तीक्ष्ण होता है कि हमारी सभी धारणाएँ इसके सम्मुख ध्वस्त हो जाती हैं। मृत्यु इन्द्रियों का विषय है उनके लिए जो पीछे बच जाते हैं। मृत्यु का सबसे उज्ज्वल सूचक मृत व्यक्ति का सर्वथा निस्संग होना नहीं है और यह भी नहीं कि वह कोई प्रतिक्रिया नहीं देता बल्कि मृत्यु का सबसे उज्ज्वल सूचक शव का सड़ना है। यही कारण है कि गोबरगौरी के मरते ही उसके अन्तिम संस्कार की तैयारियाँ आरम्भ हो गयी थीं। शव पृथ्वी पर सबसे अधिक स्थान घेरता है। यदि अन्तिम संस्कार जल्दी न किया जाये तो हो सकता है शव पूरे ब्रह्माण्ड को घेर ले, ब्रह्माण्ड की भाँति यह भी निरन्तर बड़ा होता जाता है। गोबरगौरी के लिए मेरा शोक

शव के दाह-संस्कार के बाद में आरम्भ हुआ था। उससे पूर्व उसके अन्तिम संस्कार करने को लेकर विकलता ही सबमें थी।

भले उनकी मृत्यु के अनेक पूर्वाभ्यास मेरे मन में घट चुके हो, पिता जी की मृत्यु उन सभी आवृत्तियों से भिन्न थी। उन्हें और बुआ को अस्पताल में भर्ती किया गया और यह गोबरगौरी की मृत्यु के लगभग आठ मास पश्चात् हुआ। रोगी की मृत्यु होने पर अस्पताल की दीवार पर एक पहिया बना दिया जाता था। दीवार पहियों से अँटी पड़ी थी। अन्तिम संस्कार के लिए घण्टों प्रतीक्षा करना होती थी। परिजन का शरीर जो इतना प्रिय होता है, उसके निपटारे के लिए लोग लड़ते-झगड़ते और अपनी बारी पहले लगाने का यत्न करते। गोबर के उपले, जलावन बॉम्बे में उस वर्ष इतने महँगे हो गये कि दरिद्र लोग कोतवालों से छुपकर शव समुद्र में बहा आते। शव से कैसे छुटकारा हो, यह व्यावहारिक जीवन की समस्या है। बॉम्बे के 1896-97 के प्लेग साहित्य में आप इसके अनेक विवरण पा सकते हैं।

मृत्यु की गरिमा की रक्षा बहुवचन में नहीं हो सकती और न मृत्यु की गरिमा की रक्षा मृतक को दयनीय चित्रित करने में है। पंचांग, पॉकेटघड़ी या घण्टाघर का अनुभव तो हमें वायु की भाँति निरन्तर नहीं होता। किसी के जीवित रहने और मृत होने में जो अतीत और वर्तमान का भेद है। उसे पाटने की युक्ति मैं वर्षों तक खोजता रहा। जो मृत है, उसे अनुपस्थित मात्र मानकर जीते चले जाना क्यों सम्भव नहीं? हम जीवित हैं, ऐसा हम कैसे मानते हैं? यह हमारा स्वयं से छल भी तो हो सकता है। गोबरगौरी को मैं जीवित मानता था और स्वयं से कहता रहता था कि वह अपने पिता के घर गयी है। पिता जी नाटक कंपनी चाकरी बजाने गये हैं। भविष्य के बारे में स्वयं को धोखा देना सरल था कि वे आते होंगे किन्तु अतीत के विषय में नहीं। उनसे पुनः भेंट होगी, यह मान पाता था किन्तु अतीत में उनके शव अग्नि में झोंक आया हूँ, इसकी स्मृति नष्ट करना सम्भव न था।

मृत्यु इतनी अनस्तित्व है कि इसके विषय में हमारे शास्त्र, हमारा सहस्त्र वर्षों से विकसित दर्शन इसके समक्ष सब निःशेष हो जाता है। उन्हीं दिनों खोदादाद कोतवाल शोक प्रकट करने आया तो उसके हाथ में एक पुस्तक थी। मैंने पढ़ने को माँग ली। पुस्तकालय जाना सम्भव न था। मेरे रूढ़िवादी ब्राह्मण परिवार में शोकावधि में घर छोड़कर विचरण करना निषिद्ध था। उस पुस्तक में अवधि को ऊन बताया गया था, जो एक चरखी से उतरकर दूसरी चरखी पर चढ़ती जाती है, इस प्रकार हमारी आयु कम होती जाती है किन्तु हमारी स्मृति बढ़ती जाती है। चेतना सघन होती जाती है। ऊन का जो भाग समय या आयु की चरखी से स्मृति की चरखी पर चढ़ गया

है उसे उतारकर पुनः समय की चरखी पर यदि मैं चढ़ा दूँ तो मुझे पुनः गोबरगौरी और पिता जी मिल जायेंगे। यदि मैं अच्छा लिखने में समर्थ होता तो शायद इसे और अच्छे से समझा पाता। गोबरगौरी और मेरे पिता जी मृत नहीं थे, वे केवल समय की चरखी से उतरकर स्मृति की चरखी पर चढ़ गये। मैं इसे बार-बार लिखना चाहता हूँ, इसलिए नहीं कि मुझे आपकी समझ पर सन्देह है बल्कि इसलिए कि मुझे अपने लेखन पर सन्देह है। मैं इसे बार-बार लिखकर अपनी बुद्धि पर अंकित कर लेना चाहता हूँ। मुझे उनके जीवित रहने की अवधि को स्मृति की चरखी से उतारकर पुनः समय की, वर्तमान चेतना की चरखी पर चढ़ा देना था, मैं उन्हें पुनरुज्जीवित करने के कितने निकट था।

खोदादाद कोतवाल उस पुस्तक को लेने पुनः न आ सका। उसके पुत्र की हैजे के कारण रातोंरात मृत्यु हो गयी। उस पुस्तक को पढ़ने के पश्चात् मृत्यु उतनी अशुभ अनुभव नहीं होती थी। मृत्यु कभी घटती भी है, यह भी सन्देहास्पद है। मैं इतना तो जानता हूँ कि मृत्यु कभी वर्तमान में नहीं घट सकती। गोबरगौरी मर रही है, यह वाक्य दर्शनशास्त्र के अनुसार ही नहीं व्यावहारिक दृष्टि से भी असत्य है क्योंकि मर रही है इसका अर्थ है, वह जीवित है और पिता जी मर चुके हैं, यह भी अतीत में घटी मृत्यु की ओर इंगित करता है। मृत्यु कभी वर्तमान में सम्भव ही नहीं। वह या तो अतीत में घटती है या भविष्य में उसके घटने की हम कल्पना करते हैं।

फिर मृत्यु शरीर की एक अवस्था से दूसरी अवस्था में परिवर्तन है जैसे शैशव से कैशोर्य, कैशोर्य से युवावस्था और फिर प्रौढ़ होकर वृद्ध होना और सबसे अन्त में शव हो जाना। शव भी मेरी पत्नी ही है और इस प्रकार उसका दाह-संस्कार एक बर्बर परम्परा है। यह तो हत्या ही है। खोदादाद कोतवाल के पारसी धर्म में दूसरे धर्मों की भाँति शव को नष्ट नहीं किया जाता है। उसे तब तक रखा जाता है जब तक कि वह प्राकृतिक रूप से नष्ट न हो जाये और शव तब अन्य जीवों का भोजन, दुर्गन्ध, कीटाणुओं का ढेर, जल और खाद आदि में परिवर्तित हो जाता है। यदि भ्रूण से शैशव से कैशोर्य से वृद्धावस्था तक प्रत्येक बदलती अवस्था में मैं गोबरगौरी को अपनी पत्नी और अपने पिता को पिता मानता था तो क्या कारण है कि अब उन्हें शव और फिर अन्य जीवों का भोजन, दुर्गन्ध, कीटाणुओं का ढेर, जल और खाद आदि में बदल जाने पर उसे पत्नी और उन्हें पिता न मानूँ! उनके शवों को किसी वाटिका में रखकर उन्हें एक अवस्था से दूसरी अवस्था में परिवर्तित होते भी मैं उन्हें उतने ही प्रेम से देख सकता हूँ जितने प्रेम से मैंने गोबरगौरी को किशोर से युवा या पिता जी को युवा से प्रौढ़ होते देखा था।

मृत्यु, रोग और दरिद्रता इसलिए बुरे नहीं होते क्योंकि वे हमें जीवन, स्वास्थ्य या जीने के ज़रूरी वस्तुओं से वंचित कर देते हैं। वह इसलिए बुरे हैं क्योंकि वे हमें छोटा बना देते हैं। शोक ने माँ को कितना छोटा बना दिया था। शारीरिक रूप से भी मुझे लगता, वह दिन-प्रतिदिन छोटी होती जा रही थी। उसके कन्धे सिकुड़ गये थे और हाथ इतने पतले हो गये थे कि कंकण कोहनी के ऊपर बाँह तक चला जाता था। मृत्यु के पश्चात् जो पीछे जीवित रह जाते हैं, उनके ऊपर मृत्यु के सबसे गहरे चिह्न होते हैं। शोक किसी प्राचीन कुण्ड के जल जैसा है–हरा, शीतल और अत्यन्त पुराना। शोक माँ और मुझमें ऐसे भर गया था जैसे इससे हमारा परिचय जन्म से ही हो या यह हमारी आत्मा का ही एक तत्त्व हो जैसे शरीर का रक्त होता है। यदि ऐसा था तो हमें इतने दिनों तक इसका आभास क्यों नहीं था। हम इतने क्षीण हो गये थे, इतने नष्टप्राय: किन्तु तब भी हमारा जीवित होना हमारे जीवट का नहीं बल्कि हमारे दयनीय होने का प्रतीक था जैसे मृत्यु ने भी हमें अपने योग्य नहीं माना था।

इतने वर्षों पश्चात् आज भी मैं इस अवस्था का अर्थ नहीं पा सका कि प्रियजन की मृत्यु के बाद मैं क्या रह गया था। मैं क्या इतना शोक इसलिए मना रहा था क्योंकि आधिभौतिक संसार में मैं अब कभी पिता जी और गोबरगौरी से नहीं मिल पाऊँगा किन्तु प्रेम तो आधिभौतिक संसार का विषय नहीं। यह तो पूर्णरूपेण मन में घटता है। जो संसार से मन में प्रवेश पाता है, उसे ही हम प्रेम करते हैं तब उसका संसार में होना या न होना क्या महत्त्व रखता है। यदि गोबरगौरी और पिता जी मेरे मन के नागरिक हैं तो उनकी इस सांसारिक प्रपंच में अनुपस्थिति शोक का कारण कैसे हो सकती है! किन्तु फिर भी इस अवस्था को स्वीकार करना इतना कठिन क्यों था? यदि मैं अपने चिन्तन को विशुद्धतर करता जाऊँ तो सम्भवत: उस अवस्था को पा लूँ जहाँ मन का विषय ही इतना प्रगाढ़ हो कि उसे संसार के आश्रय की आवश्यकता ही न पड़े किन्तु ऐसा कभी नहीं होता। शोक मुझे बताता था कि मैं उतना मानसिक जीव नहीं हूँ जितना मैं ख़ुद को मानता था।

हमारा जन्म ही संसार में होता है। मुझे अपने मन से पूर्व अपने संसार की स्मृति है। समृद्ध मानसिक जीवन संसार के अभाव में विकसित नहीं होता बल्कि यह संसार का ही विस्तार है। मन से अनुपस्थित व्यक्ति मेरे संसार से चला जाये। सब यह चाहते हैं और मन का नागरिक यदि हमारे संसार से अनुपस्थित हो जाये तब इसका विषाद का विषय होना क्या यह नहीं बताता कि संसार के बिना हमारा होना ही सम्भव नहीं है। जब मैंने इस बात का अनुभव किया था तब शोक ने मेरे ऊपर अपना सबसे घातक आक्रमण किया क्योंकि तब ही मैंने यह अनुभव किया कि जिस

तरह मैं संसार के बिना नहीं हो सकता, उसी प्रकार पिता जी और गोबरगौरी की मृत्यु के बाद उनका संसार भी नहीं होगा।

पिता जी का संसार उनकी मृत्यु के साथ ही नष्ट हो गया। क्या हमारा शोक उस नष्ट हो चुके संसार के लिए नहीं होता। जिस प्रकार उनके साथ मैं शाक-भाजी ख़रीदने जाता था, उनका सफ़ेद थैला, उनके जूतों की चर्र-चर्र और रास्ते भर आते जाते जान-पहचानवालों से उनकी बातचीत सब नष्ट हो चुकी। यह इमारतें वही है किन्तु यह उनके संसार की इमारतें नहीं हैं। यह सब्ज़ी के ठेलेवाले भी उनके संसार के नहीं हैं न कि परचून की दुकानवाला जिनसे हम बरसों से किराना ख़रीदते रहे हैं वह भी पिता जी के संसार का पंसारी नहीं है। उनके संसार में मैं अब कभी पुनः नहीं जा सकूँगा। वह पिता जी के साथ ही नष्ट हो गया। जिस संसार को मैं इतने वर्षों तक अपना संसार मानता आया, वह मेरा संसार नहीं था। यदि होता तो पिता जी के जाते ही वह यों सर्वथा नष्ट नहीं हो जाता। अरबी के पत्तों का जो पातरा माँ पिता जी के संसार में बनाती थी, वह अब कभी खाने को नहीं मिलेगा न बाबुलनाथ मन्दिर के निकट पिता जी के साथ मैं जो दहीबड़ा खाता था, वह कभी खा पाऊँगा। वह हलवाई की दुकान अब भी वहीं है किन्तु वह मेरे संसार की दुकान है। पिता जी के संसार की विलीन हो गयी।

और पिता जी के संसार की वह नाटक कम्पनियाँ, टिकट लेने को लगीं लम्बी लाइनें जिसके अन्तिम छोर पर खिड़की में पिता जी बैठे रहते थे, वह सब अपनी -अपनी जगहों पर रहते हुए भी तो नष्ट हो गयीं। उसी इमारत में अभिनेताओं की सज्जा के वह दृश्य जिससे पिता जी हमें भरसक दूर रखते थे। उनके संसार में वे हमें कभी नाटक दिखाने नहीं ले गये और उन्हीं के संसार में मैंने कितने नाटक चोरी-छिपे देखे। पिता जी के संसार में चाय और तम्बाकू निषिद्ध थे और उन्हीं के संसार में चोरी-छिपे इन्हें हम पीते थे। दोनों ही दशाएँ नष्ट हो गयीं।

पिता जी का संसार बहुत बड़ा, बहुत सारे जनों से भरा और किसी चित्रकार द्वारा बनाया गया था जिसमें संगीतकार ही संगीतकार रहते थे, ठौर-ठौर पर सन्तरे की गोलियाँ, बिस्कुट और ग़ुब्बारे मिलते थे। उनकी मृत्यु के बाद मुझे पता लगा मेरा संसार कितना छोटा है, इसका आकाश कितना नीचे है जैसे खोलियों में छत होती है। जगह-जगह से चूता हुआ, टूटा-फूटा और काई-फफूँद से भरा। ऐसा नहीं है कि पिता जी के संसार में सब कुछ ज्योतिर्मय ही था। बा के साथ पिता जी का कटु व्यवहार और अपशब्द के लिए उन्हें मैं क्षमा न कर सकूँगा किन्तु हम लोगों ने जैसे उनका यह कटु व्यवहार स्वीकार कर संसार की समस्त कटुताओं से अपनी रक्षा

कर ली थी। अब ऐसा नहीं था। हम अपने संसार में धकेल दिये गये थे। हम दोनों को यह भी पता था कि अपने इन संसारों में भी हम जी लेंगे किन्तु हमारा मन बार-बार पिता जी के संसार में जाता था जो जल चुका था। जीवन भर लिख-लिखकर मैं मृतकों के इन्हीं संसारों का पुनर्निर्माण करना चाहता हूँ। इसमें इतनी शान्ति, इतना शोक, इतनी सान्त्वना है कि इसके बदले में अपना संसार दे देना घाटे का व्यापार नहीं होगा।

26 जनवरी 1794 को फ्रीदख़्रीच होल्डालीन ने हेगल को पत्र में फ़ीश्ते की आलोचना करते हुए लिखा था कि हम अपनी चेतना को संसार या वस्तु के द्वारा ही जान सकते हैं और फ़ीश्ते की यह स्थापना कि हमारी चेतना विशुद्धतम रूप से अस्तित्व रखती है और विषयवस्तु पर अपने अस्तित्व के लिए वह आश्रित नहीं -ग़लत है। इसका अर्थ है कि हम कभी स्वयं को विशुद्ध रूप से नहीं पाते। परमब्रह्म जैसी सत्ता को होल्डालीन नकारता है किन्तु मेरे लिए वह पत्र जैसे तेल की चिमनी था जिसे घेरकर हम सब भोजन करते थे। उस पत्र को मैंने काग़ज़ पर लिखकर अपने कुर्ते की सीने पर बनी जेब में रख लिया था। वह मेरे शोक से डूबते हृदय को आशा से आलोकित करता है। डूबते हुए मनुष्य को जिस प्रकार बहुत दूर से अपने घर की जलती हुई लालटेन दिखती है। यदि फ़ीश्ते ग़लत है और हम संसार के द्वारा ही स्वयं को देखते हैं तब तो मृतकों के संसार का पुनर्निर्माण करके हम उन्हें जीवित कर सकते हैं।

बौद्ध दर्शन के अनुसार प्रत्येक वस्तु दूसरी पर आश्रित है। यदि मैं बत्ती बना लूँ, तेल भर दूँ और अच्छी-सी चिमनी की भाँति पिता जी और गोबरगौरी के संसारों का पुनर्निर्माण कर दूँ तब उनकी चेतना की ज्योति क्यों नहीं इसमें आलोकित होगी! गोबरगौरी का संसार तो मेरी गृहस्थी में ही सिमटा था। मैं उसके शरीर से ही आसक्त रहा कभी उसके मन में झाँककर नहीं देखा, यदि देखा होता तब उसके संसार का पुनर्निर्माण सरल होता। इसलिए उसकी मृत्यु ने केवल शोक ही नहीं ग्लानि से भी हृदय भर दिया। चार वर्ष पूर्व जब वह मेरे जीवन में नहीं आयी थी तब मैं सुखी था। उस समय मुझे इस बात का ज्ञान तक नहीं था कि संसार में अन्नपूर्णा नाम्नी कोई स्त्री भी है।

जिस स्त्री के संग मैं चार वर्ष तक रहा, जिसके संग सन्तान को जन्म दिया, उसके संसार के पुनर्निर्माण के लिए मेरे पास कोई नक़्शा नहीं है। वह जिन वस्तुओं का उपयोग करती थी, केवल वही उसके संसार का पता देती हैं। गोबरगौरी के संसार का मैं स्वयं को सबसे बड़ा और सबसे महत्त्वपूर्ण भाग समझता हूँ तब क्या

उसके संसार के सूत्र मैं स्वयं में पा सकता हूँ जैसे पिता जी के संसार का सबसे बड़ा भाग बा है किन्तु तब भी बा के द्वारा मैं पिता जी के संसार का निर्माण नहीं कर सकता। उसी प्रकार स्वयं को गोबरगौरी के संसार का भाग समझकर भी गोबरगौरी के बिना उसके संसार में मेरा प्रवेश नहीं। इसी को मृत्यु के पश्चात् पराया हो जाना कहते हैं जैसे किसी दिन सहसा आपकी प्रेमिका घर का किवाड़ लगा ले और आपका वहाँ प्रवेश सदैव के लिए निषिद्ध हो जाये।

पिता जी के अन्तिम संस्कार के विषय में मेरी स्मृति रिक्त है। केवल इतना याद है कि उनके अन्तिम संस्कार के दिन जब मैं घर लौटा तब मेरे साथ रसोइया महाराज के अलावा कोई नहीं था। उसी ने बा और मेरे लिए भोजन बनाया था। शाम को प्लेग अस्पताल से बुआ अचानक भागकर आ गयी थी और बा और बुआ देर तक लिपट लिपटकर रोती रहीं, शायद वे पूरी रात रोती रही थीं। मैंने दोनों को दूर करने का भरसक यत्न किया मगर यह हो न सका, बा को बुआ की बीमारी लगने का डर था। दूसरे दिन सूर्योदय होने के पश्चात् सबने देखा कि बुआ की नाक गैंग्रीन के कारण डॉक्टरों ने काट दी थी किन्तु बुआ जीवित बच गयी थीं।

उस दिन बहुत देर तक किसी ने चिमनी नहीं जलायी थी। बहुत अन्धकार हो गया था। पिता जी के देहान्त को भी दो मास बीत चुके थे। अमावस्या के कारण आकाश में भी कोई उजाला नहीं था। मैं घर में फ़र्नीचर टटोलता घुसा और "बा-बा" पुकारता घूमने लगा। बा ने उत्तर नहीं दिया तब मैंने बुआ को पुकारा किन्तु पता नहीं कहाँ दोनों व्यस्त थीं। घर के दो सदस्यों की मृत्यु के पश्चात् यों भी सायंकाल अशुभ लगता था, उस पर आज दीयाबत्ती तक नहीं हुई थी। मैंने झुँझलाहट में अपनी टोपी फ़र्श पर फेंकी और बड़बड़ाने लगा, "कहाँ चले जाते हैं सब घर को खुला छोड़कर यों! न बुआ है, न बा है, न यज्ञदत्त ही दिखाई दे रहा है।"

मैं खड़ा हुआ। सोचा पड़ोसी से पूछूँ कि उन्हें बताकर कहीं गये हैं क्या सब? ऐसे किवाड़ निचाट खुले छोड़कर तो कहीं जायेंगे नहीं। क्या पता किसी रिश्तेदार की प्लेग से या किसी और रोग से मृत्यु हो गयी हो तब शायद जल्दी-जल्दी में किवाड़ लगाना भूल जायें। सोचता मैं चला जा रहा था कि पैर का अँगूठा मेज़ से टकरा गया। चोट ऐसी लगी कि रीढ़ तक में रड़क दौड़ गयी। मैं वहीं अँगूठा पकड़कर बैठ गया। आँख में आँसू आ गये। फिर वहीं अँधेरे में अँगूठा पकड़कर मैं देर तक बैठा गया। उस दिन हमारी इमारत में बहुत कोलाहल हो रहा था। दूर बच्चों की धींगामुश्ती की आवाज़ आ रही थी। इसी मेज़ के आसपास कुमुद और मैं भी बहुत हल्ला मचाते थे। कुमुद और नर्मदाप्रसाद जी को बर्मा गये डेढ़ वर्ष हो गये थे।

"और डालूँ क्या दादी पानी और और और?" यज्ञदत्त की मोरी से आवाज़ आयी। मैं जैसे-तैसे एक पाँव घसीटता मोरी की तरफ़ चला। देखा बुआ और माँ घर की दोनों चिमनियों को पुर्ज़े-पुर्ज़े खोलकर बैठी हैं और मोरी पर दीया जलाकर चिमनियों की सफ़ाई कर रही हैं, यज्ञदत्त पानी ढारने का काम कर रहा है। बचपन से लेकर आज तक माँ को मैं यहीं बर्तन माँजते हुए देखता आया था। आज जीवन में प्रथम बार मैंने देखा वह मोरी कितनी सुन्दर थी। ऊँची छत से लगकर दीवार पर कास्ट आयरन के बेलबूटे बने हुए थे और उसका एक भाग कैंची के आकार में मोरी के अन्दर तक चला आया था जिस पर एक विशाल पक्षी बना हुआ था। वहाँ पर बा ने टोकरा बाँधकर लहसुन लटका दिये थे।

फ़र्श पर लाल पत्थरों के त्रिभुज बने हुए और दीपक की हिलती हुई ज्योति में ऐसा लगता था जैसे फ़र्श डगमगा रहा है। बा ने मुख उठाकर मुझे देखा। उनके केश पिछले बारह महीनों में पक गये थे। मस्तक पर झाँइयाँ पड़ गयी थीं' किन्तु शोक में शरीर का यों हो जाना आश्चर्य का विषय तो नहीं। संगीत भी भंगुर होता है, पूर्ण होकर रुक जाता है। इस संसार में संगीत सदैव नहीं बजता। आगे-आगे दीया लेकर यज्ञदत्त चल रहा था और चिमनी के कलपुर्ज़े लिये बुआ और माँ पीछे।

बैठक में बुआ और मैंने मिलकर चिमनी के पुर्ज़े सुखाकर चिमनियाँ पुनः बाँध दी। बा चाय बनाने चली गयी थी। यह चिमनियाँ पिता जी लाये थे। कालबादेवी बाज़ार में पारसी सेठ से पिता जी ने बहुत मोलभाव करके यह चिमनियाँ ख़रीदी थीं। पारसी सेठ ने दाम एक दमड़ी भी घटाया नहीं था। पिता जी वही चिमनियाँ लेना चाहते थे क्योंकि उन्हें पता था कि वे मज़बूत हैं और वर्षों तक हमारे जीवन में उजाला करेंगी। उसके बाद कई दिनों तक चिमनी जलाना मेरे लिए कुतूहल और आनन्द का विषय रहता था। बा गृहदेवता के आगे दीया जलाने के बाद दोनों चिमनी में से एक चिमनी जलाती थी। दोनों चिमनियों की एक दिन के बाद बारी आती थी ताकि चिमनी ज़्यादा दिनों तक चले। पिता जी के घर लौटने और भोजन कर चुकने के बाद चिमनी बुझा दी जाती थी।

पिता जी देर से घर आते थे। टिकट संख्या से रोकड़ का मिलान करने के बाद घर आते-आते उन्हें देर हो जाती थी। मैं बैंक की नौकरी से साढ़े पाँच और ज़्यादा से ज़्यादा छह बजे तक फ़ारिग हो जाता हूँ और घर पहुँच भोजन होने, थोड़ी बातचीत करके हम लोग अब साढ़े आठ बजे तो सो ही जाते हैं। अब मुझे याद भी नहीं आता कि उन दिनों बा और मैं अकेले इतनी देर तक जागते हुए पिता जी की प्रतीक्षा कैसे

करते थे। बुआ बातूनी हैं। उनके आने के बाद बखत काटना उतना कठिन नहीं रहा। बा अधिकतर मौन ही रहती थी। तब भी हम दोनों कभी ऊबते नहीं थे। ईश्वर भी अन्ततः मनुष्य से हार ही जाता है। मृत्यु का वश भी स्मृति के आगे नहीं चलता। स्मृति धीरे-धीरे निर्बल भी पड़ जाये तब हमारे पूर्वजीवन की यह वस्तुएँ हमारे उसी जीवन की रचना करने के यत्न करती रहती हैं।

इन वस्तुओं की स्मृति अधिक उज्ज्वल है। जो मर चुके, वे हमारी स्मृति में मृतक की भाँति ही जीवित रहते है किन्तु यह वस्तुएँ मृत्यु को नहीं जानती। इन चिमनियों को नहीं पता कि इन्हें इस घर में लाने वाला व्यक्ति अब इन्हें कभी प्रकाशित नहीं करेगा और न ही इनके प्रकाश में कभी उसका मुख यह प्रकाशित कर पायेंगी। यह अभी भी उसी संसार में हैं जिसमें यह लायी गयी थीं और तब तक रहेंगी जब तक कि यह घर में रहेंगी। यज्ञदत्त बिस्कुट की ज़िद करने लगा और बुआ को लेकर रसोई में बिस्कुट लेने चला गया।

मैंने दोनों चिमनियाँ जला दीं और अपने कमरे में आ गया। वहाँ से मैंने उन दोनों जलती चिमनियों को देखा। वह ऐसे जल रही थीं कि जैसे इस घर में कोई मृत्यु हुई ही न हो और किसी भी क्षण गोबरगौरी इन्हें उठाकर रसोई में अचार ढूँढ़ने के लिए ले जायेगी या पिता जी भोजन करने के पश्चात् इन्हें फूँक मारकर बुझा देंगे। वे ऐसे जल रही थीं जैसे जब पिता जी उन्हें ख़रीदकर लाये थे, वे पहली बार जलायी गयी थीं। निकट पड़ी कुर्सी पर खिड़की पर बनी लोहे की पत्तियों की छाया पड़ रही थी। जिस संसार को मैं लिख-लिखकर प्राप्त करना चाहता था, उसका बा ने इन चिमनियों को धो-पोंछकर कितनी सरलता से पुनर्निर्माण कर दिया था।

भोजन मेज़ पर करना छोड़ दिया था। अब हम लोग फ़र्श पर ही भोजन करते थे। बुआ ने उस दिन विशेष रूप से बासुन्दी बनायी थी। बा ने मीठा त्याग दिया था तब भी बुआ किसी भी भाँति उन्हें मीठा खिलाने का प्रयास करती रहती थीं। उस रात भी वे कटोरे में बासुन्दी निकालकर माँ के पीछे पड़ गयीं, "तू खायेगी तो तेरी जिह्वा से गंगाशंकर भी खा लेगा। गोवर्द्धन की मुँह को वस्तु लगेगी तो गोबरगौरी को न जायेगी भला! मेरी गंगोड़िया चल एक कौर खा ले पूड़ी के संग। देख आज नवेली चिमनियाँ कैसी जगमग कर रही है जग। किसी के जाने से यह जनों से भरा जग रुकता नहीं। चलता जाता है। चलता जाता है।" वाक्य के अन्त तक स्वयं बुआ की आँखें भर आयी थीं।

"यह चिमनी तो पिता जी के ज़माने की है न।" मैंने पूछा।

"लो, अभी उसकी छहमासी भी न हुई और उसका ज़माना तेरा ज़माना अलग हो गया।" बुआ ने मुझे डपटते हुए कहा।

"यह चिमनी मैं और पिता जी लाये थे कालबादेवी के पारसी सेठ की दुकान से।" मैंने ज़ोर दिया। बा ने आँसू पोंछे और बोली, "यह चिमनी तो तेरी बुआ लायी थी एक दिन। तेरे पिता जी वाली चिमनियाँ तो प्लेग की जाँच करने आये कोतवाल ले गये थे। कहते थे इसमें प्लेग के कीड़े है।"

बुआ ने कटोरा बा के मुँह को लगा दिया, "छोड़ो अब वह दुखी दिनों की कथा। बासुन्दी खाकर बताओ कैसी है! शक्कर की बोरी उलट दी बनाने में।" बुआ ने अतिशयोक्ति की।

"तब आप नयी चिमनियाँ धो क्यों रही थीं?" मेरा मन चिमनियों पर ही अटक गया था।

"यह काले मुँह की चिमनियाँ मेरी शक्कर, दूध और काजू-बादाम की बासुन्दी से ज़्यादा ज़रूरी हो गयीं। बस चिमनी-चिमनी-चिमनी। आग लगे इन चिमनियों में।" बुआ ने जलती चिमनियों को घूरते हुए कहा।

"दीदी ने कहा है, चिमनी में प्लेग का कीड़ा हो सकता है, इसलिए जलाने से पहले धोना पड़ेगा।" बा बोली और गटागट बासुन्दी पी गयी। बुआ को सन्तोष हुआ।

मस्तिष्क की असंख्य कोशिकाओं पर यदि संसार की छाया न पड़े तो हमें यह संसार दिखाई नहीं पड़ेगा। हम सीधे संसार को कहाँ देखते हैं और जब देखते हैं हमारा मस्तिष्क इन सभी वस्तुओं पर अपने रंग भी भरता जाता है। इन चिमनियों ने थोड़ी देर पहले पिता जी के संसार का पुनर्निर्माण करके मुझे ऐसे समय में पहुँचा दिया था जब वे जीवित थे। इन चिमनियों से कभी पिता जी या गोबरगौरी की आँखों की पुतलियाँ प्रकाशित नहीं हुईं। इन चिमनियों ने जलकर केवल यही तथ्य प्रकाशित किया था कि हम कितने असहाय और कितने अकेले थे। शोक हमारी मज्जा तक धँस चुका था। मैं तब भी मानता था कि मर चुके मनुष्यों को पुनरुज्जीवित क़िया जा सकता है। शव मनुष्य के जीवन की केवल एक अवस्था है, जो यह जानते हैं, उनके परिजन कभी नहीं मर सकते, भले उनकी अवस्थाएँ परिवर्तित होती जायें।

तीन

नर्मदाप्रसाद जी के लिए बम्बई प्रवास दुर्भाग्यपूर्ण सिद्ध हुआ; कुमुद के और उनके कुछ ही दिन बम्बई में सुख से बीते थे कि उन पर विपदा टूट पड़ी और रोग और यहाँ तक कि मरण भी उतना दु:ख नहीं देते जितना कोतवाली और कचहरी के मसले। मैं धोवन का सोडा ख़रीदने दुकान पर खड़ा था कि नर्मदाप्रसाद जी आते दिखाई दिये, यदि पहले बताया होता तो गोबरगौरी पकवान बनाकर रखती और मैं बाज़ार से मिठाई लाकर रखता। वे पैदल ही चले आ रहे थे। मैंने चरण स्पर्श किया तब भी उत्तर नहीं दिया, कुर्ता पसीने-पसीने हो रहा था और चलते हुए वे ऐसे लँगड़ा रहे थे जैसे जूता काट रहा हो। चुप्पी ठानकर वे सीढ़ियाँ चढ़ते गये। पहले की भाँति ठठोल-ठट्ठा नहीं न संसार भर की राजनीति और साहित्य की कोई बात उन्होंने की; अवश्य ही कुमुद से कोई दोष हुआ है अन्यथा नर्मदाप्रसाद जी इतनी देर तक मौन रहने वालों में से नहीं।

आते ही कुर्सी पर बैठ गये और कुछ देर हाँफते रहे। मैं जाकर जल ले आया; "ठहर, गुड़ की डली संग तो ले जा।" बा पीछे टोकती रही। नर्मदाप्रसाद जी गिलास गटागट पी गये और ठण्डी आह भरी। इतने में शिवालय से ख़ाली लोटा हिलाती बुआ आ गई तब तक नर्मदाप्रसाद जी के अचानक आने का उद्देश्य किसी यत्न से उजागर न हुआ था। "दामाद जी, मेरी शवयात्रा में आये उपकार किया मगर मैं तो पराये घर में पड़ी हूँ, बस जल ही पिला सकूँगी।" बुआ ने कहा। बड़ी अटपटी बात थी। बा तुरन्त समझ गयी, हाथ में गुड़ की डली दिखाते हुए बोली, "दीदी यह रही, मैं देने ही आयी थी कि गोबरधन पानी लिये दौड़ा आया।"

पिता जी प्रत्येक मास बुआ को प्रसाद और मन्दिर में दान देने के लिए कुछ रोकड़ देते थे, साड़ी की किनोर से रुपया खोलकर वे मेरी ओर बढ़ाती बोलीं, "घर भर के लिए मिठाई लाना, थोड़े गाँठिए भी बँधवा लाना।" मैंने धोवन के सोडे का

थैला गोबरगौरी को पकड़ाया और रुपया लेकर मिठाई लेने निकल पड़ा; दौड़ा-दौड़ा गया फटाफट आया तब भी बुआ ने घुड़की दी, "ठण्डी गार जलेबी लाने में इतनी देर!"

नर्मदाप्रसाद जी को उस दिन खाने-पीने में किंचित् रुचि न थी, उन्मन जलेबी उठाकर खाते रहे, चाशनी कुर्ते पर टपकती रही। बुआ चुहिया की भाँति गाँठिये कुतर रही थी और साथ में बोलती भी जा रही थी, "गंगाशंकर से मिलने आये आप पर उसकी छुट्टी तो बृहस्पतिवार को होती है। इतवार को तो नाटक देखने ग्राहक टूट पड़ते हैं। सब भले घर के आदमियों को विलासी बनाने के नुस्ख़े हैं। पोलका-पेटीकोट पहनकर जनाने गले से आदमीजात नाच गा रही है।" मैंने नर्मदाप्रसाद जी को देखा, हम दोनों कई बार संग नाटक देखने जाते थे। उनका चित्त कहीं और था, वे आँखें झुकाये कुछ विचारते रहे।

अन्धकार होने आया था, नर्मदाप्रसाद जी उठ खड़े हुए और जाने को ऐसे उद्यत हुए जैसे याद आया हो घर का किवाड़ लगाये बिना चले आये थे। अवश्य ही कोई विकट प्रसंग है, ऐसा सोचकर उनके पीछे जाने के निश्चय से मैं भी उठ खड़ा हुआ। "कुमुद अकेली होगी, अँधेरा होने से पहले ही पहुँच जाओगे।" बुआ ने कहा या पूछा किसी को समझ नहीं आया।

"मैं चिमनी लेकर आती हूँ। सीढ़ियों का हाल यह है कि हाथ को हाथ न सूझे।" गोबरगौरी ने किवाड़ की ओट से कहा और जाकर चिमनी बनाने लगी किन्तु उसके लिए रुकने जितना भी धैर्य उस दिन नर्मदाप्रसाद जी में न था। वे खटाखट सीढ़ियाँ उतरते गये और मैं उनके पीछे दौड़ता गया। पीछे गोबरगौरी हाथ में चिमनी लिये, बुआ और बा दरवाज़े पर खड़े हमें नीचे उतरते देख रही थी; गोबरगौरी की दृष्टि में उलाहना थी। कि मैं उसके चिमनी लाने तक नहीं ठहरा। बाहर गली भी अँधेरी पड़ी थी किन्तु नर्मदाप्रसाद जी तेज़-तेज़ पाँव बढ़ाते जाते थे जैसे बारिस्टर गांधी चलते थे। "बनेवी जी सुनिए, मैं भी पीछे आ रहा हूँ।" मैंने उन्हें पीठ पर पुकारा तब उन्होंने पीछे देखा, "क्या हुआ?" मैं दौड़कर उनके संग हो लिया।

"तुम कहाँ चल रहे हो?" नर्मदाप्रसाद जी ने पूछा। सब्ज़ी मण्डी से निकलकर मुख्य मार्ग पर हम लोग पहुँच चुके थे। अधिकतर जन सब्ज़ी मण्डी की तरफ़ दौड़े जा रहे थे क्योंकि अँधेरा होते ही शाक-भाजी का मूल्य आधा हो जाता था। एक स्त्री न्यू बॉम्बे हॉटेल के बाहर किसी पुरुष से बात कर रही थी, मेरा ध्यान वहीं जाकर अटक गया। नर्मदाप्रसाद जी कुछ कहते रहे, सुन नहीं सका। वह स्त्री कुलीन और धनाढ्य दिखती थी; पुरुष चपटी नाकवाला था और काया से दुकान पर बैठने वाला

दिखाई देता था। मुझे उत्सुकता थी कि जानूँ, वे क्या बात कर रहे है। ऐसा कौन सा भावावेग है जिसके कारण स्त्री भरे बाज़ार में पुरुष के सम्मुख खड़ी है। उसके हाथों की अँगुलियाँ किसी बात को लेकर आकुल होने से अधिक हताश थी। हमें प्रत्येक क्षण अपने शरीर के सभी अंगों का ध्यान नहीं रहता किन्तु उस स्त्री की अँगुलियों को देखकर ऐसा लगता था जैसे वे अँगुलियाँ उसकी चेतना से बहुत दूर, किसी खाई में खो चुकी थीं।

"गोवर्द्धन, तुम कहाँ जाओगे? मैं यहाँ से ताँगा लूँगा।" नर्मदाप्रसाद जी ने मेरी वह चलायमान मूर्च्छा-सी अवस्था तोड़ी।

"मैं, मैं तो घर ही लौटूँगा।" मैंने कहा और पलटकर अन्तिम बार उस स्त्री को देखा।

"तब आये क्यों थे पीछे? क्या प्रतिदिन उसे देखने आते हो?" नर्मदाप्रसाद जी ने कहा और लज्जा से मेरा मस्तिष्क जड़ हो गया, कुछ क्षणों तक कुछ कहते नहीं बना। सायंकाल से ही नर्मदाप्रसाद जी चिन्तित दिखाई दे रहे थे, प्रथम बार आज उनके ललाट पर दीप्ति दिखाई दी थी।

"मैं तो बैंक से आकर घर पर ही टिका रहता हूँ; आज आपके पीछे इसलिए आया कि जान सकूँ आपको कौन सा रंज खा रहा है।" मैंने कहा और जैसे झटका देकर हृदय और ग्रीवा का सम्बन्ध काटने की कल्पना की, निश्चय किया अब पलटकर न देखूँगा।

चिन्ता का कारण पूछने पर नर्मदाप्रसाद जी के ललाट पर पुनः अँधेरा छा गया, उन्होंने कुछ कहा नहीं बस आँख चुराते रहे, ताँगा ढूँढ़ने का ढोंग करने लगे। "कल पिता जी को देर से नाटक कम्पनी जाने का कहकर रखूँगा, यदि आप आ रहे हैं उनसे मिलने तो।" मैंने पूछा, वे देर तक मुझे देखते रहे और उत्तर दिया, "कल दफ़्तर नहीं जाऊँगा। कुमुद और बच्चों को लेकर आता हूँ।" कहकर वे ताँगे पर चढ़ गये और मैं पलटा किन्तु यह देखकर हताश हुआ कि जहाँ वह स्त्री-पुरुष खड़े थे, उस स्थान पर एक घोड़ा अब लीद कर रहा था और उसका मालिक कुछ दूर पर पेशाब करने बैठा हुआ था।

लौटते समय सीढ़ियों पर अन्धकार होने के कारण जब मैं अन्तिम सीढ़ी पर पहुँचा तब यह नहीं समझ सका कि यह अन्तिम सीढ़ी है और मैंने उस अनुपस्थित सीढ़ी को लाँघने के लिए पग उठाकर उस पर ज़ोर दिया। मैं लड़खड़ाया और पीछे से मेरी ग्रीवा को गुरुत्वाकर्षण ने खींचा, मेरी रीढ़ टेढ़ी हुई और मेरा पिछला पग अपने स्थान से हट गया; मैं फिसलता हुआ चार-पाँच सीढ़ी नीचे आ गिरा। मेरे

दायें पग के पिछले भाग में तीव्र पीड़ा हुई जहाँ पग टाँग से एक पतली और कोमल मांसपेशी द्वारा जुड़ता है, 'आह्ह आयँ' मैं कराहते हुए देर तक वहीं पग को हथेली से दबाकर बैठा रहा।

इमारत की सीढ़ियाँ दूसरी इमारतों की सीढ़ियों की अपेक्षा छोटी-छोटी थीं और इमारत का नक़्शा बनाने वाले ने रेलिंग की सज्जा पर अधिक ध्यान दिया था, रेलिंग और सीढ़ियाँ कास्ट आयरन की थीं, सीढ़ियों के ऊपर शीशम के पटिये लगाये गये थे और रेलिंग के ऊपर शीशम के मोटे-मोटे लट्ठों को उरेब में काटकर चिपकाया गया था जिससे ज़ीना अदालतों और वाचनालयों या जहाज़ी कारोबारी दफ़्तरों की तरह ठाठ-बाटवाला लगता था और इससे हमारे घर में आने वाले अतिथि हमें घर के भीतर घुसने तक बड़ा धनी-मानी समझते, कई जलकुकड़े हो जाते तो कई सीढ़ियाँ चढ़ते-चढ़ते उधार माँगने की योजना बना लेते। रात बहुत हो चुकी थी और इमारत के सभी जन अब तक अपने-अपने घरों में सोने की तैयारी कर रहे थे। पिता जी हमारी इमारत में सबसे देर से घर लौटते थे।

मैं जैसे-तैसे उठा और अपना जूता ढूँढ़ने लगा जो गिर पड़ने की अफरातफरी में निचले माले की सीढ़ियों पर जाकर अटक गया था। निचले माले पर एक ही घर था जहाँ कोई मराठी बन्धु भावविनायक कमलाकर अपनी वृद्ध पत्नी और अभी पिछले वर्ष ही रँडुआ हुए पुत्र गणपति भा. कमलाकर के साथ रहते थे। दोनों पुरुष मास्टरी करते थे और पूरे दिन स्वादिष्ट महाराष्ट्रीयन व्यंजनों का सुवास उनके पाकगृह से उठा करता था। गणपति भा. कमलाकर मुझसे वय में सात-आठ वर्ष अधिक था और उसकी एक पुत्री थी। आत्माराम पांडुरंग के अनुयायी होकर इन्होंने सनातन धर्म का परित्याग कर दिया था और पुत्री जो नौ-दस वर्ष की होने आयी थी, अभी तक उसका लग्न न हुआ था, मास्टरी और पण्डित कुल होने पर भी इन्होंने ऐसा मार्ग चुना था। यदि धनवान कुल होता तो पुत्री के लग्न की कोई आशा भी थी किन्तु अब प्रतीत होता था, यह विधर्मी जन इसी प्रकार अपनी मृत्यु तक हमारी इमारत को दूषित करने वाले थे। पुत्री का नाम लीलावती था। वह दीर्घकेशी और रूपसी थी, विधाता की रचना का ऐसा अपव्यय देखकर इमारत के सभी जन दु:ख पाते थे।

इससे पूर्व मैं उठता एक आकृति ऊपर यों चढ़ती आती थी जैसे अन्धकार में भी उलूक की भाँति सब सहज ही देख रही हो। मेरे दायें पग पर अचानक उस आकृति ने अपना पाँव रखा। चमरौंधे के नीचे मेरे पग का अँगूठा कुचल दिया, "हरामी कौन है?" मैं पीड़ा और क्रोध से चिल्लाया, "गोवर्द्धन, तू यहाँ क्या कर रहा है?" पिता जी ने पूछा किन्तु मेरे गाली देने पर कोई प्रतिक्रिया नहीं दी।

"माफ़ करना पिता जी। मैं यहाँ गिर गया था। पग घायल हो गया।" मैंने कहा तब तक पिता जी ने हाथ पकड़कर मुझे उठाया। "आप चलिए, मैं अपना जूता नीचे से ले आऊँ।" मैंने कहा किन्तु पिता जी ने हाथ नहीं छोड़ा, "अँधेरे में कहाँ ढूँढ़ेगा! सुबह ढूँढ़ना।" और मैं एक टाँग पर उछलता सीढ़ियाँ चढ़ने लगा।

"इतनी रात गये कहाँ गया था?" पिता जी ने पूछा।

"बनेवी जी पधारे थे, उन पर कोई विपद पड़ी है।" मैंने कहा, "देर तक आपकी बाट जोहते रहे, कह गये हैं कल फिर आवेंगे।" मैंने उत्तर दिया।

"नर्मदाप्रसाद जी मुझसे नाटक कंपनी के दफ़्तर में आकर मिल गये आज।" पिता जी ने केवल इतना कहा।

मैं जानने को कितना उत्सुक था कि नर्मदाप्रसाद जी का कौन सा विकट प्रसंग था कि वे घर जाने की कहकर सीधे पिता जी के दफ़्तर पहुँच गये किन्तु पिता जी से पूछने का साहस न हुआ।

नमक डालकर गरम पानी लाना तो छोड़ गोबरगौरी उलटे रुष्ट होकर बैठ गयी, "मैंने तो कहा था चिमनी ले जाओ मगर दोनों को जाने की हाय ऐसे पड़ी थी कि मेरी बात क्यों मानते।" कहकर पाँव पटकती हमारे कमरे से भाग गयी। घर में भगदड़ मच गयी। बा ने पानी गरम किया और बुआ ने फ़ौरन हल्दी की चाय तैयार की। रुष्ट होकर पलंग पर पड़ी गोबरगौरी भी चाय की गन्ध पाकर बिलारी की तरह रसोई में मंडराने लगी। पिता जी बैठक में भोजन कर रहे थे, चाय की गन्ध पाकर वे चिल्लाये, "जब देखो तब यह विदेशी काढ़ा पीते रहेंगे। गिर गये चाय, ज़ुकाम हो गया चाय दस्त लग गये चाय, माथा दुखा चाय।"

अन्दर मुँह पर हाथ रखकर गोबरगौरी खी-खी-खी करने लगी, बुआ ने फटकार लगायी, "गोबरगौरी, सुसरा है कि खेल हो गया। बत्तीसी फाड़-फाड़कर खी-खी। चाय पलट रही हूँ तब तक बशियाँ धोकर ला।" ऐसे काम से जी चुराने वाली गोबरगौरी तुरत मोरी में बशियाँ धोने लगी। चाय की कितनी शौक़ीन थी। अँधेरे में टटोल-टटोलकर बशियाँ धोना कठिन काम था। कभी भी चीनी की बशी मोरी की दीवार या बाल्टी या देहरी से टकराकर चटक सकती थी मगर चाय की चटोरी गोबरगौरी बड़े ध्यान से काम को बैठक से आती क्षीण ज्योति में अंजाम दे रही थी। गरम पानी की बाल्टी में पाँव रखे मैं चाय की प्रतीक्षा कर रहा था कि मोरी से धुली बशियाँ लिये गोबरगौरी निकली, "बहुत दरद है न और न ले जाओ चिमनी। अच्छी भली बनायी थी मगर राजा साहेब के दो अँधेरे में निहारने वाले उल्लू नयन हैं।" पिता जी ने आँख उठाकर गोबरगौरी को देखा। माँ ने टोका, "पति

परमेश्वर से ऐसी गोष्ठी कौन करता है, गोबरगौरी?" बुआ अवसर कैसे चूकती। सँड़सी से चाय का पतीला और कन्धे पर चाय छानने का कपड़ा और हाथ में कप लेकर वहीं आ गयी, "ऐसे जिह्वादराज को दे दिया अपना मद्रासी हीरे जैसा पूत। बरोबरी से बालम से बात करना कौन सी बम्मन बहू की रीत है बताओ। लँगड़े आदमी पर भी पद्मिनियाँ प्राण देती हैं, दूसरी लाकर बैठा दी न छाती पर मूँग दलने को तो बड़े बनाकर खाना।"

"लँगड़ा! इतनी-सी चोट से कौन लँगड़ा होता है।" कहकर मैंने बुआ को अपनी चाल बतायी हालाँकि एड़ी के ऊपर प्राण निकालने वाली रड़क उठ रही थी।

सब सड़प-सड़प अपनी-अपनी चाय पीने लगे तब मुझे नर्मदाप्रसाद जी की याद आयी, "बुआ, पिता जी से मिलने बनेवी जी नाटक कम्पनी चले गये आज की आज।" पहले बशी से बुआ ने चाय का अन्तिम घूँट भरा, फिर बोली, "क्यों रे गंगाशंकर, नर्मदाप्रसाद जी को क्या मुश्किल है? नौकरी में कोई अड़चन है क्या?" पिता जी ने कोई उत्तर न दिया। बुआ ने भी आगे पूछताछ नहीं की। इतनी रात गये चाय पीने के पश्चात् किसको नींद आती। अवश्य ही कुमुद का कोई दोष है या धनाभाव के कारण नर्मदाप्रसाद जी का कोई काम अटका पड़ा होगा अन्यथा वे इतना विकल न होते कि कल की प्रतीक्षा भी न करते। पग की चोट तो उतनी नहीं टीस रही थी जितना मुझे उस रात अनिद्रा दुःख देने लगी थी और बायें कन्धे में भी कष्ट हो रहा था। मैंने चिमनी जलायी, बिस्तर के नीचे रखी और फ़र्श पर ही टॉमस हार्डी का उपन्यास 'जूड द अब्स्क्यर' रखकर बिस्तर से लटके-लटके पढ़ने लगा।

टॉमस हार्डी का यह उपन्यास अभी कुछ ही महीनों पूर्व प्रकाशित हुआ था और लगता था जैसे प्रकाशनगृह से सीधे जहाज़ में इसे लादकर बॉम्बे भेज दिया गया था। इसकी स्याही सुगन्धित और उष्ण अनुभव होती थी, काग़ज़ इतनी लम्बी समुद्री यात्रा करने पर भी आर्द्र नहीं हुए थे। बैलॉर्ड इस्टेट में नवीन पुस्तकों के विक्रेता गोल्डबर्ग एंड संस से यह पुस्तक मैंने बड़ा भारी मूल्य चुकाकर पायी थी और यदि घर में किसी को यह पता लगता कि यह पुस्तक कितनी महँगी है तब तो कलह मचते देर न लगती, यह उपन्यास दिन-प्रतिदिन मेरे लिए महत्त्वपूर्ण होता जा रहा था क्योंकि इसका नायक भी मेरी ही भाँति ब्रितानिया में उच्च शिक्षा प्राप्त करने से वंचित रह जाता है जब कि वह ब्रितानिया का ही नागरिक रहता है। ब्रितानिया का नागरिक जब धनाभाव के कारण जिस नगर में वह रहता है, उसी नगर के विश्वविद्यालय में प्रवेश न पा सके तो समुद्र पार रहने वाले बम्बई निवासी के लिए यह कैसे सहज हो सकता है, यह बात मुझे किंचित् शान्ति देती थी और यह बात भी कि कम-से-कम

मैंने एलफिंस्टन कॉलेज से तो शिक्षा ग्रहण की थी, भले कृष्ण धूम्र और मछलियों की दुर्गन्ध से भरे विश्व में मेरा जन्म हुआ हो जब कि मर्कंटाइल बैंक ऑफ़ इंडिया लिमिटेड के हमारे दफ़्तर में लगे जॉन कॉन्स्टेबल के चित्र जैसे सुन्दर स्थान पर जूड फ़ॉली संसार की भीषणतम यातनाएँ झेलता हो।

लैटिन सीखकर बारिस्टर गांधी की भाँति अपने पत्रों में यदा-कदा लैटिन कहावतों का उपयोग करने की मेरी कामना अपूर्ण ही रह गयी न कि ग्रीक त्रासदियों का बिना अनुवाद के मूलरूप में अध्ययन करने की इच्छा पूर्ण हुई। अध्ययन की इच्छा समझने वाला मेरे कुल में था भी कौन! जन्म लेना, खा-खाकर युवा होना, विवाह फिर सन्तति जीवन की केवल इतनी परिभाषा मेरे समाज में थी। पंचतत्त्वों से बने इस संसार से कहीं अधिक सुन्दर, कहीं अधिक करुण एक और संसार साहित्य में मनुष्य पा सकता है, यह जानने वाले कितने व्यक्ति इस असंख्य जनों से भरे महानगर में थे! बारिस्टर गांधी से विद्या और दर्शन पर जो दो-तीन बार मेरी बात हुई थी, वही मेरे जीवन की दुर्लभ सम्पदा थी, उसके लिए मैं ब्रह्मचारी बनकर जीवनभर एकाकी भी रह सकता था। पुस्तक पढ़ने पर उसके विषय में बात करने को जो वासना उठती है, वह कितनी उत्कट और कितनी निर्मल होती है और कितनी कोमल; क्या इसे गोबरगौरी समझ सकती थी?

एक आँसू मेरी दायीं आँख के कोने पर अत्यन्त धीमे-धीमे प्रकट हुआ, भावावेश के कारण मैंने आँखें मींच लीं तब वह आँसू नीचे गिर पड़ा। बारिस्टर गांधी के मित्र कवि रायचन्द के बताये बसरा के सौ टके सच्चे मोती की तरह वह गिरता हुआ आँसू चिमनी के गोलाकार आलोक में चमक रहा था और कितने धीमे-धीमे नीचे गिर रहा था। जहाँ से उसकी गोलाई बायीं ओर मुड़ती थी, वहाँ इन्द्रधनुष जैसा प्रकट हो रहा था। आँसू और साबुन के झाग में अधिक अन्तर नहीं और इसलिए नहीं कि दोनों ही स्वच्छ करते हैं बल्कि उनकी रूपगत समानताओं के कारण, हालाँकि कि गुण दोनों के बहुत भिन्न हैं, आँसू गिरता है, साबुन का झाग उड़ता है। आँसू के कारण मेरी नयी पुस्तक के पृष्ठ पर एक तरल गोलाकार बन गया। मैंने जल्दी से पुस्तक उठाकर दोहर से वह स्थान पोंछने का प्रयास किया किन्तु उससे वह तरल गोलाकार आड़ा-टेढ़ा होकर फैल गया और पृष्ठ उस स्थान पर पारदर्शी, लगभग फटने-फटने को हो गया।

"सोये नहीं अभी तक।" गोबरगौरी जाग गयी, "चिमनी जलाकर क्या कर रहे हो? आधी रात बीत चली।" जम्हाई लेते हुए वह बोली, "चिमनी बुझा दो। उजाले में नींद नहीं आती।"

"जूड फ़ॉली देर रात जब सू से मिलकर क्रिस्टमिन्स्टर लौटता है तब उसे अतीत के महान विद्वान हँसते हुए दिखते हैं, वह दृश्य पढ़कर सोऊँगा।" मैंने पृष्ठ पलटा और गोबरगौरी से कहा किन्तु उसमें इतना धीरज कहाँ था, "अभी बन्द करो चिमनी। आधी रात को कोई पढ़ता है यह सब गप्प गोष्ठियाँ।" और मुझे घूरने लगी।

मैं पढ़ने का अभिनय करता रहा किन्तु मेरा माथा क्रोध के कारण जलने लगा था, मेरे जीवन की अराबेला यही औरत है–श्रीमती गोबरगौरी दवे जिसे यह सहन नहीं होता कि मैं दो वाक्य भी इसकी आज्ञा के बिना पढ़ लूँ। 'अराबेला' उपन्यास के अभागे नायक जूड फ़ॉली से कपट करके विवाह कर लेती है और उसे जूड की इच्छाओं की थोड़ी-सी भी चिन्ता नहीं होती, वह केवल अपने सुख की दासी होती है।

"बुझा दो न चिमनी, नींद आती है।" उसने कहा और मैंने तुरन्त उत्तर दिया, "बस इतना पढ़कर", वह बोली, "मैं बुआ जी को पुकारती हूँ," कहकर वह चिमनी बुझाने को उठी।

मैंने एक हाथ से चिमनी उठायी और दूसरे से उसकी कलाई मरोड़ दी। वह पहले चिल्लायी, "अईं बा मेरा हाथ," और छटपटाने लगी। उसके चिल्लाने से मैं हड़बड़ा गया और उसे चुप करने के लिए एक चाँटा उसके गाल पर लगाया। वह पलटी तो उसकी पीठ पर भी एक धौल जमा दिया। वह भूमि पर गिर पड़ी।

यज्ञदत्त जाग गया और रोने लगा तो वह उसे गोद में लेने को दौड़ी। मैंने चिमनी जल्दी से बुझा दी। सम्भवतः किसी को हमारे झगड़े की आवाज़ नहीं आयी या उन्होंने इसे हमारा प्रणय-कलह समझा क्योंकि कोई नहीं आया। देर तक यज्ञदत्त रोता रहा। गोबरगौरी मार खाकर भी रोयी नहीं, सो गयी।

सब कुछ इतनी जल्दी हुआ था कि मुझे अपने किये की गम्भीरता और नीचता बहुत देर से समझ आयी, देर तक मैं जूड फ़ॉली के बारे में सोचता रहा, कैसे उसकी पत्नी अराबेला उसके उपचार के लिए आये डॉक्टर से नैन मटक्का करती है और संकेत से बताती है कि वह जूड की मृत्यु की प्रतीक्षा कर रही है। स्त्रियों को पीटना एक सामान्य बात है और मैंने गोबरगौरी को यदि एक चाँटा मार भी दिया तो इसमें कौन सा असाधारण काम कर दिया। मैं बार-बार स्वयं से यही कहता रहा। जो बात मुझे दुःख दे रही थी, वह गोबरगौरी को पीटने की ग्लानि नहीं थी बल्कि इस बात का अन्देशा था कि कल गोबरगौरी नौटंकी करेगी, ग़ुस्सा होकर बैठेगी और मुझे उसे मनाना होगा और साथ ही जब यह बात बा को पता लगेगी तब वह क्रोध करेंगी। पति और उसकी स्त्री के बीच बा का हस्तक्षेप मुझे कुण्ठा से भर देता था क्योंकि

मैं उन्हें यह नहीं बता पाता था कि गोबरगौरी मेरी स्त्री है और यह मेरे और उसके बीच की बात है, इसमें उनका हस्तक्षेप उचित नहीं। बा को पति और उसकी स्त्री के बीच हस्तक्षेप करने का अधिकार केवल इसलिए नहीं मिल जाता कि पिता जी से उनके सम्बन्ध कटु थे और उन्हें क्या पता था कि गोबरगौरी पर मालिकी दिखाकर, उसे थोड़ा प्रताड़ित करके जिस अधिकार का मुझे अनुभव होता था, उसे पुरुष होने के नाते मुझसे कोई छीन नहीं सकता था, यह हम दोनों के मध्य प्रगाढ़ता के लिए आवश्यक था।

किसी भी प्रकार इस बात को मैं साधारण, प्रतिदिन घटित होने वाला प्रसंग बना देना चाहता था, इसलिए मैंने फ़र्श पर जहाँ गोबरगौरी सोयी हुई थी, वहीं लेटकर गोबरगौरी की चोटी उठायी और उसकी ग्रीवा को दाँतों से धीमे-से काटा। उसने कोई शब्द नहीं किया, सम्भवतया वह सो गयी थी या निद्रा की नाटिका खेल रही थी किन्तु ऐसी कौन स्त्री हो सकती है जो मार खाकर निद्रा का नाटक करे! एक अंग्रेज़ी उपन्यास के प्रसंग का संस्मरण हो आया जिसमें उपन्यासकार कहता है—नायिका नायक से मार खाकर उसे और अधिक प्रेम करने लगी थी। मार खाकर कोई स्वाभिमानी व्यक्ति चाहे स्त्री हो या पुरुष किसी को प्रेम कैसे कर सकता है। हो सकता है स्त्री कर सकती हो प्रेम, मार खाकर भी आख़िर माँ भी पिता जी से कितना प्रेम करती थी किन्तु क्या कोई मारने वाला उस व्यक्ति को प्रेम कर सकता है जिसे वह मारता हो? पिता जी बा से प्रेम नहीं करते थे, न मुझसे वे प्रेम करते थे। अब तक के जीवन में मैंने केवल एक बार ही उनका कोमल पक्ष देखा था जब वे मुझे ज़ीने से सहारा देकर उठाकर लाये थे अन्यथा उन्हें हमने या तो आत्ममग्न देखा था या विषादमय।

मैंने गोबरगौरी के कान की लव और उसका ऊपरी भाग काटते हुए कहा, "सुनो।" मेरा स्वर बहुत कोमल, फुसफुसाता हुआ था किन्तु वह यों सोती रही जैसे जीवित न होकर उसका शव वहाँ पड़ा हो। गोबरगौरी का दायाँ स्तन दूध से भरा हुआ था, उसका पोलका खोलकर मैंने क्रोध और वासना में उसका मर्दन करके सब दूध बहा दिया। उसके पश्चात् उससे मनोनुकूल क्रीड़ा की। निकट सोता यज्ञदत्त रोने लगा था। गोबरगौरी ने नेत्र नहीं खोले। उस दिन मुझे उस पर बहुत क्रोध हुआ और उस रात के लिए मैं उसे कभी क्षमा नहीं कर पाऊँगा। उसकी मृत्यु के बाद भी नहीं ऐसा मैंने स्वयं से उस रात बार-बार कहा और उसने तो सम्भवत: अपनी मृत्यु के बाद भी मुझे ऐसे व्यवहार के लिए क्षमा न किया हो। कौन जानता है और कौन जान सकता है। उसे क्षमा न करूँगा, यही सोचते-सोचते मेरी नींद लग गयी।

प्रात:काल चोट लगने के कारण पानी भरने का काम बा और गोबरगौरी ने किया। तब तक गोबरगौरी गर्भवती है, उसे स्वयं भी पता न था। वह मेरा धुला हुआ कौपीन, धोती और बुशर्ट अपने स्थान पर रख गयी, टोपी झाड़कर खूँटी पर टाँगी और जूते और छाता झटकारकर किवाड़ से टिका गयी। स्नान, भागवत के पाठ के पश्चात् भोजन परोसने में भी उसे संकोच न हुआ जब कि मैं रात की घटना के कारण लज्जा से गड़ा जा रहा था। उस समय गोबरगौरी मुझे इतनी निर्लज्ज और निष्ठुर लगी कि खाते-खाते मैंने थाली परे की और बाहर आकर जूते पहनने लगा। वह रसोई में अचार की बरनी से आम की फाँकें निकालने का अभिनय करती रही और उसने यह तक उचित नहीं समझा कि मुझे भोजन पूरा करने को कहती या पूछती कि खाते-खाते उठने का कारण का क्या हुआ। नीचे पहुँचा तो कमलाकर जी के यहाँ से शुद्ध घी में मराठी व्यंजन अनारसे तलने की सुगन्ध आ रही थी, कई बार वे लोग हमें प्रसादस्वरूप मराठी व्यंजन भेजते थे किन्तु बा मुझे पूरी थाली चुपचाप कुत्तों को देने को कहती थी, प्रार्थनासमाज के मतावलम्बियों के घर का सब कुछ दूषित वे मानती थी किन्तु बुआ के आने के पश्चात् यह रीति छोड़ दी गयी, "शुद्ध घी के पक्के चौके में छुआछूत का सवाल नहीं। ला, मुझे दे, खाकर तो देखूँ कैसी बनायी है चकली और भाकरबड़ी।"

लीलावती विद्यालय जाने के लिए बाहर खड़ी थी। उसका पिता गणपति अन्दर अपने बूट पोलिश कर रहा था, गणपति ने ही उसका नाम ऐलेग्ज़ैंड्रा नेटिव गर्ल्स स्कूल में लिखवाया था और वही उसे विद्यालय छोड़ते हुए अपनी मास्टरी निभाने जाता था। जीवनशैली तो उस परिवार की सनातनियों से अधिक शुद्ध थी तब क्यों ब्राह्मण होने पर भी इन्हें अशुद्ध माना जाता था, यह मेरी समझ के परे था, अनारसों की शुद्ध घी मिश्रित चावल के आटे और शक्कर की सुगन्ध को भरपूर साँसों में भरकर मैंने सोचा। इस सुगन्ध के कारण मैं गोबरगौरी के दुर्व्यवहार को भूल चुका था और संसार के प्रति मेरी आसक्ति पुनरुज्जीवित हो गयी थी।

"दफ़्तर के लिए आज जल्दी निकल रहे हैं, दवे जी?" गणपति भा. कमलाकर ने अन्दर से ही बूट पोलिश करते हुए पूछा, घर में ऐसा दूषित कर्म करना निश्चय ही उस युग में पापिष्ठ है किन्तु बारिस्टर गांधी भी अपने बूट आप ही पोलिश करते थे, इसलिए मैं उतना अचम्भित नहीं हुआ। वहीं उनके किवाड़ पर रुक गया, लीलावती थोड़ा पीछे हटकर खड़ी हो गयी, वह कढ़ाई से निकला गरम-गरम अनारसा बाहर ही खड़ी-खड़ी कुतर रही थी जो कि एक स्त्री के गरिमा के अनुरूप न था, क्या किसी तरुणी को ऐसे बाहर खड़े होकर किसी भोज्य पदार्थ का चपचप सेवन करना चाहिए।

"आओ, बेटा गोवर्द्धन, जलपान कर लो।" चौके से अनारसों से भरी थाली लिये लीलावती और गणपति भा. कमलाकर की माँ, जिसे इमारत के सभी लोग वर्षाताई कहते थे, ने मुझे पुकारा।

मैंने कुर्ते की जेब में हाथ डाला तब पता लगा घड़ी भूल आया हूँ, आधा भोजन छोड़कर उठा था, इसलिए भूखा था और मीठे को देख जिह्वा भी ललक रही थी किन्तु मैंने संयम साधा फिर कहा, "और कभी आऊँगा। आज दफ़्तर में जल्दी जाना है।" कहते हुए मैं थाली देखने से बच रहा था जिसे वर्षाताई भाँप गयीं और उन्होंने उत्तर दिया, "देखती हूँ मन मीठा खाना चाहता है और माथा दफ़्तर जाने को कहता है। तुम कहो तो पूड़ा बाँध दूँ?" पूड़ा ले लेने का मैं इच्छुक तो था किन्तु यदि बा को पता लगता कि घर का भोजन अधखाया छोड़कर मैं प्रार्थना समाजवाले कमलाकर जी से मीठे का पूड़ा बँधवाकर अपने कार्यालय ले गया तो उन्हें बहुत सन्ताप होता। मैंने जाने को पाँव बढ़ाया तो वर्षाताई ने कहा कि सायंकाल तो मुझे अनारसे खाने आना ही पड़ेगा। क्या उन्हें पता लग गया था कि अनारसों की सुगन्ध से ही सीढ़ियाँ उतरते समय मेरी जिह्वा कैसी लपलपा गयी थी, सोचते हुए मैं लज्जित जल्दी-जल्दी चलता बैंक पहुँच गया और उस नीच गोबरगौरी के विषय में मन में कोई विचार नहीं आया।

बैंक के ब्रितानी अफ़सर का कहा काग़ज़ पर खड़े-खड़े पहले इमला लिखना फिर कच्चा लिखकर उन्हें दिखाना, वे तब त्रुटियाँ गिनाते और मैं सम्पादित करके पत्र पुनः लाता, उसमें वे फिर त्रुटि निकालते, ऐसे दिन भर में चार-पाँच दस्तावेज़ मैं करता था, इसी की मुझे डाँट और पगार दोनों मिलती थी। वॉलिस ब्रदर के हिन्दुस्तानी आढ़तिये कपास ख़रीदी के लिए सत्तर हज़ार रुपया ले गये थे। वॉलिस बिरादरों की गारंटी पर रुपया दिया गया था और छह मास बीत चुके थे, नया वर्ष लगने वाला था मगर ब्याज क्या मूल तलक नदारद था, उगाही वास्ते पहले आढ़तिये को पत्र भेजे गये अब कार्रवाई की अन्तिम चेतावनी के लिए वॉलिस ब्रदर्स को लम्बा पत्र भेजना था। नर्मदाप्रसाद जी भी वॉलिस ब्रदर्स की फ़र्म में काम करते थे मगर वह दूसरी फ़र्म थी–बॉम्बे बर्मा ट्रेडिंग कम्पनी, इस फ़र्म का नाम था वॉलिस ब्रदर्स कॉटन ट्रेडिंग और इसका खाता हमारी बैंक में चलता था।

गोबरगौरी का कहना था, रात को चिमनी जलाकर पढ़ने के पाप के कारण मेरा दृष्टिदोष बढ़ रहा था और ऐनक के बिना देखने में मुश्किल होती थी। उस दिन कागदपत्र तैयार करने में अनेक त्रुटियाँ हो रही थीं और विलम्ब भी बहुत हो रहा था। बार-बार विलियम ग्रीन साहेब मुझे त्रुटि गिनवाकर लौटा देते थे। कागद का सही

बनना इसलिए अत्यन्त आवश्यक था क्योंकि उधारी न पटाने पर इसी के आधार पर कचहरी में हरकती दाख़िल होना थी। अक्षर गोल बनते-बनते कंकड़-भाटे जैसे बन जाते। कभी वर्तनी की भूल होती तो कभी वाक्य इतना लम्बा बन जाता कि आख़ीर तक पहुँचते-पहुँचते मुझे स्वयं बात बिसर जाती। भोजनावकाश के पश्चात् विलियम ग्रीन साहेब ने मुझे अपने कमरे में फिर से बुलाया। मैं घर से भोजन करके आता था, इसलिए अपने मटके से जल पीकर रहता था। एक विधवा पण्डिताइन जल भर दिया करती थी और मेरा मटका दूसरी जातिवाले न छुएँ, इसलिए मटका अगोरना भी उसका ही काम था, बदले में मैं उसे रुपया देता था।

"Which university have you disgraced Dave? विलियम ग्रीन साहेब दवे को डेव पढ़ते और पुकारते थे, मुझे लगा वे वाजिब सवाल कर रहे हैं इसलिए गर्वान्वित स्वर में मैंने उत्तर दिया, "एलफिंस्टन कॉलेज, बॉम्बे, द बेस्ट इन बॉम्बे सो इन इंडिया।"

वे चुरुट फूँकते थे, धुआँ पीते हुए बोले, "Are you married?"

मुझे उस दिवस तीव्र उल्लास हुआ कि उनकी मेरे जीवन में इतनी रुचि जागरित हुई है, मैंने बिना व्याकरण का विचार किये कहा, "येस सर, मैरिड टू चिल्ड्रन।"

वे हँसने लगे और मुझे कमरे से दफ़ा होने की कहकर ख़ुद काग़ज़-पत्र तैयार करने लगे। सही उत्तर होता married with a child, मुझे भय होने लगा कि मुझे नौकरी से बर्ख़ास्त कर दिया जायेगा। दसों अँगुलियों के मैंने नाख़ून चबा लिये और तम्बाकू पीने की तलब होने लगी। नूतन कारण खोज-खोजकर मैं बार-बार विलियम साहेब के कमरे में जाने लगा किन्तु उन्होंने अपना माथा टेबुल से न उठाया और ध्यानस्थ लिखते रहे जिसके कारण नौकरी जाने का मेरा सन्देह पक्का हो गया।

एक कारकुन का दायित्व है भी क्या? कागद बनाना और उसमें भी मेरी गति शून्य नहीं तो लँगड़ी तो थी ही तब क्यों ही बॉम्बे की इतनी बड़ी बैंक का अफ़सर मुझे अपने यहाँ टिकाये रखेगा! अकाल के कारण मालमत्ते की संसार भर में कमी थी, मन्दड़ियों की मौज थी और घर-घर लोग फाके करके सोते थे। ऐसे में पिता जी के वेतन में कैसे गृहस्थी चलेगी, इस चिन्ता के कारण मैं बार-बार जल पीता और लघुशंका निवारण को जाता। मेरा मटका जहाँ रखा रहता था, उससे लगकर ही विलियम साहेब के चाय-जलपान तैयार होने का स्थान था जिसे वे पैंट्री कहते थे। वहाँ उनका नौकर चाय बना रहा था। चौकोर तश्तरी में केतली ऊन के तिकोने लबादे से ढँककर वह जब चला गया तब मैंने विलियम साहेब का तम्बाकू चुराने का निश्चय कर लिया। तम्बाकू में मेरी प्रबल आस्था थी और मुझे लगता था लपेटकर पीने से मेरा नौकरी जाने का दुःख जाता रहेगा।

डबलरोटियाँ, अण्डे, केक जैसे गर्हित पदार्थों से स्थान भरा पड़ा था और एक क्षण को मुझे विचार आया भी कि क्या ऐसे स्थान पर रखे तम्बाकू पीने पर दोष न होगा, अपनी गृहलक्ष्मी गोबरगौरी पर हाथ उठाने का फल तो ईश्वर ने मुझे तुरन्त दे ही दिया था तब क्या यह तम्बाकू पीकर नया पाप करना उचित होगा? फिर यह धारणा बनी कि तम्बाकू कौन सा मुख में डालना है, केवल उसका धूम्र ग्रहण करना है और अग्निदेवता तो सबको पुनीत करने वाले हैं, इसलिए तम्बाकू पीने में हर्ज़ा नहीं। एक काँच के ढक्कनवाली पीतल की डिबिया थी जिसमें तम्बाकू भरा था, कारकुनी कागद का एक पर्चा मैं फाड़कर लाया था, उसी में ज़रा सा तम्बाकू उलटा ही था कि, विलियम साहेब का नौकर आ गया, "साहेब का तम्बाकू क्यों गड़बड़ कर रहे दवे बाबू?"

मैं घबराया मगर हाथ से डिबिया छूटने न दी, "तलब थी थोड़ा-सा ले रहा था," चपरासी होकर भी मुझ पर हावी होने का उसका मनसूबा था, "अपना तम्बाकू आप लेकर आया करो।" मगर मैं भी कम न था, "यह बैंक पेटे का तम्बाकू है।" और उसने जवाब न दिया सीधे विलियम साहेब के कमरे में गया। पहले भी तो निकाल ही रहे थे, अब तम्बाकू चोरी की धारा और जोड़कर निकाल देंगे, ऐसा सोचकर मैंने वहीं तम्बाकू काग़ज़ में लपेटना शुरू कर दिया।

ऐसा अनुभव हुआ, पौरुष जाग गया हो। माचिस जलाकर चेतन की और धुएँ का प्रथम श्वास भरा तो चेतना हुई कि कारकुनी जाने पर काम क्या करूँगा? रोटी-पानी के लाले न पड़ जायेंगे, बुआ की तरह जैन मन्दिर में चन्दन घिसने का काम कर लूँगा, कुछ नहीं तो चावल और शक्कर की व्यवस्था हो ही जायेगी, फिर लगा चन्दन ही घिसना था, मन्दिर में झाड़ू-पोंछा मारना था तो एलफिस्टन कॉलेज क्यों गया, अंग्रेज़ी क्यों सीखी, नाटककार बनने का स्वप्न क्यों देखा था? क्लर्की आत्मा को खाने वाला रोग है, तम्बाकू पीकर इससे मुक्ति नहीं न पत्नी को पीटकर ही इससे मुक्त हो सकते हैं; इससे मुक्त होने के लिए अपने क्षुद्र अन्त:करण की दीवालें ढाहना पड़ती हैं, अभय प्राप्त करना पड़ता है। क्लर्की मनुष्यों ने इसलिए ईजाद की कि आत्मा जैसे मनुष्य के वायवीय अंग को तेल-नून-भाजी-चून में बदला जा सके। "Clerkdom is a process which converts a part of soul into grocery everyday" मैंने अंग्रेज़ी में वाक्य बनाने का प्रयास किया–व्याकरण की दृष्टि से शुद्ध वाक्य जिसमें विलियम साहेब दोष न निकाल सकें और मुझे कभी नौकरी से न निकालें क्योंकि ऐसे शुद्ध अंग्रेज़ी वाक्य को बनाने का गुण बम्बई में आख़ीर कितने क्लर्कों में था। बुआ इसी को मन में महाराज होकर बैठना कहती

है, तम्बाकू फूँककर मैंने निश्चय कर लिया कि अभी की अभी जाऊँ और विलियम साहेब के चरणों में गिरकर नौकरी बचाने के लिए उनसे प्रार्थना करूँ।

विलियम साहेब कमरे में नहीं थे, उनका चपरासी जूठे कप-बशी अबेर रहा था, मुझे देखते ही बोला, "आज तुम बच गये, मैं जब तक आया साहेब निकल चुके थे।" एक आत्महीन चपरासी के मुँह न लगता, इतना विवेक मुझमें था। मैंने अंग्रेज़ी में उसे बाहर जाने को कहा और वह मूषक की भाँति भागा। विलियम साहेब की मेज़ ख़ाली पड़ी थी शायद श्रीनाथ काबरा जी जो बैंक में बड़े कारकुन थे, उन्होंने पत्तर समेट लिये थे। बैंक बन्द होने का घण्टा भी तब तक बज चुका था।

मैं घर की तरफ़ चला मगर मेरी आत्मा इस भय से कि मुझे कारकुनी से कल बर्ख़ास्तपत्र मिलेगा, पूर्णरूपेण क्लर्क बन चुकी थी, जैसे बच्चा कोई स्थान न छोड़ना चाहे तो उस स्थान के खम्भों-दीवारों से चिपक जाता था। अंग्रेज़ी भाषा सही-सपाट बोलना और लिखना कितना कठिन था, मैं टॉमस हार्डी के उपन्यास पढ़ता था और भी अंग्रेज़ी की कई किताबें मैंने पढ़ी थीं। कम-से-कम बीस-पच्चीस ग्रन्थों का तो अध्ययन किया था किन्तु तब भी अंग्रेज़ी व्याकरण और वर्तनी में प्रतिदिन त्रुटि होती थी जैसे मेज़, कुर्सियाँ, पलंग, सिंगार-दर्पण कोई सब ख़रीद ले किन्तु घर में उसे बरोबर जमा न पाये, ऐसी मेरे मग़ज़ की दशा थी, सब था बापरने का ढंग न था। शाक-भाजी ख़रीदने का दायित्व मेरा था, प्रतिदिन सब्ज़ी मण्डी से ख़रीदारी करके घर लौटता था, उस दिन ढाई सेर बटाटे लेकर ही सन्तोष किया।

गोबरगौरी के व्यवहार में तृणमात्र भी परिवर्तन न था बल्कि अब मुझे बुआ और बा भी कोपवती दिखने लगी। उन्होंने कुछ कहा नहीं। समय से चाय तैयार हो गयी, गाँठिये के संग मैं बैठकर खाता रहा और वे दोनों हमारे सम्बन्धियों की निन्दा में व्यस्त रहीं; मुझसे यह तक नहीं पूछा कि मेरा कपाल ऐसा निष्प्रभ क्यों है या भौंहें ऐसी खिंची-खिंची क्यों हैं जैसे दर्ज़ी ने वहाँ टाँके लगा दिये हों या हो सकता है अपार क्लेश से भरे हृदय का मेरे मुख से कोई ज्ञान ही होता हो। दूर से गोबरगौरी मुझे देख रही थी, उसकी दृष्टि से लगता था, वह मेरा क्लेश जान पा रही है जैसे काँच की बोतल में रखा विष आत्महत्या करने वाले को स्पष्ट दिखता है किन्तु वह निकट नहीं आयी न एक शब्द ही कहा, केवल दूर से ही देखती रही। इतने में नीचे से लीलावती आ गयी, इससे पूर्व वह हमारे घर कभी न आयी थी, "गनपत दादा ने अनारसे खाने को बुलाया है, कहा है, वचन दिया था।" मेरा जाने को बिल्कुल भी जी न था। नर्मदाप्रसाद जी पर क्या विपदा पड़ी है यह पता न था, गोबरगौरी ग़ुस्सा

थी और नौकरी जाने का अन्देशा अलग था(ऐसे काल उनके घर मीठा खाऊँ और गप्प लगाऊँ, यह मेरे वश में न था।

"किसे बुलाया है?" बुआ ने पूछा, बुआ को लीलावती की दिनचर्या में बहुत उत्सुकता थी; वह प्रतिदिन कहाँ जाती है? उसका लग्न क्यों नहीं हुआ? या लग्न हो गया है और मालिक ने दूसरी डालकर इसके पीछे लात लगाकर इसे यहाँ भगा दिया है?

"इन्हें।" उसने मेरी ओर संकेत करके कहा, कहते बखत उसकी भंगिमा अत्यन्त निस्संकोच थी और वह सभी को खटकी।

"तुम जाओ, विचार बनेगा तो आयेगा।" बुआ ने निधड़क स्वर में कहा और लीलावती नीचे चली गयी।

गोबरगौरी पीपे से आटा निकालकर बैठक में आ गयी, "कितनी सुन्दर है, बैठने को कहना चाहती थी संकोच के कारण जिह्वा जड़ रही", बुआ ने तुरन्त उत्तर दिया, "कैसी बेशरम की नाई पराये आदमी की तरफ़ उँगली करके बात करती है देखा नहीं।" उठायी तो थी लीलावती ने अँगुली किन्तु उससे मुझे सुख ही हुआ था और इस बात की कल्पना करके अत्यधिक आनन्द हुआ था कि उसके ऐसा करने से गोबरगौरी डाहयुक्त हुई होगी और यहाँ उलटे गोबरगौरी उसे बैठाकर बात करना चाहती थी। "होकर आता हूँ, बहुत बार बुलाते हैं, आज भी न जाऊँगा तो अभिमानी न मान लें।" मैंने जाने का निश्चय कर लिया था, डाह में जलकर ही हो सकता था गोबरगौरी का मन शुद्ध हो जाये। गोबरगौरी मुझे थिर तारकों से निहारती रही, मुझे मारो-पीटो और प्रेम करो परायी से किन्तु उसने कहा, "छोटी बालिका है वह बुआ जी, उसे नर-नारी का भेद ही कहाँ पता होगा।"

"आयँ बालिका! आज ब्याह कर दे तो कल सौरी में सोये।" बुआ बोली पर गोबरगौरी कब अपनी बात गिरने देती, "मेरा लग्न हुआ तब यह सत्रह के थे मैं तेरह की तब तो वह नौ-दस बरस की बालिका ही हुई।" मैंने जूते में पाँव दिये और फटाफट सीढ़ियाँ उतरने लगा, लग्न के समय गोबरगौरी तेरह की थी किन्तु लगती नौ वर्ष की थी जब कि लीलावती नौ की होकर भी तेरह-चौदह वर्ष की हृष्टपुष्ट किशोरी लगती थी और लीलावती को बालिका समझकर गोबरगौरी ख़ुद को भरोसा दिलाना चाहती है कि इस बालिका से उसकी गृहस्थी को कोई जोखम नहीं। पीछे तीनों स्त्री वय पर बहस करती रहीं। बुआ का कहना था कि सात वर्ष में ही उन्होंने अपने सबसे बड़े पुत्र को जन्म दे दिया था, उनकी कुल चार सन्तानें हुईं किन्तु जीवित केवल कुमुद ही रही। यह बात तो सत्य थी किन्तु सात की वय में स्वयं को गर्भवती होना बताना तो हास्यास्पद असत्य था।

जब मैं पहुँचा तब वर्षाताई कढ़ाई में घी उड़ेल ही रही थी, पक्की रसोई में धुआँ-गरमी बहुत होने के कारण वर्षाताई बैठक के पास कोयले रखने की जगह पर ही तलने का काम करती थी, कच्ची रसोई भीतर पाकशाला में बनाती थी। इतना घी क्या बुआ और बा किसी बाहरवाले पर ख़र्च सकती हैं जितना वर्षाताई ने कढ़ाई में उड़ेला था; वे तो आत्मीयजनों को भी नाप-तौलकर घी या मिष्ठान देती थी। मुझ पर इतना ख़र्चा करने का उद्देश्य तो कोई सूझता नहीं, ताई सम्भवतया प्रेमवश ही ऐसा कर रही हो; प्रेम इतना दुर्लभ था कि सहसा उस पर विश्वास नहीं होता था और उसके पीछे कोई स्वार्थी उद्देश्य की ही आशंका होती। गणपति दादा अभी-अभी ही लौटे थे, बैठक में कुर्सी पर बैठे जूते के तस्में खोल रहे थे, पुस्तकों का एक मोटा बंडल उनके सम्मुख मेज़ पर पड़ा था। इतने घी-गुड़ के तत्त्व नित्य खाने पर भी वे कितने दुबले थे, गाल की हड्डियाँ निकली हुई और हाथों की एक-एक शिरा दिखाई देती थी; पत्नी न हो तब पुरुष की काया इसी गति को प्राप्त होती है।

"आइए-आइए, दवे जी!" गणपति दादा ने कहा और मेरे बैठने के लिए स्थान बरोबर किया, वहाँ पर विद्यालय की कॉपियाँ-किताबें पड़ी हुई थीं।

"सात बजे तक बैंक से लौट आते है" गणपति दादा ने कहा और मुझे अचानक बैंक की घटना याद आ गयी, क्या पता कल कारकुनी रहेगी कि जायेगी और यदि गयी तो दूसरी जगह रोज़ी का बन्दोबस्त कैसे होगा।

"श्रीयुत, पानी," लीलावती ऐन मस्तक पर खड़ी होकर चिल्ला रही थी। मैं चौंक गया और पानी लेने की हड़बड़ी में लोटा गिरते-गिरते बचा। काँसे का लोटा था, टूटते-टूटते बचा। बाद में लीलावती मुझे सदैव श्रीयुत कहकर ही पुकारती थी।

लोटा देकर लीलावती ने गणपति दादा की पुस्तकों का बण्डल उठा लिया और सुतली खोलने का यत्न करती लगी, "नवादी कादम्बरियाँ हैं या स्कूल में पढ़ने ले गये थे, बाबा?" लीलावती ने मराठी में पूछा और गणपति दादा मुझे देखकर गर्व से मुस्कुराये, "देखा मेरी पुत्री अंग्रेज़ी के यह मोटे-मोटे ग्रन्थ पढ़ने में सक्षम है," फिर लाड़ जताते हुए लीलावती से कहा, "अरे पगली, कल ही तो लाया था नयी किताबें। पहले वह तो पढ़ ले, यह तो मैं शाला में ख़ाली समय में पढ़ने ले गया था।" शुद्ध घी ख़र्चने का उद्देश्य दिखावा है, अब मुझ पर उजागर हो गया था। लीलावती एक एक पुस्तक निकालकर उलटने-पलटने लगी और अचम्भे से मेरा मुँह तब खुला रह गया जब उसने टॉमस हार्डी का नवीनतम उपन्यास 'जूड द अब्स्क्यर' खोलकर अपने मुँह के आगे किया।

"गणपति दादा, आपको टॉमस हार्डी का यह नया उपन्यास कहाँ से मिला?" मैंने कपट उल्लास से पूछा, मन मेरा ईर्ष्या से पूरा जल चुका था; "आप चाहें तो ले जाइए पढ़कर वापस कीजिएगा।" गणपति दादा ने कहा और लीलावती ने उपन्यास मेरी ओर बढ़ाया, "आप पढ़ते हैं टॉमस हार्डी?" गणपति दादा ने पूछा। "मेरे पास भी है इसकी एक प्रति। आपने पढ़ा? कैसा लगा आपको?" मैंने पूछा और पुस्तक लीलावती के हाथ से ले ली, बिल्कुल यही पुस्तक मेरे पास भी थी, फिर भी उस प्रति को देखने का लोभ संवरण न होता था जैसे वह कोई नूतन, भिन्न पुस्तक हो। लीलावती की आँखें मुझ पर स्थिर हो गयीं, उसके पिता की पुस्तक का अन्य के हाथों में देने का उसे दु:ख था, मैंने पुस्तक उसे देते हुए कहा, "क्या तुम अंग्रेज़ी पुस्तकें पढ़ लेती हो?" पुस्तक झपटकर उसने कहा कि न केवल वह अंग्रेज़ी पुस्तकें पढ़ती है बल्कि प्रतिदिन एक पृष्ठ अपनी कॉपी में इन पुस्तकों की नक़ल भी करती है, काग़ज़ महँगा पड़ता है तो भी उसके बाबा उसे लाकर देते हैं, कई बार तो उधार करके लाकर देते हैं और जो बात उसने अन्त में कही उससे मुझे प्रतीत हुआ, वह मेरा मन किसी अख़बार की तरह पढ़ रही है, "आप सोचते होंगे मेरा लग्न अब तक क्यों नहीं हुआ? जूड फ़ॉली की तरह मैं शिक्षा पूर्ण होने से पूर्व विवाह नहीं करना चाहती, अराबेला ने कैसे उसकी होनहार का ख़ात्मा किया", सुनकर गोबरगौरी मेरी दृष्टि के सम्मुख आ खड़ी हुई और मेरा मन कटु हो गया था।

"तुम्हें उसकी होनहार की इतनी ख़बर कैसे हुई! गये दिन का अख़बार आता है, होनहार का कोई अख़बार नहीं निकलता" मैंने कहा, स्वर इतना कर्कश था कि मुझे स्वयं खटका। "टेलीस्कोप की ईजाद से पहले गगनमण्डल आजोबा के मोटे कम्बल जैसा काला और मोटा था, आर पार देखना तो दूर हवा तक नहीं जाती थी और फिर देखिए टेलीस्कोप आने पर शुक्र, मंगल, दूर दूरस्थ के तारकगण, शनि, बृहस्पति सब दिखाई देने लगे, उसी प्रकार उत्तम शिक्षा होने पर होनहार के भी पहले ही दर्शन हो जाते है।"

इसी प्रकार गोबरगौरी के अशिक्षित रहने पर कटूक्ति कसने इन्होंने मुझे बुलाया था, अनारसा तो बहाना भर था। मेरा कण्ठ अवरुद्ध हो गया, कुछ कहते नहीं बना। गणपति दादा भी पाँव धोने और कपड़े बदलने चले गये थे। लीलावती के प्रति सद्यजात विशुद्ध घृणा के कारण उस दिन अनारसा मुझे कड़वा लगा और लगा जैसे शुद्ध घी में नहीं, उसे सरसों के तेल में तला हो, चाय फीकी थी और फरसाण बासा। "बित्तेभर की बाला बोल बनाये बड़े-बड़े।" बुआ लीलावती के लिए सही ही कहती थी।

गणपति दादा से हालाँकि देर रात तक बातें होती रहीं। उनका विचार था कि हिन्दू होने में और हिन्दूपने में अन्तर है, हिन्दू होना दु:साध्य है किन्तु हिन्दूपना अपनाना सरल और यह कि पण्डों के बस रहकर मोक्ष नहीं मिलता। उसके लिए ब्रह्मचर्य, तप, अध्ययन, मनन, निध्यासन करना पड़ता है, स्वर्ग प्राप्ति के लिए सत्कर्म किन्तु हम लोग पण्डों को दक्षिणा देकर, गंगास्नान और गोदान करके सोचते है कि हमें स्वर्ग मिल गया और शेष जीवन अनुचित कर्म करते चले जाते हैं। इस प्रकार अंग्रेज़ी पढ़ने वाले किसी भी हिन्दू युवक जैसे उनके विचार थे और उसमें कुछ विशेष मुझे नहीं दिखा। फिर उन्होंने अपनी दस मिनट पूर्व कही बातों के उलट यह भी बताया कि ईश्वर के न मिलने तक वे स्वयं को नास्तिक मानते रहेंगे; जैसे ईश्वर का अस्तित्व उनके मानने न मानने पर निर्भर है और इसलिए ईश्वर को गणपति दादा को दर्शन देकर गणपति दादा का ईश्वर में विश्वास उत्पन्न करना ही होगा। ईश्वर को लेकर वे विकल थे किन्तु उनमें ऐसी प्रतिभा नहीं थी कि दार्शनिक स्तर पर वे कोई नवीन उद्‌भावना लेकर आते, पढ़ी-सुनी बातों का साहित्यिक शब्दों में दोहराव मात्र था।

एक ही समय एक पुस्तक दो दूर बैठे मनुष्य एक संग पढ़ें, यह विचार प्रेम के सबसे अधिक निकट है, उस अनुभूति का सबसे मूर्त रूप है और गणपति दादा और मैंने हमारे मध्य यही साहचर्य पाया था, भले वह कुछ ही वर्षों तक ही रहा हो। वे प्रत्येक नयी किताब पढ़ने को उत्सुक रहते थे और ढेरों किताबें ख़रीद लाते। कई बार उधार ख़रीदते और कई बार पगार पाते ही किताबों की दुकान पर पहुँच जाते या डाक से किताबें मँगाते; बाद के वर्षों में वे अनुशीलन भवन के प्रकाशन में वर्तनी दोष निकालने का काम भी करने लगे और देर रात गये घर लौटते। प्रति सन्ध्या हम दोनों एक-दूसरे को वचन देते कि आज अमुक पुस्तक के इस नम्बर पृष्ठ से उस नम्बर के पृष्ठ तक समय विशेष में पढ़ेंगे, फिर दूसरे दिन चाय पर हम गयी रात पढ़े गये पर वार्ता करते। कई बार समुद्र तट पर घूमते हुए आधी-आधी रात तक मिल्टन तो कभी सोफ़ोक्लीज़ पर हमारा विवाद होता।

योहान वोल्फ़गैंग गोयठे के इस कथन, "चेम्बर पीस संगीत चार बुद्धिमान मित्रों का संवाद है," पर हम सप्ताह भर सोचते रहे कि चार बुद्धिमान मित्रों के संवाद की भाँति संगीत कैसा होगा, वह कितना सुन्दर होगा और कैसे गाया-बजाया जाता होगा? सुनने का तो हमारे निकट कोई साधन न था किन्तु हम उसकी कल्पना तब तक करते जब तक हमारे केश, कनपटियाँ, भौंहें स्वेद से न भर जाते और स्वयं की हृदयगति स्वयं को ही सुनाई न पड़ने लगती; हम दोनों को विश्वास था कि चेम्बर

पीस संगीत सुनते ही हम उसे पहचान जायेंगे। हम शिक्षित हिन्दुस्तानी मूढ़ों की तरह मानते कि यूरोप इस भुवन का वैकुण्ठ है और वहाँ का संगीत, वहाँ के उपन्यास और दर्शन सब कुछ श्रेष्ठ है और अंग्रेज़ों ने भारतवर्ष को अपना कर्मस्थल बनाकर हम पर उपकार ही किया था, यही विचार हमारी प्रगाढ़ मित्रता का कारण था। आगे गणपति दादा का अलग विचार बना और उनका अंग्रेज़ी शासन से उच्चाटन हो गया।

"आप न दारू-तम्बाकू पीते हो न दारियाँ रगड़ते हो न सैर-सपाटे की आपको आदत है, ऐसा कैसे?" बहुत दिनों बाद एक दिन मैंने गणपति दादा से पूछा था।

"इतना रुपया मेरे पास नहीं है कि दारू-तम्बाकू पी सकूँ या कुत्री-नखराल का ख़र्चा उठाऊँ। कल्पना और स्वप्न में ही सब आनन्द पाता हूँ।" गणपति दादा ने उत्तर तो दे दिया किन्तु मेरे प्रश्न ने उन्हें घाव दिया था, मैंने उनके पौरुष पर प्रश्न उठाया था। "घाणरेडी बाइयों के पीछे भटकना मर्दानेपन का सबूत है न!" उन्होंने टिप्पणी की।

उस क्षण उन्होंने ललाट ऐसे सिकोड़ा जैसे कुछ देखने में उन्हें मुश्किल हो, उनके केश समुद्री आँधी में उड़ रहे थे और नमक के कारण रूखे-सूखे, कुछ-कुछ भूरे हो गये थे। उनके कन्धे की हड्डियाँ कण्ठ के नीचे इतनी निकट आ चुकी थी जैसे कुछ देर मैं यों ही उन्हें देखते रहा तो वे एक-दूसरे का स्पर्श करने लगेंगी। उनकी झबरी, लम्बी-लम्बी मूँछें जो नीचे की ओर झुकी रहती थीं, वे एकदम काली थीं जैसे लम्पट अधेड़ ख़िज़ाब लगाकर काली कर लेते हैं। उनकी मूँछें स्वाभाविक रूप से ही काली थीं क्योंकि उनमें एक तैलीय कान्ति थी जो ख़िज़ाब रंगने वालों में दिखाई नहीं देती। उनकी भौंहें मूँछों जितनी तो नहीं किन्तु अन्यों की अपेक्षा बहुत घनी थीं और बरौनियाँ तो स्त्रियों जैसी थीं। सस्ते लट्ठे का कुर्ता वे वर्षाताई से सिलवाकर जो हमेशा पहनते थे, उस दिवस भी वही पहने थे जो साफ़ तो था किन्तु धुल-धुलकर जूना पड़ गया था और वर्षों से नील दिये जाने के कारण जगह-जगह उस पर नील के चकत्ते पड़ गये थे। उनकी धोती की दशा तो कुर्ते से भी गयी बीती थी और किनारों से वह धागा-धागा हो चली थी, फिर भी वे धोती न ख़रीदकर उस रुपये से नवीन ग्रन्थ ले आते थे। हड्डियों का कुछ मांसपेशियों से बँधा हुआ वे पुंजमात्र थे और बात करते-करते अति उत्तेजित हो जाते जैसे बहुत दिनों तक ब्रह्मचर्य रखने के कारण स्वस्थ पुरुष हो जाते हैं। उनके जूते साबुत थे किन्तु वह भी वर्षों पुराने दिखते थे, समुद्री हवा-पानी खा-खाकर वे भी सफ़ेद और काले से मटमैले पड़ गये थे। धोती और जूते के मध्य खुली पिण्डलियों पर एक मोटी शिरा हमेशा ज़ोर-ज़ोर से फड़कती रहती थी जो वे जब कहीं जाते तो मुझे दूर तक दिखती रहती थी। जीवन का अर्थ

पाने के लिए दर्शन और साहित्य के अरण्य में भटकते-भटकते वे ऐसे हो गये थे। उन्होंने बात आगे नहीं बढ़ायी और वाचनालय जाना है, कहकर मेरे उत्तर की प्रतीक्षा किये चले गये, वे बण्डी न पहनते थे और सायंकाल के कुसुम्भी आलोक में दूर तक सफ़ेद कुर्ते में उनका काला, ग़ुस्सैल शरीर दिखता रहा और मुझे आभास हुआ कि अब हमारी मित्रता पूर्ववत् न रहेगी। यह उस सन्ध्या के महीनों बाद की घटना है।

उस रात अनारसे और फरसाण खाकर जब लौटा तब खाना टेबुल पर लग ही रहा था, मैं पहले ही बहुत खा चुका था, इसलिए गोबरगौरी को त्रास देने के लिए मैंने कहा कि मैं आज खा न सकूँगा। "बटाटेभाजी और ज्वार की भाकरी है, आ जा गरम-गरम खा ले," बा ने मुझसे कहा। भाकरी अभी-अभी सिगड़ी से उतरकर आयी थी और उससे कोयले, ज्वार के आटे का सुवास उठ रहा था। बटाटेभाजी कटोरी में धुँधुआ रही थी। बटाटे के छिले हुए, बड़े बड़े टुकड़े जिन्हें हल्दी और हींग के पानी में पकाया गया था, वे सरसों और धने के मध्य जैसे लोट रहे थे। पास में ठण्डे पानी का गिलास रखा हुआ था और खड़ी लाल मिर्च के अचार का खुला हुआ डिब्बा। बुआ हरी मिर्च चबाती हुई भाकरी का कौर तोड़ रही थी, बा की गोद में बैठा यज्ञदत्त गुड़ की डली चूस रहा था। गोबरगौरी भाकरी का डिब्बा लिये आयी किन्तु मुझे न खाते देख वह किंचित् भी नहीं चौंकी। दो भाकरी उसने अपनी थाली में रखी और उन पर बटाटेभाजी उड़ेलकर खाने बैठ गयी। अनेक वर्षों पश्चात् देखा विंसेंट वान गॉग का चित्र 'द पटेटो ईटर्स' (बटाटे खाते लोग)। मेरी स्मृति में अब इसी चित्र ने उस रात्रिकालीन जेवनार के दृश्य का स्थान ले लिया है। शाक-सब्ज़ी उन दिनों दाल से भी अधिक महँगी मिलती थी और बटाटे न केवल सस्ते आते थे बल्कि बहुत स्वादिष्ट भी लगते थे। देखने में भले बटाटे बेडौल और प्रभाहीन लगते हों, काटने पर उनका जो स्वरूप प्रकट होता, वह बाहरी रूप से कहीं अधिक सुन्दर होता और खाने पर जो स्वाद मिलता, वह तो उनके आन्तरिक, पानीदार स्वरूप से कहीं अधिक अच्छा लगता। कई बार मैं प्रेम से बुआ को मेरा बटाटा भी पुकारता था।

सायंकाल कमलाकर जी के यहाँ बीत गया था और रात भी गहराती जा रही थी। इतनी देर तक मुझे अपनी नौकरी जाने का विचार न आया था और अब अचानक सबको रोटी खाते हुए देखकर दोपहर में दफ़्तर में घटा प्रसंग याद आ गया—क्या पता अब तक मेरे बर्ख़ास्तपत्र का मुद्दा भी विलियम साहेब ने ठहरा लिया हो और कल पहुँचने पर मुझे ही उसका इमला लिखवा दें। कण्ठ भर आया और बैठे-बैठे मैं हाँफने लगा, तुरन्त हाथ-पैर धोने का कहकर मोरी में पहुँचा तो गोबरगौरी भाण्डे मस रही थी, इतनी जल्दी भोजन भी हो गया, इतना कम खाने के कारण ही चार वर्ष में

सींक हो गयी है। उसने मुख उठाकर देखा। "गोबरगौरी, तू यज्ञदत्त को सुला दे, मैं मस दूँगी भाण्डे" पीछे बा ने चिल्लाकर कहा। ज़रा देर को गोबरगौरी की पुतलियाँ मुझ पर टिकी होंगी। उतनी ही देर में अश्रुओं से चमकने लगीं और मेरा मन उससे लिपट-लिपटकर रोने का होने लगा। मैं जल्दी से जाकर बिस्तरे पर लेट गया ताकि गोबरगौरी के आने तक गहरी नींद में होने का नाटक कर सकूँ। उससे बात करने का साहस मैं अब तक जुटा नहीं पाया था।

थोड़ी देर बाद गोबरगौरी यज्ञदत्त को लेकर सोने आयी तब तक मेरी नींद न लगी थी हालाँकि वह भाण्डे धोकर, रसोई में जमाकर आयी थी। उसने कम्बल नीचे रखा और अपने आँचल को ही बिछाकर सो गयी, स्तनों पर यज्ञदत्त को सुला लिया। यज्ञदत्त साढ़े तीन वर्ष का हो गया था और उसे सीने पर सुलाकर रात काटना कितना कठिन था, इसकी मैं तब तक कल्पना करता रहा जब तक नींद नहीं आयी। दूर-दूर तक कोई ध्वनि नहीं थी, उस रात जितनी नीरव रात बॉम्बे ही नहीं विश्व में, उसके एकदम कोने आन्तर में मनुष्य पहुँच जाये तो दुर्लभ है–सहसा नीरव स्थान और समय में स्वयं को पाकर हम कैसा अनुभव करते है जैसे हम समय और स्थान से परे हो चुके हैं, मृत्यु के बहुत निकट पहुँच चुके हैं। कोलाहल जीवन को पकड़े रखने की रस्सी है जिससे हम जीवन भर लटके रहते हैं, कोई मर जाता है तो ज़ोर ज़ोर से रोते-चीख़ते हैं जब तक मनुष्य रहता है तब तक कोलाहल करता रहता है किन्तु गोबरगौरी ने उस रात मार खाने के पश्चात् मरण जैसा मौन धारण कर लिया था। अकारण मुझे भय लगने लगा था कि वह अब और नहीं जियेगी; ऐसा सोचते हुए मैं अपने अवयवों के अन्दर ही रोता रहा, बाहर मैं सो रहा था।

दूसरे दिन मैं जब तक उठा, बा, पिता जी और गोबरगौरी पानी भर चुके थे जब कि मैं अपने पग की चोट तब तक भूल चुका था। धूप से घर भरा हुआ था, दाल उबलने की आवाज़ पूरे घर में आ रही थी। जब मैं हजामत बना रहा था, मोरी में यज्ञदत्त को नहलाने की तैयारी हो रही थी जिसके कारण वह कोने में खड़ा सुबक रहा था। मैंने जल्दी के कपड़े उतारे और फटाफट नहाने लगा क्योंकि यज्ञदत्त के नहाने की प्रतीक्षा करने पर दफ़्तर में देर हो सकती थी। गोबरगौरी मुझे नहाता देख लज्जा से उल्टे लौट गयी। थोड़ा-सा पानी यज्ञदत्त के मुख पर छिड़कने पर वह ज़ोर से रोता हुआ बाहर भागा और मैंने मोरी का किवाड़ लगा लिया। बाहर पिता जी के बकरी के ग्वाले से बहस का शब्द आ रहा था। यज्ञदत्त के निर्बल हाज़मे के लिए पिता जी बकरी का दूध लेते थे और प्रतिदिन ग्वाला उसमें पानी मिला देता था।

बीच में साइकिल की घण्टी गली में बजती थी और एकाध टेर ताज़ा शाक बेचने वाले का उठती थी। इमारत के सण्डास में दो औरतों की कचकच की आवाज़ भी आ रही थी, कई दफ़ा गंदेड़े लोग सण्डास में पानी उड़ेलकर टट्टी खड्डे में न बहाते थे और दूसरे आने वाले को इस अस्वच्छता से बहुत घिन होती, बारिस्टर गांधी के लिए यह बहुत बड़ी मुसीबत थी और रोज़ सण्डास जाने से पूर्व उन्हें स्वयं को ऐसे बीभत्स दृश्य के लिए मानसिक रूप से तैयार करना पड़ता था। कई बार वे झाड़ू बाल्टी से सण्डास धोने का स्वप्न देखते किन्तु धोने का साहस न जुटा पाते थे, बापड़े का जी मचला जाता और पलटी हो जाती थी।

जब तक मैंने भोजन किया, गोबरगौरी रसोई में डिब्बे खोलती और बन्द करती रही, चावल एक डिब्बे से दूसरे में डालने, कभी शक्कर का डिब्बा ख़ाली करने तो कभी आटा भरने की आवाज़ आती रही। बोलने पर जो हल्ला होगा, क्षमा याचना करना होगी, पैरों पर नाक रगड़ना होगी, इससे उत्तम यह अबोला था। इसमें शान्ति तो थी किन्तु यह अबोला आजीवन तो रहने वाला न था, इसलिए यह जल्दी टूटे, यह भी मैं चाहता था और यह यों टूटे जैसे हमारे सामान्य जीवन के अनुक्रम में कोई व्यवधान हुआ ही न था और मैंने कभी गोबरगौरी पर हाथ न उठाया था। कई बार बा ने गोबरगौरी को पुकारा और वह कभी सब्ज़ी तो कभी छाछ की लुटिया पकड़ा जाती थी किन्तु मेज़ पर रुकती न थी।

दफ़्तर की राह पैदल जाते बीच रास्ते अटक गया, वहाँ बहुत भीड़ लगी हुई थी और लोग बायीं तरफ़ देख रहे थे जहाँ पहले लोहे की चद्दर का पुल बना हुआ था क्योंकि मज़दूरों और यन्त्रियों ने वह चद्दर हटा दी थी और उसके स्थान पर लोहे की विशालकाय भोंगलियाँ बनी हुई थीं। यन्त्री लोग इन भोंगलियों को पाइपलाइन (अंग्रेज़ी का शब्द pipeline) कहते थे और इन पाइपों पर जगह-जगह जोड़ थे और जगह-जगह पहिये लगे हुए थे। यन्त्री मज़दूर को आदेश करते तब मज़दूर सरपट पाइप पर चढ़ जाता और पाइप के दोनों तरफ़ पैर फँसाकर पहिये घुमा देता, पहिये के घूमते ही पानी बहने की आवाज़ आती और कभी कभी जोड़ के स्थान से पानी का फ़व्वारा फूट पड़ता जिसे सुधारने यन्त्री तो कभी मज़दूर दौड़ते।

पाइपलाइन जितनी देखने में सुन्दर संरचना मैंने आज तक देखी न थी। वे एक जटिल जाल के द्वारा एक-दूसरे से जुड़ी हुई थी जैसे कविता का छन्द जुड़ा होता है और अर्थ की भाँति उनमें पानी बह रहा था जिसका केवल शब्द हम तक पहुँच पाता था। पानी फ़व्वारा छूटने पर ही दिखता था अन्यथा अन्दर ही अन्दर बहता रहता

और केवल आवाज़ आती थी जैसे ज़्यादा पेशाब आने पर कई बार गोबरगौरी को मोरी में ही फ़ारिग़ होना पड़ता और मुझे आवाज़ आती; और कई बार जब मज़दूर ज़्यादा पहिया घुमा देता तो पानी के अन्दर घुमड़ने की आवाज़ आती जैसे पाइप फूट पड़ेगा और हम सब उसमें बह जायेंगे। लोहे को पहले भट्टी में पिघलाना, फिर मोटे-मोटे पाइपों में ढालना और उसके बाद लादकर दूर-दूर तक बिछाना, फिर उसमें पानी छोड़ना और पहियों से खोलना बन्द करना, यह यंत्रियों का चमत्कार ही था। एक पाइप तो इतना मोटा था कि मैं उसमें खड़ा होकर चल सकता था और सिर न झुकाना पड़े। कई बहुत पतले पाइप भी थे जिनमें लुढ़कता बटाटा भी फँस जाये और पहिये भी पाइप के आकार के अनुसार छोटे-बड़े थे, कइयों पर तो चढ़कर मज़दूर अपने बदन का पूरा ज़ोर लगाते तब वह ज़रा-सा हिलता, ऐसे में जाम पहिये को तेल पिलाना पड़ता था।

एक गँवार मुझे धक्का मारकर आगे हो गया और पाइप देखने लगा। पाइपों का जाल वहाँ बिछा हुआ था। उसके नीचे भूमि न होकर समुद्री नहर थी जहाँ से बॉम्बे का गू-मूत समुद्र में छोड़ा जाता था। बास आने पर वह आदमी नाक पर हाथ रखकर दौड़ा और हड़बड़ी में एक मज़दूर पहिया घुमाकर उस पर कूदते-कूदते बचा वरना उस गँवार की ग्रीवा टूटती।

मैं देर तलक उस धूल, बास और घाम में खड़ा-खड़ा पाइपलाइन देखता रहा, इतना सुन्दर दृश्य मैंने इससे पूर्व देखा न था। पाइप पर जगह-जगह जंग लग गया था और वे कहीं से लाल, कहीं हरे हो रहे थे, एक पाइप का निचला भाग तो फ़िरोज़ी हो गया था और दूसरा दूर से ऐसे रंग का लगता जैसे हमारी बैंक के तिजोरी मैनेजर हुसेन हैदर अँगुली में हकीक पहनते हैं। बीच-बीच में जोड़ की जगह जमा नमक मज़दूर का हाथ या पाँव लगने पर टुकड़े का टुकड़ा गिर जाता और अनपढ़ जनता उसे देखने दौड़ती कि कोई विशेष वस्तु है। थोड़ी देर बाद ऊबकर लोग तितर-बितर हो गये किन्तु मैं वहीं पाइपलाइन देखता रहा।

दूर से देखने पर उसकी संरचना उत्तम प्रकार से प्रकट हुई और उसका सौन्दर्य मुझे यन्त्रणा देने लगा, पाइपलाइन इतने दिव्य रूप से भरी हो सकती है सम्भव है, कोई इस पर विश्वास न करे। ऐसा लगता था जैसे हमारी शिराओं के जंजाल को किसी ने उघारकर रख दिया हो, पाइपलाइन पर पूर्व से धूप आ रही थी तो उत्तर से सड़क पार किसी इमारत की छाया पड़ रही थी और दक्षिण में समुद्र था। पाइपों का जाल किसी अज्ञात अंग्रेज़ी अक्षर जैसा दिखाई देता था और ऐनक उतरकर देखने पर समुद्र के ऊपर काले-सफ़ेद गुटके जैसे जमे दिखाई देते थे।

यह पाइपलाइन हालाँकि मैंने जीवन में प्रथम बार देखी थी तब भी क्यों मुझे इतनी सुन्दर लग रही थी, यह मैं आज तक जान नहीं सका। उस पाइपलाइन को देखते हुए मेरे इतने दिनों से दौड़ते विचार सहसा एक स्थान पर एकत्रित हो गये थे और ऐनक उतारकर देखने पर आँसू गिरने लगे। ऐनक उतारकर और ज़ोर लगाकर देखने का नतीजा था या मनोदशा की तीव्रता, यह जानने का मैंने जब यत्न किया तो पाया इस पाइपलाइन के मनोदशा के इतने तीव्र और इतने तीक्ष्ण ढंग से मुझ पर आक्रमण करने के कारण ही था। यदि मैं चित्रकार होता तो सम्भवतया आपको इस पाइपलाइन की सुन्दरता का सही साक्षात्कार करा पाता क्योंकि शब्द एक के बाद एक ही लिखे जा सकते थे, वे समय में घटित होते है किन्तु चित्र पूरा का पूरा एक बार में हम देखते हैं। चित्र समयानुक्रम से परे होता है। पाइपलाइन देखने की यह घटना मेरी आत्मकथा की सबसे महत्त्वपूर्ण घटनाओं में से एक है और मैं नहीं चाहता कि इसका कोई प्रतीकात्मक अर्थ ग्रहण करे। पाइपलाइन-पाइपलाइन को छोड़ कुछ भी नहीं है, वह तो उस समय पानी पहुँचाने की कोई नयी मशीन भी नहीं थी। वह केवल एक चाक्षुष संवेदन था जिसके कारण मैं यह अनुभव कर सका था कि उस समय जीवित होने का क्या अर्थ है, जब संसार में पाइपलाइन भी हो।

चार

आज कास्ट आयरन की बटलोई और एक केतली कालबादेवी के बाज़ार से ख़रीदकर लाया। बोहरा लोभी था एक पैसा कम करने को तैयार नहीं था फिर उसके किशोर बेटे ने आधी रक़म पर बटलोई और दस टके की छूट पर केतली दी और जब उसका बाप केतली की सूँड़ से धूला सफ़ा करने लगा तब उसे देखकर मुझे अचानक पिता जी की स्मृति हो आयी, वे भी बाहर से इसी बर्तनवाले की तरह कड़क और अन्दर से डरपोक थे। दुकान कास्ट आयरन और दूसरे लोहे के भाण्डों की थी। बाहर की ओर दराँतियाँ और तवे जमे थे और दुकान के अन्दर कास्ट आयरन के मोलवान भाण्डे, एक कोने में लोहे के सामानों के बीच बिक्री वास्ते काँच के कप-बशियाँ, फूलदान और शीशियाँ रखी हुई थीं। तिजोरी मैले कपड़े से ढँकी दुकान के सबसे कोने में बनी हुई थी वहीं से डोकरा बाप खुल्ली रोकड़ निकालकर लाया था। अटाले और फूटे भाण्डों का अलग ढेर पेढ़ी के पिछवाड़े पटका गया था जहाँ मकड़ी के जाले ही जाले थे, इस प्रकार नैसर्गिक अव्यवस्था वहाँ थी जिससे एक नवीन ब्रह्माण्ड की संरचना की जा सकती थी।

कास्ट आयरन की केतली सिगड़ी पर रात-दिन चढ़ी रहने से जल-जलकर काली पड़ गयी थी मगर भारी होने के कारण साथ निभा रही थी। कालबादेवी बाज़ार में दादाभाई नौरोजी के आने पर हज़ारों जन इकट्ठा थे, उस बखत मैं भी भीड़-भड़क्का देखने खोदादाद कोतवाल के संग गया था, खोदादाद को इसका बहुत अभिमान था कि उनके धर्म के एक व्यक्ति को बम्बई में ऐसा मान मिल रहा था और उसके पिता जी जिस आतशबहराम में दस्तूर थे "वहाँ दादाभाय का रोज़ का आना-जाना है," ऐसा खोदादाद ने मुझसे उस सायंकाल कम से कम बीस बार कहा था। गर्दा छँटने के बाद मैंने कालबादेवी के बाज़ार से कास्ट आयरन की यह केतली और एक बटलोई ख़रीदी थी क्योंकि पीतल की महँगी केतली को प्रतिदिन चाय के

लिए चूल्हे पर चढ़ाकर उसे जल्दी ख़राब करने में बा और मुझे कोई नफ़ा नज़र नहीं आता था। पीतल की केतली पीछे बर्तन की अलमारी में बा ने आँवले के मुरब्बे की बरनी और फालसे के शर्बत की ऊँची गरदनवाली काँच की बॉटली के निकट रखी थी, बहुत दिनों तब बिना बापरी रखी होने के कारण पीतल हरा पड़ गया था और उसके ढक्कन पर ताम्बई उजास आ गया था और अब मेरा प्रेम कास्ट आयरन की केतली के प्रति अधिक तीव्र होता जा रहा था क्योंकि मोटी चद्दर की होने के कारण वह न केवल बहुत मज़बूत थी बल्कि प्रतिदिन बापरने से उसमें एक आत्मीयता और सुन्दरता प्रकट हो गयी थी।

सिगड़ी पर केतली चढ़ाकर बा नहाने गयी थी और चायपत्ती के पानी में पकने की सुवास और उसके खदकने की, भाप की केतली की सूँड़ से निकलने की भटर-भटर से लगता था, दु:ख ने हार मान ली थी। केतली के हत्थे पर रसोइये महाराज ने लट्ठा लपेट दिया था ताकि सिगड़ी से उतारते बखत कपड़ा ढूँढ़ने की हड़बड़ी न हो। सिगड़ी पर महाराज ने परसों ही गोबर लाकर लीपा था, बम्बई में गोबर की व्यवस्था करना दिन-प्रतिदिन कठिन होता जा रहा था, बहुत भटकने पर ही गाय या भैंस के दर्शन होते, फिर उसका पीछा तब तक करना पड़ता जब तक वे गोबर न करें जब कि लीद जहाँ-तहाँ मिल जाती थी मगर सिगड़ी घोड़े की लीद से लीपना उचित नहीं था। बुआ ने नूतन लीपी सिगड़ी पर खड़िया पोत दिया था और गेरू के फूल बना दिये थे। दूसरी सिगड़ी बहुत दोनों से जली न थी क्योंकि पिता जी और गोबरगौरी की मृत्यु के पश्चात् तीन जनों के भोजन को एक ही सिगड़ी पूरी पड़ती थी। उस सिगड़ी की मिट्टी झड़ गयी थी और लोहे की जाली दिखाई देने लगी थी। विलियम साहेब की भाँति अब हम लोग भी चाय गिलास की जगह तामचीनी के कपों में पीते थे जो मैंने बैंक में आने वाले जहाज़ी कारोबार के मुंशी से ख़रीदे थे। बारह कप महँगे अवश्य आये थे किन्तु उनमें चाय का स्वाद ही अलग आता था। सफ़ेद रंग के वे तामचीनी के कप की किनारी नीले रंग की थी और पकड़ने के लिए हत्था था जिसके कारण गरम चाय पीते हाथ नहीं जलता था। बुआ को वे कप किंचित् भी अच्छे न लगे थे क्योंकि प्लेग अस्पताल में उन्हें तामचीनी की तश्तरियों में ही दलिया मिलता था किन्तु बाद में उन्हें भी कप में चाय पीने की आदत लग गयी। बारह कील दीवाल पर कप टाँगने को मैंने ठोंक दी थी जिस पर लटकते तामचीनी के बड़े-बड़े कप रसोई की शोभा दुगुनी करते थे।

पेशे से क्लर्की करने के कारण प्रत्येक घटना और वस्तु को लिखकर उसका अर्थ लगाना मेरी वृत्ति होती गयी, मेरा जीवन और जगत् इससे कैसे बरी होता,

इसलिए मैंने अपनी जीवन-मीमांसा लिखने का मंसूबा किया किन्तु अब इतना लिखने के बाद ऐसा अनुभव होता है जैसे घटनाक्रम और उसका हेतु, उससे उत्पन्न मनोभाव आदि लिखने पर भी मेरे जीवन की वाजिबी पता नहीं लगती। लिखा-पढ़ी निष्फल भासती है क्योंकि जीवन इन्द्रिय ग्रहणबोधों का ढेर मात्र तो नहीं है कि वर्णनों का भण्डार लगाता जाऊँ; उससे कुछ अधिक ही है किन्तु जो अधिक है, उसका निरूपण सम्भव नहीं, शब्दकोश में उसे प्रकट करने को शब्द नहीं और वह मेरी पूरी कथा पढ़कर अपने आप उजागर हो तो हो अन्यथा मेरा संसार उतना ही कोई जानेगा जितना इस आत्मवृत्तान्त में हाज़िर है और वह जितना है, उसका यह आधा, तिहाई, चौथाई या उससे भी कम भाग है क्योंकि जिसके लिए भाषा नहीं बनी, उसे नापने का कोई गज़ भी नहीं ईजाद हुआ।

जीवन भर हम लोग ख़ुद से बोलते रहते हैं। आख़ीर सोचना और क्या है, और इस बोलने की भाषा हम ख़ुद से बाहर संसार से पाते है तब क्या ख़ुद से बोलने की इस प्रक्रिया को ज्यों का त्यों बिना घटाव के लिखते जाये तो भी जीवन की बही बरोबर रख सकते हैं? जवाब है–नहीं, प्रत्येक विचार और भावना का लेखा-जोखा करें तब भी हम अपने अस्तित्व का उचित हिसाब नहीं दे पायेंगे, कुमुद बर्मा से पत्र लिखकर जब पूछती थी कि दिवस कैसा गया, मास कैसा बीता और मैं उत्तर में यही सब लिखकर भेजता तो वह कोपवती हो पलटकर लिखती थी कि मुझे यह दर्शन विज्ञान की बातें न लिखा करो, मेरी रुचि केवल घटनाक्रम और गल्प गोष्ठियों में है।

पिता जी की मृत्यु के पश्चात् बा का एकान्त नष्ट हो गया था, वे एकटेपन से भयभीत रहती थी। बुआ के संग बैठक में सोने लगी और दोपहर में उन्हें नींद न आती थी, इसलिए वे लीलावती से लिखना-पढ़ना सीखने लगी, गणपति भा. कमलाकर ने उन्हें उपन्यास पढ़ने का ढंग बतलाया था और वे उन्हें बताते थे कि कैसे यह सब केवल गल्प-गोष्ठी है और यह कि ऐसी कोई स्त्री संसार में नहीं जो उपन्यास में अपरम्पार त्रास उठाती है और ठाँव-ठाँव मारी घूमती है किन्तु बा जो पढ़ती, उसे सत् समझती, अक्षर को असत्य मानने पर विद्या का तिरस्कार होता। जो लिखा है वही सत् है जो लिखा नहीं गया वह घटा नहीं, वह कभी था ही नहीं। व्रत की पोथियाँ पढ़ने जितना अक्षरज्ञान तो उसे पूर्व से था किन्तु अब मोटे-मोटे ग्रन्थ पढ़ने जितनी विद्या आने पर भाषा में जितना है उतना ही संसार है, वह मानने लगी थी। गृहस्थी से इतनी उचाट रहती थी कि उसे मेरे दूसरे विवाह का कोई चिन्तन न था, बस जैसे-तैसे रोटी बनाकर वह रख देती थी। पहले मुझे धारणा हुई कि वह शोकग्रस्त होने के कारण ऐसा व्यवहार करती है किन्तु जब वर्ष बीत गया और दूसरा भी बीतने को हुआ तब

अनुभव हुआ कि पुस्तकों के अध्ययन के कारण उसकी पलायनवृत्ति हो गयी है और ऐसा भी न था कि वह फर्राटे से पाठन करती थी बल्कि अक्षर जोड़-जोड़कर मात्राएँ चढ़ाकर वह वाक्य पूरे कर पाती किन्तु कथारस का चस्का ख़ूब था। पण्डित शम्भुनारायण भागवत के गुज़राती उपन्यास जिनमें कैशोर प्रेम की कथा चटखारे लेकर बतायी जाती थी वे उसे विशेष प्रिय थे और यह उपन्यास बाज़ार से लाकर देता था रसोइया महाराज क्योंकि चाय, तम्बाकू और मुसलमान बेकरी से नानखताई वह पहले ही लाता था। इसमें रुपया बहुत ख़र्च होता और कई बार मासांत तलक पॉकिट में शून्य शेष रहता।

लीलावती बारह तेरह वर्ष की हो गयी थी किन्तु गणपति दादा को उसके लग्न की किंचित् चिन्ता न थी, वह विद्यालय जाती, घर पर दिन भर पढ़ाई करती और वर्षाताई की मृत्यु के पश्चात् भोजन बनाती और घर सफ़ा रखती थी और कई बार मेरी उससे दफ़्तर जाते हुए भेंट होती क्योंकि वह समय उसका बाहर झाड़ू देने का होता था। मैं पूछता पढ़ाई कैसी चल रही है तो वह विद्यालय के मास्टरों की लम्बे आख्यान सुनाने लगती और इससे मुझे दफ़्तर में विलम्ब होने का भय रखता किन्तु आख्यान इतने रोचक होते थे कि मैं खड़ा-खड़ा सुनता रहता जब तक कि ऊपर से बुआ चिल्लाकर न कहती, "गोबरधन, दफ़्तर में देर होगी जो ये फोकट गोष्ठी सुनता रहा" और हम दोनों लज्जा से लाल हो जाते, मैं बिना एक शब्द कहे दफ़्तर को दौड़ता। उन दिनों मुझे एक अजब व्याधि ने घेर लिया–मुझसे लिखे बिना रहा नहीं जाता था और मैं दिन भर जब भी अवसर जुटता, कागद काले करने लगता। मैं लिखे बिन सोच सकने में असमर्थ हो गया। इससे कागद और दवात का ख़र्चा तो बढ़ा ही बल्कि जोखम भी हुआ कि कोई मेरा लिखा पढ़ न ले। इससे मुक्ति की युक्ति यों थी कि मैं जो भी लिखूँ, वह पीछे नष्ट करता जाऊँ किन्तु अपना लिखा नष्ट करना खेल नहीं। इस लिखने का जो सबसे बड़ा दोष था, वह तो और भी अजब और त्रासद है, उसे बताते हुए मुझे भीषण लज्जा होती है। जो भी मैं लिखता था, वह रोज़नामचा की भाँति न होकर पत्रों के रूप में होता था और सर्वप्रथम वे पत्र मैंने बारिस्टर गांधी को सम्बोधित करके लिखे किन्तु जैसे-जैसे समय बीतता गया और पत्र लम्बे होते गये, अज्ञात कारणों से मैंने पत्रों में रसोइये महाराज को सम्बोधित करना आरम्भ कर दिया और यही मेरी लज्जा का कारण था क्योंकि बारिस्टर या गणपति भा. कमलाकर को यदि पत्र लिखता तब यह सान्त्वना होती कि सुशिक्षित जन को लिख रहा हूँ जब कि महाराज जैसे अनपढ़ व्यक्ति को पत्र लिखने का कोई औचित्य न था; साथ ही, यह लिखने वाले की मूर्खता और उसके अनन्त एकान्त का भी सूचक था।

शायद लीलावती के प्रति अपने तीव्र आकर्षण को छुपाने के लिए मैं वह पत्र ऐसे व्यक्ति को सम्बोधित करके लिखता था जो इसे कभी पढ़ ही न पावे, तब क्या मैं अपने आकर्षण को लेकर लज्जित था और यदि हाँ तो क्यों लज्जित था, क्योंकि 1898 में मेरी वय तेईस वर्ष और लीलावती की वय तेरह थी जो कि हमारे विवाह के लिए समयानुसार अत्यन्त उचित थी किन्तु फिर भी इस आकर्षण को लेकर मैं लज्जित ही अनुभव करता था। सम्भव है, पश्चिमी शिक्षा का प्रभाव हो जो सोलह वर्ष के पश्चात् कुमारी को वयस्क मानती थी। इस आकर्षण का एक विपरीत प्रभाव मेरी और गणपति दादा की मित्रता पर भी पड़ा और इसका कारण यह नहीं था कि उन्हें लीलावती के प्रति मेरी रति भावना का पता लग गया था क्योंकि यदि उन्हें पता लगता भी तो वे सहर्ष ही लीलावती का लग्न उसके षोडशी होते ही मेरे संग कर देते। किन्तु बात भिन्न ही थी और यह थी कि मुझे तरुणी होती लीलावती का गणपति दादा के संग एकाकी रहना भीषण त्रास देता था और इस कारण मुझे गणपति दादा के पितृत्त्वभाव में भी कामुक चेष्टा दिखाई देती थी जैसे पिछले दिनों उघाड़े कलेवर, मात्र कौपीन में जब वे सूर्यनारायण को जल दे रहे थे और निकट ही लीलावती अपना बस्ता ठीक कर रही थी, मैंने गणपति दादा पर वक्रोक्ति कसी, "गणपति दादा, नास्तिक होकर सूर्यदेवता को जल क्यों दे रहे हैं? क्या जानते नहीं यह जल सूर्य तक नहीं पहुँच रहा।"

उन्होंने ऊपर खिड़की की ओर देखा और हँसने लगे, फिर लोटे का जल पूर्णरूपेण सूर्यनारायण को अर्पित करके कहा, "कौटुम्बिक परम्परा का पालन कर रहा हूँ, गोवर्द्धन, आई ने मरणशय्या पर वचन लिया था कि कुछ करूँ न करूँ सूर्यदेवता को जल तो चढ़ाऊँगा ही।"

मुझे स्वयं से उस क्षण घृणा हुई और मुख से एक शब्द नहीं निकल सका, तब तक लीलावती गणपति दादा के निकट लोटा लेने खड़ी दिखाई दी–मैं दोनों को देर तक देखता रहा, मनुष्य का मनोभाव उसकी जितनी दुर्दशा कर सकता है, ब्रितानी अफ़सर भी शत्रु होकर उस मनुष्य की वैसी दुर्दशा नहीं कर सकता।

एक दिन दफ़्तर से लौटते मुझे देर हो गयी क्योंकि विलियम साहब ने जो इमले लिखवाये थे। उन्हें दूसरे दिन ही डाक से भेजने का पहला काम करना था। इसलिए देर गये मैं आलेख बरोबर करता रहा, फिर मोटे कारकुन काबरा जी से उसमें संशोधन कराया और सब नत्थी करके घर लौटा तो देखता हूँ गणपति दादा और लीलावती घर में चाय पी रहे है और बुआ से हँस-हँसकर बात कर रहे है। मुझे देखते ही दु:ख पहुँचा क्योंकि बा का तो कमलाकर जी के यहाँ आना-जाना था किन्तु

बुआ की उनके प्रति घृणा का सहसा मैत्री में बदल जाना और इसका मुझे समाचार न लगना यह मुझे कपट अनुभव हुआ, बिना कुछ कहे मैं अपने कमरे में जाकर वस्त्र बदलने का उपक्रम करने लगा तभी बाहर से सबका ठहाका सुनाई दिया। जब भी बा प्रसन्न होती थी, मुझे यह पिता जी के प्रति बा की कृतघ्नता लगती। पिता जी की मृत्यु के पश्चात् बा का दूसरों के गृह आना जाना करना, उपन्यास पढ़ना और चाय पीना मुझे नितान्त अनुचित लगता था किन्तु उसे व्यक्त करने के उचित शब्द मुझे नहीं मिल पाते थे और वाक्य बनते-बनते रह जाता था, इसलिए मैं कुछ कहता न था किन्तु मैं इस बात में सन्तोष पाता था कि बुआ किसी अतीन्द्रिय सामर्थ्य द्वारा मेरे विचार से न केवल परिचित है बल्कि सहमत भी है और आज वह भ्रम भी छिन्न हो गया था या यह भी सम्भव था कि मेरे दूसरे लग्न की चिन्ता न करने के कारण और अपने सुख में तन्मय रहने के कारण मैं बा के व्यवहार में दोष निकालता था, हालाँकि दोषी तो बा को मैं निश्चय ही पाता था। इतनी जल्दी जीवन की सामान्य दिनचर्या में लौटना हमारे परिवार में सबके लिए अनुचित था। वह मर चुके हमारे परिजनों के प्रति कठोरता थी तो क्या गोबरगौरी की मृत्यु के पश्चात् मैं सामान्य न हो गया था? मुझे पुनः स्वप्न आने न लगे थे कि मैं पुंश्चलियाँ रगड़ रहा हूँ, रण्डियों का मज़ा ले रहा हूँ।

उस सन्ध्या मैंने लीलावती की पूर्णतः उपेक्षा की और गणपति दादा से उनकी वैज्ञानिक चेतना पर बहस करने लगा जो उन्होंने अंग्रेज़ी साहित्य और प्रतीच्य दर्शन आदि पढ़कर पायी थी और उसका प्रदर्शन जब तब वे करने से न चूकते थे, और उस दिन भी मेरे परोक्ष रूप से वैज्ञानिक चिन्तन को ललकारने पर उन्होंने कहा, "क्या तुम नहीं मानते कि कार्य कारण सम्बन्ध संसार की प्रत्येक वस्तु के पीछे विद्यमान होता है।" छी, कहने की कितनी कृत्रिम शैली थी और भाषा कितनी अस्वाभाविक थी, इसलिए मैंने अपनी भाषा को भरसक तुच्छ बनाने का यत्न करते हुए कुछ उत्तर दिया जिसे गणपति दादा ने सुना किन्तु पलटकर कुछ कहा नहीं, वे मुझे अनिमेष निहारते रहे। गोवर्द्धन पत्नी और पिता की मृत्यु के पश्चात् बुद्धि खो बैठा है और इसी कारण सब पर चिढ़ता रहता है, अपशब्द कहते संकोच नहीं करता और यहाँ तक कि अतिथियों का भी अपमान करने से नहीं चूकता है।

बा ने मराठी व्यंजन अनारसे बनाये थे जो कि स्वाभाविक था कि लीलावती और गणपति दादा के लिए तले गये थे ताकि उन्हें गये बरस स्वर्गवासी हुई वर्षाताई की स्मृति व्याकुल न करे। लीलावती रसोई से अनारसों से भरा थाल उठाकर ला रही थी जैसे कुछ मास पूर्व मेरी पत्नी गोबरगौरी भोज्य पदार्थों की थाली लाती थी।

लीलावती की दृष्टि मुझ पर टिकी हुई थी—गोवर्द्धन, किसी की भी मृत्यु से संसार नहीं रुकता तो तुम क्यों चाहते हो तुम्हारी बा का संसार तुम्हारे पिता जी की मृत्यु के पश्चात् नष्ट हो जाये, क्या तुम्हें स्वयं कामुक विचार आना बन्द हो गये, क्या तुम आते-जाते मुझे नहीं हेरते और मेरा कन्धा गहकर मेरा चुम्बन नहीं ले लेना चाहते?

वर्षाताई जैसे अनारसे तलती थी वैसे तो बा न बना सकी थी क्योंकि बा ने अनारसों के ऊपर खसखस न छिड़की थी। सम्भव है, यह हमारे दवे परिवार की मितव्ययता का परिणाम हो किन्तु गणपति दादा और लीलावती अत्यन्त रुचि से अनारसे और उसके संग पातरे खा रहे थे। ढेर जलपान कर लेने के बाद चाय की इच्छा जब बुआ ने प्रकट की तो लीलावती ने कहा—वह चाय बनाएगी और निचले माले पर अपने गृह चाय बनाने चली गयी। अवसर पाकर बुआ ने गणपति दादा से कहा, "यदि अब भी लीला का लग्न पक्का नहीं किया तो वर छँट जायेंगे और रंडुए दुजवर मिलेंगे।", यज्ञदत्त आकर मेरी गोदी में बैठ गया और अकारण कुर्ते से निकलता मेरा जनेऊ खींचने लगा। बार-बार मना करने पर भी जब वह न माना तो मुझे उसका हाथ पकड़कर गोद से धकेलना ही पड़ा और वह भूमि पर लोट-लोटकर रोने लगा।

गोबरगौरी की मृत्यु के समय से ही यज्ञदत्त उद्‌दण्ड हो गया था और अब उसने चीख़-चीख़कर रोने, भूमि पर लोटने और उसकी पकड़ में आने वाली किसी भी वस्तु को उठाकर फेंकने की प्रवृत्ति हो गयी थी किन्तु बा और बुआ उसे फटकारती न थीं, उसकी वाजिब और बुरी दोनों वांछाएँ पूरी करने को तत्पर रहती थीं और उसके नाटक करने पर नेत्रों का जल पोंछते हुए क़हती थी, "बिना माता के बालक ऐसे ही हठी हो जाते हैं।" और उनका विचार था कि और अधिक प्रेम देने पर ही यज्ञदत्त का हठ कोमल पड़ेगा। वह दुबला भी बहुत हो गया था और दूध को देखता तक नहीं था जिसके कारण उसके लिए मँगाया बकरी का दूध मुझे पीना पड़ता और मेरा शरीर बलिष्ठ हो जा रहा था, साथ में मेरी वासना भी प्रबल होती जाती थी।

गणपति दादा ने यज्ञदत्त को जब उठाने का प्रयास किया तो वह गणपति दादा के मुख पर धमाधम मुष्टिप्रहार करने लगा किन्तु गणपति दादा शान्तभाव से मुस्कुराते रहे तब बा ने उसे जैसे-तैसे अपने कन्धे पर सुलाया और इधर-उधर की बात करके उसे बहलाने का प्रयास करने लगी। बुआ ने अपनी बात आगे बढ़ायी, "तुम्हारे पिता बहुत डोकरे हैं, अकेली छोरी के संग जवान बाप का रहना उचित भी तो नहीं।", इस बात से गणपति दादा को ठेस पहुँची है। यह उनके नेत्रों को देखते ही मैं जान गया—जो मेरी पुत्री है, जिसे मैंने जन्म दिया, उसके विषय में ऐसी आशंका करना वाजिब

है; यदि मैं स्त्री होता और लीलावती मेरा बेटा तब भी क्या ऐसा ही विचार करते? एकटा पुरुष लम्पट और अविवाहिता चरित्रहीन ही होगी ऐसा निश्चय कैसे हुआ? मुझे धारणा हुई कि बुआ सम्भवतया लीलावती से मेरे लग्न की बात चलाती है और सहसा मेरे शरीर का प्रत्येक तन्तु उद्दीप्त हो गया, मैंने पास रखा जल गटागट पिया और कुछ क्षणों के लिए नेत्र मूँद लिये किन्तु मुँदे नेत्रों में भी लीलावती मुझे दिखाई देती रही और बुआ और गणपति की क्या बात चल रही है इसका कोई ध्यान मुझे न रहा। इतने में लीलावती तश्तरी में चाय के कप सँभाले कमरे में उपस्थित हुई। चाय में पड़ी इलायची से लगता था, समग्र इमारत सुवासित हो रही थी।

"ऐसा लगता है, आपका अब ईश्वर में विश्वास नहीं रहा।" लीलावती ने मुझे कप पकड़ाते हुए कहा। मैंने ध्यान दिया, वह मुझसे गोष्ठी करते समय कोई सम्बोधन न लगाती थी और नाम लेकर टेरना तो उसके लिए उचित न था क्योंकि मैं उससे दस वर्ष बड़ा था तब भी वह मुझे दादा और भैया नहीं कहती थी; इस विचार ने मेरा हृदय उसके प्रति अत्यन्त कोमल कर दिया था क्योंकि मैंने इसे उसके मेरे प्रति दमित ही सही किन्तु आकर्षण का साक्ष्य समझा था। मैंने धीमे स्वर में एक-एक शब्द मन में दोहराकर उसे उत्तर दिया, "ईश्वर में मेरी श्रद्धा है और वह मेरी गृहस्थी के नष्ट होने पर भी उसी प्रकार अटूट रही जैसी उससे पूर्व थी, तुम्हें ऐसा क्यों लगा कि मेरी ईश्वर में श्रद्धा नहीं?"

मैंने दृष्टि उठाकर लीलावती को देखा—वह नीली किनारी की साधारण श्वेत सूती धोती पहने हुए थी और हरे रंग का पोलका। गणपति दादा सदैव उसकी वय तेरह बताते थे किन्तु देखने में वह षोडशी लगती थी। उसकी आँखों में जल और ज्योति दोनों के संग दर्शन होते थे और सदैव ऐसा लगता जैसे वह रोकर आयी है। उसके बाल लम्बे तो थे पर पतले थे और गोबरगौरी की भाँति उसकी चोटी मोटी न होकर पण्डितों की चुटिया की भाँति पतली थी फिर भी ललाट पर उसके कुन्तल गोल-गोल होकर बिखरे रहते थे जिसके कारण वह और दुबली लगती थी, उसे देखकर मुझे भ्रम होता था, वह मात्र मेरी है और इसके लिए मैं स्वयं को अनेक बार धिक्कारता भी था कि पराई कन्या को अपनी स्त्री मानना मेरा भ्रममात्र न होकर पाप भी है। वह मेरा उत्तर सुनकर मुस्कुरायी, फिर क्षण भर रुककर उसने कहा, "हो सकता है, आपका विश्वास केवल अपने ईश्वर में हो और दूसरे मनुष्य का ईश्वर अस्तित्व ही नहीं रखता, ऐसा आपका विचार हो अन्यथा अपने यज्ञोपवीत और अपने ईश्वर के प्रति ऐसी कट्टर आस्था और दूसरे मनुष्य के ईश्वर के प्रति ऐसा तिरस्कार और परिहासबोध आपका न होता।"

"लीलावती ख़ुद की उमर, अनुभव और बुद्धि में बड़ों से बात करने का यही ढंग है? इसी को तुम अनुशासन कहोगी कि दो मित्रों के बीच कोई ठठोली हो तो तुम उसमें अपनी टाँग घुसाओ और अपने बाप को बच्चा समझकर उनका बचाव करने के लिए उनके मित्रों का अपमान करो! अपना कप उठाओ और बा के कमरे में जाकर चाय पियो" मैंने चिल्लाकर लीलावती को आदेश दिया और सभी हतप्रभ मुझे देखते रहे, लीलावती यों सहसा डाँट खाने के कारण विस्मय से जड़ हो गयी और उसे सूझ न पड़ा कि वह बैठक छोड़कर चली जाये। थोड़ी देर बाद उसकी एक आँख से आँसू टपका और वह ज़ोर से रोते हुए ज़ीने की तरफ़ भागी।

सायंकाल बीत चुका था और ज़ीने पर अन्धकार था, इसलिए मुझे पुनः उसे डपटकर आदेश देना पड़ा, "ख़बरदार जो अकेली ज़ीने पर अँधेरे में गयी तो, अभी गणपति दादा चाय पी रहे हैं। मैं चिमनी लेकर आता हूँ, मैं तुम्हें तुम्हारे घर छोड़ूँगा।" घर कितनी दूर था? एक माला नीचे किन्तु लीलावती खड़ी रही, किसी ने कुछ नहीं कहा, बा मौन रही, बुआ चाय पीती रही और किसी प्रकार गणपति दादा भी चुपचाप चाय पीते रहे; नीरव अन्धकार में मैंने दो चिमनियाँ तैयार कीं–एक मेज़ पर बैठक में सबके लिए रखी और दूसरी लेकर लीलावती को दिखाने ले गया।

चिमनी उठाकर देखने पर लीलावती मलेरिया के मरीज़ की भाँति काँप रही थी किन्तु रो न रही थी। वह नीचे दौड़ती गयी और मैं उसके पीछे फटाफट सीढ़ियाँ उतरने लगा, नीचे पहुँचने पर इस असमंजस में पड़ा कि कमलाकर जी के घर के अन्दर जाना उचित होगा या नहीं और मैं वहीं कुछ देर को खड़ा रहा और जब ऊपर आने को हुआ तो सीढ़ियों पर नीचे आते गणपति दादा को देखा, "कोपभवन में जा विराजी होगी, ग़ुस्सा नाक पर रखती है, बिना बा की बेटी है न।" उन्होंने क्षमाप्रार्थी होकर कहा जब कि पश्चात्ताप मुझे था और क्षमा मुझे बागना चाहिए थी; नीचे उतरते गणपति दादा उस दिन मुझे वृद्ध और निर्बल दिखे जैसे वे इस भवसागर को अपने बूते पार करने में असमर्थ पाते थे और जैसे पत्नी की मृत्यु के पश्चात् पुनर्विवाह न करके उन्होंने संसार में अपनी पराजय की घोषणा की थी। उन्हें ऐसा देखकर मुझे अपने भवितव्य की चिन्ता हुई क्योंकि मैं उनकी भाँति पुस्तकों द्वारा जीवन नहीं जीना चाहता था। मेरा कल्पना सामर्थ्य इतना प्रबल नहीं था।

बा उपन्यास लेकर बैठ गयी थी, बुआ दीयाबत्ती कर रही थी, यज्ञदत्त सो गया था और उस रात भोजन बनेगा इसकी कोई सम्भावना दिखाई नहीं देती थी। सम्भव था कि बा को लगा हो अनारसे और पातरे खाने के बाद किसी को भूख न लगेगी इसलिए मैं भी अपने कमरे में आकर कपड़े उतारकर सोने का प्रयास करने लगा

किन्तु इतनी जल्दी निद्रा न आती थी। कौपीन कसा दण्ड मारने लगा और दण्ड पेलने के चक्कर में मेरी ऐनक गिर गयी। उसका दायाँ काँच तड़क गया तभी मुझे गणपति दादा और लीलावती के वार्तालाप की आवाज़ आयी और मैं खिड़की की ओर दौड़ा और चूँकि कमलाकर जी का गृह हमारे घर के एकदम नीचे था, इसलिए देखने में बहुत मुश्किल होती थी, खिड़की के बायीं ओर दीवाल से बिल्कुल चिपक जाओ और झुको तब उनके घर के बाहर कोयले की कोठरी और गमलों में तुलसी-कदली आदि के वृक्षों को देखा जा सकता था और यदि वे बैठक में हों और बाहर शोर-शराबा न हो तो उनकी बात सुनी जा सकती थी।

गणपति दादा हथेली जंघा पर मार मारकर गा रहे थे, "चोखा चोखट निर्मळ। तया अंगी नाही मळ," और लीलावती तुलसी की झाड़ियों के नीचे संदीप रख रही थी। दोनों की प्रसन्नता का पारावार न था। इतनी फटकार सहने के पश्चात्, इतने अपमान के पश्चात् अभंग गायन का आनन्द लेने वाली इस स्त्री में किंचित् भी स्वाभिमान नहीं जो ताली दे-देकर अपने बाप के भजन पर उछल रही है और इसके लिए मैं विक्षिप्त हुआ जा रहा हूँ। एक गोबरगौरी मेरी पत्नी थी जो ऊँचे स्वर में एक शब्द सुनकर दिनों तक मुझसे बात न करती थी, जो एक बार हाथ उठाने पर मुझसे दिनों तक रुष्ट रही थी और एक यह है जो अभी आधे घण्टे पूर्व मुझसे डाँट खाने पर भी अभंग पर नाच रही है। गणपति दादा गा ही रहे थे, अन्दर से निर्लज्ज लीलावती खरताल ले आयी और गणपति दादा अभंग रोककर बोले, "अच्छा किया तू चिपळया ले आयी ढोलक भी ले आ।" अब खरताल बजाते हुए लीलावती अन्दर गयी और ढोलक उठाकर ले आई और दोनों ज़ोर-ज़ोर से गाने लगे, "वल्लभाऽऽऽ वल्लभऽऽ लक्ष्मी वल्लभऽऽ" लीलावती खरताल बजा-बजाकर गान को बरोबर लय में साध रही थी तब तक गणपति दादा ने ढोलक कस ली और चमड़ा पीट-पीटकर इमारत में हल्ला मचा दिया।

मराठी मुझे उतनी तो नहीं आती थी किन्तु वल्लभ का संस्कृत और गुजराती में अर्थ प्रियतम होता है, इतना तो जानता ही था। तो कौन है इसका प्रियतम जिसे यों अपने गृह के आगे सड़क से लगकर नाच-नाचकर पुकार रही है और इसमें इसका बुद्धिहीन बाप भी साथ दे रहा है। ऐनक टूटी होने के कारण मुझे एक हाथ से ऐनक पकड़कर उसके साबुत काँच को ऐन आँखों के निकट ले जाकर देखना पड़ रहा था और दूसरे में चिमनी पकड़े-पकड़े अब हाथ दुखने लगे थे क्योंकि अभी घड़ी भर पूर्व ही मैंने दण्ड अलग पेले थे और पूरा तन स्वेद से भीगा हुआ था, कौपीन तक स्वेद से सोरबोर था। इसलिए मैंने चिमनी अलग रखकर कौपीन थोड़ा ढीला

ही किया था कि नाचते-नाचते लीलावती अपने घर से थोड़ा दूर आयी और उसने ग्रीवा उठाकर ऊपर देखा।

लज्जा के मारे मैं फ़ौरन अपनी जगह से दूर कूदकर आया किन्तु जिज्ञासावश पुनः नीचे देखने की कामना हुई और धीमे-धीमे खसककर मैंने ऐनक से पुनः नीचे देखा। और फिर मुझे इतना लज्जित होना भी क्यों चाहिए था, पुरुष तो इसी वस्त्र में व्यायाम करते है, इसलिए मैं पूर्णरूपेण खिड़की पर जा खड़ा हुआ और ऐनक अलग रख दी क्योंकि ऐनक मुझे सदैव शरीर की निर्बलता का प्रतीक लगती थी किन्तु अब तक लीलावती उस स्थान से दूर अपने गृह के अन्दर चली गयी थी और उसके गाने का स्वर भी धीमा पड़ गया था जब कि गणपति दादा ज़ोर-ज़ोर से ढोलक बजा रहे थे इतने में कोई टेढ़ी कटिवाला डोकरा बीच गली से चिल्लाया, "बेन-बेटियाँ रहती इधर तू ख़ाली लँगोट में खिड़की पर खड़ा क्या कर रहा, रे गोबरधन्या? अपनी दुकान बन्द कर ले।" तुरन्त ऐनक उठाकर मैंने देखा कि कौन है जो मेरे घर में मुझे ही ललकार रहा है। सामनेवाली दूध डेरी के सेठ नरिमन अर्देशर डेरी में ताला लगाकर घर जा रहे थे; बहुत संकोच हुआ और मैंने तुरन्त खिड़की के पल्ले अटकाये और बिस्तरे पर आकर पड़ गया–कामदेव के कारण उस रात मेरे मान का बहुत सत्यानाश हुआ था और अपने किये पर पछताते मेरी शीघ्र ही नींद लग गयी।

ब्रह्ममुहूर्त में ही आँख खुली और गयी रात की घटनाओं का विचार आने लगा, मुझे भय हुआ कि अब कमलाकर परिवार मुझसे कोई सम्बन्ध न रखेगा किन्तु क्या लीलावती के हृदय में मेरे प्रति कोई अत्यन्त कोमल, गोपनीय भावना नहीं है! अन्यथा वह गाते-गाते यों ऊपर क्यों देखती और फिर गणपति दादा जो गा रहे थे "चोखा चोखट निर्मळ" उसे छोड़ वह "वल्लभआऽऽऽऽ" क्यों गाती? कैसी आह और पुकार थी उसके स्वर में, वैसी क्या अकारण किसी तेरह वर्षीय कुमारी के कण्ठ में हो सकती है? जो मेरी फटकार खाकर भी मुझे कनखियों देखने गाते-गाते आयी थी कि मैं उसे सुन रहा हूँ या नहीं, और फिर क्या दो मनों के कलोल के बीच कलह नहीं होती है–नित्य ही होती है जैसे गोबरगौरी और मेरे बीच होती थी। तब मेरी यह धारणा कि कमलाकर परिवार अब मुझसे कोई सम्बन्ध न रखेगा नितान्त निराधार ही है और यह विचार सहसा वासना में बदल गया; ब्रह्ममुहूर्त में नारायण का ध्यान धरना छोड़ मैं सुनयना स्त्रियों की कल्पना करने लगा।

मोरी से नहाकर निकला ही था कि देखा रसोइया महाराज सकाल ही आकर बैठक में चाय पी रहे हैं। सम्मुख बुआ और बा विराजमान हैं और बा कुछ कह रही है और बुआ और महाराज कान देकर बड़े ध्यान से सुन रहा है। यह देखकर मैं

भयभीत हो गया—क्या बा का लीलावती और मेरे सम्बन्ध का सन्देह मेरे कल रात के व्यवहार से पुष्ट हो गया था और वह महाराज और बुआ को इस विषय में बता रही थी। मैं वहाँ जाने का भी साहस नहीं कर सका और अपने कमरे में आकर बैठ गया। लीलावती को लेकर मुझे अपने स्वप्न सकाल के उज्ज्वल परिवेश में व्यर्थ लगे, कैसे मैं प्रार्थनासमाज सम्प्रदाय की एक स्त्री से लग्न करने का विचार भी किया, क्या मुझे दवे कुल की मर्यादा का किंचित् भी ध्यान न रहा किन्तु यह तो बा और बुआ के उदात्त चरित्रों का परिणाम है कि निचले माले पर रहने वाली और मेरी उस स्त्री के प्रति स्पष्ट रसिकवृत्ति को देखते हुए भी उन्होंने कभी मेरे उसके लग्न की बात नहीं की और अब मेरे कल के खुले व्यवहार को लेकर वे सभी चिन्तित हैं।

मैंने कुर्ता पहना, टोपी झाड़ी और खूँटी से छाता उतारा, निश्चय किया था कि बैठक में सभी की शंका का समाधान करते हुए मैं यह घोषणा स्पष्ट शब्दों में कर दूँ कि जैसा आप विचार रहे हैं वैसी बात नहीं है और प्रार्थनासमाज की स्त्री से विवाह करने की मेरी कोई तरकीब नहीं किन्तु पहुँचने पर मैंने बा को कहते हुए सुना, "मनोरमा का मोहन के लिए विलासभाव सहज था किन्तु उसके पति ठाकुर सिंह का दोनों की हत्या करना तो पाप ही माना जायेगा। अपराध तो बाद में आता है क्योंकि उसमें कोरट-कचहरी बखत लेती है पर पाप तो चित्रगुप्त की बही में इधर हुआ उधर टंकित।" यह बा क्या कह रही थी मैं जान नहीं पा रहा था--मनोरमा, मोहन और ठाकुर सिंह कौन हैं और यह अपराध कहाँ घटित हुआ है? क्या यह लोग हमारी इमारत में निवास करते थे और क्या मनोरमा और मोहन की ठाकुर सिंह ने हत्या कर दी? या यह अख़बार में छपा था किन्तु हमारे घर तो अख़बार नहीं आता था, फिर इन्हें यह समाचार कैसे प्राप्त हुआ और परपुरुष से प्रीति करने वाली स्त्री का बा क्यों पक्ष ले रही हैं? इतनी सुबह महाराज के आने का क्या उद्देश्य है? कहीं महाराज ठाकुर सिंह के यहाँ तो चौका नहीं करता था?

भागवत का पाठ करते हुए भी बार-बार मन उन्हीं की बातों की ओर दौड़ता रहा और जब पाठ करके उठा तो बा ने आवाज़ दी, "आज इतनी जल्दी स्नान-पूजन करके क्यों बैठ गया? जल्दी तो नहीं जायेगा? जलपान करेगा या सीधे भोजन?"

मैं साढ़े नौ बजे भोजन करके दफ़्तर जाता था किन्तु तब तो साढ़े सात ही बजे थे, इतने में बुआ ने कहा, "अरे आज तो इतवार है। आज कौन से दफ़्तर जायेगा! फटाफट चाय बना दे। महाराज जो बिस्कुट लाया है, उसके संग पीकर तो देखें चाय।"

इतवार के दिन प्रात:काल नहाकर बैठ जाने का मुझे दु:ख नहीं हुआ, सोचा इस प्रकार गणपति दादा के यहाँ जा बैठूँगा किन्तु सीधे सबके आगे ऐसा कहना

उचित न होता, इसलिए बैठक में जाते हुए मैंने बुआ से पूछा, "इस अंग्रेज़ी मिठाई का नाम किसने बता दिया तुम्हें बुआ–बिस्कुट?" महाराज ने बिस्कुट का पूड़ा आगे किया–वॉटसन हॉटेल की बेकरी में बने थे और वहाँ तो फ़िरंगी, मलेच्छ सब चाकरी बजाते थे, "पैरों से आटा गूँधा जाता है बुआ वहाँ और तो और पानी के बजाय अण्डे का घोल बापरते हैं।" मैंने कहा। महाराज ने पूड़ा दूर फेंका जैसे मरी छिपकली हो।

"ऐं महाराज बाहर डाल दे डाल कौवे के आगे।" बुआ नहाई नहीं थी, इसलिए बैठे-बैठे ही उसने कहा और महाराज को पूड़ा समेटते हुए लोभ दृष्टि से देखती रही। यदि मैंने उसे कहकर न बताया होता तो जानते हुए भी कि यह बिस्कुट फ़िरंगियों के हाथों से बने है वह मज़े से खाती और ऐसा कर सकती है तो लीलावती से मेरे लग्न में भी उसे क्या ही आपत्ति होगी। आख़ीर कमलाकर गौड़ सारस्वत ब्राह्मण समाज के तो हैं ही, भले पश्चात् उन्होंने प्रार्थनासमाज में जाना स्वीकार किया हो।

"तुम्हारा इतनी सुबह आने का क्या प्रयोजन हुआ, रसोइया महाराज?" मैंने महाराज से पूछा।

वह मोरी में बिस्कुट फेंकने के बाद हाथ धो रहा था। पानी बहने के शब्द के बीच महाराज का स्वर गूँजा, "बारिस्टर साहेब के कमरे में सो रहा गयी रात, मकान मालिक ने कुंजी दी है। कहा है कि इतवार के इतवार घर में झाड़ू-पोता करवा दिया करूँ।"

मैंने किवाड़ से मोरी में मुख घुसाते हुए कहा, "तुम्हारे सेठ के कलेवे का क्या?" उसके सेठ सपरिवार नाथद्वारा गये थे, सो बारह दिवस का अवकाश। रही बात सेठ जी के मदनगोपाल के भोग की तो वह पण्डित के गृह सिद्ध होता है तो इसका अर्थ था, इस महाराज का दस-बारह दिनों तक यहीं विचरण। मुझे बीते कुछ दिनों से महाराज का आचरण उचित न लगता था। जब तब हमारे घर में सीधे घुसता था और उससे बढ़कर शम्भुनारायण भागवत के उपन्यास वह बा के लिए घर लाता था। तब ही मैंने देखा तीन-चार उपन्यास वहीं मेज़ पर रखे हुए थे। देखते ही मुझे भीषण क्रोध हुआ और मेज़ को लात लगाने की इच्छा हुई कि उपन्यास गिर जायें, मैं शान्त रहा तब तक बा चाय ले आयी थी।

मैं अपने कमरे में गया और महाराज को सम्बोधित करके जो मैंने पत्र लिखे थे उन्हें फाड़ने के मनसूबे से तकिये के अन्दर से निकाले। सुगठित अक्षरों में, मणिलाल नभुभाई द्विवेदी और गोवर्द्धनराम माधवराम त्रिपाठी जैसे अर्वाचीन साहित्यकारों की ढब की नक़लनवीसी करके वे पत्र मैंने लिखे थे, "गोबरधन, चाय ठण्डगार हो रही है," बा ने आवाज़ लगायी,

"महाराज, मेरी चाय यहीं ले आओ।" मैंने जान-बूझकर महाराज के हाथों चाय अपने कमरे में मँगायी ताकि यह बात स्पष्ट कर सकूँ कि भले वह हमारे संग बैठक में कुर्सी के ऊपर विराजमान होकर चाय पीता हो, है वह चाकर आदमी किन्तु वाक्य पूर्ण करते-करते ही उसके अर्थ पर मुझे सन्देह होने लगा था। क्या कहीं चाकरी बजाने से आदमी छोटा हो जाता है? बैंक में काग़ज़ और उसकी नक़लें बनाने से मैं कौन सा बारिस्टर हो गया था और बारिस्टर होने पर भी गांधी बारिस्टर महाराज को अपने बरोबर मानते थे, यह सोच मैं ख़ुद उठा और बैठक में जाकर चाय पीने लगा, संग में खाने को मिर्ची से भरा चूड़ा भी था।

नकटी होने के पश्चात् से बुआ बाहरी लोगों से अधिक वार्ता न करती थी, नातेदारों और हमारे नागर ब्राह्मण समाज के विवाहों और उत्सवों में न जाती थी, केवल महाराज और कमलाकर परिवार में ही उनका उठना बैठना रह गया था। सब्ज़ी मण्डी में मेथी और अन्य भाजियाँ बेचने वाली कुंजबेन का बुआ का बाहर न निकलने में बहुत बड़ा हाथ था। कुंजबेन को चरित्रहीन जानकर उसके पति ने उसकी नाक काटकर उसे घर से निकाल दिया था। उसका मुख देख बुआ को लगता था लोग उन्हें भी चरित्रहीन समझेंगे। "कुंजबेन को दारी समझकर उसके पति ने सोते बखत कुंजबेन की दरांती से नाक काट दी और पिछवाड़े पग मार घर से निकाल बाहर किया, बापड़ी को बाँ-बापू का भी आसरा नहीं था तब तो बम्बई आकर शाक-भाजी का धन्धा जमाया।" बुआ यह साफ़ नहीं कहती कि लोग नकटी देखकर उसे भी चरित्रहीन समझ सकते हैं किन्तु परिचित जानते थे कि प्लेग के कारण डॉक्टर ने उनको नकटी किया है और जो न जानते थे, वे उन्हें चरित्रहीन समझें तो क्या फ़रक गिरता, यह वह न समझती थी और दड़बे की मुर्ग़ी सरीखी घर में घुसी रहती थी।

गणपति दादा से नकटी होने के पश्चात् उनकी वार्ता बढ़ गयी थी क्योंकि वे दोनों ही मुसलमानों से घृणा करते थे, पारसियों की प्रेस से छपी पुरातन पुस्तकें गणपति दादा लाते और उन पुस्तकों में से ढूँढ़-ढूँढ़कर मुसलमानों की निंदा पढ़कर सुनाते और दोनों अट्टहास करते थे। वे मुसलमानों में सहनशीलता के अभाव के विषय में विशेष बातें करते और कल्पना करते कि कैसे लघुतम आलोचना से भी मुसलमानों को भड़काया जा सकता है जब कि गणपति दादा स्वयं को सैद्धान्तिक रूप से नास्तिक मानते थे और बुआ की धार्मिकता केवल भजन-गायन तक सीमित थी या सायंकाल दीयाबत्ती करने तक किन्तु वे दोनों स्वयं सनातन धर्म को लेकर अति संवेदनशील थे और छोटी-छोटी बातों में सनातन धर्म का मोटा अपमान देखते थे। दोनों ही सर्वधर्म समभाव के समर्थक गोपाल कृष्ण गोखले और हिन्दूवादी

गरममिज़ाज बाल गंगाधर तिलक को अपनी वार्ता में एक-दूसरे का शत्रु दिखाकर स्वयं को तिलक का अनुयायी बताते थे और यह सब हमारी बैठक में होता था, बाहरी दुनिया से इसका कोई लेना-देना न था; गणपति दादा का पुस्तक और बुआ का गृह-गोष्ठियाँ ही संसार था।

उनका ऐसा करना मुझे दुखद गुज़रता था, यों हमारे ही नगर बम्बई के मुसलमान बन्धुओं के प्रति दुर्भाव रखना और गोखले को कायर और तिलक को वीर शिरोमणि मानना किस प्रकार तार्किक था, यह मुझे समझ न आता था। पिछले दिनों से दोनों ही किसी काका बपतिस्ता के अनुयायी हो चले थे क्योंकि तिलक को चाफेकर बन्धु द्वारा फ़िरंगी अफ़सरों की हत्या पश्चात् भड़काने के अपराध में जेलख़ाने भेज दिया गया था। तिलक के पारम्परिक विचार बुआ को सुखकर लगे, समझ में आता था किन्तु स्त्री विद्यालय का विरोध करने वाले तिलक से गणपति दादा तुष्ट हों यह समझ के परे था क्योंकि वे लीलावती को शाला भेजते थे और उसके लग्न को लेकर किंचित् भी चिन्ता उन्हें न थी, यदि वह किसी विधर्मी युवक के फन्दे में पड़ती तब? तब तो तिलक के मत का उल्लंघन होता और तिलक तो सनातन धर्म की ध्वजा फहराते थे, क्या प्रार्थनासमाज जैसे सम्प्रदाय के मानस उनके विचार में अँटते?

अख़बार में से काटकर गणपति दादा ने चाफेकर बन्धुओं का चित्र बुआ को प्रदान किया था। बुआ के विचार में फ़िरंगी डॉक्टरों ने उन्हें व्यक्तिगत विद्वेष के कारण नकटी किया था और ऐसा कोई मर्ज़ नहीं होता जिसे ठीक करने को नारी की नासिका काटना पड़े। फिर एक दिन किसी खोजा डॉक्टर का बम्बई समाचार में विज्ञापन प्रकाशित हुआ कि वह प्लेग या किसी दूसरी वजह से नकटी दुखी जनता को मोम की नाक लगाते हैं और वह नाक ख़ालिस असल नाक को मात करती है। बुआ को विज्ञापन पढ़कर सुनाने पर वह अत्यधिक हर्षित हो गयी, "मोल क्या लेगा यह डॉक्टर?" नासिका के स्थान पर अँगुलियाँ फिराते हुए उन्होंने पूछा।

निकट गणपति दादा बैठकर पुराने अख़बार छाँट रहे थे, उन्होंने कहा, "नाम से तो मोमडियन लगता है।" मुसलमानों के लिए उन्होंने यह अभिनव नाम कुछ दिवस पूर्व ही सीखा था।

"खोजा मुसलमान है मगर डॉक्टर के उपचार सामर्थ्य के हम ग़रज़मन्द हैं कि उसके धरम के।" मैंने अख़बार टेबुल पर पटकते हुए कहा, "मोल भी जास्ती नहीं नई नाक का।"

गणपति दादा ने मुँह अख़बार पर झुकाये-झुकाये और दायें हाथ से नाक खुजाते हुए कहा, "मोम की नाक रसोई का काम निपटाते पिघलेगी नहीं?"

बुआ घबरायी। भजिया तलते हुए नाक पिघलकर कढ़ाई में गिरने का दृश्य अवश्य ही किसी को भी स्वीकार्य न होता। मैंने कहा, "नाक को ऐसे काज निबटाते बखत उतारकर रखा जा सकता है जैसे ब्रितानी डोकरे सोते समय बत्तीसी अलग निकालकर रखते हैं," बुआ को यह बात रुची, "उत्सव-भोज के बखत मज़े से नाक लगाकर जाओ, सब अचरज में पड़ेंगे, नाक कहाँ से आ गयी।" दुखियारी नकटी से अचानक सुनासिका पाने की कल्पना के कारण बुआ का बायाँ कपोल कर्णपर्यन्त रक्तिम हो गया और दायाँ श्वेत का श्वेत रहा, प्लेग पश्चात् उसकी शिराएँ मुरझा गयी थीं।

गणपति दादा जो अब तक अख़बार में क़लम से कुछ लिख रहे थे, उन्होंने क़लम से कान खुजाते हुए कहा, "बुआ जी, मोमडियन से नाक लगवाना उचित होगा! शुद्ध सात्विक पण्डिताइन के चेहरे पर इस्लामी नासा।" बुआ मौन रह गयी किन्तु देखने पर लगता था कि नाक के विषय में वे पक्का निश्चय कर चुकी हालाँकि क्या निश्चय किया है, यह ज्ञात नहीं हो पा रहा था। दो दिन बाद अपने चाँदी के बक्से से निकालकर रुपया गिनते उन्हें बा ने देखा तो मुझे ख़बर की कि बुआ सम्भवत: नाक बनाने वाले डॉक्टर से मिलना चाहती है।

अगले कुछ दिन बुआ को डॉक्टर के पास ले जाते बीते। डॉक्टर का नाम था—महोमद रतनसी, फ़ॉक्स नोज़ अंड ईयर्स मेकर (Dr. Mahomad Ratansi, Faux Nose & Ears Maker)। और वे मोम की नाक नहीं बनाते थे, भिन्न ही पदार्थ से नाक और कान बनाये जाते थे। सर्वप्रथम जाने पर डॉक्टर ने केवल हकीमी जाँच के मेहनताना की पर्ची काटी। मैंने पूछा नाक की क्या क़ीमत होगी तो बताया नाप लेकर बताया जायेगा, फिर दुबारा नपती देने के लिए बुलाया। दफ़्तर से नाग़ा करके नाप दिलाने जब मैं बुआ को ले गया तो नपती लेने की रसीद कटी, इससे बुआ को कोप हुआ कि जब आओ तब डॉक्टर नये नाम से रोकड़ वसूलता है। इसलिए उन्होंने डॉक्टर के मुनीम से पूछा, "नाक बनवाई की क़ीमत से यह सब रुपया तो कटेगा न?"

मुनीम सफ़ा नट गया और बोला, "नाक का मोल दीगर लगेगा, बनवाना है तो बनवाओ वरना आगे बढ़ो।" बुआ को नकटी रहना मंज़ूर हुआ पर डॉक्टर की चतुराई नहीं, सो वह उठकर बाहर जाने लगी। जाँच और फिर नपती में पहले ही ख़ासी रोकड़ खरच चुके थे, इसलिए नाक बनवाने में ही नफ़ा है, ऐसा मैंने बुआ को देर तलक समझाया तब वह राज़ी हुई और मुनीम ने पेशगी रक़म जमा करवाने को कहा, साथ में बताया कि हफ़्ते भर बाद नाक लगायी जायेगी।

"हमें नाक जी चाहे जब लगाओ जब निकालो ऐसी चाहिए। रसोड़ा करते नाक निकालना होगी न कि पिघलकर न गिरे;" बुआ ने मुनीम से दरख़ास्त लगायी।

"वह डॉक्टर से बोलना था, जो उन्होंने पर्ची पर लिखा है, वैसी ही नाक बनेगी।" पेशगी दी और दोनों मन मारकर घर आ गये। बुआ सप्ताह भर सन्त्रास में रही कि नाक बरोबर बनेगी कि नहीं और स्थायी रूप से चिपकने वाली नाक कहीं डॉक्टर न बना दे, बीच-बीच में बा उसे समझाती कि वह इतनी व्याकुल न हो, नाक बरोबर बनेगी और महाराज को भी बुआ ने डॉक्टर के यहाँ भेजा कि वह देखकर आये, नाक का निर्माण कैसा हो रहा है किन्तु रसीद कटाये बिना महाराज को मुनीम ने डॉक्टर से न मिलने दिया, न नाक के बारे में कोई जानकारी दी; यह कहकर कि रोगियों की जानकारियाँ गुप्त रखी जाती हैं।

सप्ताह जैसे-तैसे काटने के पश्चात् डॉक्टर महोमद रतनसी ने नाक लगायी, बुआ बीच-बीच में पूछती जाती थी कि वह जब चाहे नाक निकाल सकेगी या नहीं किन्तु डॉक्टर अपने होंठों पर अँगुली रखकर उन्हें चुप्पी साधने का हुकुम करता। बेचारी बुआ मन मारकर आँखें मूँदें कुर्सी पर बैठी रही जिसकी पीठ पर बड़ा-सा तकिया चिपकाया था जहाँ रोगी अपना शीश टिकाकर नाक या कान लगवाते थे। सूई लगाकर नाक चिपकाने का क्रिया-कलाप निष्पन्न हुआ और दस मिनट से कम समय में ही डॉक्टर काम से फ़ारिग़ हो गया। बुआ बाहर आयी तो मुझे हँसी आ गयी क्योंकि नाक मुख से ज़रा ज़्यादा ही बड़ी थी, बुआ की आँखें दुःख से चमक रही थीं, "ऐसी टीस है जैसे मुँह जल गया हो।" उन्होंने कहा और साड़ी से नाक ढाँककर बैठी रही।

"बुआ नाक दबाने से बिगड़ सकती है, अभी-अभी लगायी है" मैंने बुआ से कहा तो उन्होंने तुरन्त हाथ नीचे किया और मुँह उठाकर मुझे देखा, पूरा मुँह रक्तिम हो रहा था और नक़ली नाक के नीचे से रक्त टपक रहा था, "बुआ डॉक्टर से पूछना होगा कि ख़ून कब तक निकलेगा और कोई दवा बतायी क्या दुख की,"

मैंने कहा तो वहीं बेंच पर बैठा मुनीम बीच में बोला, "थोड़ा दरद होगा, इतनी चीरफाड़ हुई है। आराम से घर जाओ, हल्दी का दूध पियो।"

बुआ को इतनी अधिक पीड़ा हो रही थी कि वह यह भी नहीं पूछ पायी कि नाक स्थायी रूप से चिपकायी गयी है या जब जी चाहे निकाली जा सकती है। इससे पूर्व कि मुनीम मुझे टोकता मैं सटाक से डॉक्टर के कमरे में घुस गया, "डॉक्टर साहेब नाक हमेशा लगी रहेगी कि जी चाहे जब निकाल सकते हैं?

मुनीम पीछे धोती की लाँग कसता आया और बोला, "बिना इज़ाजत डॉक्टर को दिक क्यों कर रहे तुम,"

डॉक्टर ने जवाब दिया, "नाक सोते वक़्त, ग़ुसल के वक़्त निकाल सकते हैं। आप मुनीम से नाक चिपकाने की दवा ले लीजिए।" नाक चिपकाने की दवा के मुनीम ने अलग से पैसे धरवाये और हम दोनों घर को निकले किन्तु बीच मार्ग में बुआ पीड़ा के कारण नाक दबाती रही और घर पहुँचने से पूर्व नाक हाथ में आ गयी।

बीच रास्ते किराये की घोड़ागाड़ी लौटायी और पुनः दवाख़ाना पहुँचे तो वहाँ ताला लग चुका था, बुआ रोने-रोने को हो गयी, "मसानकलिया डॉक्टर नासपिटा, जला डाली मेरी नाक, पैसा ढेर अलग लिया।" बुआ ने दवाख़ाने के फाटक पर लात मारते हुए कहा, "गाँड से गले तक कीड़े पड़े हरामी के।" वहीं फाटक पर भूमि पर बैठकर बुआ नाक मुँह पर चिपकाने का यत्न करने लगी, आँखों से जल सतत टपक रहा था।

"बुआ, एक काम करते हैं, बड़े दवाख़ाने चलते है, डॉक्टर कम से कम सुई लगा देंगे।" मैंने प्रस्ताव दिया किन्तु बुआ ने हाथ हिलाकर ख़ारिज कर दिया।

"न, पहले ही बहुत रुपया डूबा, घर चलो। कल दुबारा आ जाऊँगी मैं। तुम मत आना, दफ़्तर से इतने नागे करोगे तो सेठ लोग मुँह फुलायेंगे।"

बा चाय का पानी चढ़ाकर हमारा रास्ता देख रही थी, नूतन नासिका देखने का उल्लास उसमें कम न था, "कैसी बनी? बताओ न दीदी, हाथ तो हटाओ।" कहती वह हमारे घर आते ही बुआ के पीछे पीछे घूमने लगी।

"रास्ते में निकल गयी, कल फिर जाना होगा लगवाने।" बुआ ने हाथ हटाया और दूसरे हाथ से नाक मुँह पर रखकर बतलायी। बा हँसने लगी क्योंकि नाक बुआ की त्वचा से गहरे रंग की थी, बड़ी और मोटी भी थी, संग ही बुआ के मुख पर अटपटी लगती थी।

मैंने कहा, "बा, बुआ को बहुत दुख है नाक में, चाय में थोड़ी हल्दी डालकर दो जल्दी से।"

किवाड़ पर खड़े, अभी-अभी ज़ीना चढ़कर आये गणपति दादा मुस्कुराते हुए बोले, "नक़ली नाक में पीड़ा कैसे हो सकती है, गोवर्द्धन?"

सभी में बुआ की नूतन नासिका देखने का ऐसा उल्लास था कि लीलावती भी आ गयी और बारिस्टर गांधी का कमरा बुहारते-बुहारते महाराज भी हाथ में झाड़ू लिये आया, "कितनी शोभा बढ़ गयी दीदी जी की, गये दिन जैसे बहुरि आये," महाराज ने कहा।

बुआ को गणपति दादा की ठठोलबाज़ी खटकी, "किसी के मरज-तकलीफ़ में जिस मानस में दया-माया नहीं, वह हिन्दू कहला भी सकता है, गणपत!" गणपति दादा ने जब बुआ का मुख देखा तो मौन हो गये–पूरा मुख लाल चटक हो गया था, नाक के स्थान पर फफोले पड़ गये थे और बुआ के नेत्र पीड़ा से बारम्बार छलछला जाते थे। यज्ञदत्त पहले जिज्ञासावश बुआ का मुख देखता, फिर भयभीत होकर बा की गोद में छुपता, उसके लिए यह नया खेल हो गया था।

नाक न उचित आकार की थी न नाप ही सही था किन्तु इसे कोई कह नहीं रहा था। चाय और जलपान आने पर बुआ ने नाक अलमारी में रखी और फूँक-फूँककर हल्दी की चाय पीने गयी। फूँकने पर इतनी पीड़ा होती थी कि नाक के स्थान से जल निकल आता था। वे जल्दी ही सो गयी, भोजन भी न किया। मण्डली भी शीघ्र विसर्जित हो गयी। लीलावती और गणपति दादा के घर में उस रात नीरवता छायी थी। "बुआ के लिए जो खिचड़ी बनायी है, वही मैं खा लूँगा, मेरे लिए अलग से चौका चूल्हा मत करना।" मैंने बा को ताकीद की।

बा आटा गूँध रही थी, जवाब मिला, "कभी उन्हें रात को भूख लगी तो, खिचड़ी यों ही धरी रहने दे; पूड़ियाँ तल रही हूँ, महाराज के संग खा ले। उन्हें आवाज़ तो दे।"

मुझे क्रोध हुआ, महाराज जैसे टुटपुँजिये रसोइये के वास्ते अलग से ब्यारी बनेगी और संग उसके मुझे खाना होगा, "वह कोई हमारा अतिथि है कि उसके लिए इतना पसार करना,"

बा ने ऐसा मुख बनाया जैसे प्रार्थना करती हो, "कितनी सहायता करते है महाराज हमारी। परचून बँधवा लाते हैं, चायपत्ती और उपन्यासों की व्यवस्था अलग।" दिन भर बैंक में मैं इसलिए खटता हूँ कि महाराज हमारे घर ब्यारी भकोसे किन्तु मैंने कुछ कहा नहीं, हाथ पाँव धोने चला गया।

मेज़ पर बेसन और अजवायन की पूड़ियाँ, बेसन के गट्टों की सब्ज़ी और आम का अचार लग चुका था और महाराज मेरी प्रतीक्षा कर रहा था। बा ने संग में अपनी थाली भी लगा ली। क्या बा पिता जी के स्वर्गवासी होने के पश्चात् नितान्त निर्लज्ज हो गयी थी या शोक के कारण वे पागलों की भाँति व्यवहार करती थी। पुरुष होकर महाराज के संग मेज़ पर बैठकर मुझे खाने में संकोच हो रहा था किन्तु बा निस्संकोच अचार के आम का छिलका दाँत से कुतर-कुतरकर खा रही थी।

इतना रुपया गँवाने पर भी बुआ की नाक उसके मुख के अनुरूप न बन सकी, उल्टे नाक के स्थान पर चिपकाने की दवा गरम करके लगाने के कारण सफ़ेद दाग हो गये और अब बुआ को देखने पर लगता था जैसे कुष्ठ रोग के कारण उनकी

नाक गलकर गिरी थी। नाक खेल की वस्तु हो गयी जो वे यज्ञदत्त के कहने पर जब तब चिपका लेती और यज्ञदत्त उन्हें देख "डाकिनी आई डाकिनी आई" कहता पूरे घर में भागता फिरता। उससे पूर्व वे कई बार उत्सव में वह नाक लगाकर जब भी गयी परिहास का कारण बनी। पूर्व परिचित इसे बुआ के स्वयं पर अभिमान का फल मानते थे और अपरिचित उन्हें देख घिन करते थे। नकटी होकर जीना और, और भी जीने की लालसा रखना यह सरल न था किन्तु बुआ में दोनों ही स्वाभाविक लगते थे जैसे बुआ नाक के बिना ही जन्मी हो और इस बात से सर्वथा अपरिचित हो कि उसकी नाक नहीं है।

गणपति दादा के कारण बुआ बम्बई की हकूमत की इधर-उधर सुन-सुनकर जानकारियाँ बटोरा करती थी और इस लोभ में उसने गिरगाँव में हमारी पोल के पंसारी मालचन्द देसाई की पेढ़ी पर देर-देर तक बैठना आरम्भ कर दिया था। मालचन्द देसाई धनवानचन्द देसाई का सुपुत्र था और धनवानचन्द देसाई को लकवा मार जाने के कारण मालचन्द महादेव की थड़ी पर बैठता था। उसकी वय मेरे बरोबर थी किन्तु उसकी चार-चार सन्तानें थीं और पत्नी अपने पिता के गृह अधिकांशत: रहती थी। एक दोपहर ग्राहक को तैल मापकर देने और दूसरी दफ़ा मूँग की दाल बीनने को जब मालचन्द ने बुआ से कहा तो बुआ का वहाँ आना-जाना छूटा। सम्भवतया नकटी को पेढ़ी पर बैठाकर मालचन्द अपनी गाहकी खोटी न करना चाहता था किन्तु बुआ की बैठक छूट गयी और बम्बई में क्या नवीन घट रहा है, इसका स्रोत पुन: गणपति दादा मात्र रह गये थे। बुआ के अनुसार मुसलमानों से घृणा करने के कारण गणपति दादा की जानकारियाँ शुद्ध न रहती थी और वे मालचन्द देसाई के परचून की भाँति मिलावटी थी। गणपति दादा सायंकाल को बग़ल में समाचारपत्र दबाये आते और देर रात तक गोष्ठी चलती किन्तु बुआ को इससे तुष्टि न होती। खोदादाद कोतवाल का हमारे घर आना दुर्लभ घटना थी और उसके आने पर सबसे अधिक प्रसन्नता बुआ को होती क्योंकि खोदादाद उन्हें टाइम्स ऑफ़ इंडिया नामक समाचारपत्र से गम्भीर घटनाओं के विषय में बतलाता था और मुसलमानों और फ़िरंगियों से घृणा के द्वारा वह गणपति दादा की भाँति संचालित न था।

"भले मांस-मच्छी खाता है और दारू पीता है पण अपना खोदादाद है, खरा मानस।"

बुआ ने एक दिन खोदादाद कोतवाल के जाने के पश्चात् घोषणा की, गणपति दादा और लीलावती भी वहीं बैठे हुए थे, "अख़बार से हमेशा सच्चा समाचार पढ़कर सुनाता है, ख़बरदार जो कभी ख़ुद जिससे घिन खाता हो, उसकी बुराई

का ही अकेला समाचार सुनाया हो।" बुआ गणपति दादा पर आक्षेप करने से कब चूकने वाली थी।

"कितनी बार यत्न किया कि आप स्वयं पढ़ना सीख लें मगर आप सीखती कहाँ हैं? सीख गयीं तो जी चाही ख़बर बाँचना।" लीलावती ने कहा।

"अब मेरा माथा गंगा गौरी जैसा नहीं कि पढ़ना सीख लूँ, बच्चों पर निर्भर रहूँगी समाचार जानने के वास्ते।" बुआ ने कहा।

दूर बा बैठी उपन्यास पढ़ रही थी। बड़ी गैसबत्ती ख़रीद लेने पर रात को पढ़ना बहुत सुगम हो गया था, देर रात तक सब पढ़ा करते थे, लीलावती और गणपति दादा भी देर रात तक बैठे रहते, बस महाराज और बुआ जिस-तिस का मुख ताका करते हालाँकि महाराज का रात्रि निवास दुर्लभ ही था–वह अन्धकार घिरते ही अपने ठिकाने की ओर दौड़ता था क्योंकि सेठ के लड्डूगोपाल जी का मंगला भोग सिद्ध करना उसका दायित्व था और लघुत्तम त्रुटि पर भी मोटी रक़म कटती थी, परलोक बिगड़ता वह अलग।

उसी वर्ष हमारे जीवन को सदैव के लिए परिवर्तित करने वाला निर्णय मैंने लिया। यह उसी सायंकाल की बात है जब बुआ ने गणपति दादा पर व्यक्तिगत द्वेष से संचालित होकर समाचार पढ़ने का आरोप लगाया था और तब बा ने उपन्यास पढ़ते हुए नेत्र उठाकर कहा था, "यदि हमारे घर पर अख़बार आने लगे तो मैं दीदी को सब समाचार अक्षर-अक्षर सुना दूँ।" गणपति दादा ने आहत होकर बा को देखा तो वे तुरन्त बोली, "हाँ, गणपति दादा जितना अच्छा वाचन तो मेरे वश का नहीं किन्तु थोड़ा-बहुत जो पढ़ पाती हूँ, उसका नफ़ा तो दीदी को होगा।"

"इतना खर्चा बढ़ाकर कौन सा नफ़ा होगा," मैंने बा से कहा।

झक-झक प्रकाश में वह उपन्यास पढ़ रही थी, बा ने उपन्यास का पृष्ठ नम्बर देखा और उसे मोड़कर पुस्तक परे रख दी, "अख़बार की बन्दी लगाने की मेरी बहुत इच्छा है। यदि तुम्हारे पिता जी होते तो उनसे कहकर मैं अख़बार मँगाती।" लीलावती जो निकट ही कॉपी में शाला का गृहकार्य कर रही थी, उसने आँखें उठाकर मेरे मुख पर टिका दी, गणपति दादा बा का मुख ताकते रहे,

मैंने बा से कहा, "कल ही बॉम्बे समाचार की बन्दी लगाने वास्ते खोदादाद से कहता हूँ।" बा प्रसन्न हो गयी और उस रात हान्डवो और मोहन हलवा घर में बना।

यज्ञदत्त छह वर्ष का होने आया था और उसकी शिक्षा के लिए आगे पूँजी लगेगी, इसका ध्यान भी मुझे रखना है। समाचारपत्र का यह था कि आज लाए कल रद्दी तब भी लीलावती के आगे समाचारपत्र की बन्दी लगवाने से मुकरना उचित

न होता वह मुझे कठोर हृदय का समझती किन्तु बा यदि एकान्त में समाचारपत्र लगवाने का कहती तो क्या मैं मुकर जाता? बा की सेवा और उसकी वांछापूर्ति करना तो मेरा धर्म था किन्तु बा का यह अभिनव रूप मुझे बा की भाँति न लगता था। मुझे अपनी वही पुरातन बा चाहिए थी जो रसोई में बखत खोटा करती थी, पाठन के नाम पर केवल धार्मिक पोथियाँ पढ़ती थी और तब महाराज या गणपति दादा जैसे परपुरुष यों बेखटके हमारे गृह न आते-जाते थे। पिता जी की मृत्यु से अधिक बा की यह ग़ैरहाजरी खटकती थी।

दूसरे दिन सायंकाल घर आने पर देखा, लीलावती बा से लिपट-लिपटकर बात कर रही थी और दोनों का एक-दूसरे के प्रति लाड़ उमड़ा पड़ता था, इससे पूर्व कुमुद इस भाँति बा से लटक-लटककर बातें करती थी किन्तु उसके जाने के पश्चात् गोबरगौरी को ऐसा करते कभी न देखा था। गोबरगौरी के शव से लिपटकर अवश्य बा रोई थी। बा की देहयष्टि को अपनी लम्बी बाँहों की माला-सी पहनाकर लीलावती खड़ी हुई थी, बा ताक से बताशे का डिब्बा उतार रही थी, दीपावली पर जो रंगीन बताशे मुरमुरे में डालकर देवी महालक्ष्मी को चढ़ाये थे, वे किसी ने खाये न थे, इसलिए उन्हें खाण्डसारी की जगह चाय में डालकर चाय बनायी और ऐसी चाय लीलावती को बहुत प्रिय थी, अक्सर उसी के लिए बा बताशे की चाय बनाती थी। आप चाय बनाने और पीने के अनेक वर्णनों से यदि ऊब गये हों तो बता दूँ, उस दिन आख़ीर बार हमारे घर में चाय बनी थी, इसलिए यह चाय पीने का अन्तिम शब्दचित्र है। उस सायंकाल के पश्चात् हमारे घर में कभी यह केतलियाँ सिगड़ी पर नहीं चढ़ायी गयी, न यह कप और बशियाँ दोबारा कभी बापरे गये, चायपत्ती घर में कभी नहीं आयी, खाण्डसारी की खपत घट गयी और पुनः कभी ऐसा सुख जीवन में नहीं आया जैसे मुरमुरे और बताशे विलग गये।

काँदें, लहसुन, मिर्ची और नीबू डालकर उस दिन बा ने ख़ास मुरमुरे बनाये थे और मीठे में बासी मोहन हलवा था। उसी बात के पीछे कलह हुआ कि महाराज कहीं से आया और मुरमुरे की थाली में हाथ डालकर मुट्ठा भर मुरमुरा निकाल चपड़-चपड़ चबाने लगा। ख़्वाह लाटसाहेब का बाप भी हो, मेरे थाल में हाथ डाले मुझे बर्दाश्त न था, सो मैंने महाराज को उस दिन ठीक प्रकार से डपटा, "क्यों रे घर-घर रसोई बनाने वाले चाकर ज़ात मेरी थाली में हाथ डालते तुझे शरम नहीं आयी।"

महाराज ने कुछ कहा नहीं, मुट्ठी के मुरमुरे मुट्ठी में मसल दिये और चुपचाप बैठा रहा किन्तु बा ने मुझे पलटकर फटकारने में देर नहीं की, "गोबरधन, मेहमान से बात करने का कोई ढंग है ये! तुम्हारे बाप की उमर के हैं वे।"

मैंने थाली उठाकर फ़र्श पर दे मारी और कहा, "दो टके का रसोइया मेरे बाप बरोबर हो गया तो आप क्या हुई घर-घर बासन मसने वाली बाई।"

बुआ दीयाबत्ती कर रही थी, सुनकर दौड़ी आयी और जैसे-तैसे मुझे चुप कराया और अब तक मेरी स्मृति में यह बात उज्ज्वल है कि उसके पश्चात् बा ने एक शब्द नहीं कहा, लीलावती नीचे अपने घर लौट गयी और गणपति दादा भी ऊपर हमारे घर नहीं आये, बा ने भोजन तो बनाया किन्तु किसी ने भी खाया नहीं। महाराज किस प्रकार अपने स्थान से उठा, कैसे उसने अन्य सदस्यों को देखा और कब गया, मुझे याद नहीं।

पिता जी की मृत्यु के पश्चात् मेरा सबसे बड़ा भय था दरिद्र हो जाने का और निम्नवर्ग में पड़कर शिक्षा और साहित्य से दूर होने का था और महाराज जैसे अनपढ़ रसोइये को कोई बार-बार मेरे बरोबर बताये यह मुझे किंचित् भी बर्दाश्त न होता था यह मेरे उस सायंकाल यों फट पड़ने का कारण बना या कोई और कारण था जिसे मैं भाषा में समझ न पाता था, जिसका अर्थ इतना भीषण था कि वह वाक्य में प्रकट होते-होते विलुप्त हो जाता था। वाक्य की संरचना इसके लिए ज़िम्मेदार थी क्योंकि वाक्य का अर्थ यदि एक-एक शब्द प्रकट होता तब तो किसी दिन मैं उस वाक्य के अन्तिम शब्द और अर्थ तलक पहुँच पाता, किन्तु त्रास इस बात का है कि वाक्य का अर्थ एक साथ प्रकट होता है और उसे सहने की क़ूवत मुझमें न थी इसलिए सदैव वह वाक्य मैं बना नहीं पाता था और आज भी मेरा सन्देह, मेरी विकृत कल्पनाएँ बम्बई की गटर-योजना में तैरते मल की भाँति अस्त-व्यस्त है।

लीलावती का भी उस घटना के पश्चात् मेरे जीवन से विलोप हो गया और अब धारणा होती है कि उसका महत्त्व मेरी ज़िन्दगी में कितना ओछा था कि उस दिन के पीछे उसकी स्मृति कभी नहीं हुई और मैंने यह सोचकर सबूरी की कि स्त्री-प्रसंग का घर मेरी कुण्डली में खोटा है और फिर स्त्री-प्रसंग का घर ही क्यों, मेरे भाग्य में तो जैसे सभी स्थान खोटे थे। तब भी अपने जीवन की मीमांसा करने का मंसूबा कैसे हुआ, यह बात अजायब आपको अनुभव हो सकती है, ऐसा कर करके, अपने जीवन की प्रत्येक घटना का काग़ज़ पर वर्णन करके मैं अपनी ग्लानि, ग़रज़, मरज़, तकलीफ़, कोप आदि सब पुनरुज्जीवित करके, सब दृश्य जाग्रत करके क्या देखता और ढूँढ़ता हूँ, बता नहीं सकता। किन्तु इससे मुझे शान्ति होती है जैसे बुआ को नकटी होने के बाद अपना मुख दर्पण में देखकर शान्ति होती थी क्योंकि अनेक बार वह अपना मुख दर्पण में हेरती थी और उससे पूर्व राँड होने के पश्चात् उन्होंने कभी अपना प्रतिबिम्ब न निहारा था तो नकटी होने के पश्चात् ऐसा क्यों करने लगी, ऐसा

मैं सोचता रहता था और अब इतने वर्षों में यह जान सका हूँ कि हम भले नकटे हों कि रूपवान, हम ख़ुद को देखकर ही जान पाते हैं कि हम हैं क्या और मृत्यु से पूर्व हम किसी भी प्रकार ख़ुद को जान लेना चाहते हैं। इसी वास्ते सब लिखा-पढ़ी, कला-संगीत चलता है और इसी वास्ते हम दूसरे से प्रेम करते है क्योंकि तब हम दूसरे की आँख को, उसकी पुतलियों को दर्पण की भाँति बापरते हैं। तब क्यों मैं बा के सभी दर्पण चूर करने का स्वप्न देखता था, चाहता था कि ख़ुद को वह बस मेरी आँख से देखे जब कि मैं ख़ुद लीलावती की आँख में ख़ुद को देखने का यत्न करता था।

यदि बा की मृत्यु हो जाती तब शोक मनाता, भाँति-भाँति के प्रायश्चित्त आज़माता और अपना जीवन पश्चात्ताप में तिल-तिल भस्म करने में सार्थक समझता किन्तु उन्होंने जो किया, उसके लिए हम दोनों एक-दूसरे को कभी न क्षमा कर पायें, न एक दूसरे का विचार कभी अपने हृदय से निकाल पायें।

पाँच

वह मेरे कार्यालयीन जीवन की अत्यन्त शुभ तिथि सिद्ध हुई थी क्योंकि विलियम साहेब के लिखाये इमले में एक भी त्रुटि मुझसे न हुई थी। विलियम साहेब देर तलक काग़ज़ में त्रुटि खोजते रहे और न मिलने पर हताश होकर काग़ज़ मेज़ पर पटक दिया, मैंने अंग्रेज़ी में पूछा, "साहेब जाऊँ? दस्तावेज़ बरोबर है?" उन्होंने हिन्दुस्तानी में हाँ भरी और मैं सलाम बजाकर अपनी कुर्सी पर लौट आया। लीलावती से बात करते लगता था, वह मेरे बा के संग किये व्यवहार के आधार पर मुझे नीच जाँचती थी और यही दशा गणपति दादा के सम्मुख होने पर होती थी। वे लोग अब हमारे माले पर झाँकने भी न आते थे। दो बार महाराज के रहवास को भी गया किन्तु उसके सेठ के यहाँ पूजा करने वाले पण्डित ने बताया रविशंकर रसोइया गाँव गया है और उसकी जगह पण्डित चौका कर रहा है। अंग्रेज़ी में इमले लिखने जैसे मग़ज़ की ग़रज़वाले कार्य में मैं इतना निपुण हो गया हूँ, यह बात किसे बताता। बुआ देर से घर आती थी, वह लीलावती के संग मिशनरी अस्पताल जाने लगी थी क्योंकि बीते दिनों उन्होंने अस्पताल के भोजनालय में खाना बनाने की चाकरी पकड़ी थी। यह मेरे लिए अपमानजनक बात थी कि बैंक में कारकुन आदमी की बुआ रोगियों का पथ्य बनाये किन्तु इसे लीलावती और बुआ ख़ुद के सम्मान की बात बताती थीं जो मेरी बुद्धि के परे था। आख़ीर पराई जगह रोटी-पानी करने में कौन सी इज़्ज़त है—जहाँ छत्तीस ज़ात के लोग आते-जाते हों, उस स्थान नौकरानी होने में कौन सी बड़ाई है? सबसे बड़ा भय यज्ञदत्त को लेकर होता था क्योंकि वह शाला से सीधे अस्पताल बुआ के निकट जाता था और उसका पूरा दिवस ईसाई बाइयों के मध्य व्यतीत होता था। नकटी नारी को रसोई के लिए नौकर रखना में बुद्धि से परे था। बुआ को देखकर रोगी भयभीत हो सकते थे, कई तो उन्हें कोढ़न समझकर उनके हाथ का बना छूते तलक नहीं परन्तु तब भी अस्पताल ने यदि उन्हें रोटी बनाने के

लिए रखा था तो अवश्य ही इसके पीछे कमती पगार में नौकर रखने का लोभ ही अधिक दिखाई देता था।

इस भीड़-भाड़, धूल-धक्कड़ में यदि मैं किसी प्रकार जीवित था तो उसके मूल में कुमुद के साथ मेरा पत्र-व्यवहार था, कुमुद को मैं प्रतिदिन लम्बे-लम्बे पत्र लिखकर भेजता था, डाक ख़र्च में भारी रोकड़ पानी होती थी परन्तु इससे मुझे जीते रहने का अवलम्ब प्राप्त होता था। रसोइये महाराज को जो पत्र में लिखता था, वह काग़ज़ मैंने सिगड़ी के हवाले कर दिये थे, इस भाँति महाराज से मुक्ति पाने का पराजित यत्न मैंने किया था और फिर महाराज की राह दिनों तक देखता रहता था कि वह कभी मुझसे मिलने आये। मैं महाराज का रास्ता क्यों देखता था, यह मुझे ख़ुद पता न था, सम्भवत: वह पिता जी के और बा के संसार का मानुष था और उसके आने पर मेरे बा और बापू के संसार का पुनर्निर्माण होने की मुझे आशा थी फिर स्वर्गवासी होने के कारण पिता जी के संसार का पुनर्निर्माण तो सम्भव था किन्तु जीवित मानुष का संसार वह अपने पीछे अपने बासन या वस्त्र की माफ़िक छोड़कर नहीं जाता, उसका संसार उसके संग ही चला जाता है। प्रतिदिन ब्रह्ममुहूर्त से आधी रात तलक मेरा हृदय महाराज की राह जोहता था और बिस्तरे पर पड़ते ही मुझे वे दिवस याद आते जब बा, लीलावती, गणपति दादा और महाराज बैठक में गोष्ठियाँ करते थे, मुझमें और गणपति दादा में शास्त्रार्थ होता था और लीलावती के नेत्र मेरे पीछे-पीछे फिरते थे, बा कोने में चुपचाप उपन्यास पढ़ती थी, बुआ चिल्ला-चिल्लाकर मुसलमान भाइयों की निंदा करती थी और हम अनारसे, हांडवो और मोहन हलवा खाते थे, दो दो किलो चायपत्ती खर्चा होती थी और अब तम्बाकू ही खुँटता, बुआ ने भी बा के पश्चात् चाय त्याग दी थी।

दफ़्तर का आख़िरी घण्टा जैसे ही पूरा हुआ मैं जोशी जी के घर की ओर रवाना हुआ, जोशी ख़ाली बखत में हाथ देखकर होनी बताते थे और बाक़ी बखत बैलॉर्ड इस्टेट में कहीं बहीखाते बरोबर रखते थे। उनकी औरत जयाबेन रोकड़ लेकर बच्चे रखती थी, ऐसी मुझे ख़बर हुई थी सो यज्ञदत्त को उनके यहाँ दिन काटने भेजूँ, ऐसा मैंने ठाना था। बुआ को उससे अवश्य सन्ताप होगा, मुझे ज्ञात था किन्तु बमणे की सन्तान को ईसाई बाइयों के संस्कार प्राप्त होते देखकर पिता जी और मेरे दादा तथा दवे कुटुम्ब के पूर्वजों को कितना सन्ताप होगा, इसकी मैं कैसे अवहेलना करता। बामन की सन्तान को कोई पण्डिताइन रोकड़ धरवाकर दिन भर खिलाये कलियुग का प्रताप ही माना जायेगा किन्तु संस्कार की शुद्धता हो, रोटी-पानी बमणे को बमणे गृह की प्राप्त हो। बम्बई जैसे नगर में यही बहुत था और फिर बालक को शुद्ध घी, गुड़, शाक कोई कब तलक अपने पैसों से खिला सकता है। एक दो दिन की बात

हो तो अलग बात है कि इस विचार से खिलाये कि परलोक में इसके बदले बासुँदी मिलेगी, यहाँ तो परलोक का विचार ही तब हो सकता था जब इहलोक में तैल-लवण की व्यवस्था बरोबर हो।

हमारी इमारत से दो गली छोड़ हनुमान मन्दिर से लगकर एक इमारत है, ऐसा जोशी जी ने बैंक में एक दिवस बतलाया तो था किन्तु इससे अधिक कोई जानकारी न दी थी तब भी उनका घर ढूँढ़ने में कोई अड़चन नहीं हुई क्योंकि हाथ देखने वाले जोशी जी को गिरगाँव में आधे जन जानते थे माने इससे भी खासी आमदनी होती होगी तब बालक खिलाने का व्यापार करने की कैसे ग़रज़ हुई, यह पता लगाना मैंने ज़रूरी समझा ताकि जान सकूँ, घर में कोई दोष तो नहीं। इसलिए उनकी इमारत के नीचे लॉन्ड्री में एक बाई बुशर्ट इस्तिरी कर रही थी, उससे बात चलाने का सोचकर उसी ओर बढ़ा किन्तु पहुँचते-पहुँचते वह औरत दुकान से नदारद हो गयी। काँच की अलमारियों में इस्तिरी किये हुए कपड़े जमे हुए थे और एक कोने में कोयले सुलगाने को सिगड़ी रखी हुई थी जिस पर तपेली में पानी खदक रहा था। लोहे की दो भारी इस्तिरियाँ बबूल की भारी टेबुल पर रखी हुई थी जिस पर तह मारकर लट्ठा बिछाया गया था। वकीलों के वस्त्र अधिक दिखाई देते थे—श्याम और श्वेत रंग की अधिकता थी किन्तु अलमारी के ऊपर चित्रशाला प्रेस से प्रकाशित शिव की गोदी में विराजित पार्वती का विविध रंगी चित्र शीशम की लकड़ी में मढ़कर टँगा हुआ था जिसके नीचे एक लोहे की कुर्सी थी जो रिक्त पड़ी हुई थी।

अँधेरा होने को था किन्तु देर तक लॉन्ड्री पर खड़े रहने और आवाज़ लगाने पर भी कोई मानस बाहर न आया। दुकान का पिछवाड़ा सँकरा था और एक अँधेरी गली में खो जाता था, वहाँ दीयाबत्ती की कोई व्यवस्था दिखायी न देती थी, न मानुषजात का कोई शब्द ही सुनाई देता था। 'दूसरा माला, घर नम्बर दो बँटे तीन' ऐसा पता एक आदमी ने नीचे बताया था सो मैंने लॉन्ड्री में किसी को न पा सीधे जोशी जी के घर जाने का निश्चय किया।

जोशी जी धोती और जनेऊ लगाकर श्रीगणपत्यथर्वशीर्ष का पाठ करने बैठे थे और पण्डिताइन कमरे के दूसरे कोने में भर्ते के लिए बैंगन सेंक रही थी। बहुत बड़ा कुटुम्ब था–तीन बेटियाँ और तीन बेटे। सबसे बड़ी बेटी का लग्न भड़ौच में हुआ था तो दूसरी के आदमी ने उसे लग्न के छह मास में यह बताकर पितृगृह पुनः भेज दिया था कि रसोई करना नहीं जानती। तीसरी छोटी थी और उसके लिए वर जोशी जी ढूँढ़ रहे थे। बड़े बेटे का लग्न हो गया था और वधू जोशी परिवार के संग ही रहती थी किन्तु बेटे की नौकरी न थी, वह क़ानून की पढ़ाई कर रहा था। दूसरे दोनों बेटों का भी लग्न जोशी जी ने निपटा दिया था किन्तु अभी बहू न लाये थे क्योंकि

दोनों की वधुएँ पन्द्रह से अधिक न हुई थीं। दोनों भाई जुड़वाँ थे और विद्यालय जाते थे। जोशी जी की मँझली पुत्री और बड़ी बहू बम्बई में रहने वाले एकाकी पुरुषों को घर बुलवाकर भोजन करवाती थीं और बदले में रोकड़ धरवाती थीं। जोशी जी की पत्नी जयाबेन नारीविहीन गृहवाले रँडुओं के बालक दिवस भर रखती और उनके दुग्ध, आहारादि की व्यवस्था रोकड़ लेकर करती थी। इस प्रकार बालकों की सेवा, क्षुधितों को रोटी खिलाने के बदले कमाई करने की जोशी परिवार ने जुगत ईजाद की थी। प्रथम दृष्टया जोशी परिवार से मुझे वितृष्णा हुई, उनका दारिद्रय और पूरे घर में परचून का पसारा देखकर लौटने का मन हुआ तब जोशी जी के श्रीगणपत्यथर्वशीर्ष के पाठ को सुनकर ठहरा रहा और जब पाठ पूर्ण हुआ, उन्होंने बताया कि आज से ही उन्होंने यह पाठ आरम्भ किया है तब उनके उच्चारण की शुद्धता का ध्यान करने पर उनके प्रति श्रद्धा हुई। इतने में उनकी पत्नी जयाबेन जल का लोटा और सुखड़ी का टुकड़ा लेकर हाज़र हुई और मारवाड़ी में जोशी जी से पूछा कि क्या मैं वही व्यक्ति हूँ जो अपने बालक को उनके यहाँ दिन भर के लिए रखना चाहता है और मुझसे गुजराती में उन्होंने कहा कि वे औदीच्य ब्राह्मण है। इसका अर्थ था कि मैं उन्हें बताऊँ कि मैं कौन सा ब्राह्मण हूँ क्योंकि वे ब्राह्मणेतर जातियों के बालकों को न रखती थी। "उनका गू-मूत कैसे सफ़ा करूँ।" बात वाजिब थी और मैंने तुरन्त निर्णय ले लिया कि यज्ञदत्त को यहीं प्रतिदिन दफ़्तर से लौटने तलक रखना उचित होगा।

जोशी जी का कुटुम्ब उज्जैन के प्रसिद्ध औदीच्य ब्राह्मणों का है, ऐसा उन्होंने बताया और वे मारवाड़ी में वार्ता न करके मालवी भाषा में बोलते हैं किन्तु बालकों से गुजराती में ही सभाषण करेंगे ताकि बालकों की बोली न बिगड़े। साथ में जयाबेन ने ताकीद की कि यज्ञदत्त को अपना घी आप लाना होगा या मैं मोल लेकर माहवार पेशगी के साथ यज्ञदत्त पूर्ति घी की बरनी भी उन्हें दे दिया करूँ। भोजन की गुणवत्ता कैसी होगी, यह बताने को जोशी जी ने बारम्बार आग्रह किया कि मैं ख़ुद उनके गृह आज की आज भोजन करूँ और भोजन के विषय में तुष्ट होकर ही बालक को भेजूँ। दफ़्तर से सीधे आकर भोजन करने की इच्छा न थी किन्तु जोशी जी और जयाबेन ने मेरी न नहीं सुनी और मनुहार करते रहे, "दफ़्तर से आने पर स्नान करने पर ही भोजन करता हूँ।" इस पर जोशी जी ने अपने जुड़वाँ पुत्रों नरसिंह और नारायण को पुकारा और मुझे नीचे नल पर ले जाने का आदेश किया और साथ ही में धोती उतारकर बाँधने को न्यारा कपड़ा दिया जिससे धोती स्नान में गीली न हो। दोनों पुत्र हाथ की पुस्तक छोड़कर दौड़े आये और नीचे इमारत के पीछे बने आँगन में मैंने बाहर ही स्नान किया और गीले कौपीन पर धोती बाँधकर थाली के आगे विराजमान हुआ, देवोत्थान एकादशी से पूर्व ही बैंगन का भर्ता जयाबेन ने बनाया था। इसके

साथ भोजन में जुआर की रोटी, लौंग की सेव, लहसुन-मिर्ची का ठेचा और आलू के पापड़ थे, बारम्बार आग्रह करके जयाबेन रोटी दे रही थी जो उनकी बड़ी बहू या बेटी परोसती थी, "जब गृहिणी के हाथ के भोजन की तलब हो, तुम निश्चिन्त होकर आया करो" जयाबेन ने कहा और जब मैंने उन्हें बताया कि मेरी बुआ संग रहती है तो उनका ललाट किंचित् निष्प्रभ हो गया, "बालक को नहीं सँभालती तुम्हारी बुआ?"

रोटी पर घी की धार छोड़ते जयाबेन ने कहा, "आज पहली बार आये, इसलिए घी परोस रही हूँ अन्यथा घी सब अपना लावें, ऐसा उसूल है।" आगे मुझसे खाते न बना, लगा जैसे वे रोटियाँ गिन रही थीं, फिर उन्होंने बात आगे बढ़ाई, "बुआ नहीं सँभालती तुम्हारा बालक?"

यदि बताता कि वह अस्पताल के भोजनालय में काम करती है तो फ़ौरन जोशी जी कुटुम्ब की हैसियत जितनी हैसियत मेरी हो जाती और मिलता मान हाथ से जाता, इसलिए मैं मौन रहा। तब जोशी जी ने जयाबेन को फटकारा, "उनकी उमर होगी, बालक सँभालता न होगा, बेवजह के सवाल दाग रही है। आदमी चैन से दो रोटी खा ले तो नहीं।" मुझे तसल्ली हुई और मैं थाली में हाथ धोकर कुल्ला करने को स्थान ढूँढ़ने खड़ा हुआ।

गीले कौपीन के कारण मेरी धोती भीग गयी थी और खड़े रहने पर मुझे तब अत्यधिक संकोच होने लगा जब जोशी जी की बहू या बेटी मुझे कुल्ला करने के लिए खिड़की तक ले गयी, कुल्ला करने के पश्चात् पुनः उसने मेरे हाथ धुलाये और तब जयाबेन ने उसे पुकारा, "कौमुदी, आलू के तीस पापड़ तो ऊपर से निकाल, बहू रोटी बेल रही है।" इसका अर्थ था कि यह स्त्री जोशी जी की बेटी थी जिसे पति ने त्याग दिया था, उसे मैंने ध्यान से देखा—माथे पर तिलक तो था किन्तु कान्ति न थी। जान पड़ता था पति द्वारा त्याग देने का दुःख उसकी आत्मा तक भर गया था। केश अस्त-व्यस्त थे और साड़ी कुचली हुई। वह पापड़ निकालने दौड़ी और आते समय कौमुदी ने दो पत्तलों के बीच वे तीस पापड़ बाँधकर मुझे पकड़ा दिए, "बताइएगा कैसा स्वाद है, संग में मालवी गुड़ की भेली भी है।" इससे अधिक उन्होंने कुछ नहीं कहा किन्तु कौमुदी के दुबले हाथों से वह सामान बिना मोल दिये लेना मुझे स्वीकार न था। मैंने बटुए से कुछ रुपये निकाले और जयाबेन के हाथ पर रख दिये।

"बालक को कब लाओगे? कल?" जयाबेन ने मुझसे पूछा किन्तु उत्तर जोशी जी ने दिया, "भला मानुष नौकरीपेशा है, नाग़ा करके तो लायेगा नहीं, अपनी सुविधा से लायेगा, इस पर भी जयाबेन मौन न रही, "उन्हीं की सुविधा के वास्ते तो पूछ रही थी।"

लॉन्ड्री में वह औरत अब पुनः इस्तिरी कर रही थी किन्तु जयाबेन के खिड़की से बाहर देखते रहने के कारण अभी उससे बात करना उचित नहीं, यह विचार मैं घर लौट आया। भारतवर्ष को यह भ्रम है कि यह अध्यात्म प्रदेश है। घर पहुँचकर जब मैंने पापड़ गिने तब अट्ठाईस पापड़ ही निकले और दो पापड़ टूटे अलग थे, साथ में जो गुड़ की भेली जयाबेन ने देना बतायी थी, उसके स्थान में गुड़ का एक डल्ला था और मैंने बदले में खुले हाथ से रुपये दिये थे। भारतवर्ष भौतिकवादियों की विचरण भूमि है जहाँ ठगी सद्गुण में परिगणित होती है। विद्या और साहित्य का मोल यहाँ शून्य है और पिता अपनी बेटी के वास्ते पँसारी या तेली वर चाहता है न कि कोई निबन्ध लेखक या शुद्ध संस्कृत में श्लोक बनाने वाला कवि। जिस देश में पुस्तकों से अधिक जूतों की दुकानें हों, उससे अपेक्षा भी क्या की जा सकती है। कितने लोग यहाँ मणिलाल नभूभाई द्विवेदी को जानते हैं परन्तु सेठों और साहूकारों के नाम लोगों को मुखाग्र हैं। यहाँ तलक उनकी पॉकिट में कितना रुपया और गल्ले पर कितना है, यह तलक लोग इस भूमि पर कण्ठस्थ रखते हैं और ऐसा धनलोलुप समाज ब्रितानी धनाढ्यों की निंदा ईर्ष्यावश करता है क्योंकि इसके नेत्र सदैव लक्ष्मी पर लगे रहते हैं कि किसके निकट अधिक और किसके कने कमती पूँजी है। बुआ का वचन, "सब रोटीराम की माया है," ही सत्य है।

बुआ ने मेज़ पर पापड़ पड़े देखकर पूछा, "पापड़ पराये घर का अपने रसोड़े में कैसे घुसेड़ लूँ," और गुड़ का डल्ला उठाकर अन्दर ले जाने लगी। मेरी जिह्वा बा पर आग उगलने के पश्चात् भीषण कटु हो चुकी थी और मेरे वश में न रहती थी, "ईसाई अस्पताल में चारों ज़ात का रसोड़ा करने वाली की बात सुनो।"

बुआ ने गुड़ पुनः मेज़ पर पटका और बोली, "अपनी बाँ से बोल-बोलकर छुटकारा पाया, अब बुआ से भी निस्तार चाहिए तो सफ़ा बोल दे गोबर, यह रोज़-रोज़ की खटपट नहीं सहती मैं। अपनी सन्तान सँभालो और घर गृहस्थी देखो।" बात पूरी करते-करते बुआ ने सोते यज्ञदत्त को कुर्सी से उठाया और बा के कमरे में घुसकर अन्दर से किवाड़ लगा लिया।

यज्ञदत्त का ब्यालू सम्पन्न न हुआ था, न प्रातःकाल की निकली बुआ ने कुछ खाया। वे अस्पताल का जल तक ग्रहण न करती थी और देर होने आयी तो मैंने कई बार किवाड़ खटखटाया किन्तु बुआ ने खोला नहीं, सम्भवतया वह सो गयी थी। मुझे अश्रु आने लगे किन्तु किवाड़ पीटने पर भी अन्दर कोई हरकत नहीं हुई, "बुआ, माफ़ कर दो मुझे, माफ़ कर दो।" बुआ ने नहीं सुना। उन्हें कैसे बताता कि बा का न होना मेरे वास्ते ऐसी कुदाल था जिसके दोनों तरफ़ मुख थे और वह प्रतिदिन मेरे मन को खोदता जाता था, खोदता जाता था, अन्दर चट्टान ही चट्टान थी जल न

था, बा की मृत्यु हुई होती या उन्होंने आत्महत्या की होती तब भी किसी विध मैं ख़ुद को ढाढस बँधाकर रहता परन्तु बा ऐसे अन्तर्धान हुई–किसके घर बैठी है कहाँ गयी, एक ओर यह गूढ़ता मन खाती, दूसरी ओर उनका यों मुझे त्याग देना।

सब उपन्यास का दोष था कि बा का मग़ज़ ऐसा बिगड़ा और अपनी गृहस्थी का नाश उन्होंने किया, कुलबोरन का दर्जा पाया सो अलग। मुझसे त्रुटि हुई, मैंने अपशब्द कहे परन्तु इस मातृहीन बालक यज्ञदत्त का तो विचार करती और फिर मेरे अपशब्दों की आड़ लेकर रँडापे में मनवांछित करने की ठानी अन्यथा एक दिवस के झगड़े में कौन सुशीला यों ग़ायब होती है? पोते-नातियों वाली डोकरी का पाँव ऐसे ऊँचा-नीचा पड़े तो उपन्यास को दोष देना मेरी, उसके बेटे की बा का मान रखने की युक्ति ही हो सकती है। उपन्यास को क्या बा के आमूलचूल परिवर्तन के लिए उत्तरदायी माना जा सकता है? उपन्यास पढ़कर सम्भवत: बा ने जान लिया था, जीवन कितना अस्थायी है और इसका अर्थ उसी भाँति निचोड़ लेना चाहती थी जैसे धोने के पश्चात् वे मोरी में कपड़े निचोड़ती थी।

सकाल ही बुआ यज्ञदत्त को नहला-धुलाकर और मेरे वास्ते चार रोटी बेल, मेथी का शाक और दाल बनाकर निकल गयी। जब मैं उठा तो घर में कोई न था, बस गृह देवता के आगे सन्दीप और भोग की चिरौंजी रखी हुई थी। उठने में मुझे देर हुई थी, इसलिए सण्डास सब भरी हुई थी। मैं खिड़की पर बैठा सण्डास ख़ाली होने की प्रतीक्षा करते हुए बा के विषय में सोचता रहा, यदि वह मुझे किसी भी प्रकार मिल जाये तो मैं उनसे क्षमा माँगकर उन्हें घर ले आऊँगा, चाहे कितने उपन्यास पढ़े, चाहे रसोइया महाराज को पूर्वज प्रदत्त पीढ़ियों पुरातन चाँदी की हमारी थाली में भोजन करवाये, चाहे पूरी पगार की वे चाय या तम्बाकू पी जाये क्योंकि बा के बिना हमारा जीवन और संसार नष्ट हो गया था, किन्तु क्या वे ऐसा न सोचती होंगी? वे कहाँ रहती होंगी, क्या खाती होंगी, किस स्थान पर सण्डास, स्नान वास्ते जाती होंगी, आस-पड़ौसी उनके विषय में क्या विचार करते होंगे और क्या पता वे जीवित भी होंगी या समुद्र में कूदकर उन्होंने अब तलक जल समाधि ले होगी? गोबरगौरी की मृत्यु पर मैं दिनों तक एकान्त में रोता रहता था किन्तु माँ के वास्ते एक अश्रु तलक न गिरता। हृदय किसी तालाबन्द बक्से की भाँति छाती में फँस गया था, बस साँस लेने में समस्या होती और कलाई की नाड़ियों में खिंचाव लगता जो थोड़े बखत में बरोबर हो जाता और मैं अपनी दिनचर्या में व्यस्त हो जाता था।

एक गणपति दादा के कुल को छोड़ हमारी इमारत में नागर ब्राह्मण और बनिये ही रहते थे और सनातन धर्म का परित्याग करने के कारण गणपति दादा का सण्डास सबसे कोने में था, उसी का किवाड़ खुला और लीलावती खाली लोटा

लिए निकली, "बुआ जी को देखा क्या?" मैंने खिड़की से पूछा, हाथ धोने से पूर्व वह किसी से बात नहीं करती थी, इसलिए उसने पहले हाथ धोये और तब तक मैं बाल्टी-लोटा लिये नीचे पहुँचा, "आज बुआ जल्दी काम के लिए निकल गयी।" मैंने लीलावती से पूछा।

मुझे नलके से टट्टी धोने का पानी भरना था, "जल्दी कैसे निकल गयी! मुझे ख़बर भी नहीं की", कहकर उसने बाल्टी के लिए स्थान किया और यों मौन रही जैसे मुझसे बात आगे न बढ़ाना चाहती हो बल्कि पीठ फेरकर लोटे को राख से रगड़ने लगी। कैसी छिनाल थी कल तक मुझ पर नेत्र चलाती थी और आज टट्टी का लोटा मुझसे अधिक प्यारा हो गया।

मैंने पाखाने के पश्चात् मोरी की कोठियों में पानी भरा और घर का फ़र्श मैला पाकर कूचड़ी मारने लगा। बुआ से उमर परवान अब भूमि पर न बैठा जाता था, सो पाँव से रगड़ रगड़कर जितना पोता मार पाती, उतना ही घर सफ़ा होता था, इसलिए मुझे पोता लगाना पड़ता था। पलंग और मेज़ के नीचे धूला ही धूला भरा रहता था और आज पोता मारो कल गन्द, यह दशा थी। इसलिए प्रत्येक दूसरे दिवस पोता लगाता था और इसके अलावा छह वर्ष का यज्ञदत्त भी घर बहुत गन्दा करता था, जहाँ यहाँ भोजन और दूध फैला देता और कभी आटा उड़ाता तो कभी शर्बत गिरा देता था। पहले कुर्सी और टेबुल की धूल झटकारो, फिर सब जगह कपड़ा मारकर झाड़ू लगाओ, फिर पोता जिसमें दो दफ़ा बाल्टी का पानी बदलो। भूमि पर बैठने में दुख होने के कारण बुआ से भाण्डे भी उचित रूप से नहीं धुलते थे, घी थाली में कभी लगा रह जाता तो कभी गुड़ चिपका रहता। इसलिए कई बार मुझे भाण्डे भी पुनः धोने पड़ते थे और इन सब कामों में आधा दिवस खोटा होता था।

उस दिन स्नान, पूजन के पश्चात् जब रोटी खाने बैठा कि जल्दी खाकर दफ़्तर जाऊँ और अमृतलाल चाचा आ गये। पिता जी के ताऊ के वे प्रथम पुत्र थे और गये दिनों से बहुत बेला हमारे गृह उनका आना-जाना होता था क्योंकि वे अपने साले की बेटी से मेरा लग्न निश्चित करवाना चाहते थे किन्तु बा को न पाकर प्रत्येक बार बात रह जाती थी। किवाड़ खुला था तो अन्दर चले आये, "रोटी खाकर चरण स्पर्श कर लेना", मैं पाँव छूने उठा तो उन्होंने कहा, "तेरी बा से कभी भेंट होगी कि नहीं।"

उन्हें बा तीर्थ गयी है, ऐसा झूठ बुआ ने कहा था, सो मैंने कहा, "तीर्थ से लौटी नहीं", अब इस असत्य को स्वीकार करने में सभी को कष्ट था क्योंकि यदि बा तीर्थ गयी थी तो नागर ब्राह्मण समाज के तो कोई बाँधव तीर्थ को नहीं गये और पराई जाति के लोगों के संग परदेश में कौन सी सुचरिता भटकती है? "माँ, नाना जी के घर पर ठहरी है, बहुत बखत से गयी नहीं थी।" मैंने इस आशा में कहा कि

सम्भवत: बा अपने पिता के घर पर हो हालाँकि कई पत्र लिखने पर नाना जी के यहाँ से जो भी उत्तर आये, उनसे यही प्रतीत होता था कि बा बम्बई में हमारे निकट ही है।

"गोबरधन्या, तेरे कारण मेरा ससुराल में दो टके का मान हो गया।" चाचा ने कहा तो मैं तुरन्त जान गया कि बा के घर त्यागने का समाचार उन्हें लग चुका है, रोटी का कौर कण्ठ में भी अटक गया, "तेरी बैंक में ख़ासी कारकुनी है जहाँ करोड़ों की रोकड़ दिन में इधर-उधर होती है। ऐसी आटे-नोन की तुझे कौन सी कंगाली हुई कि सुभद्राबेन को ईसाई अस्पताल में रोटी बेलने भेजना पड़ा!" अमृतलाल चाचा का मुख कोप के कारण लाल हो गया और ललाट पर शिराएँ खिंच गयीं, "सुभद्राबेन हमारी भी बहन हैं, हम खिला सकते है उसे छत्तीस पकवान घर बैठाकर।"

मैंने हाथ धोये और थाली परे की, "बुआ, सेवा भावना से मिशनरी अस्पताल में नौकरी कर रही है न कि कंगाली से निपटने को।" मैंने जब कहा तो चाचा ने फ़ौरन बात काटी।

"तो मन्दिर में करती सेवा, कहीं ठौर-ठिकाने की जगह बजाती चाकरी, ईसाइयों में जाकर रोटी बेल रही है, भाण्डे मस रही है। मेरे साले रामूभाई ने ऐसे घर बेटी देने से मना कर दिया। पहले भी वे बच्चेवाले दुजवर को बेटी देना न चाहते थे, वह तो समाज में मेरे मान के नाते माने थे पर अब ऐसे घर जहाँ की औरतें दूसरी जगह रोटी-पानी करती हों, वहाँ बेटी का लग्न करने से सफ़ा नट गये है वे।"

मैंने उन्हें जल दिया और कहीं से निकालकर सूखी सुखाई मिठाई का टुकड़ा संग में पकड़ा दिया किन्तु मैंने एक शब्द इस लग्न के विषय में नहीं कहा क्योंकि मुझे यह ज्ञात ही नहीं था बा और बुआ मेरी पीठ पीछे मेरे दूसरे लग्न की योजना बना रही थीं। मीठा पाकर चाचा का मन किंचित् कोमल पड़ गया और वे इधर-उधर की बातें करने लगे। मुझे दफ़्तर के लिए देर हो रही थी, इसलिए मैंने उनके आगे ही क़मीज़ पहनकर उन पर यह प्रकट किया कि मैं कहीं जाने के लिए तैयार हो रहा हूँ। मेरे टोपी लगाने तक वे जाने को उठे, "तुम्हें पता है नागर ब्राह्मण परिषद की बम्बई शाखा तुम्हें जाति बाहर कर रही थी पर रामूभाई की दया के कारण ही तुम ज़ात में बने हुए हो। उन्होंने तुम्हारे वास्ते बड़ी पूँजी समाज का होस्टल बनाने को दी पर जिसे अपनी बेटी दे उसकी बुआ ईसाइयों के यहाँ चाकरी करे, यह तो उन्हें भी मंजूर नहीं।" मैंने कोई उत्तर नहीं दिया। बात अजब थी कि ज़ात पंचायत हमारे कुटुम्ब को जाति बाहर कर ही क्यों रही थी? जब इन रामूभाई को इसका कारण तलक ज्ञात नहीं था तो इन्होंने हमें बचाने वास्ते मोटी रक़म दान की क्यों? जाने को खड़ा देखकर उनके चरण स्पर्श किये और कुंजी ताला निकाल लिया। जाति ने आज तलक मेरा और मेरे परिवार का किंचित् भी हित न किया था तब क्यों मैं इस

ज़ात-पाँत में पड़ता और मैंने बारिस्टर गांधी को ज़ात बाहर होते हुए देखा था, वे ज़ात बाहर होने की टुक चिन्ता न करते थे।

अमृतलाल चाचा सुकड़े, नाटे आदमी थे और उनकी कनपटियाँ क्रोध से ज़रा में चमकने लगती थी। पिता जी की तेरहवीं में इन्होंने हमारा बहुत ख़र्चा करवाया था और ताम्बे के तेरह घड़े दान करवाये थे–बा का जी देखते मैंने खोदादाद से उधार करके सब किया था, चाची के दास थे। इनके घर की मुखिया चाची के घाघरे का नाड़ा है, ऐसा बुआ बताती थी, "नारी नाड़ी से बाँधकर रखने की वस्तु है कि उसकी नाड़ी से बँधकर मेढ़े जैसी जिन्दगी काटने की।"

कुंजी धोती में गाँठ लगाकर बाँधकर मैंने जूते पहने और दफ़्तर की तरफ़ जाने को ज़ीना उतरता, उससे पहले बारिस्टर गांधी के कमरों से खटपट की आवाज़ आयी, इतने दिन गये यह कमरे किराये से न जाते थे, मकान मालिक को बारिस्टर जितना भाड़ा देने वाला मानुष मिलता ही न था। ज़रूर मकान मालिक होगा, ऐसा सोचकर मैं दो सीढ़ी और उतरा किन्तु और खटपट हुई तो मैं उल्टे कमरे की तरफ़ गया जहाँ किवाड़ पर कान लगाये तो हाँफने की, मज़े करने की थप-थप सुनाई दी। लो, हरामी रसोइया आ गया और आते ही रण्डी रगड़ना चालू कर दिया। पूर्ण नज़ारा करने मैंने ऊपर जाने वाली सीढ़ी की मुँडेर पर खड़े होकर रोशनदान से देखने मंसूबा किया। मुँडेर पर खड़े होने का वह षोडश की वय का अभय अब न था, लगा जैसे मैं डोकरा हो रहा हूँ–चौबीस वर्ष का बुढ़ऊ भी होता है कभी किन्तु पिता जी और गोबरगौरी की मृत्यु, बा का घर से रातोंरात ग़ायब होना और मन ही मन में अनन्त चलती वार्ता से मेरा वृद्धावस्था समय पूर्व आ गयी थी।

धूल-भरे जूते उतारकर कोने में रखे क्योंकि उनका तल्ला मुँडेर की चिकनी लकड़ी पर टिकेगा, इसमें सन्देह था और मुँडेर पर चढ़कर ऊपर इस्पात की गोल मुड़ती लता को मैंने पकड़ लिया, इससे गिरने का भय जाता रहा और ठीक से अन्दर चलते रास का मुआयना सम्भव हो सका किन्तु तब तक रण्डी बापरी जा चुकी थी और अपने पोलके के बटन लगा रही थी। महाराज मोरी में लघुशंका निवारण में व्यस्त था–छी छी, यहीं बारिस्टर भाण्डे धोते थे और यह ब्राह्मण होकर भी मोरी में मूत रहा है। धोती की लाँग बरोबर करता वह बाहर आया और बण्डी से निकालकर कुछ रुपये रण्डी की तरफ़ फेंके, "मोगू, ज़रा चाय तो बना।"

मोगू तो मालचन्द देसाई की दुकान पर कूचड़ी-पोते का काम करती है। वह रुपया लेकर मज़े देगी ऐसा विचार मैंने न किया था। वय भी ख़ासी थी बुआ बरोबर होगी, मोगू ने रुपये को हाथ तलक न लगाया, "महाराज, धन कमाने को मैं यह नहीं करती।"

महाराज ने फ़ौरन रुपया उठाया और किंचित् विस्मय से मोगू को देखने लगा, "तो क्या मज़े लेने वास्ते।"

मोगू सिगड़ी में कोयले जमाने लगी और बोली, "सोचती थी कभी पण्डित की इन्द्री बापरकर देखूँ।"

महाराज हँसने लगा और रण्डी-रण्डी बोलता मोगू का पीछे से आकर कण्ठ दबाने लगा, "तुझे देना चाहिए तब तो पैसा मुझे, खी खी खी", महाराज बोला, "अच्छा है ख़र्चा कम हुआ, इससे अख़बार ले लूँगा।"

सुनकर मग़ज़ घेरियाँ खाने लगा—महाराज अख़बार किसके वास्ते ख़रीदेगा, महाराज ख़ुद तो अपना नाम तलक नहीं पढ़ सकता! क्या महाराज जानता है बा कहाँ है और बा के लिए अख़बार और उपन्यास ख़रीदता है? परन्तु बा जब हम लोगों से बिना कहे-सुने चली गयी तो महाराज को अपना पता क्यों बतायेगी, बा का महाराज से क्या काम? मैं मुँडेर से कूदा और जूते उठाकर नीचे आ गया। दिमाग़ ऐसा जड़ हो गया था जैसे ठण्डे पानी की बाल्टी माथे पर गिर गयी हो। महाराज अख़बार कब से पढ़ने लगा, यही बात बार-बार चक्कर काट रही थी और दिमाग़ इस बात को पकड़ नहीं पाता था। जब अख़बार का विचार आता तब बा सम्मुख आ जाती और महाराज उसके पीछे खड़ा दिखाई देता; देर तलक मैं वही ज़ीने पर बैठा रहा–शव की भाँति परन्तु मन लट्टू सरीखा घूम रहा था, चक्कर इतने आ रहे थे कि जो भोजन किया था, उसकी उल्टी हो गयी।

इतनी देर तलक वहाँ पड़े रहने भी महाराज बाहर नहीं आया, सम्भवतः पुनि मज़ा लेने लगा हो पर मोगू बाई तो मुझे उलाँघकर थोड़ी देर पहले ही गयी थी। तब तो निश्चय ही महाराज ने मुझे देख लिया था, और मेरी अनदेखी करना चाहता था इसलिए बाहर नहीं आ रहा था। ज़ीने पर उल्टी पड़ी रहे, पूरा चढ़ाव बासे, ऐसा मैं नहीं चाहता था। इसलिए अन्दर से बाल्टी भर पानी लाया और पोता मारने लगा–इसी ज़ीने पर बैरिस्टर से मेरी प्रथम बार भेंट हुई थी, यहीं मैंने डाकिये से उनके नाम की टपाल कपटपूर्वक ले ली थी, यहीं बा ने मुझे रोता पाकर टोका था और यहीं पर जब मैं गिर गया था तब पिता जी मुझे हाथ पकड़ उठाकर लाये थे, इसी के अन्धकार पर विजय पाने को गोबरगौरी चिमनी बनाती थी जिसकी मैंने अवहेलना की और गिर पड़ा था। इस स्थान को मैं स्वच्छ रखना चाहता था, यह मेरी स्मृति का स्थान था, यहाँ मुझे मेरे वे परिजन दिखाई देते थे जो मेरे जीवन से जा चुके थे। पोता लगाकर मैं वहीं बैठा रहा और जब आँख खुली तब तलक दोपहर हो चुकी थी। बारिस्टर के कमरे पर ताला पड़ा था, सीढ़ी पर सोया देखकर भी महाराज मुझे लाँघकर चला गया, उसने यह तक नहीं सोचा कि मैं कहीं मूर्च्छित होकर तो भूमि

पर नहीं पड़ा। ऐसा कौन सा महापातक का काम मैंने किया था कि ऐसे धिक्कार का मैं भागी हुआ था?

बारह बजने को थे, बैंक का आधा दिवस बीत गया था तो जाकर विलियम साहेब की दुत्कार सुनने में क्या लाभ था, पगार तो कट चुकी थी, सो मैंने ताला खोला और अन्दर आकर कुमुद को पत्र लिखने लग। उस दिन प्रथम बार मैंने उसे घर की सत्य दशा के विषय में लिखा और बताया कि बा गृहस्थी छोड़कर कहीं चली गयी है—जीवित है या वैकुण्ठ वासिनी हो चुकी, यह तलक ज्ञात नहीं और सभी जन इसके लिए मुझे दोषी मानते हैं क्योंकि मैंने महाराज को उस सायंकाल डपटा था और बा द्वारा उसकी तरफ़दारी करने पर बा को भी अपवचन कह डाले थे किन्तु गृह के दो भाण्डे टकराने पर बा का इतना बड़ा निर्णय लेना क्या वाजिब है और यह कैसे मान लें कि बा के निश्चय के पीछे उस सायंकाल की तकरार ही है। यह भी तो सम्भव है कि बा पहले से ही जाना चाहती हो–उपन्यास पढ़-पढ़कर उनका हृदय तो पहले से इधर-उधर दौड़ता ही था और फिर अक्षरज्ञान होते ही उन्होंने उपन्यास पढ़ने का कुटैव पाला यह भी उनके छुटबँध होने के अभिलाष को ही ज़ाहिर करता है। बुआ ने बा के जाने पर न अधिक दु:ख मनाया न रोष ही किया। उसने बा के इस पतित आचरण को जैसे माफ़ कर दिया और प्रतिदिन के जीवन में ऐसे संलग्न हो गयी जैसे कुछ अधिक घटा न हो। लिखते-लिखते ही मुझे यह सन्देह हुआ कि कहीं बुआ यह जानती तो नहीं कि बा कहाँ रहती है, हो सकता है बा के घर छोड़ने में बा, महाराज, लीलावती और गणपति दादा सबकी मिलीभगत हो। मैंने कागद तकिये के नीचे दबाया और बुआ की जासूसी करने का निश्चय किया, दफ़्तर में आज नाग़ा हुआ, कल नाग़ा और करके परसों अरज़ी लिख दूँगा कि बीमार था और कल बुआ का पीछा करूँगा। आख़ीर इसके पूर्व नाटककार बनने के उद्देश्य से बारिस्टर का पीछा भी मैं कर चुका था।

यदि बुआ को पता था कि बा कहाँ है तब तो यज्ञदत्त को जोशी जी के घर जयाबेन के निकट ही प्रतिदिन छोड़ना उचित होता क्योंकि ईसाइयों की संगत उसका सर्वनाश करने को पर्याप्त थी जब कि यहाँ तो उसके बाप के विरुद्ध कपट भी खेला जा रहा था। मैंने धोती बाँधी, क़मीज़ के बटन लगाये और जूता डालकर जोशी जी के घर की तरफ़ निकलने वास्ते किवाड़ पर ताला लगाया। उस दिवस तो जयाबेन और उनकी गृहस्थी के बारे में अँधेरा होने के कारण पता न लगा सका, आज दोपहर इस ज़िम्मेदारी से भी फ़ारिग़ हो लूँ, ऐसा मंसूबा गाँठा। आने की अफ़रातफ़री में जल पीना भूल गया था और चलते ही कण्ठ सूखने लगा। राम राम करता हनुमान मन्दिर तलक पहुँचा तो देखा उस दिन की भाँति आज भी लॉन्ड्री खुली थी परन्तु मानुषज़ात

का नाम तक नहीं था। एक गाय लॉन्ड्री के सम्मुख खड़ी मूत्रत्याग कर रही थी जिसके कारण लॉन्ड्री के बाहर देर तलक खड़े रहना मुश्किल था। धोती भीगने का अन्देशा था, इसलिए दुकान के आगे टेबुल से लगकर जो एक पटरा लगा था, उसे उठाकर मैंने अन्दर आकर पुकारा, "कोई है क्या, ओ रे धोबी दादा?"

दो जनों के फुसफुसाने की आवाज़ आती रही परन्तु कोई बाहर न आया, आज अन्दर की ओर जाती अँधेरी पौरी का किवाड़ भी अन्दर से बन्द था, "तू यहीं रुक मैं आयी" नारी स्वर में कोई फुसफुसाया। पुंश्चलियाँ जैसे इठलाकर बतियाती हैं, वैसा कण्ठ था, "ठहर, ठहर", पुरुष के शब्द थे किन्तु अप्रस्तुत, भीरु लौंडे के। "कोई है?" मैंने पुन: आवाज़ लगाई।

मेरा स्वर कितना गम्भीर और मर्दाना था, पुंश्चली ने किवाड़ खोला और पोलका बरोबर करती बाहर आयी।

"क्या है? कपड़े देना है तो संझा को आओ, यह बखत मेरे आराम का है।"

मैले कपड़े धोने का काज और बात करने की ऐसी रीति मुझसे बर्दाश्त नहीं हुई, "गाहक मानुष के संग तेरा यह शिष्टाचार है?" इतने में बण्डी और तौलिये में एक उन्नीस-बीस का आदमी बाहर निकला और मेरी अनदेखी कर गली की तरफ़ बढ़ा। इससे पुंश्चली एकदम से ठण्डी पड़ गयी–उसके कुलटा होने का सबूत भरी दोपहरी, उजाले में ऐसे जो भागा।

मुझे कामेच्छा के कारण लगा, मैं मात्र कबन्ध हूँ, "आता हूँ", मैंने पुंश्चली से कहा और उसने चुपचाप हामी भरी।

जोशी जी दफ़्तर गये हुए थे और जयाबेन सो रही थी, उनकी मँझली बेटी कौमुदी जिसे पति ने त्याग दिया था, ने किवाड़ खोला। मस्तक निष्प्रभ और वेणी से पसीने के टीपके चू रहे थे। मैंने अन्दर कुर्सी पर बैठते हुए घर की शान्ति तोड़ने को कहा, "अट्ठाईस पापड़ ही निकले उस रोज़।"

वह समझ न सकी भूल चुकी थी, इसलिए अन्दर जाकर जयाबेन को जगाया और उनसे कहा, "कोई गाहक को कल जो पापड़ दिये थे, वे गिनने पर कमती निकले, इसलिए वे आये हैं; तीस में दो कम निकले।"

जयाबेन कच्ची नींद से जागने के कारण पहले ही चिड़चिड़ी हो रही थी, कौमुदी की बात सुनकर और रुष्ट होने लगी, "दो पापड़ के पीछे आया! मुफ़त के माल में कमती-जास्ती," ऐसा कुछ वे बड़बड़ाने लगीं। मुझे बहुत बुरा लगा, अव्वल तो मैं दो पापड़ लेने इतनी दूर न आया था और दूसरी बात यह कि उस दिवस पापड़ और गुड़ पेटे मैंने ख़ास रक़म कौमुदी के हाथ पर रखी थी।

जयाबेन के नेत्र मुझ पर पड़ते ही किंचित् कोमल पड़ गये, "दवे जी, आइए,

आपकी ही राह जोह रही थी। अहोभाग्य जो आप पधारे, बालक को नहीं लाये? मुझे लगा था, आप दफ़्तरी घण्टे बीतने पर ही आवेंगे। दोपहर को आने की अपेक्षा न की थी।"

रोकड़ अंटी करके भूलने वाले जन मुझे अत्यन्त निकम्मे लगते थे, सो मैंने बात पहले ही सफ़ा रखने के मंसूबे से कहा, "बेन, पहले तो मैं यह बात सफ़ा कर दूँ कि तीस के बदले अट्ठाईस पापड़ निकले, उसके वास्ते मैं यहाँ नहीं आया और यह बात सफ़ा करना भी परम आवश्यक है कि कल साँझ आपने जाते बखत पापड़ और गुड़ का चूरा दिया तो तत्काल मैंने हाथ पर बरोबर रक़म रखी थी।"

जयाबेन ने ऐसा दर्शाया मानो मेरी बात सुनी ही न हो और इतने में वही लॉन्ड्री में मज़े लेता आदमी उसी बण्डी और तौलिये में बाहर आया और सजी रखी थाली के आगे बैठ गया। जयाबेन ने उसका परिचय दिया, "यह मेरा बड़ा बेटा रणछोड़राय है।" रणछोड़राय सम्भवतया मुझे पहचाना न था या वह बेशरम था, इसलिए मुझे नमस्कार करके रोटी खाने में मग्न हो गया, उसकी घरनी आग्रह कर करके दाल में घी उड़ेलती जाती थी।

"एक तारीख़ से बालक को यहाँ दिन भर के लिए छोड़ने का विचार है।" मैंने जयाबेन से कहा तो उनकी आँखें चमकने लगीं, दो अश्रु से पुतलियों पर बन गये,

"बालक तो भगवान श्रीनाथजी का रूप होते हैं, उन्हें खिलाने, रखने में रुपया लेते शरम तो लगती है पण क्या करूँ दवे जी, जब तलक रणछोड़ कचहरी में हिमायती न हो जाये, ऐसे ही गृहस्थी चलेगी।" जयाबेन ने कहा और तब तक उनकी बड़ी बहू आलू के दो पापड़ तलकर ले आयी। निकट से देखने पर मैंने जाना बड़ी बहू गर्भवती थी–उसका उदर काँसे के उत्तम लोटे की भाँति गोल होता प्रतीत होता था। सहसा गोबरगौरी का स्मरण हो आया परन्तु बातों की भट्टाचार्य जयाबेन घड़ी भर को भी मौन कहाँ रहती थीं कि गोबरगौरी की छबि को मैं दृष्टि में टिका पाता, तुरन्त बोली, "घी की बात तो मैं पहले ही बता चुकी, घी की कुप्पी बालक को स्वयं ही प्रतिदिन लाना होगी या आप पेशगी के साथ घी भी दीजिएगा।" मुझे जाने की जल्दी थी, पुंश्चलियाँ बापरने की कुटेव तो मुझमें न थी परन्तु उस दिवस ख़ाली मग़ज़ में फिर-फिर लम्पट विचार आ रहे थे, गोबरगौरी जीवित होती तो मुझे लॉन्ड्रीवाली के कने जाने की क्या ग़रज़ पड़ती। फिर नकद नारायण का मुँह देखे बिना वह भी कौन सा हाथ धरने देती–इसी चिन्तन में खोया था कि जयाबेन ने कहा, "किशोरी, छींके से किंचित् घी तो उतार, मैं दवे जी को बता दूँ बालक वास्ते वह ख़रीदना चाहे तो।"

जयाबेन की बनिक वृत्ति दिनोंदिन बढ़ती जाती थी, मैंने हाथ जोड़कर मना कर

दिया, "जब घरू घी हो तो कोई मोल क्यों ले।" और उठकर बाहर आ गया–घरू घी होता तो आज तुष्ट होने लॉन्ड्री क्यों जाता, ऐसा सोचता हुआ मैं फटाफट सीढ़ियाँ उतरता लॉन्ड्री की तरफ़ दौड़ा। रास्ते में नरसिंह और नारायण काँख में किताब दबाये ऊपर आते मिले परन्तु उनके नमस्कार का जवाब देने जितना भी धीरज न था और जब नीचे पहुँचा तो देखा कौमुदी और जयाबेन की बड़ी बहू किशोरी खिड़की पर बैठी है–कोना-आँतर ढूँढ़ा, लघुशंका से फ़ारिग़ होकर जोशी परिवार की नज़र बचाता लॉन्ड्री में दाख़िल हुआ।

लोटे से पानी छिड़क-छिड़ककर लॉन्ड्रीवाली औरत बुशर्ट इस्तिरी कर रही थी, इस्तिरी के कोयले पर पानी के छींटे पड़ते तो छन्न-छन्न आवाज़ आती थी। एक तो लोहे की भारी इस्तिरी और फिर उसमें कोयले का भार उठा-उठाकर बेचारी के दायें हाथ में दुख हो रहा था और काँख से पसीने के रेले बह रहे थे, "साँझ होने आयी, मेरा आदमी घर आता होगा।" उसने मुझे टरकाने को कहा परन्तु ज़िद्दी बालक की भाँति मैं अँधेरी पौरी में घुस गया और क़मीज़ के बटन खोलने लगा। देर तलक जब वह नहीं आयी तो पौरी के किवाड़ पर बेशरम होकर खड़ा हो गया, मन मारकर उसे आना ही पड़ा।

पौरी कहीं न जाती थी, उस अँधेरे गलियारे का मुँह दूसरी तरफ़ से बन्द था और वहाँ एक तरफ़ मैले कपड़ों का ढेर और दूसरी ओर कोयलों की टाल पड़ी थी। आर्द्र वायु और गन्दी बास उस जगह ठँसी पड़ी थी। मैंने उसका हाथ पकड़ा और पूछा, "तेरा नाम क्या है?"

उसने हाथ छुड़ाया नहीं बल्कि मैले कपड़ों की ढेरी पर वह कूदी, "बेला।" मैंने धोती और कौपीन जब तक उतारा। उसने मैले कपड़ों की बिस्तरे जैसी ढेरी बना दी, "ऊपर-ऊपर से करूँगी, नगद है?" उसने पूछा और पोलका खोलने लगी।

आँख अब तक अन्धकार की अभ्यस्त हो चली थी और उसके मोटे-मोटे स्तन, काले चूचुक मुझे दिखाई दे रहे थे, "ऊपर ऊपर माने?" मैंने पूछा क्योंकि रण्डी बापरने का ख़ासा तजुर्बा न था तब वह केवल हँसी और ऊपर-ऊपर से करके जब तलक निपटे, उसने मुझसे पूछा, "पानी पियोगे?" लॉन्ड्री की औरत के हाथ का जल पीने से पूर्व ज़हर न पी लेता, सो मैंने कुछ नहीं कहा। वह खुली छाती यों ही खड़ी रही। वय पैंतीस से अधिक ही थी और वदन गोलमटोल था, ऐसा बासता था जो आड़े बखत बुरा लगे पर कामान्ध होने पर सुहाये। पेटीकोट की नाड़ी तो उसने छूने तलक न दी, सब होने के पीछे सौदा मुझे खटका। सहसा जी निराश हो गया था और बेला ने भांपने में देर न की। मैं कौपीन लगा ही रहा था कि वह कन्दील लेकर आ गयी, "अब रुपया खरचने का पछतावा हो रहा है।" मैं पलटा तो बजाय उस

पर आँख पड़ने के मैले कपड़ों के ढेर पर पड़ी–जाने कौन-कौन सी ज़ातवालों के गन्दे कपड़े हैं और उस ढेर में फँसी जब एक जिल्दबन्द पुस्तक दिखाई दी तो मैं लपका, टॉमस हार्डी का उपन्यास 'द वेल बिलवेड' (The Well-Beloved) था।

कितना बखत बीत गया, टॉमस हार्डी का उपन्यास 'जूड द अब्स्क्यर' कितना रुपया बिगाड़कर मैंने ख़रीदा था और उसी के पीछे मेरी गोबरगौरी से लड़ाई हुई थी यह दूसरा उपन्यास था–प्रकाशन तिथि देखी तो पता लगा 1897 में छपा है। उसके बाद किताब ख़रीदने का संयोग ही नहीं सध पाया। अन्तिम संस्कार का सामान और तेरहवीं के भोज का अन्न, गुड़, तैल लेने में सब रुपया गया और उसके बाद साहित्य से उच्चाटन ही हो गया। बा कितने चाव से शम्भु नारायण भागवत के उपन्यास पढ़ती थी, अखबार माँगने को कहती थी और फिर बुआ और महाराज को पढ़ी बातें सुनाती और वे दोनों काल्पनिक कथा को सत्य जानकर "हरे-हरे", कभी "बाप रे" कहते थे और क्षण में रोते, क्षण में हर्षित होते थे। लीलावती के पास भी टॉमस हार्डी का उपन्यास था। यह सब अब किसी अन्य ही युग की गोष्ठी लगती है। इतने दिनों तलक मैं करता क्या रहा, यही मुझे ज्ञात नहीं–लीलावती के पीछे बावलापन, फिर अनपढ़ महाराज को पत्री लिखने की झक सवार हुई और ऐसे इतने वर्ष बीत गये कि टॉमस हार्डी का नूतन उपन्यास भी आ गया।

"किसका उपन्यास है?" मैंने धोती पहनते हुए पूछा तो बेला बाई बोली, "सब कपड़े न्यारे-न्यारे लोगों के हैं", मूर्ख को इतना तक ज्ञान नहीं था कि उपन्यास पुस्तक में छपता होता है, इसलिए मैंने बात साफ़ की, "यह उपन्यास, यह किताब किसकी है?"

बेला ने किताब उठाकर साड़ी के छोर से उसकी जिल्द पोंछी और कहा, "यह तो रणछोड़ की है। वह अंग्रेज़ी पढ़ता है।" अच्छा तो यह किताब जोशी जी के वकालत पढ़ने वाले बेटे की है–अच्छी-ख़ासी भार्या के होते जो इस जंघामथानी पर जान दे रहा है।

उपन्यास देखकर मेरा हृदय कण्ठ तलक ऐसा हो गया था जैसे गुड़ आग पर चाशनी हो जाता है–ताता और स्पर्शमात्र से जलाने वाला, कण्ठ से पुनि पुनि वह नेत्रों तक जाता और फिर नीचे धँस जाता था, इसलिए मैंने मन दूसरी तरफ़ करने वास्ते बेला बाई के बारे में विचार करना शुरू किया कि उसकी गाँड कितनी कड़क थी जैसे पुरातन मन्दिर की मूर्ति की पाषाण निर्मित मोटी, गोल गाँड हथेली में भरने का यत्न मैंने किया हो। हाँ, पेटीकोट के ऊपर ऊपर से ही स्पर्श किया था परन्तु कठोरता का अनुभव तो तब भी हो रहा था और वैसे ही सख़्त, निष्ठुर स्तनों का जोड़ा जिन्हें हाथ में भरते ही उनका दमन-मर्दन करने का जी हो, ऐसे स्तन गोबरगौरी

के शुरुआत में थे जब वह नववधू थी, फिर यज्ञदत्त को दूध पिला-पिलाकर उनमें किंचित् पिलपिलापन आ गया था जैसे पक्व, स्वर्णिम आम्र फलों में आता है।

शब्द, रूपादि को ग्रहण करने के लिए जैसे हमारे निकट पंचेन्द्रिय है, उस भाँति समय का अनुभव करने की कोई इन्द्रिय नहीं बल्कि समय का अनुभव करने के लिए भी समय चाहिए और वह उस दिवस मेरे निकट न था। चार बजने को आये थे, बुआ और यज्ञदत्त के आने की बेला हो चली थी, सो मैंने झटपट वस्त्र बरोबर किये और बाहर निकला। बेला पीछे-पीछे दौड़ी आयी, "फिर आओगे न, पण्डित जी?" मैंने पलटकर उसे देखा, मैले कपड़ों के ढेर के आगे खड़ी यह मोटी-ताज़ी श्यामा जो बात करते-करते बार-बार नथुने फुलाती है और दिन भर में जाने कितने पुरुषों के कपड़े धोती, इस्तिरी करती है; कितने ऊपर-ऊपर से और कितने नीचे से निपटाती है, इसे मेरे पुनः आने की इतनी फिकर कैसे हो रही है—क्या नगद रुपए के लोभ में या मेरे हृष्ट-पुष्ट वदन का इसे लालच हो गया है या एकाकी, इसके मुख पर हाथ से धातु गिराने वाले रँडुए के प्रति यह दयार्द्र होकर वापस आने का पूछ रही थी, मुझे कुछ भी नहीं पता था। बाहर किंचित् रोशनी शेष थी। एक डोकरी से कौमुदी कद्दू तुलवा रही थी और उसने फ़ौरन मुझे लॉन्ड्री से निकलते हुए देख लिया। लज्जित होकर मैंने इधर-उधर दृष्टि दौड़ायी और फिर ग्रीवा झुकाये घर की राह ली। अब जो सोचेगी वह सोचे—पुरुष में कामुक वृत्ति होना नैसर्गिक है और उसकी शान्ति वास्ते क्या इसका भाई रणछोड़ यहाँ आता है, यह नहीं जानती होगी।

घर पहुँचा तो बुआ और यज्ञदत्त बाहर बैठे मेरी बाट जोह कर रहे थे। किवाड़ पर ताला लटका था। रस्ते से मैंने यज्ञदत्त के लिए राजगिरे के लड्डू ले लिये थे और बुआ के वास्ते जलेबी और गाँठिये बँधवा लिये थे, "बुआ, आज तुम खाने ख़ुराक की परवा न करना, जलेबी, गाँठिये, लड्डू सब कुछ है," मैंने कहा।

यज्ञदत्त नाचने लगा, "बापू लड्डू लाये बापू लड्डू लाये।"

बुआ ने उसे तुरत टोका, "छोरा, ऐसे मंगतों के पूत जैसे लड्डू लाये लड्डू लाये हल्ला नहीं करना, आस-पड़ौसी क्या विचारेंगे कि इनके घर लड्डू पहली बार आये है।"

यज्ञदत्त ने चारों तरफ़ देखा और पूछा, "बड़ी बुआ तो इसके पहले कब आये लड्डू?"

बुआ हँसने लगी, मुझे भी हँसी आ गयी, "अच्छा तो तुझे लड्डू क्या होते हैं, यह तलक नहीं पता?" बुआ ने पूछा।

यज्ञदत्त ने नाटिका की, "हाँ, लड्डू क्या होते हैं, यह तलक मुझे नहीं पता," खी-खी-खी पीछे से हँसने की आवाज़ आयी तो मैंने पलटकर देखा लीलावती थी

जलपान का थाल लिए ज़ीना चढ़ रही थी। लीलावती बुआ और यज्ञदत्त के लिए जलपान लायी थी, पोहा और फरसाण और साथ में कोकम की कढ़ी, "लो, गाँठिये और कढ़ी का जोड़ बैठ गया।" मेरे मुख से सहसा निकला हालाँकि बेला के संग विलास पीछे अब लीलावती से उतना मोहन नहीं हो रहा था पर लीलावती ने इसे मेरी खोटी प्रणय चेष्टा मानकर टालते हुए यज्ञदत्त से कहा, "क्यों रे, तुझे लड्डू क्या वस्तु है, नहीं पता! तेरी लीलावती बुआ ने तुझे हज़ार बार लड्डू-पेड़े खिलाये हैं।" यदि ख़ुद को लीलावती यज्ञदत्त की बुआ बताकर मुझे कोई ख़ास ख़बर देना चाहती थी तो तीर ठिकाने से न लगा क्योंकि मैंने फ़ौरन बात आगे बढ़ायी, "हाँ रे यज्ञदत्त, तेरी बुआ तुझे क्या-क्या मिठाइयाँ नहीं खिलाती, मुझे तो आज तलक बताशा भी खिलाया!" सुनते ही शरम से लीलावती का मुख लाल चटक हो गया और वह झुककर यज्ञदत्त के मुख में फरसाण ठूँसने लगी। मैं भी ताले में कुंजी घुमाने में व्यस्त हो गया।

यदि लीलावती मेरे वास्ते किंचित् भी आसक्ति रखती तो उससे लग्न करके मैं सुख से न रहता, परन्तु कभी वह प्रणय चेष्टा का अभिनय करती और कभी मुँह फेर लेती और ऐसे बेमुरव्वत होकर बैठती कि पाखाने के लोटे से भी उसे मुझसे अधिक अनुराग है। इस प्रकार वह अपनी खरी भावना का दुराव करती थी और बदले में क्या पाती थी ज्ञात नहीं, और यह भी हो सकता है कि ऐसी लीला वह हमारी प्रीति को और अधिक परखने को करती हो ताकि वह और मज़बूत बने अन्यथा माँ को ग़ायब हुए महीने गये, तब उसके यहाँ फिर हाज़िर होने का क्या आशय हो सकता था छोड़ एक उसके अतिशय अनुराग के। यज्ञदत्त ने लड्डू खाकर जो ऊधम मचाना शुरू किया कि मानुष से मानुष का बात करना मुहाल हो गया, "लीलावती बुआ, मुझे दूल्हा बनायेंगी। लीलावती, मुझको दूध पिलावेंगी।" जब ऐसी घोषणाएँ करने लगा तब लीलावती लज्जित होकर भाग गयी और इस भाँति तिथि बीत गयी किन्तु सोने से पूर्व मैंने बुआ से यज्ञदत्त को जोशी जी के यहाँ शाला पश्चात् दिन भर को छोड़ने के बारे में मशवरा करना उचित समझा, "ख़्रीस्ती संस्कार से यज्ञदत्त के पण्डितपने में दोष होगा, किसी बामन घर में दिन गँवाये तो उचित न होगा, बुआ।"

बुआ दही जमा रही थी सो आटे के पीपे में दूध रख रही थी, उनकी दृष्टि व्याकुल हो गयी, "गोबरगौरी गयी तो यज्ञदत्त को गंगागौरी ने पाल लिया। अब उसके पीछे यज्ञदत्त मेरे ज़िम्मे है। उसे पराए घर में दूँ, हो नहीं सकता, क्या खिलायेंगे और कैसे रखेंगे; पता लगा मेरे यज्ञदत्त से दिन भर चाकरी बजवाए।"

बात बुआ की बरोबर थी किन्तु ख़्रीस्ती विचार उसके जी में घर कर रहा था, उसका क्या करता, सो एक और बार बुआ से कहा, "पगार किसी माह कमती नहीं

पड़ती, फिर ईसाइयों की चाकरी क्यों बजाना! कुटुम्ब का मान अलग घटता है। आज अमृतलाल चाचा आये थे, बताकर गये मेरा लग्न माँ ने जिस कन्या से नक्की किया था, उसका बाप अपनी बात से फिर गया कहकर कि बुआ ईसाइयों के यहाँ रोटी-भाण्डे करती है।"

बुआ ने आटे का पीपा बन्द किया और बचा दूध अलग रखते हुए बोली, "तब यज्ञदत्त को पराये कुल में रखने से लग्न हो जावेगा?"

बात मेरे लग्न की नहीं थी, बात यज्ञदत्त की संस्कार शुद्धि की थी, "आप कोई मन्दिर में सेवा दे तो सबका उपकार होगा, अस्पताल में दस ज़ात के रोगियों और उनके पचास तरह के मरज़ से यज्ञदत्त का भला तो न होगा। हम ज़ात-बाहर होंगे ही।" मैंने कहकर जाना चाहा किन्तु पीछे से बुआ ने अपना विचार स्पष्टत: बता दिया, "वहाँ जो संस्कार यज्ञदत्त पाता है, वह किसी भी पण्डित कुल के संस्कार से शुद्ध है, उसे जीवन का, मानुष का मोल पता लगता है।"

बुआ के लिए जीवन का, मानुष का मोल क्या है, इसकी पोल दो दिवस पश्चात् ही खुल गयी जब कुमुद का पत्र आया कि नर्मदाप्रसाद जी रंगून में जो रंगरेलियाँ मनाते हैं, उसे तो वह सह लेती है पर वे मच्छी खाये, बकरा-मुर्ग़ी खाये यह उसे बर्दाश्त नहीं और बुआ ने भी बर्मा की बेशरम बाइयों से नर्मदाप्रसाद के मज़े करने की बात की अवहेलना करके उनके मांसाहारी होने को लेकर अधिक गुल्ला मचाया, "बर्मा की बाइयों से चाहे जो बेशरमी करे नर्मदाप्रसाद पण मांस-मच्छी खाना बर्दाश्त नहीं।" चिट्ठी मोड़कर मेज़ पर रखते हुए मैंने पूछा, "क्यों, क्या अस्पताल में काम करने वाली ईसाई संन्यासनें और पादरी मांस-मच्छी नहीं खाते! वहाँ तो यज्ञदत्त जीवन का मानुष का मोल सीखता है।"

बुआ ने मेरी थाली में रोटी पटकते हुए उत्तर दिया, "वे जन जो जी चाहे खाये यज्ञदत्त के मुँह में तो नहीं ठूँसते मांसाहार", रोटी कच्ची थी उस दिन बुआ का जी रसोई में नहीं लग रहा था, "तो नर्मदाप्रसाद जीजा जी कौन सा कुमुद के मुँह में मांसाहार ठूँस रहे है", बुआ पलटी और तवे पर पड़ी रोटी भूलकर ऐन मेरे माथे पर खड़ी होकर तमकने लगी, "कुमुद नर्मदाप्रसाद की लुगाई है," रोटी जलकर कोयला हो गयी मगर बुआ बड़बड़ाती रही।

पता नहीं उस दिन कौन सी घटी थी, मैंने भी जी की करना ठान ली थी सो बुआ को सफ़ा-सफ़ा कह दिया, "मैं आपको नौकरी छोड़ने की नहीं कहता पण आप इतना जान लीजिए कि मेरा पूत उन मलेच्छों में रोज़-रोज़ न रहेगा। जोशी जी को पेशगी मैंने दे दी है और कल से उनका बेटा उसे शाला से सीधे अपने घर ले जावेगा। बामन का बेटा बमनों में पले मेरे इस मंसूबे को ब्रह्मा भी नहीं टाल सकते।"

पेशगी देने की बात झूठ थी और अन्न हाथ में लेकर मैंने असत्यभाषण किया था, इसका भय मेरे मन को देर तलक खाता रहा।

रूपरेखा तो तारीख़ की ऐसी विचारी थी कि आज दफ़्तर का नाग़ा करके बुआ की जासूसी करना है परन्तु फिर इस भय से कि जास्ती नाग़े के कारण चाकरी न छूट जाये, यह निश्चय किया दफ़्तर से फ़ारिग़ होकर जोशी जी को पेशगी रक़म देता घर लौटूँगा परन्तु दफ़्तर पहुँचते ही काबरा जी ने बुलाकर कहा कि ऊपर से हुकम है कि मैं अनिवार्य छुट्टी ले लूँ, काबरा जी साँचे से लम्बा वैष्णवी तिलक बनाकर आते थे परन्तु उस दिन पसीने से दिन की शुरुआत में ही उसके रेलें बह गये थे, वे अत्यन्त व्यग्र दिख रहे थे, "छुट्टी क्यों लूँ, पगार न कटेगी?"

मैंने पूछा परन्तु जवाब देने के बजाय काबरा जी रोने लगे, बोले "विलियम साहेब ने घपोला पाड़ा है और लाखों की रोकड़ ग़बन करके फ़रार हो गये है", अंग्रेज़ मानुष ग़बन करे, ऐसा सुनने में न आता था। अधिकतर हिन्दुस्तानी ख़यानत करते थे और सबसे ऊपर विलियम साहेब ऐसा काम करेंगे, विश्वास नहीं होता था, "उन्होंने ग़बन किया पण मैं क्यों छुट्टी जाऊँ?" मैंने पूछा ही था कि इतने में ऊँचे ब्रितानी हाकिम आये और अफ़रा-तफ़री मच गयी और घण्टे भर में मुझे लिखित हुकम दे दिया गया कि जाँच पूर्ण होने तलक विलियम साहेब के सभी सीधे मातहत अनिवार्य छुट्टी पर जायेंगे और इस दौरान उन्हें टका भी पगार न दी जायेगी।

देर तक ख़ुद की अवस्था मुझे ही सूझ नहीं पड़ी, बिन माँगे की अनिवार्य छुट्टी का मतलब क्या हुआ और फिर उस बखत की पगार क्यों काटी जायेगी और यह भी कि खाने-पीने का बन्दोबस्त कैसे होगा क्योंकि बचत खाते में बरस भर बट्टा लगा रहता था। एक तो पगार कमती उस पर देश देशान्तर में अकाल पड़ा था। परचून में ही पूरी कमाई ख़र्च हो जाती थी, अब क्या होगा ऐसा विचार तलक न था। मग़ज़ में तुच्छ गोष्ठियाँ चक्कर काट रही थीं जैसे दिन के इस बखत बेला क्या कर रही होगी और फिर इस तृष्णा का पीछा करता मैं बेला की लॉन्ड्री की तरफ़ चला। पीछे काबरा जी पुकारते रहे, ऐसा अनुभव तो होता था परन्तु पलटने जितनी चेतना भी न थी। जोशी जी और उनके परिजनों से कोई लाज न थी। बेखटके लॉन्ड्री पर जाकर बेला के आगे जहाँ वह इस्तिरी कर रही थी, रुपया फेंका फिर थोड़ा होश हुआ तो उसके मोल से जास्ती रुपया गिनकर उठाकर लिया तब तक वह अपने कन्धों पर इस्तिरी वास्ते कपड़े लादे निकली। बम्बई में पाँव-पाँव पर मानुष पैसे के पीछे पेट मसलता मिलता था, बेला की लॉन्ड्री में ऊपर भगवान के चित्र पर चढ़ाई नूतन पुष्प माला देखकर ही समझ आता था कि वह जन्मना ऐसी जंघामथानी न रही होगी और फिर लॉन्ड्री के पीछे चोरी छिपे गाहक निपटाते उसे कौन सा मज़ा मिलता होगा

जब गाहक को ही बरोबर मज़ा नहीं मिल पाता था, "आज पूरा करूँगा, ऊपर नीचे सब।" मैंने कहा किन्तु उसे बात बरोबर न लगी, "क्षुल्लक गोष्ठ यहाँ नहीं होना। यह भी कोई बखत है! रोज़ी खोटी क्यों कर रहे, दवे साहेब।"

उसे मेरा नाम कैसे पता लगा, जनेऊ देखकर उस रोज़ जान गयी कि मैं ब्राह्मण हूँ, यह तो मैं समझ गया था परन्तु नाम ज्ञात हुआ, इसका अर्थ है, उसे जोशी परिवार के किसी व्यक्ति ने बताया होगा और जब बताया होगा तब क्या बातें हुई होंगी, क्षण भर को यह विचार आया परन्तु फिर मैंने निश्चय किया कि मैं रण्डी बापरूँ या लग्न में आयी अपनी स्त्री, इस वास्ते जोशी जी और उनके परिजनों या समाज के किसी मानुष के आगे जवाबदार नहीं हूँ। और यदि कौमुदी मुझे व्यभिचारी पुरुष समझती है या जयाबेन ऐसा जानती है या उनकी गर्भवती बहू किशोरी तो वे सभी इसे मेरे पौरुष का ज़ाहिर निवेदन समझें। अपनी कामवासना शान्त करने का मैं क्या साधन करता हूँ, यह पूछने और इस पर प्रश्न उठाने का किसी मानुष को अधिकार नहीं, ग़ायब हो चुकी माँ को भी नहीं, न ही स्वर्गवासी पिता को और न ही बीच भवसागर मुझे एकटा छोड़कर मरने वाली गोबरगौरी को, न बुआ को और सबसे बढ़कर लीलावती को भी कोई अधिकार नहीं।

कलूटी बेला के मोटी वेणी में अबोली फूल गुँथे थे–सिन्दूरी और अभी-अभी तोड़े हुए फूल। बेचारी दरिद्री के कने आभूषण के नाम पर यही था शेष कान में चाँदी के मोटे छल्ले और कण्ठ में काले मोती की लड़ थी, फिर भी कैसी कान्ता नज़र आती थी। उस रोज़ भी मुझे लॉन्ड्री के पीछे ले गयी और पूछा, "दवे साहेब, बोलो क्या सन्ताप है तुमको, ऐसा दर्शन बनाकर क्यों घूम रहे?" कहकर उसने टीन का किवाड़ अटकाया और मेरे निकट आयी, मुझे इस्तिरी की वकीलों की सफ़ेद बुशर्ट के ढेर पर ठेला, मेरे माथे पर हथेली फिराकर मेरा तापमान देखा, "ताप तो नहीं लगता, सिर्फ़ कड़क उत्कण्ठा हैं" और लॉन्ड्री के अगले खण्ड की तरफ़ जाते हुए उसने कहा, "आप आराम करो, मैं इस्तिरी निबटा लूँ।"

थोड़ी देर में ही मेरी निद्रा लग गयी जैसे मृत्युमुखी होकर मरीज़ पड़े रहते है संसार, व्यवहार और उपचार से अजान। इस भाँति उस रोज़ मैथुन होता, उससे पहले ही लॉन्ड्री पर गाहकों की भीड़ लग गयी और मेरे उठते-उठते चार बजने आये थे। रुपया माँगते संकोच होता था परन्तु मैंने रुपया पाने को असत्यभाषण किया, "कुछ रुपया पड़ा है क्या, बेला बाई?" वह इस्तिरी करके पीछे हमारे वास्ते मुरमुरे और सेव मिलाकर भेल बना रही थी, काँदे-मिर्ची और सींगदाने डालकर, मुख उठाकर बोली, "मुझसे खोटी गोष्ठी नहीं होना, वापरा नहीं तो रुपया वापस माँगोगे तुम। मुरमुरे, काँदे मँगाकर बैठी मैं।" इस प्रकार बिना सेवा के रण्डी मेरे रुपए दबाकर

बैठी; दिवस भर मैले कपड़े धोने वाली के हाथ के मुरमुरे खाना पातक था, सो बेवकूफ़ मानस बनकर घर लौटा।

"बापू, पादरी गन्दे मानस, कल से तुम्हारे साथ जाऊँगा न।" यज्ञदत्त ने मुझसे घर पहुँचते ही कहा मतलब बुआ ने यज्ञदत्त को जयाबेन के बारे में बता दिया परन्तु बिना पगार की छुट्टी में आटे-नून के लाले पड़ने थे, उसमें जयाबेन का ख़र्चा कैसे उठाता, वैसे भी छुट्टी घर पर ही काटना थी तब यज्ञदत्त को अपने निकट ही रखूँगा, "इसे जोशी जी के बारे में क्यों बता दिया? उन्हें नहीं देकर आया पेशगी।"

मैंने बुआ से कहा। वह दधि मथती भूमि पर अत्यन्त तकलीफ़ में बैठी थी। "मैं क्यों पड़ूँगी बाप-बेटे के बीच, जिसे जिससे जो कहना है आप कहे और जहाँ छोड़ना है आप छोड़े।" कहते-कहते बुआ रोने लगी, "गोबरधन, तू कुमुद को पत्र लिखकर कह दे नर्मदाप्रसाद से कहे, कुमुद को बम्बई छोड़ जाये, मैं पाल लूँगी अपनी बेटी और उसका बच्चा पण मांस मच्छी भकोसने वाले उस राक्षस के यहाँ नहीं मरने दूँगी।"

"बापू पादरी गन्दी करते हैं, बापू बापू बापू।" यज्ञदत्त फिर उछल उछलकर कहने लगा, उस दिन लँगड़ाकर चल रहा था, "यज्ञदत्त ज़रा बड़ों को बात करने दे, बेटा।" मैंने, कहा और बुआ से बात आगे बढ़ायी, "कैसे पूरेगा? आज दफ़्तर से साहेब लोगों ने बिना पगार की छुट्टी पर भेज दिया।"

बुआ घबराकर पलटी और खड़े होने के यत्न में फिसलते-फिसलते बची, "लगी तो नहीं बुआ?"

मैं उनकी ओर दौड़ा परन्तु ख़ुद की चिन्ता न करते हुए उन्होंने पूछा, "बिना पगार की छुट्टी पर क्यों भेजा?" कारण मुझे ख़ुद पूर्णरूप से पता न था जो ज्ञात था, वही बताया कि हमारे अफ़सर ने ख़यानत की है जिसके कारण उनके सभी मातहतों को बिना पगार की छुट्टी पर भेजा है और ख़यानत सिद्ध हुई तो नौकरी से बर्ख़ास्त कर देंगे। सुनकर बुआ मौन रही, दधि मथकर नवनीत अलग किया और पीतल का डब्बा भर दिया और कपड़ा लगाकर उसका मुँह बन्द किया, "यह डिब्बा तेरी माँ को तेरे नाना ने पहली दिवाली पर मोहन हलवा भरकर भेजा था, नवीन नवल धरा है अब तलक।"

थोड़ी देर तलक बुआ के उत्तर की प्रतीक्षा में खड़ा रहा, फिर कपड़े बदलने अपने कमरे में जाने को खड़ा हुआ तो बुआ ने पीठ पर कहा, "नौकरी की चिन्ता न करना, गोबरधन! अस्पताल में कमती सही पण मुझे भी पगार मिलती है, फिर हम ढाई जन का ख़र्चा भी कितना है!" सुनकर मैं अपने कमरे में आ गया। बुआ से कभी पूछा नहीं उनकी पगार कितनी है, यह सोचकर कि रोटी-पानी करने वाली को कौन

ख़ज़ाना देने वाला है, खुरचन मिलती होगी और आज भगवान ने यह दिन दिखाया कि ईसाइयों के यहाँ चाकरी करके दवे कुल का घर चलेगा।

एक बार बैंक में विलियम साहेब की फटकार खाने के पश्चात् अंग्रेज़ी में एक वाक्य बनाकर मैंने अत्यन्त गौरव अनुभव किया था, "Clerkdom is a process which converts a part of soul into grocery everyday", भाषा में उल्था करें तो होगा, कारकुनी उस प्रक्रिया को पुकारते हैं जिसमें आत्मा के एक भाग को प्रतिदिन परचून में परिवर्तित किया जाता है, और अब मेरे निकट आत्मा का ढेर लगा था और बाज़ार में परचून महँगा था, फिर आत्मा भी अटाले की भाँति है–यह हमारे क्या काम आती है? यह शिश्न की तरह मज़े लेने में भागी नहीं बनती, न जिह्वा की भाँति स्वाद उठाती है न नेत्र न नासिका न कान की भाँति काम देती है उल्टे इसके होने के कारण मानुष पग-पग पर दु:ख और अपमान का अनुभव करता है। आत्मा ऐसा घाव है जो दिखाई नहीं पड़ता पण दुखता रहता है और भगवान ने इसे मानुष को क्यों दिया है, इसका उत्तर तो ख़ाली वल्लभाचार्य जैसे महानुभाव के कने ही हो सकता है क्योंकि आत्महीन आदमी का अनुभव ही सुख है। इसी प्रकार का अजब मनन करता मैं संझा पड़े सो गया तो बुआ ने जगाया। ज्ञात नहीं, स्वप्न में दर्शन किये थे या नौकरी जाने के भय से सन्निपात हुआ था। मैंने उठते ही बुआ से पूछा, "मुझे पता है बुआ, आप जानती है माँ कहाँ रहती है, यज्ञदत्त को माँ से मिलाने भी आप ले जाती है क्योंकि यह बात पक्की है कि माँ यज्ञदत्त के बिना जीवित नहीं रह सकती।" परन्तु बुआ ने उत्तर नहीं दिया, केवल देर तलक रोती रही, फिर ख़ुद ही अश्रु पोंछकर बोली, "संझा पड़े न सोना अच्छा न रोना। दीयाबत्ती करो, मैं आटा गूँधती हूँ तब तलक।"

छह

नरोत्तम मोरारजी हालाँकि था तो एलफिस्टन महाविद्यालय में मुझसे दो वर्ष पीछे किन्तु उसके पिता जी मिल मालिक थे। हम दोनों के एक ही महाविद्यालय के होने के नाते उसने मुझ पर अजोड़ उपकार किया। जहाज़ी के वाणिज्य में उसका कुटुम्ब उतर रहा था जिसके कारण शिपिंग में नरोत्तम भाई की ख़ासी जान-पहचान थी। उसने मुझे हांगकांग की एक जहाज़ी कम्पनी के मालवाहक जहाज़ पाशा पर कारकुनी का काम दिलवा दिया। विलियम साहेब पर ख़यानत की तोहमत सही पायी गयी, उन्हें तो सादर ब्रितानिया भेज दिया गया जब कि उनके मातहतों को नौकरी से बर्ख़ास्त कर दिया गया। उस पर यह बात दर्ज होवे कि ख़यानत की रक़म से हम लोगों को टका तलक न मिला था।

"तुम्हारे बारम्बार यहाँ आने से तुम्हें फिर यहाँ चाकरी नहीं मिलने वाली।" कोई मूलजी हुकमदास दोशी वरिष्ठ कारकुन काबरा जी की जगह नियुक्त हुआ था और मुझे देखते ही फटकारने की उसकी वृत्ति हो गयी थी, "यह तो अपने ग्रहों का शुक्र मनाओ कि तुम्हारे विरुद्ध साहेब लोगों ने कोतवाली नहीं की।"

थूक निगलकर मैंने उत्तर दिया, "कोतवाली किस बात की? एक टके की ख़यानत का मैं दोषी नहीं।"

दोषी शब्द से मूलजी हुकमदास दोशी का मनोभाव और बिगड़ गया, "ग़बन नहीं किया तो साहेब लोगों ने तुम्हें बर्ख़ास्त क्यों कर दिया?"

एक तो नौकरी गयी, उस पर कल का आया कारकुन मिथ्यारोप मढ़े, यह मुझे बर्दाश्त न था, बैंक में इतने समय तक काम करने से मुझे वहाँ अधिकारभाव अनुभव होता था, सो मैं चिल्लाया, "तुम जवाबतलबी करने वाले हो कौन?"

दोशी ने हाथ की क़लम मेज़ पर पटकते हुए कहा, "ऐं छोकरे, सवाल पूछने तू रोज़ाना आता है, दफ़ा हो नहीं तो दरबान बुलाता हूँ। यह बैंक है, यहाँ पैसे कौड़ी का

काम होता है, इधर का उधर एक टका भी हुआ तो मेरी नौकरी गयी, चोरी-चकारी का आरोप अलग।" वह बड़बड़ाता रहा और मैं बाहर आ गया जैसे मुझे पता ही न था कि यह बैंक है और यहाँ पैसे कौड़ी का काम होता है।

बाहर आया तो नरोत्तम मोरारजी क़ुलियों को डपटता दिखाई दिया, मख़मल का टोप और महँगी अचकन और चमाचम जूतों में वह अत्यन्त धनाढ्य कुल का दिख रहा था, "अरे नरोत्तम" मुख से सहसा निकल पड़ा जिससे हम दोनों ही संकोच से भर उठे। एक तो नौकरों के आगे उसे नाम से पुकारना उचित न था और दूसरा हमारा इतना प्रगाढ़ परिचय भी न था। वह तेईस-चौबीस वर्ष का रहा होगा, महाविद्यालय में तो कभी ऐसे नगरसेठ की सन्तान की भाँति न आता था तब क्या इतनी अल्पवय में यह धन उसने स्वयं कमाया था? आठ-दस क़ुली छकड़े से कलदारों के बोरे उतार रहे थे, साथ में लठैत अलग थे। "यहाँ कैसे, गोवर्द्धन भाई?" नरोत्तम ने पूछा। बुआ से नौकरी की अधिक बात न करता था। वह दिन भर की थकी आती फिर गृहकाज में व्यस्त हो जाती। उनकी पगार से घर चलता था, इस कारण मैं उनसे आँख तलक मिलाते संकोच करता था। लीलावती से एकान्त में भेंट सम्भव न थी और गणपति दादा पूरा दिन सनातन धर्म प्रचार संघ नामक किसी संगठन में काम करते और देर रात घर लौटते। महाराज का कोई ठिकाना न था और बेला के निकट जाने जितना रुपया बंडी में न था। अपने हृदय के मैंने दो भाग कर लिये थे—एक भाग दूसरे से व्यथा कहता था और दूसरा भाग सान्त्वना देता, आशा बाँधता था, इसलिए अपना दु:ख कहने से मेरे अभिमान ने वहाँ भी मुझे रोक लिया, मैंने मात्र इतना उत्तर दिया कि दफ़्तरी काज से आया था किन्तु द्वार पर नरोत्तम मोरारजी की अगवानी करने दोशी खड़ा था। उसी ने नरोत्तम मोरारजी से पीछे कुछ कहा होगा कि आधे रास्ते लठैत दौड़ाकर मोरारजी ने मुझे बुलाया। जब तलक रोकड़ गिनी जा रही थी, हिसाब चल रहा था तब तक खाजा और बेसन की चक्की खाने को दी और पश्चात् केवल इतना कहा कि बैलॉर्ड इस्टेट, एमिस अंड ऐरो ट्रेडिंग हाउस में बृहस्पतिवार को ठीक प्रात: नौ बजे पहुँचूँ तब देखते हैं, मेरी नौकरी की कोई व्यवस्था हो सकती है या नहीं।

इस बीच मुझे अनेक बार माँ भीड़ में चल रही है या बनिये से शक्कर ख़रीद रही है, ऐसा दृष्टिभ्रम हुआ। उनके स्वप्न दर्शन भी हुए और बुआ के अनिच्छा प्रकट करने पर भी मैंने माँ का श्राद्ध-तर्पणादि कर दिया। खोदादाद कोतवाल से मोटे ब्याज पर उधार लेकर पण्डे जिमाये और ताँबे के वजनदार घड़े बताशों से भरकर उन्हें माँ की मुक्ति हेतु दान में दिये और विधवा डोकरियों को धोती और धान रुपया

रखकर दिया, पेट भर पक्का जेवनार अलग करवाया। बुआ ने न गरुड़ पुराण का श्रवण किया, न ही वे पिण्डदान से प्रसन्न प्रतीत होती थी और उससे मेरा सन्देह कि वे जानती है माँ कहाँ है और पुष्ट हुआ। किन्तु मृत्यु उपरान्त संस्कार पूर्ण करने से मानसिक रूप से मुझे माँ से मुक्ति मिल गयी, यदि माँ जीवित भी थी तो मेरे लिए तो मृतप्राय: ही थी और यदि उनका देहान्त हो चुका था तो उनका उचित अन्तिम कर्म करना मेरा दायित्व था। "उधारी करके उसके नाम से तेरहवाँ जिमाने की क्या ज़रूरत जो जीवित हो जाने" बुआ और मैं सबसे अन्त में जब भोजन कर रहे थे तब बुआ ने कहा। महाराज की प्रतीक्षा करते हुए हमें भोजन में देर हुई थी क्योंकि बुआ ने बीच रास्ते महाराज से भेंट होने पर उसे भी न्यौता दिया था।

मैंने माँ की प्रिय बासुन्दी की कटोरी मुँह से लगाकर पीने के पश्चात् कहा, "वह हमसे सम्बन्ध नहीं रखना चाहता, उसे बुलाना न था", बुआ भी महाराज से रुष्ट ही रहती थी, "बिलाड़ा नीच, जिसके यहाँ प्रतिदिन का आना-जाना था, उनके घर तेरहवाँ जीमने भी न आया।" व्यंजनों से भरी थाली के होते बुआ कद्दू की चटनी चाटे जा रही थी, ध्यान दिया तो देखा उनकी आँखों से टपटप आँसू गिर रहे थे, "गंगागौरी का तेरहवाँ खाऊँगी, ऐसी कल्पना न की थी," और पत्तल पर हाथ धो लिये।

जलपोत पर कारकुनी करूँ, महीने छह महीने घर न आऊँ किन्तु किसी बात का टोटा न हो, ऐसे दिन बुआ को स्वीकार होंगे कि नहीं, यह सोच-सोचकर मैंने उन्हें अब तक नयी नौकरी के बारे में बताया न था हालाँकि नरोत्तम भाई के मित्र को हाँ भर आया था। फिर निश्चय किया कि आज ही बताऊँ, जो दु:ख देखना है, आज देख लूँ किन्तु बुआ को जब पता चला कि बारिस्टर की भाँति मैं हब्शियों के देश न जाकर हांगकांग और आगे शंघाई और आगे कोबे जाऊँगा तब वे सहर्ष राज़ी हो गयी क्योंकि हांगकांग में कुमुद रहती थी। बर्मा से दो महीने पूर्व ही नर्मदाप्रसाद जी की बदली हांगकांग हो गयी थी। बम्बई में जब नर्मदाप्रसाद जी बॉम्बे-बर्मा ट्रेडिंग के नौकर थे, वहाँ उन्होंने ख़यानत की थी। वे बर्मा से कम्पनी की आड़ में ख़ुद भी सागवान मँगवाते और बन्दर पर उसका सौदा निपटा देते थे किन्तु एक बार अफ़सरों ने ऐन अवसर पर छापा डाला, कम्पनी को हरकती पहुँचायी। नर्मदाप्रसाद जी ने अपने सेठों के हाथ-पैर जोड़े कि कोतवाली-कचहरी न करें। सेठों ने ढील देकर यह कह दिया कि सरकार को नर्मदाप्रसाद जी आयात शुल्क चुकायें और बर्मा तबादला ले लें। कुमुद के आभूषण बेचकर महसूल भरा और चीथड़ेहाल होकर धनी-लुगाई

बर्मा चले गये और बर्मा में भी टिक न सके, चार वर्ष होते-होते और दूर हांगकांग जाना पड़ा जहाँ की न भाषा ज्ञात न रीति, रंगून में तो अनेक हिन्दू कुटुम्ब थे।

ईश्वर को यदि उपन्यासकार मानें तब उसका अपने चरित्रों के प्रति व्यवहार अत्यधिक निर्दय है और उसके इन उपन्यासों का एक भी पाठक नहीं; न समस्त ब्रह्माण्ड में कोई पुस्तक विक्रेता है जो उसके इन त्रासद उपन्यासों की बिक्री करे। जब मैं हांगकांग जाने वास्ते जहाज़ में सवार हुआ, और जब भण्डारगृह से रसद निकालने की पर्ची काटते हुए मुझे मतली और चक्कर का मर्ज़ हुआ, तब ईश्वर के एक निकृष्ट उपन्यासकार होने की मेरी धारणा पक्की हो गयी।। जलपोत पर क्लर्की कच्ची नौकरी थी, हांगकांग, आगे शंघाई और लौटते बखत बम्बई तलक रोकड़ का हिसाब रखना था, भण्डार की चौकीदारी करना थी जिसका अर्थ था भण्डार में सोने की मेरी फोकट में व्यवस्था होना और जहाज़ी नौकर होने के नाते मुफ्त का भोजन, कुल मिलाकर नफ़े का सौदा था।

जहाज़ के बाक़ी नौकर पेशेवर जहाज़ी थे, उनका जीवन पानी पर कटा था इसलिए वे सभी अपने-अपने कामों में मशग़ूल हो गये परन्तु मेरा जी चारों तरफ़ समुद्र देखकर उचाट हो गया। लगता था, मेरा सब कुछ नष्ट हो गया है। दिनों लम्बी यात्रा थी, बीच-बीच में आँधी और वर्षा होने लगती। पंद्रह-पंद्रह हाथ की लहरें उठतीं, जहाज़ पर भगदड़ मच जाती। लगता, बस मरे फिर दैव योग से अचानक सब ठीक हो जाता–ऐसा दिन में दस दफ़े होता था। बम्बई से कोलम्बो तलक जहाज़ की डाँवाँडोली के कारण माथे में खलल बना रहा, बीच-बीच में निचली डेक पर यह गपगोल चलती कि जहाज़ डूबने वाला है और जी भागादौड़ी को करता पण मैं बेहरकत ठिकाने से बैठा रहता।

यहाँ जहाज़ के रसोइये की जाति-बिरादरी का ठिकाना न था और न्यारा चूल्हा करने पर पाबन्दी थी सो जो बने और कोई बनाए खाने के अलावा उपाय क्या होता, उसी पाकशाला में मांस-मच्छी भी पकती जहाँ मेरी भाकरी बनती थी। रसोइया दयालु था, जब उसने देखा वमन कर करके मेरी हालत पतली होती जा रही है तो मेरे वास्ते नीबू पानी ले आया। नीबू ऊँची डेक वालों को ही मिलते थे क्योंकि जहाज़ पर वह बहुत महँगे पड़ते परन्तु उसका विचार था कि, "आप ही लीमू-काँदे का हिसाब रखने वाले मुनीम हो तो आपको क्या रोक!", मैं डरा कि एक बार नीबू पानी पिलाकर जब तब रसद ज़रूरत से अधिक न माँगे, फिर भी नीबू पानी पीने में कोताही न की। रसोइये का नाम चर्पटनाथ था, जाति पूछने पर वह बताता था कि वह हाड़ी भरंग है और उसकी बिरादरी के लोग रसोई लगाने का ही काम करते

है, इसके अलावा जनेव धारण करता था और जनेव में चाभी बाँधे रहता था जब कि उसके पास न बक्सा था न कोई कमरा न ऐसा कोई माल-मत्ता जिस पर ताला डालना पड़े। ऐसे चर्पटनाथ बहुत झगड़ाख़ोर था किन्तु मुझ पर उसकी आसक्ति थी। एक दिवस की बात है, जागते ही मैंने देखा जहाज़ पर अफ़रा-तफ़री मची है, धोती बाँधकर मैं बाहर निकला तो पता लगा, कोलम्बो का बन्दरगाह आ गया, थोड़ी देर में जहाज़ लगेगा। सात बजने को आये थे किन्तु चर्पटनाथ महाराज ने पाकशाला का किवाड़ तलक नहीं खोला था। जहाज़ के बहुत नौकरों और अफ़सरों को चाय के बिना पाख़ाना निपटाने में तकलीफ़ गुज़रती थी इसका भी उसने किंचित् ध्यान न रखा और चाय माँगने जो आता था, उनसे चर्पटनाथ झिकझिक करने लगता। बारिस्टर के रसोइये रविशंकर महाराज के कारण मेरा गृह तहस-नहस हुआ था, इसलिए चर्पटनाथ से मैत्री बढ़ाने का मेरा विचार न था किन्तु उस दिवस उसने मुझे भी अपने संग टण्टे में घसीटा और न चाहते हुए भी जगत् के आगे मैं उसका सोहबती ठहरा।

"कोलम्बो हार्बर सामने दिख रहा है, चाय जलपान सब वही होगा," चर्पटनाथ कप्तान साहेब के जी-हज़ूर के आगे इतराया, जी-हज़ूर प्रतिदिन साढ़े सात बजे कप्तान की चाय केतली में ले जाता था और मेरी भाँति जी-हजूर जहाज़ पर नया था किन्तु कप्तान का निजी चाकर होने और फ़िरंगी होने के कारण उसका जहाज़ पर ख़ूब मान था। उसे दूसरे कार्ल नाम से पुकारते थे और पूरा नाम उसका शायद कार्ल गुंडेरसेन था और ख़ुद को वह कप्तान साहेब का निजी सहायक बताता था। काठी में सौष्ठव था और टाँगें धड़ की अपेक्षा लम्बी और कद्दावर थीं। कप्तान साहेब का काम निपटाकर समुद्र यदि शान्त होता तो दोपहर को पानी में छलाँग मारकर तैराकी करता और रस्सी पकड़कर पोत पर पुनः-पुनः चढ़ता था, ऐसी उसकी वर्जिश प्रणाली थी।

कार्ल टकटकी बाँधे चर्पटनाथ को देख रहा था किन्तु दृष्टि में रोष लेश न था तभी जहाज़ के कोटनीस मार्टिन डक का मातहत साहू सिंग माथे पर लंगर उठाये वहाँ से निकला। चर्पटनाथ की मदद वास्ते रामदीन जहाज़ पर तैनात था और वह स्वयं चाय की तलब के मारे विकल पाकघर के आगे दौड़ता फिर रहा था। वह भी कार्ल को देखकर वही आकर खड़ा हो गया।

"चर्पट महाराज, चटपट चाय उबाल दो, कोलम्बो हार्बर तक सब नहा-धोकर निपटें।"

साहू सिंग ने कहा और जाने की जल्दी में आगे बढ़ा, पीछे से चर्पटनाथ चिल्लाया, "चाय-पानी सब कोलम्बो हार्बर पर होगा अब, झटपट पहुँचे जाते हैं, फिर

कारकुन साहेब दवे जी की भी यही राय है। चौबीसों घण्टे चूल्हे के आगे बैठे-बैठे मेरे फ़ोते तप गये।" साहू सिंग पर वज़न का काम करने की वजह से भवानी चढ़ते देर नहीं लगती थी, लंगर वहीं पटका और धोती उतारकर फेंकी, लँगोट में जाँघों पर हाथ मारता चर्पटनाथ के आगे कूदा, "अभी तुझे बताता हूँ फ़ोतों की आग गण्डिये," कहकर उसने सहसा चर्पटनाथ को तमाचा मारा।

"मेरी ऐसी कोई राय न थी कि चौका ख़ारिज करके चर्पटनाथ बैठा रहे" मैंने अपना मत स्पष्ट करना चाहा हालाँकि ऐसा करते हुए मैं ग्लानि से भर गया, यदि मुझे अपना मत स्पष्ट करना ही था तो चर्पटनाथ को तमाचा पड़ने से पूर्व ही करना था, अब करना मेरे भय का ही परिचायक था। चर्पटनाथ धोखा खायी दृष्टि से मुझे ताकने लगा फिर कपोल रगड़ता साहू सिंग पर झपटा, कार्ल अधर टेढ़े किये दोनों का द्वन्द देखता रहा जब कि मैं और रामदीन दोनों को अलग करने का यत्न करने लगे।

चर्पटनाथ ने मुझे धक्का मारा और चिल्लाया, "दूर हट। तेरी तरह ज़नख़ा बनकर जूते खाने वाला नहीं मैं।"

रामदीन के पिछवाड़े साहू सिंग ने लात लगायी और वह भूमि पर धड़ाम से गिर पड़ा, बेचारा कटि सहलाते हुए हाथापाई निहारने लगा। मेरी कलाई में चोट लगी थी सो मैं भी कोने में जाकर खड़ा हो गया। दोनों चीख़-चीख़कर अपशब्द वापर रहे थे, साहेब लोग भी ऊपरी डेक से सब तमाशा निश्चय ही देख रहे होंगे किन्तु किसी ने नीचे आना उचित न समझा, न ऊपर से फटकारा। मैंने ऊपर कप्तान साहेब के केबिन की तरफ़ देखा ही था कि रामदीन चिल्लाया, "छोड़ दे।" और शान्त समुद्र में छपाक की ध्वनि हुई। चर्पटनाथ महाराज को साहू सिंग ने पानी में फेंक दिया। "गाण्डू" कहकर साहू सिंग ने समुद्र में चर्पटनाथ की तरफ़ थूका और धोती उठाकर पहलवानी चाल में कार्ल की ओर आया, स्वर में गौरव था, कहा, "साहेब, मुझे पता है, कप्तान साहेब के सब काम बरोबर होना चाहिए और बखत पर होना चाहिए", कहकर चलता बना। चर्पटनाथ समुद्र में हाथ-पैर मारता किसी भाँति तैर तो रहा था किन्तु जहाज़ तेज़ी से उससे दूर भागा जा रहा था। जहाज़ के प्रमुख यन्त्री महादेव काणे से मेरी बातचीत थी, मेरे पढ़े-लिखे होने के कारण वे मेरा विशेष सम्मान करते थे, इसलिए मैं उन्हें ही चर्पटनाथ का समाचार देने दौड़ा ताकि रस्सी फेंककर या बचाव नौका भेजकर उसके प्राण बचाये जा सकें। ख़बर सुनकर वे तुरन्त हरकत में आये, कप्तान साहेब को बिना समाचार दिये जलपोत की गति धीमी करवायी और कप्तान साहेब को काग़ज़ लिखकर भेजा कि बन्दरगाह पहुँचने से पूर्व आवश्यक मरम्मत निपटाना है। मेरे अनेक बार मना करने पर भी साहू सिंग को ही जहाज़ के

हम्माल ढोरसिंग के संग बचाव नौका देकर चर्पटनाथ को लेने भेजा। साहू सिंग के घमण्ड में तब तलक भी किंचित् कमी न आयी थी। इठला-इठलाकर चलता था जैसे चर्पटनाथ से झगड़ा न करके बाघ हराया हो।

इतने दिनों से भूमि पर पाँव धरने का चाव था और अब मैं अनन्त जल की तरफ़ मुख करके साहू सिंग और ढोरसिंग कब चर्पटनाथ को लेकर आये, इसकी राह तक रहा था। जहाज़ पर सब काम यथावत् चल रहे थे। कोई हल्ला या किसी को चिन्ता न थी कि चर्पटनाथ बच भी पायेगा या नहीं। पाख़ाने से फ़ारिग़ होकर मैं स्नान करके बही लेकर बैठा क्योंकि बन्दर पर कुछ माल उतरना था जिसकी महसूल चिट्ठी कटना थी, रसीद बरोबर बनना थी किन्तु धारणा जैसे चर्पटनाथ से लगी हुई थी, हाथ का काम हाथ को न सूझता था। गुल्ला सुना तो मैं बाहर दौड़ा, रस्सी पकड़कर साहू सिंग ऊपर आ रहा था, ढोरसिंग ऊपर आ चुका था और नौका डेक पर चढ़ा रहा था। "चर्पटनाथ कहाँ है? उसकी तबीयत तो ठीक है?" मैंने पूछा।

रामदीन साहू सिंग को देखते हुए बोला, "घण्टे भर में खेल ख़तम।"

हाँफते हुए ढोरसिंग ने कहा, "डूब मरा।"

समुद्र का उसूल था कि डूबने वाले को जलसमाधि दे दी जाती थी, शव ढूँढ़ने में बखत खोटी न किया जाता था, वैसे भी मछलियों और खारे पानी के खाये शरीर का क्या मोल। कोलम्बो हार्बर पर जहाज़ लगने से पूर्व जहाज़ की गति शून्यप्राय: कर दी गयी और कप्तान साहेब ने सभी ख़लासी गण को बुलाकर भाषण किया, कप्तान साहेब अंग्रेज़ थे और भाषा न जानते थे, इसलिए उनके पीछे यन्त्री महादेव काणे जी ने हिन्दुस्तानी में कप्तान साहेब के भाषण का उल्था पढ़ा, "आदरणीय ग्रिफ़िथ साहेब ने कहा है कि समुद्र पर भगवान की हकूमत है। समुद्र का पानी किसी देश की जायदाद नहीं, इसलिए जहाज़ पर हुए अपराधों का दण्ड भगवान देगा। दुनिया की कोतवालियों और कचहरियों को हक़ नहीं है कि चलते जहाज़ के कामकाज, पाप-पुण्य में दख़ल करें। जहाज़ के सभी कर्मचारियों से दरख़ास्त है कि चर्पटनाथ की आत्मा की शान्ति के लिए प्रार्थना करे और साहू सिंग को माफ़ कर दे। साथ में साहू सिंग को कुटुम्बी समझे और जैसे हम कुटुम्बी से यदि कोई दोष हो जाये तो उसे भूल समझकर बिसार देते है, वैसे ही इस दुर्घटना को भी बिसार दें। अब आप जाकर अपने-अपने काम से लगे क्योंकि जहाज़ बन्दर से लगने को है।"

सभी तितर-बितर हो गये मार-कुटाई में चर्पटनाथ का जनेव टूट गया था और जनेव में बँधी उसकी चाबी वहीं पड़ी हुई थी। उसकी मृत्यु को दो घण्टे से अधिक न हुए थे और यह चाबी अशुद्ध है, ऐसा सोचकर मैं देर तलक चाबी को खड़ा-

खड़ा देखता रहा, फिर पानी पर भूमि से दूसरे उसूल है–विचारकर चाबी उठायी और अपनी गद्दी पर आ बैठा। उस दिवस मुझे अनुभव हुआ फ़िरंगियों का दोष नहीं, देश का मानुष दूसरे का दुश्मन है, फ़िरंगी इसका बस नफ़ा उठा रहे है और जो भला मानुष दूसरे को दुश्मन नहीं मानता, उसमें अन्याय के विरुद्ध खड़े होने की बहादुरी नहीं, वह जीवित रहकर ही सुखी है, भले चूहा बनकर जीवित रहना पड़े जैसे कि मैं। गणपति दादा का दर्शन कि ब्रितानी शासन के कारण हमारे यहाँ कंगाली और अफ़रा-तफ़री है महादेव काणे जी से हुई वार्ता के अनुसार सिरे से सदोष था। जगत् घूमने के पश्चात् उनका विचार यही बना कि ब्रितानी लोगों ने हम पर हकूमत जमाकर उपकार ही किया। अदालतें खोलीं, बैंक बनाये, अस्पतालों की व्यवस्था की और अब शिक्षण का भी कारभार ब्रितानी हकूमत उठा रही थी और हिन्दुस्तान का मानुष क्या कर रहा है? चाय न बनाने पर रसोइये का ख़ून।

कप्तान साहेब की बात मुझे दुखद गुज़री। मानुष मानुष की ऐसी छोटी बात पर प्राण हर ले और क़ानून का दख़ल उसमें न हो, साहेब लोग उसे भगवान और हत्यारे के बीच का मामला बताये, मेरी आत्मा इससे राज़ी न थी। भीरुता समुद्र पवन की भाँति मेरी आत्मा खा रही थी और इससे मुझे दोतरफ़ा घाटा था–यदि न्याय हो ऐसा माँगता तो जहाज़ की कारकुनी जाने का अन्देशा था। साहू सिंग मुझे भी समुद्र में पटककर मुक्ति पाता और तैराकी में भी मैं अधिक कुशल न था और दूसरा परदेश में पोलिस चौकी कहाँ है ढूँढ़ना और उस पर चर्पटनाथ का ख़ून हुआ है, ऐसा सिद्ध करना खेल न था। पूरा जहाज़ मेरे ख़िलाफ़ खड़ा हो जाता, सब सफ़ा नट जाते कि चर्पटनाथ जैसा कोई रसोइया जहाज़ पर चाकर भी था। सबूत के नाम पर उसके जनेव से टूटकर गिरी चाबी छोड़ मेरे निकट था भी क्या!

माल उतरने के पीछे जहाज़ में मानुष मात्र नहीं बचा, कप्तान साहेब से लेकर रामदीन तक सब कोलम्बो टहलने निकल गये, इतने बखत से भूमि पर पाँव रखने की प्रतीक्षा थी और जब दिन आया तो मैं जहाज़ पर ही पड़ा हुआ था। ढोरसिंग को चौकीदारी वास्ते लगाया गया था। वह जहाज़ के छोर पर एक पुंश्चली से बात करता खड़ा था। पीछे मैंने देखा महादेव काणे जी अख़बार छाती पर पंखों सरीखे फहराये सो रहे थे। मैंने फूँककर पाँव बढ़ाया कि उनकी नींद में ख़लल न हो और भण्डार की तरफ़ बढ़ा जहाँ मेरा खटोला पड़ा रहता था। "तुम नहीं गये बन्दर घूमने?" महादेव काणे जी ने मुझसे कहा।

समुद्री पवन में अख़बार अब भी फड़फड़ाता था, अवसर उचित था मैंने विचारा और जवाब दिया, "चर्पटनाथ का हत्यारा खुला घूमे और चर्पटनाथ को

जाति अनुसार अन्तिम क्रिया तलक नसीब न हो, ऐसा अन्याय देख नहीं पाता। सब शिक्षा-दीक्षा पानी में गयी ऐसे तो।"

महादेव काणे जी ने अख़बार लपेटकर परे रखा और मुझे संकेत से पास पड़ी कुर्सी पर बैठने को कहा, फिर बोले, "तुम्हारा जहाज़ी कामकाज में एक दिन का भी अनुभव नहीं तब भी जहाज़ पर तुम्हें क्लर्की मिल गयी। अब तुम अपने साहेब लोगों के निकाल पर अँगुली रखो स्वीकार नहीं। तुम जवान आदमी हो, हार्बर पर जाकर कुलटा रगड़ो। नीति-अनीति के फेर में पड़ने के लिए तुम्हारे साहेब लोग हैं, चाहे तो पेशगी रक़म लो ख़र्च वास्ते, तुम्हारी ही मुनीमी है।"

खटोले पर आकर पड़ा रहा किन्तु कुलटा रगड़ने का मंसूबा माथे में बारम्बार उठने लगा—यदि मैं चर्पटनाथ को अपना मित्र नहीं मानता था तब भी इस बात में संशय न था कि उसने मुझसे मिताई ठानी थी तब उसके ख़ून होने के दो घण्टे बाद मैं उसे बिसार कुलटा रगड़ूँ, क्या यह बरोबर होता। सोचते-सोचते मेरी आँख लगी ही थी कि लीलावती का स्वप्न में निर्वस्त्र दर्शन होने पर मैं जाग पड़ा। रोटी-पानी का प्रातःकाल से मुख न देखा था, उस पर स्त्री-प्रसंग जी मथने लगा। पेशगी रक़म निकालकर बाहर आया तो दोपहर बीतने में अधिक समय शेष न था। अंग्रेज़ साहेब मुसाफ़िरी से पहले सुदी-बदी, वार-बेला, दिशा-शूल कुछ न विचारते थे, सो संझा पड़े जहाज़ चलेगा ऐसा हुकम था। पराई जगह जहाँ मोल की रोटी ढूँढ़ना दुष्कर था, वहाँ रण्डी से सौदा करना सहज साबित हुआ। बाहर निकलते ही पुंश्चलियों की कोठरियाँ बनी थीं। मोल-भाव करके एक ठहरायीं और बपारने वास्ते कोठरी अलग किराये से ली। जब कोठरी में दोनों घुसे तो वह कहने लगी कि खटिया का किराया अलग देना होगा। "इतनी रोकड़ मेरी गाँठ में होती तो दरिया में नहीं भटकता," मैंने चिढ़कर कहा, "मैं तो भूमि पर ही तेरे ऊपर चढ़ लूँगा।" पुंश्चली सयानी थी, भाषा समझती थी, इसलिए वह भी रुष्टा होकर मद्रासी में बड़बड़ाने लगी। मैंने उसे परखा कि रोकड़ देने के पश्चात् ज़ोर-ज़बर से हाथ आयेगी कि नहीं किन्तु लंका की बाइयाँ बदन से तगड़ी होती हैं। मुझसे लम्बाई में भी वह डेढ़ी थी और वज़न में भी।

"खटिया किराये पर लेने के पैसे नहीं मेरे कने।" कहकर मैं हताश और ठगा बाहर आने को हुआ तो उसने मेरा हाथ पकड़कर मुझे खींचा और स्वयं पर चढ़ा लिया। पूरे बखत हँसती रही और जब जाने को हुआ तो चाय-जलपान का आग्रह करने लगी। सम्भवतः यहाँ कुलटाएँ ऐसे ही गाहक जमाकर रखती हों किन्तु मुझे तो अपने यज्ञोपवीत का मान रखना था, सो मैंने मना किया। इस पर वह पुनि रुष्टा

होकर राह छेंकने लगी। पानी के उसूल दूसरे हो सकते है तो परदेश के क्यों नहीं फिर विषय-प्रसंग के पीछे उपवास के मारे मेरी दुर्दशा हो रही थी, इसीलिए हाँ भर थी और नारियल के दूध की चाय, केला और कांजी बताकर लाल रंग के मोटे चावल और सब्ज़ी दी जिसे चबाना टेढ़ी खीर थी, सो बस जैसे-तैसे निगला। जाते समय चाय जलपान का रुपया अलग रखवा लिया, ऐसे जेब में उस रण्डी ने ज़हर ख़रीदने तलक को पाई न छोड़ी।

कामेच्छा उतरते ही मानुष में बोध जागता है, वहाँ से निकलते ही मेरा मन दु:ख से ऐसे भरने लगा जैसे रन्ध्र खुलने पर नाव में पानी भरने लगता है और थोड़े समय बाद नाव नदी में ही डूब जाती है, ख़ाली पॉकिट का अलग खेद था। वापस जहाज़ पर लौटा तब तक जहाज़ खुल चुका था और रामदीन ने रस्सी फेंकी, कुर्ता फटा तो फटा हथेलियाँ कट गयीं, यहाँ तक कि रस्सी से आश्रय चढ़ने में जंघा के बाल उखड़ गये और इन्द्रिय तक छिल गयी। वह दिन किसका अशुभ ललाट देखकर शुरू किया था, यही सोचता रहा और याद आया कि जागते ही चर्पटनाथ का मुख देखा था, उसने भी सर्वप्रथम मेरे ही दर्शन किये थे, उसकी हत्या हो गयी और मुझे धन और बदन का कष्ट हुआ, इसका अर्थ था कि मेरा मुख ही अधिक अमंगलकारी था। आते ही महादेव काणे साहेब ने डपटना आरम्भ कर दिया, रवाना पर्ची कटवाने का काम मेरा था जिसे करने के बजाय मैं कुलटा रगड़ने गया। गया तो कोई हर्जा नहीं परन्तु उसूल कहता था कि बखत पर लौटना था। मस्तक छाती में दिये सुनता रहा किन्तु मैंने पलटकर एक शब्द नहीं कहा हालाँकि इच्छा तो थी कि कहता जब पानी पर ज़मीन का क़ानून नहीं चलता तब कारख़ाने में बनी घड़ी कैसे चलती है?

कोलम्बो से कुआलालंपुर तलक की यात्रा लम्बी थी और कई दिवस में पूर्ण होना थी। इस वास्ते नवे रसोइये की व्यवस्था करना अति आवश्यक था परन्तु बखत का सर्वथा अभाव था और जब तक मैं अपने छिले, घिसे अंगों पर हल्दी-तैल लगाकर आया, महादेव काणे जी का आदेश हुआ कि मेरी निगरानी में रामदीन और ढोरसिंग चौका करेंगे, क्या इस वास्ते मुझे अधिक पगार मिलेगी? इस सवाल का जवाब कौन देता और मैं किससे पूछता, फिर मुनीम को किसी से पूछने की क्या दरकार। "मांस-मच्छी को हाथ लगाने में मेरा धरम भ्रष्ट होगा" मैंने महादेव काणे जी के आगे अपनी अरुचि उजागर की तब उन्होंने यह कहकर बात मुल्तवी कि मैं अशुद्ध खाद्य का स्पर्श न करूँ और मात्र इतना देखूँ कि ख़ुराक बरोबर बन रही है या नहीं, चाहे तो इसके एवज़ अपनी रसोई अलग पकाऊँ। रण्डी के रसोड़े में जीम आने के पश्चात् अलग रसोई का सवाल न था, सो पहले दो दिवस तो भात और

शाक अलग निकालकर मैं खा लेता था। महादेव काणे जी वास्ते रामदीन रोटी बनाता था तो मुझे भी दो देता था।

कोलम्बो से निकलने के तीसरे दिवस मेरा औंधा जी सम्भला और मतली-चक्कर से मुक्ति मिली। चटपटी चीज़ खाने को जिह्वा लपलपाने लगी किन्तु शाकाहारी भोजन बनाना रामदीन अपना अपमान समझकर जैसे-तैसे बनाकर पटक देता था। सब माल-मसाला मांस-मछली में पड़ता था। रोटी में तैल और लवण-मिर्च चुपड़कर खाने पर भी चटपटे खाद्य की वासना शान्त नहीं होती थी, बारम्बार घर याद आने लगता, पता नहीं यज्ञदत्त और बुआ कैसे होंगे? बुआ चाकरी, घर और यज्ञदत्त तीनों को किस भाँति सँभालती होगी? भरा पूरा गृह नष्ट होकर जली बटलोई सरीखा जगत् भर में लुढ़कता फिरता था, मेरी आँखों से टपटप अश्रु गिरने लगे। निकट ही बैठा रामदीन बटाटे छील रहा था और साथ में साहू सिंग बैठा हुआ था, उठाई-धरी के काम के लिए रसोई में दस बार उसकी ग़रज़ पड़ती थी। साहू सिंग ने देखकर दिलासा देने को कहा, "बीवी बच्चे याद आने लगे, शुरू-शुरू में ख़ासे पत्थर आदमी के नैन भी मूतने लगते हैं पर आप यह समझो, उनके वास्ते तो सब दौड़-धूप है," और मेरे निकट आकर बैठ गया।

रामदीन दौड़ा-दौड़ा गया और चीनी कटोरे में कोई शोरबा देते हुए कहा, "इसे पियो पण्डित जी, पीकर जी हरा हो जायेगा", मुझे भय हुआ कहीं मद्य न पिला दे, इसलिए कटोरा हटाते हुए मैंने कहा, "समुद्र की मुसाफ़िरी की तो पेट वास्ते पाप करना पड़ा, फिर कोलम्बो हार्बर पर रण्डी रगड़ी तो वासना का वेग हुआ था, अब मद्य पीने लगूँ तो जनेव किस मुँह से पहनूँ। जब जाति से सब प्रकार च्युत हुआ।"

मैं भी कोलम्बो हार्बर पर मज़े करके आया हूँ, सुनते ही रामदीन और साहू सिंह मुझे छेड़ने लगे—चपटी थी या गोल गोल थी, पेडू सफ़ा था कि नहीं जैसी निर्लज्ज बातें जिन्हें सुनकर मुझे उलटी होने का ख़तरा हुआ। रामदीन बोला, "शोरबा है, शराब नहीं दे रहा आपको।" चार पुरुषों की संगति में शोरबा पीने तलक में नखरा करता तो अवश्य ही मैं मज़ाक़ का जन्तु बनता, सो मैंने गटागट शोरबा पी लिया। शोरबा चटपटा तो अधिक न था परन्तु अत्यन्त स्वादिष्ट बना था, पीछे रामदीन ने बताया कि वह मुर्ग़ी का शोरबा था, सुनकर जो पश्चात्ताप मुझे हुआ, वह टिकाऊ सिद्ध न हुआ।

कारकुनी के साथ अब रसोई के पर्यवेक्षण का कारभार माथे आ पड़ा था हालाँकि चलते जहाज़ पर बही टंकित करने का काम कम निकलता था। मेरे सन्ताप का एक कारण तो साहू सिंग का नित्य मुख देखना था। वह फ़ुरसत पाते

ही रसोई में आ बैठता था और एक हत्यारे का मुख दर्शन नित्य करना मुझे ग्लानि से भर देता किन्तु सन्ताप का दूसरा कारण गम्भीर मालूम होता था–जिस रसोइया महाराज को मैं अब तक छोटा मानुष मानता आया था, खोटे भाग्य के कारण अब वही काम मेरे ज़िम्मे आ पड़ा था। क्या पिता जी ने इतनी रोकड़ ख़र्च करके मुझे पढ़ाया-लिखाया इसलिए था कि अभक्ष्य खाद्य जहाँ पकता हो, वहाँ का पर्यवेक्षण करूँ? साहू सिंग अनपढ़ था, हत्या उसके सर थी किन्तु तब भी वह सुखी प्रतीत होता था। मांसाहारी भोजन खा, मद्य पीकर पड़ा रहता। भारी सामान की उठाई-धरी में आगे रहता और वर्जिश करता था, किस बन्दर पर कौन रण्डी है जो ठगोर नहीं, इसका उसे ज्ञान था और पापी होने पर भी वह प्रसन्न था जब कि मैं एक-एक पाँव फूँक-फूँककर धरता था; स्नान, सन्ध्या सबका विचार करते हुए दुखी रहता था। सोते बखत उलट-पलट करता रहता किन्तु निद्रा का टोटा लगा रहता। कार्ल गुंडेरसन से पुस्तक माँगने पर उसने किसी मिखाइल बख़ुनिन (Mikhail Bakunin) का लिखा पैम्फ़लेट 'ईश्वर और राज्य' (God and The State) पढ़ने को दिया था जिसमें न कोई कथानक था न सुव्यवस्थित फ़िलसूफ़ी परन्तु रात उसी पैम्फ़लेट के आश्रय कटती थी।

मिखाइल बख़ुनिन सब भाँति की हकूमत अस्वीकार करता है, चाहे पादरी की हकूमत हो या सरकार की, या राजा, साहूकार, अफ़सर, पोलिस, न्यायाधीश, जेलर की हकूमत हो, बख़ुनिन का दाख़िला हकूमत को ठोकर मारने का है। धर्म की निन्दा से पूरा पैम्फ़लेट काला था क्योंकि बख़ुनिन की मानें तो धर्म मानुष को सदैव कम आँकता है—भगवान मालिक और मानुष उसका बेटके का चाकर है, भगवान दिवा तो मानुष को धर्म काली रात बताता है, भगवान सुगन्ध है तो मानुष बुरी बास, भगवान सत्य तो मानुष झूठ का पुतला। और आगे बख़ुनिन कहता है, यदि भगवान सब अच्छा-अच्छा और आदमज़ात में सब नीच वृत्तियाँ हैं तब तो भगवान का ख़ून करना आवश्यक है अन्यथा मानुष मानुष को कभी मान नहीं दे सकता, मानुष को मान हेतु सर्वप्रथम भगवान की हकूमत पर ठोकर मारना होगी और यह क़ायमी रूप से तभी सम्भव है जब मानुष विचारशक्ति वापरे और क्रान्ति मचाये। पैम्फ़लेट में घड़ी घड़ी आमूलचूल बदलाव की दरख़ास्त थी। प्रथम दृष्टि में मुझे यह नास्तिक विचार घृण्य गुज़रे, मानुष अव्वल तो भगवान का ख़ून करने की सकत नहीं रखता और यदि नास्तिक दर्शन का पालन भी करे तो उससे भगवान का क्या बनना-बिगड़ना था, परन्तु दूसरे ही क्षण यह विचार मुझे स्वर्णिम लगता था क्योंकि भगवान कोई देहधारी जीव तो है नहीं कि उसे मारने वास्ते उसे पकड़कर

उसकी गरदन मरोड़ना पड़े, भगवान पर अविश्वास मात्र करके उससे छुटकारा पाया जा सकता था।

उबला भात और बटाटे खाकर जीवित रहना दिन-प्रतिदिन मुश्किल होता गया, बरोबर ख़ुराक के टोटे थे और जब काठी निर्बल पड़ने लगी तब मांस-मछली खाने के अलावा उपाय न रहा। हो सकता है, बारिस्टर गांधी मेरी जगह होते तो कण्ठी-तिलक का मान करते किन्तु भूखा रहकर शरीर और नौकरी दोनों का हर्जा करूँ, यह मेरा दर्शन न था। मांसाहारी भोजन करते ही मेरे शरीर में पौरुष जागरित हो गया, वासना न दिन देखती न रात और ऐसा होने का अन्देशा मुझे पूर्व से ही था क्योंकि पहले भी यज्ञदत्त के वास्ते लाये बकरी के दूध से मुझे वासना का उद्दाम वेग होता था जिसकी वजह से मैं थकी-हारी गोबरगौरी की निद्रा नष्ट करता था किन्तु अब खटिया पर कोई न था। सोने से पूर्व मद्य पीना भी नित्यक्रम हो गया। पहले तो पीते ही सो जाता था फिर हल्ला करने की वृत्ति हो गयी, ऐसे कार्ल से मैत्री हुई क्योंकि मद्यपान के पश्चात् अंग्रेज़ी में मेरा भाषण उसने भी सुना था। हम दोनों अंग्रेज़ी में आधी रात तक गोष्ठी करते, उसने मुझे तैराकी और वर्जिश के लिए भी प्रोत्साहित किया और ऐसे प्रतिदिन मध्याह्न काल उसके संग वर्जिश की परिपाटी बनी।

बचाव नौका लेकर हम निकल जाते और दोपहर भर तैराकी करते जो साहू सिंग को नाहक खटकता। जहाज़ कोटनीस मार्टिन डक साहू सिंग को काम पर लगाये रखते क्योंकि चलते जहाज़ पर मरम्मत के ढेरों मौक़े निकलते हैं। उस दिन भी जब कार्ल ने बचाव नौका पानी में पटकी, साहू सिंग ने टोका, "वह तो फ़िरंगी आदमी है, तुम अपना कामकाज छोड़कर क्यों उसके संग तैराकी करने जाते हो, वह मर गया तो उसकी औरत दूसरे दिन दूसरा ख़सम कर लेगी मगर तुम्हारी तो रोटी-रोटी को मुहताज हो रहेगी।" दस टके पाकर चाकरी बजाने वाला बेपढ़ा हम्माल मुझ पर आक्षेप करे यह मुझे बर्दाश्त न था, "जिस काम की पगार पाते हो वही करो, पढ़े-लिखे लोगों के मध्य वार्ता की आवश्यकता नहीं", मुझे अपनी वर्जिश का दम्भ था। साहू सिंग जैसा आदमी मुझे डराये अब यह सम्भव न था, इसलिए आगे कहा, "मुझे अपना काम जानने वास्ते किसी हत्यारे का मुख नहीं देखना पड़ेगा जीवन में कभी।"

साहू सिंग ने हथौड़ा वहीं पटका और सीना ताने मुट्ठी भींचता मेरी तरफ़ बढ़ा, "अच्छा, अच्छा", कार्ल नौका पानी में पटककर मेरे निकट आकर खड़ा हो गया। देर तलक साहू सिंग मुझे घूरता रहा किन्तु मैं भी अपने स्थान से एक अंगुल न हिला

तब कार्ल ने हल्के हाथ से साहू सिंग को धक्का दिया और हम दोनों ने कपड़े उतारे, कार्ल ने चड्डी और मैंने अपनी लँगोट में समुद्र में छलाँग लगा दी।

साहू सिंग से उस रोज़ खटपट हालाँकि मुबाहिसे तलक सीमित रही थी और उसमें भी मेरी जीत हुई थी परन्तु ऐसी झड़प का भी मैं आदी न था, इसलिए जी बैठ गया और यह आशंका भी हुई कि कार्ल तो रात पड़े ऊपरी डेक पर चला जायेगा, उस बखत जो साहू सिंग ने मुझ पर चढ़ाई कर दी तो एकाकी ही मारामारी करना होगी तब पराई सकत के भरोसे डींग मारकर मैंने भूल ही की थी। उस दिन समुद्र में अजब प्रकार की उमंग थी, पानी हल्का लगता था और अत्यन्त तरंगायित था, हाथ-पाँव ज़्यादा मारने की आवश्यकता न थी। पानी ही उठा-उठाकर फेंकता था और इससे अति आनन्द होता। नाव का किनारा पकड़े कार्ल ने मुझसे अंग्रेज़ी में पूछा, "गोबरधन, बताओ गति का अनुभव करने वास्ते शरीर में कौन सी इन्द्रिय है?" हाँफने की वजह से मेरी बुद्धि उस काल जड़ हो रही, सो उत्तर न सूझा। मैं नाव पकड़ने की साध से पलटा और उस ओर तैरने को जैसे ही पैर मारे, एक जंगी तरंग ने मुझे उछालकर दूर फेंक दिया और मुझ पर टूट पड़ी। आज तो तू गोवर्द्धनचन्द्र गंगाशंकर दवे गया, तेरे प्राण आज इस समुद्र ने तहस-नहस किये, मैंने ख़ुद से कहा और हाथों को ख़ूब ज़ोर से हिलाकर, टाँगों का भरसक बल लगाकर उछला ताकि तरंग के ऊपर चढ़ जाऊँ। जल का कोई आधार तो होता नहीं, सो तरंग पर चढ़ा और वह नीचे गिरी और जब तलक मैं उठता, दूसरी दस हाथ लम्बी तरंग ने मुझे निगल लिया, मेरे ऊपर इतना पानी था और उस पानी में ऐसा आन्दोलन हो रहा था कि हाथ-पाँव सुस्त पड़ गये, मुँह में गटगट खारा पानी जाने लगा तभी सुयोग से तरंग की सवारी करती नौका से कार्ल के हाथ ने मेरे केश खींचे और मेरे हाथ में चप्पू आ गया किन्तु कार्ल ने चप्पू ज़ोर से हिलाया और मेरे माथे में लगी मतलब मैं नाव के ठीक नीचे था और नाव की बायीं तरफ़ से दायीं ओर गया था। बायीं ओर से मेरी टाँग कार्ल ने अब खींची और इससे पूर्व कि दूसरी तरंग उठती, मुझे नाव पर चढ़ा लिया, प्राणवायु मिली ही थी कि अकस्मात् और बड़ी तरंग उठी और नाव दस हाथ ऊपर हो गयी। आज आते हुए साहू सिंग ने टोका था, संकट में मेरा अन्धविश्वास प्रबल हो गया।

कार्ल ने चप्पू छोड़ दिया और हाथ पर हाथ धरकर टुकुर टुकुर जल में उथल पुथल देखता रहा, "कार्ल, नाव पलटी खायेगी" मैं चिल्लाया। उसने पलटकर मुझे देखा किन्तु फिर मुख फेर नाव कसकर पकड़कर आगे देखने लगा। अपने जीवन के आख़ीर में, जब सूर्यास्त के कारण आकाश जामुनी हो गया था, मैंने पहली दफ़ा

देखा कि आकाश कितना बड़ा है, बम्बई में ऐसा अनन्त तो मनगढ़न्त तलक में न था। चौपाटी पर जाकर बैठना दिनचर्या में शुमार था परन्तु समुद्र ऐसा अछोर और भव्य होगा, चित्त में न था और उस पर उसी दिवस पहली बार ज्ञान हुआ कि अंग्रेज़ी में घटा में जो चाँदी के तार पद्यकार बताते हैं, वह झूठबयानी नहीं है। उसी रोज़ घटा के किनारे चाँदी का तार होता है, देखा। इमारतों और भीड़-भड़क्के, गर्द-धुवें में इसका अन्दाज़ा मानुष के बस का नहीं, इसके वास्ते प्राण हथेली पर रखकर समुद्र में कूदना पड़ता है। तरंग शान्त हुई तब तक अन्धकार होने लगा था। झंझावात के कारण जल्दी ही आकाश में कालिख छाने लगी थी और दूर-दूर तलक जहाज़ नज़र न आता था।

तारों का धूला आकाश में छा गया और समुद्र अत्यन्त शान्त हो गया था, तब कार्ल तेज़ी से चप्पू चलाने लगा। दूसरा चप्पू मैं भी पानी में जैसे तैसे चलाने का यत्न कर रहा था। देर तलक हम चारों दिशाओं में नाव घुमाते रहे किन्तु जहाज़ नज़र न आता था। हृदय में भय भर आया, माथा चिड़चिड़ा होने लगा। "जहाज़ भी तो हमारे वास्ते व्याकुल होगा, अभी मिलता है, फिकर मत करो।" मैंने कार्ल से आकाशगंगा निहारते हुए कहा। बप्पा, आकाशगंगा ऐसी अनन्त होगी, कल्पना न की थी, अनन्त का विचार किसी भाँति भेजे में न आता था। कार्ल पसीने-पसीने हो गया और हम दोनों को कुछ सूझ न पड़ता था कि किधर जाये किन्तु मुझे पहले वैसी हताशा अनुभव न हुई जैसे कार्ल को हो रही थी और उसे ऐसा देखकर मेरा जी भी घबराने लगा। जब ऐसा तजुरबेकार जहाज़ी व्याकुल हो तब तो अवश्य ही हम मुसीबत में थे।

प्यास के मारे मैंने समुद्री जल अंजलि में भरकर पीना चालू किया तो कार्ल ने टोका, "तबीयत बैठेगी जो समन्दर का पानी जास्ती पी लिया।" मैंने उसका मुख देखा, और लगा अब ऐसे ही पानी में भटकते-भटकते हम यमराज का ग्रास बनेंगे। जहाज़ के लोगों ने हमें भी चर्पटनाथ महाराज की माफ़िक डूब-मरा मान लिया होगा। चप्पू मारते-मारते भी चौपाटी मिलना ऐसे अनन्त समुद्र में मुहाल था।

सबसे पहले यज्ञदत्त का ध्यान आया, बुआ के बस का होगा उसका पालन? शिक्षा बरोबर कैसे होगी, कहीं ख़्रिस्तानी धर्म न अपना लें दोनों रोकड़ वास्ते और बुआ की भी कितनी उमर बची होगी? बीच में कहीं वह भी मर गयी तब तो यज्ञदत्त अनाथ होकर भटकेगा, मकान भी पड़ौसी खा जायेंगे, मँगता होकर जीवनयापन की नौबत आ जायेगी और माँ का क्या होगा? भले मैंने ठाट-बाट से उनकी तेरहवीं का भोज दिया हो, मुझे ज्ञात था कि वे जीवित हैं और यह भी शंका थी कि रविशंकर

महाराज उनका अन्तकाल तलक संग निभाने वाला नहीं तब वे कहाँ जायेंगी, जूनी उमर के रोटी-पानी का कौन इन्तज़ाम करेगा? कौन मेरे बाप-दादा के नाम श्राद्ध-तर्पण करेगा? इससे तो उत्तम होता कि मैं बम्बई में ही छोटा-मोटा काम कर लेता, कुछ नहीं होता तो किसी सेठ के गृह चौका लगाने का काम मिलते तो इस नागर ब्राह्मण के कुलदीपक को देर न लगती।

कार्ल ने भी खीझ से भरकर पतवार परे की और आकाशगंगा देखने लगा। मुझे यह पता था कि उसकी पत्नी न थी किन्तु माँ ज़रूर दूर देश नॉर्वे में उसकी बाट जोहती थी। उनके देश में लग्न पूर्व स्त्री से मेलजोल करने की रीति थी, इस वास्ते उसका इंग्रिद नामक एक स्त्री से ग़ैरक़ायदा प्रेम था, सम्भवत: उसका स्मरण करके वेदना पाता हो। उसकी नीलवर्ण पुतलियों में आधा समुद्र भरा था और आधे में आकाशगंगा, मध्य में अश्रु परन्तु मैंने एक शब्द भी बोलकर उसका ध्यान भंग न करने का विचार किया और उसका चप्पू भी लेकर भागवत पाठ दोहराता पानी में चलाने लगा, जिधर नाव जाती थी उधर ले जाता गया। अचम्भे के मारे मेरे कान फटते-फटते बचे। जब ऐसी शान्ति में जहाज़ का भोंगा बजा, हम दोनों ने भौंचक एक-दूसरे को देखा, मतलब जहाज़ निकट ही कहीं है और हमें ढूँढ़ रहा है। कार्ल प्रफुल्ल होकर नाव में खड़ा हो गया और कण्ठ फाड़कर अजायब आवाज़ निकालने लगा। उसका समतोल बिगड़ा, नाव पलटी और हम दोनों धीमे से उस शान्त जल में लुढ़क गये। अकस्मात् प्राणदान पाने के कारण हम दोनों हँसने लगे। एक दूसरे के ऊपर पानी उछालने लगे। जहाज़ की खोजबत्ती के तेज़ प्रकाश में हमारी आँखें चौंधिया गयी और हम झटपट नाव पर चढ़कर जहाज़ की तरफ़ बढ़े।

जहाज़ पर पहुँचते ही डर लगा कि कप्तान साहेब फटकारेंगे, कार्ल फ़िरंगी होने के नाते बच जाये पर मेरी नौकरी का अब भरोसा नहीं। अचरज की बात यह घटी कि साहेब लोगों ने कुछ नहीं कहा बल्कि ऐसी दृष्टि से हमें देखा जैसे हम कोई बहुत हिम्मती मर्दुम होकर आये थे। महादेव काणे जी ने आकर तो मेरी पीठ तलक थपथपायी। धोती पहनकर सर्वप्रथम मैं मध्याह्न बाद कोयले का हिसाब मिलाने सबसे निचली डेक पर पहुँचा तो चढ़ाव उतरते साहू सिंग ऊपर आता दिखाई दिया, पुन: घूरकर देखने लगा, मैंने तवज्जो न दी। मेरा अनिष्ट तो टल गया था किन्तु चर्पटनाथ महाराज के बालक और स्त्री भी तो उसकी राह देखते होंगे जिसका इस पिशाच ने नाहक ख़ून कर दिया और अब बिना दण्ड पाये खुला घूमता था। लोहे का घुमावदार ज़ीना था जिसमें जालियाँ बनी थीं जहाँ से साहू सिंग ने थूका मगर निशाना वह चूक गया। मैं किंचित् भी विचलित नहीं हुआ क्योंकि एक तो पुनरुज्जीवन पाने

की लिज्जत थी और दूसरा अब मैं शुद्धाशुद्ध का इतना विचार भी नहीं करता था कि साहू सिंग के थूक से भय खाता, फिर हत्यारा मानुष थूकने जैसे कर्म करने लगे इसमें मेरी फ़तह ही थी।

भट्ठी में छह मजूर पारियों में कोयला ढोने और झोंकने का काम करते थे, बाक़ी बखत सोते-खाते थे। बाबू बंगाली, पन्नालाल, पोमू बॉयलर में कोयला ढोकर बीड़ी-तम्बाकू का शौक कर रहे थे। तीनों में कार्ल और मुझे लेकर कुतूहल था और जीता देखकर उन्होंने मुझे ऐसे देखा जैसे अजायब जीव देख लिया हो, "मुंशी बाबू आप बच गये।" बाबू बंगाली ने तम्बाकू फाँकते हुए कहा। वह पचास वर्ष का कलकत्ते से आया मजूर था। लगता था, अपना असल नाम वह ख़ुद तलक भूल गया था। फेंटे के अलावा कोई दूसरा वस्त्र पहनते उसे किसी ने नहीं देखा था। काला-भुसुण्ड था और पेट उसका शराब के टेव से गागर बरोबर हो गया था हालाँकि कोयले तीन जवानों बरोबर झोंकता था। पोमू और पन्नालाल स्टोअर से कोयला ढोकर लाते थे। ऊँचे दर्जे का कोयला देर तक जलता था और जल्दी-जल्दी कोयला ढोने-झोंकने की ज़रूरत नहीं पड़ती थी परन्तु ऊँचे दर्जे के कोयले का मोल ज़्यादा पड़ता था, इस वास्ते जहाज़ मालिक ख़राब दर्जे का कोयला लेते थे और कामगार आठों पहर हड्डी गलाते थे। "जलपोत के समस्त मानुस ने मान लिया था कि आपका बैकुण्ठ वास हो गया," बाबू बंगाली बोला और पोमू की तरफ़ देखते हुए आगे कहा, "ऐसा होता है खाँटी पुरुष, देखो, ऐसा नहीं कि थोड़ा भी काज बढ़ने पर फुस्स, दुरन्त दुःख भी जिसे दाब न पावें ऐसा।"

पोमू माथा नीचे परन्तु आँखें उठाये मुझे देखने लगा। मैंने सीना और अधिक ताना और ऐसे कि किसी की नज़र न पड़े टाँगे, फैलाकर खड़ा हो गया और कोयले की जवाबतलबी में ख़ुद को किसी लाट सरीखा व्यस्त बताने लगा। साथ मैंने यह यत्न किया कि सभी मजूर यह समझें कि ऐसे साहसिक कारनामे करना मेरे रोज़मर्रा में शुमार था। पन्नालाल ने हथेली आगे बढ़ायी और तम्बाकू हाज़र किया, मैंने कोयले से काली और भट्ठी में गरम पड़ी हथेली देखी तो जी नहीं हुआ कि उसके हाथ का तम्बाकू मुख में डालू, हस्तरेखाओं तलक में बरसों का मैल छवा था, "भोंगली में बाँधकर दो बीड़ी की माफ़िक पिऊँगा।" बोलकर मुझे ख़ुद पर अत्यन्त दर्प हुआ कि मजूर के हाथ का तम्बाकू भी मैंने ग्रहण किया और सफ़ाई का भी ध्यान रखा।

बाबू बंगाली बीच में बोला, "आप पंक्ति का विचार नहीं करते मुंशी बाबू, हम लोगों के हाथ का खाने में दोष नहीं मानते?"

मैंने तीनों को बारी बारी से देखा और लम्बा उत्तर दिया जिसमें जातिप्रथा पर वैसा ही प्रहार था जैसे बारिस्टर गांधी करते थे और बात के आख़ीर में जोड़ा, "वैसे भी पानी के ऊपर उसूल दूसरे हैं, अपने गाँव में अलग।"

कार्ल मुझसे कम पढ़ा-लिखा था। अंग्रेज़ी साहित्य में तो उसकी कोई गति न थी किन्तु तब भी फ़िरंगी होने के नाते न केवल वह ख़ुद को मुझसे अधिक जानकार समझता था बल्कि मेरा भी यही मत था। हिन्दुस्तानी मानुष दग़ाख़ोरी करते है, बात बे-बात दंगल करने लग जाते है और सफ़ाई से नहीं रहते, ये विचार बारिस्टर गांधी से मिलने के पश्चात् से ही मेरे हृदय में जड़ जमा चुके थे और साहू सिंग द्वारा चर्पटनाथ का ख़ून अपने नेत्रों के आगे देखकर तो हिन्दू मानुष की छवि का पूर्णत: नाश हो गया था। "लोभ और दूसरे से जलनख़ोरी यह तुम लोगों के सबसे बड़े अवगुण हैं।" एक दिवस शराब पीने के पीछे कार्ल ने कहा। उसकी बात सत्य थी, इस वास्ते मैंने बात आगे बढ़ाकर कहा, "और आलस भी।" कार्ल इस पर सहमत न हुआ कि हम लोग आलसी होते हैं, हाँ डाह और लालच के मारे आगा-पीछा नहीं देखते। जनाना जीव देखादेखी करे तो समझ में आता है परन्तु मर्द तलक को डाह खाये तो यह पूरी जाति का ही रोग हुआ। डोकरे आदमियों को जवान मर्दों से डाह खाते मैंने शैशव से देखा था। डोकरे अहोरात्र जवानों में खोट निकालते थे। गणपति दादा तलक ऐसा करते थे। वे तो वय में मुझसे अधिक बड़े न थे किन्तु फिर भी तड़के देर से उठने के कारण मुझे कामचोर कहते थे और प्रत्येक बार जब मैं किसी नवीन पुस्तक की कोई बात बताता तो यह कहना न चूकते कि मुझे अनुभव का अभाव है। उन्हें मेरे विचारों में बेईमा·ी नज़र आती थी जो उनका दोषपूर्ण विचार था। वे अपने सीमित संसार को ही सत्य समझते थे, देश-देशान्तर के आचार-विचार से उनका कोई वास्ता न था। बाद बाद में उन्होंने अंग्रेज़ी को विधर्मियों की ज़बान मानकर ठुकरा दिया और मराठी का ही साहित्य पढ़ने लगे और उसमें भी केवल कविता और लेख क्योंकि उनका मानना था, कथा-साहित्य प्रामाणिक नहीं होता और उसकी नींव में झूठ है। इसका उन्हें घना मोटा घाटा हुआ, ख़ुद पर बन्दिश लगा-लगाकर बनाया विचार अत्यन्त थोथा और संकुचित निकला और वे प्रत्येक आते-जाते मानुष की छोटी-छोटी खोटों में अपकृत्य देखने लगे बल्कि उनकी वृत्ति ऐसी हो गयी कि दुनिया को वे यह बताते घूमते कि वे ख़ुद मात्र नैतिक रूप से सजग जीव हैं और बाक़ी मानुष खोटे कामों में उमर ख़राब करते हैं। ख़ुद को सदैव नैतिक मानना और दूसरे को छोटा जाँचना, क्या अनैतिकता नहीं? फिर डाह नीति के उपदेश और फटकार का रूप रखकर ही तो आती है, इससे गणपति दादा मुसलमानों से घृणा पर आधारित संगठनों के प्रति

आकर्षित हुए और बुआ को भी ऐसा ही कटु दर्शन दिया किन्तु नक़ली नाक-कान लगाने वाले खोजा डॉक्टर के बम्बई में आने के पीछे बुआ की विधर्मियों के प्रति घृणा कमती होती गयी।

कप्तान साहेब, जहाज़ कोटनीस मार्टिन डक और कार्ल मात्र यह तीन फ़िरंगी जहाज़ पर थे बाक़ी हिन्दुस्तानी थे और यह तीन मद्य पीते थे, मांसाहार भी करते थे और बन्दर पर रण्डी भी वापरते किन्तु तब भी उनकी नैतिक गरिमा ऐसी थी कि जहाज़ में इनके आगे कोई हुकमउदूली करने की हिम्मत न करता था। हिन्दुओं में एका न था, सब एक-दूसरे से जल-जलकर ख़ून पतला करते थे, एक मानुष दूसरे में नैपुण्य है, मानने को राज़ी न था, दूसरे मानुष की बुद्धि के आगे नतमस्तक होने को हम ग़ुलामी मानते थे और सात समुद्र पार से आये फ़िरंगी की हकूमत पर राजी थे। दिन-प्रतिदिन फ़िरंगी हकूमत के वास्ते हमारी क़दर बढ़ती जाती थी, कप्तान साहेब जिनके आगे खड़े रहकर कोई बात न करता था, वे सभी को मूर्तिमन्त पौरुष और नीति नज़र आते थे। महादेव काणे जी अवश्य विवेकी पुरुष थे परन्तु चर्पटनाथ की हत्या पर उनका बद्ध-जिह्वा होना कण्टक की भाँति मेरे जी को गड़ता था, क्या उन्हें अपने देशबन्धु के वास्ते ज़िम्मेदार होकर साहू सिंग को दण्ड न देना था? चर्पटनाथ महाराज का ख़ून अन्धाधुँधी का ऐसा सबूत था जिसके आगे मुझे उन दिनों कुछ न सूझता था।

श्रीमान बख़ुनिन के पैम्फ़लेट में सभी तरह की हकूमत चाहे धर्म की हो या राजा की, अफ़सरशाही आदि को स्वातन्त्र्य का शत्रु बताया था किन्तु क्या हिन्दू मानुष अपनी हकूमत में आप समर्थ है? पहिले राजा लोग जैसा जी में आये वैसा व्यवहार करते थे, लिखित क़ानून न थे और लाठी का ज़ोर चलता था और मेरी ऐसी धारणा अब पक्की होती जा रही थी कि राजा के नीचे असभ्य प्राणी ही रह सकता है। क़ानून किताब से चलता है और फूँक-फूँककर पाँव रखता है, पाँव-पाँव पर अपने निकाल की लिखकर वाजिबी वजह देता है, वैसा राजाओं की हकूमत में हो, ऐसा सुना नहीं और राजा यदि बदकर्म करे तो सुनवाई का कोई ठिकाना न था।

जहाज़ के सभी मानुष 'कुआलालंपुर आयेगा कुआलालंपुर आयेगा' कहते थे परन्तु पोर्ट क्लांग नामक जगह पर जहाज़ पहुँचा जहाँ से किराया देकर नाव में कुआलालंपुर जाना पड़ता था। पोर्ट क्लांग पर किंचित् भी भीड़-भड़क्का नहीं था, जाड़ा देकर आने वाले ताप का अत्यन्त प्रकोप था और अख़बार में किसी मेजर रॉनल्ड रॉस ने ज़ाहिर सूचना करवायी थी कि यह जूड़ी ज्वर मच्छर विशेषत: बड़े बड़े डाँसों के काटने से होता है और इसलिए बन्दर की सब पुंश्चलियाँ और

कारोबारी पोर्ट क्लांग छोड़कर भाग गये थे। यहाँ झाड़ीदार दलदल में डाँसों के मोटे-मोटे जंगी छत्ते थे। रसद और जल तलक की व्यवस्था मुहाल थी और मोल से डेढ़ गुणा रोकड़ पर माल मिल रहा था। नारी ज़ात के तो दर्शन तलक न हो सके और जहाज़ के सभी जनों का जी खट्टा हो गया। बात बात पर एक दूसरे से बिगड़ी गुफ़्तार होने लगी और जूते चलने की आशंका होने लगी। पोर्ट क्लांग का दरोग़ा अंग्रेज़ था और उसे ऊपर से आदेश था कि झटपट बन्दर बन्द करवाये इसलिए वहाँ से हांगकांग के लिए हम रात पड़े ही निकले।

कप्तान साहेब ने इतने बखत में ही अपने वास्ते एक नवा रसोइया नौकर रख लिया, जो बोरे भर-भरकर मांस-मच्छी लिये जहाज़ पर हाज़र हुआ। उसे देखते ही सबका मग़ज़ उखड़ गया। उस रसोइये का नाम हुआंग महाराज था और भाषा उसे न आती थी, न अंग्रेज़ी समझता था। महादेव काणे जी ने बताया कि हुआंग महाराज चीनी है और घोषणा की कि रामदीन हुआंग महाराज की मातहती करेगा जैसे चर्पटनाथ महाराज की करता था। रामदीन के मुख पर अँधेरी छा गयी, चौके करने वाले की जाति का क्या अब तो देश का भी ठिकाना न था। हुआंग पहली नज़र में ही मलेच्छ दिखता था, टकला शिर और चिबुक पर दाढ़ी के नाम को आठ-दस बाल, अत्यन्त बीभत्स जीव था। उसके आते ही दुर्गन्ध से मेरा बामन माथा चकरा गया, "ऐसे मानुष के हाथ की ख़ोराक हम बामन मर्दुम के बर्दाश्त बाहर है," मैंने कहा। जाति से अधिक मुझे रामदीन के वास्ते दुःख था। इस चीनी डोकरे का न किसी को नाम पता न जाति, न इसकी भाषा पल्ले पड़े और उस पर यह रसोड़े में हकूमत चलाये ऐसा स्वीकार करना मुश्किल था।

महादेव काणे जी ने मेरी आँखों की सीध में देखते हुए सफ़ा बात की, "जिनके बर्दाश्त के बाहर है, वे मानुष व्रत करें और जल पीकर दिन काटें या समुद्र में कूदकर अपनी जाति वास्ते प्राण दे दें," और चलते बने।

मैं पीछे से चिल्लाया, "चोखा खाना-खोराकी कमाने वास्ते ही खवासी पकड़ी और जहाज़ पर अपने कुटुम्ब से दूर भटकते है, उस पर भी रोटी-शाक अशुद्ध मिले बर्दाश्त नहीं। मैं कप्तान साहेब से अरज़ी करूँगा।" महादेव काणे जी ने मेरी बात पर किंचित् भी ध्यान न दिया और जूता खटखट करते निकल गये। चीनी डोकरे हुआंग ने मांस-मच्छी के बोरे वहीं पटके और एक खाल खिंचा पशु निकालकर उस पर आरी चलाने लगा। ऐसा नहीं कि जहाज़ का चौका पहले शाकाहारी था परन्तु अब तो ऐसा लगता था जैसे बूचड़बाड़ा हो।

हुआंग महाराज ने दूसरे दिन सकाल चाय और रसगुल्ले जलपान में मानुष मात्र के उठने से पूर्व ही तैयार कर दिये, साथ में अण्डे के भजिये जैसी वस्तु बनायी जिसमें उबले सिंघाड़े, बाँस और मूँग के अंकुर थे–"एग फ़ू युंग" कहता सबको परोस रहा था। रामदीन ने खाने वालों को आगाह किया कि रसगुल्ले चावल के है और अंडा फ़ू युंग में किसी पशु का मांस है। कार्ल कप्तान साहेब के वास्ते जलपान लेने आया तब मैंने उसके आगे कप्तान साहेब से सीधे मिलकर अरज़ी करने की बात ज़ाहिर की और बिना आगा-पीछा किये कार्ल ने मुझे चाय की केतली और अन्य सामान तश्तरी में उठाये पीछे आने को कहा। कप्तान साहेब वर्जिश कर रहे थे और पसीना-पसीना थे, मुझे भीति हुई कि ऐसे बखत अरज़ी करने पर क्रोधायमान होकर कारकुनी से बेदख़ल न दे किन्तु कार्ल ने टेबुल पर जलपान के कटोरे जमाये और भाँति-भाँति के फल टोकरे से निकालते हुए अंग्रेज़ी में मुझसे कहा, "जो भी शिकवा लगाने आये हो, उसे सफ़ा-सफ़ा साहेब के आगे क्यों नहीं कहते?"

कप्तान साहेब ने कार्ल की बात सुनी तो वर्जिश रोककर हाँफते हुए खड़े हो गये और झुककर दोनों हाथ घुटने कर रख लिये, उन्होंने मुझसे अंग्रेज़ी में पूछा, "तुम्हें अंग्रेज़ी आती है?" मेरे हाँ भरने पर वे प्रसन्न हो गये और टेबल पर बैठते हुए कहा, "यदि तुम्हें अंग्रेज़ी आती है तो इस प्रकार के कपड़े-लत्ते क्यों पहनते हो! पतलून और बुशर्ट पहना करो, लँगोटी बाँधना छोड़ो।" साहेब को ठीक करना उचित न होता अन्यथा कप्तान साहेब धोती को लँगोट कह रहे थे, धोती पूरी टाँगें ढँकती है।

"We don't want Chinese cook", कप्तान साहेब को मैंने स्पष्ट कहा कि हम चीनी रसोइया नहीं चाहते। उन्होंने मुस्कुराकर हामी भरी और आदेश दिया कि जो चीनी रसोइये के हाथ की खोराक सहन नहीं करते, वे अपना न्यारा चूल्हा करने को मुक्त हैं। फिर उन्होंने मेरी अंग्रेज़ी की प्रशंसा की। मैंने बतलाया कि मैं जहाज़ पर क्लर्क हूँ और जहाज़ी चोपड़े अंग्रेज़ी में ही बनते हैं। आते बखत कप्तान साहेब ने पुन: ताकीद की कि मैं पतलून और बुशर्ट पहना करूँ, चाहे तो सिंगापुर से नवीन पोशाक सिलवा लूँ। रामदीन को रसोई का ज़िम्मा दिया गया, चाहता तो रसोई निरामिष रखता परन्तु मांसाहारी खोराक आज़माने का ही निश्चय किया, भले जाति के विचार से यह ग़ैररस्ता था परन्तु इससे शरीर का नफ़ा ही हुआ था और परदेश में उसकी मुझे आवश्यकता कब पड़ जाये, कोई बता नहीं सकता था।

न्यू हार्बर, सिंगापुर पहुँचने पर पतलून और बुशर्ट बनवाने का समय नहीं मिल सका। मज़ा करने और बन्दर घूमने में ही पूरा बखत गुज़र गया और इसके अलावा

बन्दर पर कागदी कार्रवाई भी बहुत चली जो कारकुन होने के नाते मुझे ही करना थी। शाक-भाजी, परचून और जहाज़ वास्ते तमाम अन्य वस्तुएँ ख़रीदने का दायित्व भी मेरा था। उषा से संझा तलक काम करने के पश्चात् एक कसबी ठहरायी और ख़रीद से बची रोकड़ उसके कमरे में ख़रच दी, वहाँ की नारियाँ जी से सेवा करतीं हैं। पहले मालिश करतीं, फिर नहलातीं फिर जाकर मज़ा होता और उसके पीछे पुनः स्नान, फिर चाय-जलपान का तगादा, करतीं।

साहू सिंग का हमारे चौके में भोजन करना मुझे अत्यन्त दुखद गुज़रता था, हत्यारा मेरी पंगत में जीमे मुझे बर्दाश्त न था हुआंग महाराज से छुटकारा मिला तो उड़ते गरुड़ की चोंच से थाली में साँप गिरा, "हरे हरे।" उसे भात में हाथ डालते देख मेरे मुख से अनायास निकला। असल बात यह थी कि साहू सिंग जिधर भी स्वादिष्ट रसोई बनती, वहाँ खाने बैठ जाता। मानुष न होकर हब्शी जैसा उसका स्वभाव था इसलिए एक दिवस रामदीन से कहलाया कि वह पहले ही बता दे कि उसका भोजन कहाँ पकेगा अन्यथा रोज़ाना भोजन बनकर बासा हो, इसका औचित्य नहीं। इस पर उसने हमारी चौके में जीमने की इच्छा जतायी उस दिन उपरान्त मेरा जी इस चौके से उचाट हो गया और मैंने हुआंग महाराज के चीनी व्यंजनों का मज़ा उठाना सीखा, हुआंग महाराज के हाथ की यह तासीर थी कि खोराक बदन को लगती थी।

रामदीन बरसों से चीन तरफ़ जाता रहा था, इसलिए चीनी थोड़ी बहुत उसके पल्ले पड़ती थी सो उसने दुभाषिया बनकर हुआंग महाराज से मेरा मेलजोल गाढ़ा किया। हुआंग महाराज समुद्र किनारे का ही रहने वाला था और हांगकांग से दूर चीनी राजशाही का था। वह खुलेआम बताया करता था कि उसने बिना हथियार उठाये अपने दोनों हाथों से तीन-तीन मानुषों का ख़ून किया है, जहाज़ी मुसाफ़िरी सुस्त चाल से बढ़ती है, इसलिए बखत की कोई कंगाली नहीं तब इस प्रकार की रोमांचक गप्प ख़ूब चलती है और तब तो बहुत जब दो बन्दरगाहों के बीच दूरी जास्ती हो। ख्रिस्तानियों के वास्ते हुआंग महाराज धिक्कारभाव दिखाते थे, "कप्तान साहेब, जहाज़ के कोटनीस मार्टिन डक, कार्ल गुंडेरसन सब ख्रिस्ती हैं।" मैंने रामदीन से कहा कि वह हुआंग महाराज के आगे इस बात का खुलासा कर दे, देर तलक रामदीन हुआंग महाराज को समझाता रहा, जिस पर रामदीन का कहना था कि उसकी चीनी कच्ची है। हुआंग महाराज ने आगे जगबीती ये ज़ाहिर की कि उनके गाँव में ख्रिस्तानी पादरियों ने उनके सबसे बड़े देवता यू हुआंग भगवान का मन्दिर तोड़कर उस स्थान पर गिरजाघर बना लिया था जो हुआंग महाराज के समानधर्माओं को दुःसह था और इस वास्ते हुआंग महाराज के धर्मवालों ने इकट्ठा होकर ख्रिस्तानियों

पर हमला कर दिया और ख़ूब मारामारी मची।

मन्दिर गिराकर गिरजाघर बनाने की बात से मुझे अकस्मात् बुआ और गणपति दादा की गोष्ठियाँ याद आने लगीं जिनमें दोनों मुसलमान सुल्तानों द्वारा मन्दिर गिराने पर बुआ अपने हाथ के तलवार की माफ़िक चला-चलाकर बातें करने लगती और जिह्वा पर ऐसी ललकार आ जाती थी जैसे भवानी सिर चढ़ गयी हो, दोनों जनों का यही दु:ख था कि किस भाँति सुल्तानों की करनी का बदला आज के मुसलमान मानुष से ले और उस बखत उनकी ऐसी बातें मुझे छोकरा-मत से अधिक न लगती थी परन्तु हुआंग महाराज की बात सुनकर पता पड़ा, ऐसे छोकरा-मत के पीछे मारामारी करके ख़ुद को धरम बहादुर मानने वाले अक्कलहीन मानस दुनिया में हैं, गणपति दादा और बुआ का मत लावारिस नहीं है। हुआंग महाराज ने आगे बताया कि मन्दिर गिराना उनके पौरुष पर हमला था, ऐसा करने से उनकी अस्मिता गड़बड़ हुई और वैसे भी यह कहाँ का उसूल है कि कोई बाहर का मानुष किसी धरम के पूज्य स्थान को गिराकर अपने मत का मन्दिर वहाँ बनाये। बाबुलनाथ मन्दिर पारसियों के श्मशान में बना है जिसके पीछे बम्बई में ख़ूब टण्टा हुआ था। इस प्रकार की तोड़ाफोड़ी तो नित की होनी है। इस पर मारामारी होने लगे तो आधी दुनिया ख़तम हो जाये। मुझे हुआंग महाराज का मत अब तलक छोकरा मत ही लगा और मेरा विचार दृढ़ हुआ कि चीन भी भारत के माफ़िक पूर्वी जड़ता से ग्रस्त जगह है, खुले संसार की आस पर उसकी बातों से झाड़ू फिरती जान पड़ी, मन बैठ गया।

हुआंग महाराज का दो दिन पीछे ही ढोरसिंग और रामदीन के आदर्श स्वरूपों में दाख़िला हो गया। मांस काटने में हुआंग की होशियारी तो अव्वल नम्बरी थी ही साथ में नाटे बदन में सामर्थ्य भी बहुत थी। मन्दिर वास्ते तीन मर्दुम हाथ से ख़ून करने वाले हुआंग महाराज से बात करने को दोनों लालायित रहते। "घर के देवता को खण्ड-खण्ड करके हमारे घर वापरने तलक निषेध करने वाले हमलावरों का ख़ून ठण्डा होने से पहिले पीना मर्द का धरम है," रामदीन ने घोषणा की। दोनों सोमनाथ शिवालय के बारे में एक दिन बातें कर रहे थे। अख़बार में टूटले देवालय का चित्र दोनों ने देखा था।

ढोरसिंग मुसलमानों के गाँव से था और उनकी ग़ुलामी में उसे बहुत बेइज़्ज़ती उठाना पड़ी थी, आये दिन टण्टा मचता था और गुरबा पिटते थे, इसलिए उसके हृदय में मुसलमानों से अत्यधिक घृणा थी जब कि रामदीन को गोलमाल और गड़बड़ी से सुख मिलता था हालाँकि अनपढ़ होने की वजह से उसने बख़ुनिन को पढ़ा तो नहीं था किन्तु वह भी बख़ुनिन की भाँति अराजकतावादी था। "तुम लोग अपने इस

छोकरा-मत से दुनिया में उत्कर्ष नहीं कर सकते।" वैसे मुझे ज्ञात था कि मारामारी करने की उनकी क़ूवत नहीं किन्तु फिर भी मैंने उनसे कहा।

इस पर रामदीन फ़ौरन बोला, "फैलाव और पसारे वास्ते ही तो आदमी पैदा नहीं होता, आख़ीर ज़ात-धरम की इज़्ज़त भी कोई चीज़ है।"

ढोरसिंग को रामदीन की बात ग़ज़ब लगी, इसलिए उसकी बात को और फैलाया, "जैसे आदमी उस दिन और उस जन को नहीं भूलता जिसने उसकी इज़्ज़त दो कौड़ी की की थी, वैसे ही ज़ात और धरम नहीं भूलते। आज नहीं तो कल वैर की वसूली तो होगी ही।" दोनों को इतिहास से कोई वास्ता न था, हिंदुस्तानी मानस की बनावट में यही खोट थी कि बीती को भी जागती जानते थे और वर्तमान के प्रति नेत्रहीन होकर बैठे रहते थे। धरम से लेकर घी तलक में मिलावटख़ोरी का बोलबाला था। बारिस्टर गांधी का कहना था कि हिन्दू संसार का सबसे सहिष्णु मानस है पर यह कहते हुए उनका यह मानना कि ऐसा हमेशा रहेगा यह उनकी कमज़ोरी थी। कोई ज़ात कोई मानुष और कोई धरम हमेशा एक नहीं रहते और मानुष की भाँति अनुभव से अच्छा सीखते हैं तो कटु अनुभव से कुण्ठामन भी हो जाते हैं।

एक और बात से हांगकांग पहुँचने का उल्लास कमती होता गया, वह था हुआंग महाराज का यह अन्धविश्वास कि उसके देवता यू हुआंग के कारण बन्दूक़-तमंचे क्या तोप तलक से उसका ख़ात्मा नहीं हो सकता। पहले-पहल तो सबने इसे गल्प-गोष्ठी माना परन्तु निचली डेक की भट्ठी में घुसकर इसका सबूत देने की हुआंग महाराज ने जब दरख़ास्त की तो निचली डेक से कप्तान साहेब तक को ख़बर हो गयी कि अन्धश्रद्धा के मारे हुआंग महाराज के मग़ज़ में बिगाड़ है मगर आगे उसने यह दाख़िला किया कि वह ही नहीं बल्कि उसके देश के सभी शूरों के कने यही सामर्थ्य है तब सबने इसे बड़े प्रकार का लोकभ्रम माना। "देश के पानी में ख़राबी होगी," साहू सिंग ने कहा।

"चर्पटनाथ को नाहक पानी में फेंका तब तुम्हारे ख़ून में क्या ख़राबी हुई थी।" मैंने जवाब दिया और ऐसा कहकर मुझे ख़ुद पर गौरव हुआ, न केवल साहू सिंग से अब मुझे कोई डर लगता था बल्कि अब यदि वह मुझ पर झपटे-झूमे तो मैं उसे धूल चटाने में समर्थ था।

मेरे और कार्ल की नित्य वर्जिश को देखते हुए एक दिन एकान्त में हाथ हिला हिलाकर हुआंग महाराज ने मुझे चीनी कुश्ती सिखाने का प्रस्ताव दिया, जिस पर उसका दाख़िला था कि इसे सीखने से मानुष बन्दूक़, तमंचे, तोप, कटार के आगे अजित हो जाता है। अमर होने के वास्ते चीनी धर्म अंगीकार करूँ। मंज़ूर न था परन्तु

हुआंग महाराज का कहना था धर्म बदलने की दरकार नहीं, बस अगरबत्ती जलाना होगी और रोज़ाना जप करने होंगे। साथ में उसकी बतायी वर्जिश करूँ, भले कार्ल के संग फ़िरंगी ढंग का व्यायाम करता रहूँ, जहाज़ से दूर भटकने की उस घटना पीछे हम लोग अब समुद्र में तैराकी नहीं करते थे। "मेरे ऊपर इतनी तवज्जो क्यों?" मैंने लाख बार पूछा किन्तु हुआंग महाराज को मेरी भाषा समझ न आयी हालाँकि उसने मारामारी के नवे पेंच मुझे वापरने बताये और चीनी दैवत को याद करके गोली-तलवार से बचने का मन्तर भी दिया जिसके बारे में उसका कहना था कि श्रद्धा के बिना इसका पूर्ण फल प्राप्त करना मुश्किल है और नवीन शिक्षा के मारे मेरी श्रद्धा में घटोत्री आयी थी। कार्ल को कुश्ती के यह पेंच सिखाने से हुआंग महाराज ने मुझे कड़क मनाही की थी क्योंकि ख्रिस्तानियों के हाथ पड़कर यह विद्या सर्वनाश का साधन बन सकती थी किन्तु मुहूर्त मिलते ही कार्ल को यह विद्या सिखाने का निर्णय मैं कर चुका था, मैत्री में दुराव करने पर अपनी आँख से मैं आप गिरता।

सिंगापुर से नर्मदाप्रसाद जी और कुमुद को मैंने पत्र भेजकर हांगकांग पहुँचने की सम्भावित तारीख़ बता दी थी हालाँकि पहुँचकर भी अफ़रा-तफ़री न थी, रहने की व्यवस्था महादेव काणे जी ने सभी कर्मचारियों के वास्ते पहले ही कर दी थी, जहाज़ पर रहने में हर्जा न था उलटे रुपए की बचत थी। जल्दी ही हांगकांग बन्दर पर जहाज़ पहुँच गया, नयी सदी भी लग गयी थी।

सात

विक्टोरिया हार्बर पर जहाज़ लगा तो भगदड़ मच गयी। बाहर घोड़ापूर बाढ़ आयी हुई थी और चीनी हम्माल कमर तलक पानी में बोरे और तरह-तरह का माल लादे दौड़े जा रहे थे। छाते के माफ़िक टोप लगाये कई तो कीचड़ में फिसल पड़े, कोई दो एक नाटकख़ोर घुटना मसलते देर तक यों ही काँदो में पड़े रहे, फिर मालिक के ठोकर मारने पर उठे और माल समेटा। पूर्णरूप से सूर्योदय न हुआ था और घटा के कोने-कोने से आती लालिमा में ही दिन का धन्धा चालू हो गया था। जहाज़ के भण्डार में खटोले पर पड़े-पड़े मैंने आँख खोली तो दर्शन हुए, पीछे मालूम पड़ा जहाज़ डाक्यॉर्ड पर लग गया है किन्तु माल ढुलाई में बखत था और इस वास्ते किसी ने मेरी ख़बर न ली, फिर हांगकांग पर ब्रितानी राज होने के कारण कागद का काम कम था। हुआंग महाराज मेरे पास ही भूमि पर पड़ा हुआ था, हांगकांग पहुँचने पर कप्तान साहेब उसे जेलख़ाने भेजेंगे, ऐसा उसका विचार था क्योंकि उसने शेख़ी बघारने के चक्कर में सबको अपने हाथ मात्र से तीन-तीन फ़िरंगियों का ख़ून करने की बात कही थी, पगार मिलने तलक जहाज़ पर फटकना उसकी मज़बूरी थी। छह का घण्टा होते ही हुआंग महाराज चाय और जलपान की व्यवस्था करने उठ खड़ा हुआ, चीनी लोगों को यह मजबूरी न थी कि पाख़ाना निपटाकर और नहाकर चौका लगाए, उठते ही चूल्हा भड़काने का रिवाज़ था।

डाक्यॉर्ड पर सम्मुख ही एक ऊँची इमारत थी, कास्ट आयरन की सात माला इमारत वैसी ही जिसमें बा की गृहस्थी थी और जिसमें अब बुआ और यज्ञदत्त पड़े थे। जाने कैसे गुज़र करते होंगे, पँसारी के यहाँ से महीना पूर्ति परचून बुआ क्या उठाकर ला पाती होगी, फिर भाजी-बटाटे मोल लाना, यज्ञदत्त को शाला छोड़ने जाना, अस्पताल की चाकरी बजाना–बुआ यह सब काम अकेली कैसे निपटाती होगी? बाहर एक स्त्री टाट की बरसाती पहने, माथे पर चपटा टोपला रखे दौड़ी जा

रही थी, टोपले में मच्छी अब तलक प्राणवन्त थी और तड़प रही थी। इमारत की खिड़कियों पर लाल काँच के पल्ले थे जो अन्दर बत्ती जलने की वजह से जगमग हो रहे थे। सम्भवत: रात-दिन चलने वाला दफ़्तर था और तीसरी पाली के नौकरों का काम पूर्ण होने पर था। बम्बई की अपेक्षा यहाँ तापमान कम था, बाहर आँधी और छींटे के कारण ऐसा था या सर्वथा ही यहाँ ऐसी ठण्डगार ऋतु रहती थी, यह उस बखत ज्ञात न था किन्तु ऐसा सर्वथा रहने वाला हो तब तो गरम कोट की दरकार थी और बरसाती ख़रीदने को भी ऐसे में रोकड़ का इन्तज़ाम करना पड़ता। हाथ से रगड़कर मैंने खिड़की के काँच की भाप सफ़ा की तब इमारत का सत्य स्वरूप दिखाई दिया। इमारत लवणदार हवा और रात-दिन की बरसात के कारण नितान्त काली पड़ गयी थी और लगता था कोई घड़ी गिर जायेगी, जिसमें खिड़कियाँ ऐसी लगतीं जैसे मानिक जवाहर का काम हो।

विक्टोरिया हार्बर पर हम पहुँच तो गये थे मगर नाँगरवाड़े में जहाज़ का लंगर बराबर फ़िट न हुआ था। पानी में ऊँची उमंग आने पर जहाज़ में तीव्र उठान होती, फिर धप से जहाज़ का पिछवाड़ा गिरता था, सण्डास में लोटा अगर लोहे की लड़ से न बँधा होता तो उस दिन बिन धोये उठना पड़ता। स्नान करके पर्ची बनाने और बही बराबर करने बैठा तब किंचित् प्रकाश फूटने लगा था। पौने सात बजा था और मेरे माथे काम का ढेर था। ऐसे में जलपान की तरफ़ देखने तलक का बखत न था किन्तु हुआंग महाराज चाय, डंपलिंग और पावरोटी ले आया। डंपलिंग अभी-अभी उबाल खाती बटलोई से निकाले गये थे, इसलिए भाप उनसे फूटी पड़ती थी। मैंने फ़ौरन मध्यमा से एक डंपलिंग फोड़ा तो भाप, शाक और ताज़े मांस का टुकड़ा नज़र पड़ा, "पोर्क डंपलिंग, पोर्क..." हुआंग महाराज ने आगे की बात कंटोनी में कही जिसका अर्थ मैं बस इतना लगा सका कि डंपलिंग सूअर के एकदम ताज़े-ताज़े मांस से बने है जो हुआंग महाराज डाक्यॉर्ड के कने किसी कसाईबाड़े से अभी ही लाया है। बकरी में उतना ही प्राण है जितना मुर्ग़े में या अन्य किसी जीव में और फिर मैं मुसलमान तो नहीं कि सूअर से परहेज़ करूँ, ऐसा विचार कर मैंने डंपलिंग मुँह में दिया और स्वाद के मारे उस दिन बहुत डंपलिंग खा लिये, बाहर भयंकर वर्षा हो रही थी।

ढेर जलपान करने और ठण्डा पवन लगने से पुन: नींद आने लगी, ढोरसिंग से चाय मँगायी, जहाज़ी चाय में न दूध होता था न शक्कर जिसके कारण नींद फ़ौरन भाग जाती और ऐसे सब काम निपटाते-निपटाते पौने ग्यारह बज गया। माल लदवा दिया, बही-बट्टे बराबर हो गये और तब तलक वर्षा भी रुक गयी थी। पगार और पेशगी देने के पश्चात् जब तक मैं हिसाब जोड़कर उठा, हुआंग महाराज अपनी

पोटली लेकर रफ़ूचक्कर हो चुका था, रामदीन को छोड़कर जहाज़ के सभी खवासी, हम्माल, यहाँ तक कि कार्ल, कप्तान साहेब और महादेव काणे जी भी नदारद थे। कदूरी ब्रदर्स के दफ़्तर में नर्मदाप्रसाद कारकुन हैं, इतना मुझे ज्ञात था। दफ़्तर कहाँ है, पराए नगर में ढूँढ़ना मुश्किल सूझा, फिर यहाँ की भाषा और आचार का भी मुझे ज्ञान न था परन्तु कुमुद से मिलने की धांदल भी थी। रुपया बण्डी में ढेर था, पेशगी की रक़म तो थी ही, साथ में कारकुन होने के नाते जहाज़ वास्ते बन्दरगाहों पर ख़रीदारी करते बखत मैं बिकवाल से बट्टा भी वसूल करता था हालाँकि यह बेमानी थी मगर बन्दरगाहों की रीति थी। फिर पानी पर मानुष दीगर उसूल मानता है, ऐसा सोचकर थोड़ी-बहुत रक़म इधर की उधर करने में गुरेज़ क्या करता। पतलून बनवाने का भी मंसूबा मन में बैठ गया था, इसलिए रामदीन को लेकर बाहर निकला। जहाज़ की चौकीदारी हेतु जलपोत कम्पनी ने नये आदमी भेज दिये थे, सो रामदीन के जाने आने पर पाबन्दी न थी और उसे ले जाना मेरे वास्ते इसलिए मुफ़ीद था कि उसे कंटोनी भाषा का ख़ासा ज्ञान था और पराये के आगे पटर-पटर जिह्वा चलाने में उसे संकोच नहीं होता था।

स्वप्न में भी ऐसे नाँगरवाड़े का विचार न था जैसा अनुभव विक्टोरिया हार्बर पर हुआ। बन्दरगाह सदैव बुरे बासते ही अब तलक पाये थे। मछलियों और समुद्री पवन की गन्ध का अन्दाजा लगाना कौन सा कठिन है किन्तु जहाज़ से निकलकर चार क़दम चलते ही चन्दन की सुगन्ध से हम दोनों चकरघिन्नी हो गये। चन्दन, अगरु और तरह-तरह का सुगन्धित माल मनों से चीन जाने वाले जहाज़ पर चढ़ रहा था। चन्दन की सुवास दौंगरे से अभी-अभी धुलकर सफ़ा हवा में ऐसी ठँसी थी जैसे सुवास की कोई इमारत में हमने प्रवेश कर लिया हो। उस दिन मुझे ज्ञान हुआ कि चन्दन की गन्ध के भी अलग-अलग प्रकार होते है। कोई लट्ठ शुद्ध घी के माफ़िक महकता था तो कोई कुन्दा ताज़ी बनी मच्छी के टुकड़े की तरह। किसी काठ में हार-फूल सी सुगन्ध थी तो एक गुटका मिट्टी जैसा सुगन्धित था। "इधर चन्दन-अगरु का लम्बा कारोबार चलता है, आप बखत खोटी न करो, यहाँ से तो छह दिन रोज़ाना निकलना है। मुझे तो अब काठ-कुन्दों से बास आना ही बन्द हो गयी," रामदीन ने कहा और बड़े-बड़े ठूँठ उठाये आते हम्मालों को हमारी तरफ़ दौड़ता आते देख हम आगे ही ओर भागे।

जगह-जगह कदूरी ट्रेडिंग हाउस का पता पूछने पर हताशा हाथ लगी, डाक्यॉर्ड के जूने नौकर कदूरी साहेब का नाम तो जानते थे किन्तु उनकी पेढ़ी का पता डाकिये तलक को ज्ञात न था। नर्मदाप्रसाद जी को पत्री तो पहुँचा दी थी, अब वे ही

जहाज़ तक मुझे ढूँढ़ते आवेंगे, ऐसा विचार कर पतलून सिलवाने वास्ते दर्ज़ी ढूँढ़ने का मंसूबा बैठाया किन्तु पुनः-पुनः जी कुमुद की तरफ़ खिंचता था। एक शहर में होकर फ़ौरन उससे न मिलूँ, ऐसी दशा मंज़ूर न थी। हिन्दू लोगों की बसावट में पूछताछ करूँ तो सम्भवतः नर्मदाप्रसाद जी के परिचित मिल जायें या हो सकता है नागर ब्राह्मण समाज के किसी भलेमानुस से भेंट हो। ऐसा खाका जोड़कर हिन्दू मानुष के घर-द्वार ढूँढ़ने लगे और आधा दिन खोटा किया किन्तु नर्मदाप्रसाद जी को जानने वाला पंछी तलक न मिला तभी जी की तलछट में नर्मदाप्रसाद के वास्ते कालिख बैठने लगी, धारणा बँधने लगी कि बूझकर ही वे मुझसे नाता-वास्ता न रखना चाहते होंगे क्योंकि बम्बई में ख़यानत और कोर्ट कचहरी से बचाने को जितनी रोकड़ हम उन्हें दे पाये थे, वह उन्हें कमती लगी थी और उसके पीछे उनके मन में दवे कुटुम्ब को लेकर विकार हो गया था, परन्तु कुमुद ने भी तो पत्री बाँची होगी तब क्या उसे इतने बखत पीछे मुझसे मिलने की उतावली न लगी होगी? नारी जाति का हृदय काठ-कुन्दें काटकर भगवान ने बनाया है, यह उस रोज़ नक्की हो गया। गोबरगौरी ग़रीब को तो प्लेग ने ग्रसा था परन्तु माँ ने तो सूझकर अपनी गृहस्थी पर ठोकर मारी थी, लीलावती भी कठोर जी की साबित हुई थी। मात्र बुआ थी तो रण्डापा इज़्ज़त से काट रही थी, कुटुम्ब से निर्वाह बरोबर करती थी। कुमुद को निर्मला मानता आया था पर आज उससे भी दैव ने उचाट कर दिया था, मेरा मन हुआ ख़ूब ज़ोर-ज़ोर से वहीं बीच रास्ते रोऊँ किन्तु रामदीन का मुख देखते सबूरी की और एक मद्रासी सेठ से, जो वहाँ हॉटेल पर बैठा था, दर्ज़ी का पता पूछने लगा। हॉटेल में दक्खिन के साधु-सन्तों के चित्र लगे हुए थे और अगरबत्तियों के धुएँ से नाक में हरकत हुई और मुझे छींकें आने लगी, "अन्ना, आस-पड़ौस में कोई दर्ज़ी मिलेगा क्या?"

मद्रासी सेठ मुख दर्पण में दिये साँचे से खड़ा तिलक बनाने में व्यस्त था। मेरी आवाज़ सुनते ही उसके ध्यान को धक्का लगा और तिलक टेढ़ा छप गया, "क्या अण्ड-बण्ड सवाल कर रहे, मेरा टीका बिगाड़ दिया। यहाँ खाने-पीने वास्ते लोग आते न कि दर्ज़ी ढूँढ़ने वास्ते।" मद्रासी बामन बम्बई में भी ऐसे ही घमण्ड से वार्ता करते थे और यहाँ हांगकांग तलक इनका व्यवहार न बदला था, बुरा मानकर टण्टा करने में कोई नफ़ा न था, इसलिए हम लोग आगे बढ़ने को हुए कि हॉटेल का बैरा पीछे दौड़ा आया, "साहेब, कदूरी अंड संस की इमारत के पीछे चीनी दर्ज़ियों की लेन है वहाँ चले जाओ।"

कदूरी अंड संस से कदूरी ट्रेडिंग हाउस का पता लगते कितनी देर लगेगी

सोचकर मैंने पूछा, "किधर है कदूरी अंड संस की इमारत?" बैरे की अँगुली से बताया हमारे ठीक सामने कदूरी अंड संस की इमारत हाज़िर है।

इमारत में शीशम की सीढ़ियाँ थीं जो चढ़ते जाओ तो सीधे छत पर पहुँचती थीं जहाँ कुछ न था। एक खिड़की थी जिससे एक तरफ़ जहाज़ और दूसरी तरफ़ हांगकांग का नज़ारा होता था। उस रोज़ बरसाती हवा चलती थी और खिड़की से माथा निकालते ही माथा मेघों से भिड़ता था। दो दफ़ा मैं और रामदीन ऊपर तलक चढ़कर पीछे वापस आये किन्तु दफ़्तर न मिला, "ख़ाली खोल-खोल बनाकर छोड़ दिया, कमरे-कोठे का ठिकाना नहीं," रामदीन थककर निकट लगी बेंच पर सुस्ताते हुए बोला। इमारत बम्बई की बड़ी अदालत के नक्शे माफ़िक थी किन्तु वहाँ द्वार ढूँढ़ना टेढ़ी खीर थी। देर तलक हाँफने के बाद एक क्लर्क बाहर आया। दरवाज़े असल में वहाँ दीवार माफ़िक थे और खोलने या बन्द करने पर ही पता पड़ता था कि यहाँ दरवाज़े का पल्ला था। "कदूरी ट्रेडिंग हाउस?" मैंने उस कंटोनी क्लर्क से अंग्रेज़ी में पूछा। उत्तर देने से पहले वह मुझे देखता रहा, फिर अपनी टाई बराबर करके उसने बात सफ़ा की कि यह कदूरी एंड संस का कार्यालय है और कदूरी ट्रेडिंग हाउस की इमारत पोर्ट पर ही है।

"क्या वहाँ नर्मदाप्रसाद जी अब भी नौकर हैं?" मैंने अंग्रेज़ी में कंटोनी क्लर्क से पूछा किन्तु उसने नाक सिकोड़ी जैसे कहीं से बदबू आ रही हो और हाथ नाक के आगे हिलाता सड़क की तरफ़ दौड़ा। हम दोनों उसके पीछे चले मगर भीड़ में वह पुनः हाथ न आया और हम पोर्ट की तरफ़ निकल पड़े।

चार बजने आये ऐसा उजाले को आड़ा होते देख अनुमान होता था। जगह-जगह छाते माफ़िक टोपा पहनकर फेरीवाले-ताजिर खाद्य, खिलौने, लत्ते-कागद बेच रहे थे। सबसे ज़्यादा अगरबत्ती की बिक्री होती दिखाई देती थी। यहाँ औरत ज़ात हाट बाज़ार ज़्यादा करती दिखाई देती थी और अनेक को देखकर अन्देशा होता था, कहीं चाकरी भी बजाती है क्योंकि कागद-पत्तर लिये वहाँ से यहाँ दौड़ती वे टकरा जाती थी। नगर छोटा होने पर भी भीड़-भड़क्के में कमी न थी। घोड़े, गधे और बैलगाड़ियाँ भी बेशुमार थीं जो बीच सड़क पर पानी के कारण जगह-जगह फँसी थी।

नर्मदाप्रसाद जी की तोंद निकल आयी थी, मेरी तरह ऐनक चढ़ गयी थी और बाल भी सफ़ेद होने लगे थे। मुझसे उमर में मात्र चार बरस बड़े होने पर भी वे बुज़ुर्ग दिखने लगे थे। मेरे सम्मुख खड़े होने पर पहले तो आँखें मसल-मसलकर देर तलक मुझे निहारते रहे, फिर कहने लगे, "कितने दिन हो गये, कितने दिन।" मेरे कन्धों से

लटक गये और फूट-फूटकर रोते रहे, "तू तो अब तलक बालक का बालक दिखता है, हाँ शरीर से ज़रूर कद्दावर हो गया।" रुकते कोई बात कहते फिर रोने लगते थे, फिर चश्मा पोंछते हुए उन्होंने किंचित् संयम साधकर कहा, "साहेब को छुट्टी की अरज़ी देकर आता हूँ, ऐसे उठकर आया तो पगार कटेगी।"

नर्मदाप्रसाद जी का स्वभाव ऐसा भावनाप्रधान तो न था। लम्बे परदेश-प्रवास से सम्भवतया इस प्रकार रोने की प्रवृत्ति हो गयी हो, ऐसा मैं सोच रहा था कि रामदीन ने कहा, "लगता है, आपके मोटा भाई आपको जास्ती लाड़ करते है।" मैंने उसे बताया वे मेरे बनेवी है, फुफेरी बहन के स्वामी तो उसे भी नर्मदाप्रसाद जी का ऐसे रोना अजायब बात लगी किन्तु उसने कुछ कहा नहीं मात्र यह बुदबुदाकर रह गया कि कारकुनी से आदमी के पौरुष में कमी होती है और मैं अब जहाज़ पर भी कारकुनी करता रहूँ अन्यथा मेरी दशा भी नर्मदाप्रसाद जी की भाँति होगी कि साले से सालों पीछे मिलने पर ऐसे रोऊँगा।

नर्मदाप्रसाद जी की कंटोनी, चीनी, अंग्रेज़ी और जापानी पर खासी पकड़ हो गयी थी, चूँकि वे कदूरी ट्रेडिंग हाउस में पत्र-लेखा मुंशी ही नियुक्त थे। उर्दू का तो यहाँ नामलेवा न था और गुजराती या मराठी बोलने वाला मानुष भी मिलना मुहाल था, कभी हिन्दी बोली में बात करने वाले मारवाड़ी सेठों से भेंट हो जाती थी। मद्रासी बन्धु अलबत्ता बहुत थे किन्तु वे अपने समाज में ही उठना-बैठना करते थे। रंगून से भी कारोबारियों का आवागमन लगा रहता था और बंगाली जन भी कारकुनी का काम पकड़ने यहाँ आ जाते थे हालाँकि यहूदी और पारसी सेठों का बाज़ार में बोलबाला था। उनकी अंग्रेज़ी फर्राटेदार थी और पराई जगह कारोबार फैलाने में उन्हें घाटे का शुबहा न होता था क्योंकि उनकी सन्तानें परदेस जाने में कोताही न करती थी बल्कि बाँ-बापू को छोड़ने में, बाहर गाँव में बसने से उनके रास-विलास के आड़े कोई न आता था। चीनी सेठों की भी ख़ासी धाक थी किन्तु हिन्दुस्तानी मानुष हिन्दुस्तानी और ब्रितानी सेठों के यहाँ ही चाकरी बजाते थे, जापानी या चीनी कुटुम्ब अपने समाज के ही लोगों को नौकर रखते थे और उन्हें पगार भी कमती देते थे।

पैदल ही घर को निकले, छोटा मानुष मानकर नर्मदाप्रसाद जी को रामदीन को ले जाने में कचवाट होने लगी किन्तु मैंने अनदेखी करना मुनासिब समझा और रामदीन को संग-संग रखे चलता गया, "कुमुद को बताया क्या आपने कि मेरा इस मास घर आना होवेगा।" नर्मदाप्रसाद जी बारिस्टर गांधी के माफ़िक जल्दी-जल्दी पाँव बढ़ाते गये और जवाब नहीं दिया, एक चीनी औरत से किसी अद्भुत कंटोनी फल का भाव-ताव करने लगे। नर्मदाप्रसाद जी का छाता उन्होंने मुझे दिया था

जिसके कारण वे भीग रहे थे, इसलिए मैं छाता लिये उनकी तरफ़ दौड़ा किन्तु उन्होंने बटुए से नगद निकालते हुए मुझे मना किया, "यहाँ तो भाँति-भाँति की नगद चलती है न" मैंने बिरंगी नगद देखकर टिप्पण की पर वे उन्मन रहे, जवाब न दिया और चलते बने। "जीजा जी, पहिली बार घर आता हूँ मिष्ठान-फरसाण ख़रीदना ज़रूरी है", मैंने तगादा किया तो बोले घर पर मिठाई फरसाण खाने वाला जीव नहीं। मुझे आश्चर्य हुआ कि चटोरी कुमुद ने मीठा खारा कब त्याग दिया।

"साड़ी, पोलके का थान, सिन्दूर सब बुआ ने बँधाया था परन्तु आज लेकर नहीं निकला सोचकर कि कौन जाने आपका दफ़्तर मिले न मिले। अजूबा यह हुआ कि नाँगरवाड़े के इतने निकट आपके दफ़्तर की इमारत निकली और हम दोनों सम्पूर्ण हांगकांग का चक्कर काट आये।" मेरा हृदय पँसलियों में उछाले मार रहा था, नर्मदाप्रसाद जी की तरह चुप्पी सधती न थी और कुछ न कुछ बात मुख से निकलती जा रही थी। हालाँकि रोने-धोने के पीछे नर्मदाप्रसाद जी ने मौन ठान लिया था और कभी-कभी कोहनी से छटका मारकर रामदीन मुझसे नर्मदाप्रसाद जी की चुपमिज़ाजी के बारे में पूछता था–अभी रोना-गाना, बातें बड़बड़ करते थे और अब जिह्वा पर दही जमकर बैठ गये, ऐसा क्यों?

चढ़ाव पर बनी गली में नर्मदाप्रसाद जी का गृह था। पूरे रोज़ वृष्टि होने की वजह से लत्ते-लीड़े सूखे न थे। संझा पड़े भी बाहर ही लटके थे और उनके ऊपर लाल चोंचवाले क्रौंच बैठे ऊँघ रहे थे। गली में इक्की-दुक्की लालटेनों के अलावा उजाले का इन्तज़ाम न था। छाते के माफ़िक चौड़े चकले टोपे लगाये आदमी और औरत तलक बेखटके अँधेरे में इधर से उधर दौड़े जाते थे। किसी-किसी इमारत से चन्दन-कर्पूर, गुलाबजल और तरह-तरह की सुगन्धें आती थीं, लाल काग़ज़ के खोल की चिमनी के कारण अन्दर उजाला भी लाल चटक था। एक सरकारी चिमनी के नीचे 'वेलिंगटन स्ट्रीट' लिखा हुआ था। उघड़ी ईंटों की एक चार माले की इमारत में नर्मदाप्रसाद जी ने आने का इशारा किया और हम अँधेरे ज़ीने पर चढ़ते गये। बम्बई में डाक्यॉर्ड वाले कुमुद के गृह कितनी दफ़ा आता-जाता था, वह बात तो जैसे युगों पीछे की लगती थी, चाय के संग गाँठिये खाकर ही कुमुद घर लौटने देती थी। बम्बईवाली इमारत गर्डर फर्शी की थी और वहाँ रहना कुमुद को किंचित् भी भाता न था। यहाँ देखा कि इमारत अन्दर से पूरी बर्मा के सागवान से बनी थी, फ़र्श भी काठ के चौखटों का था जो चलते बखत खटखट बजते थे जैसे अदालत और बैंकों में आवाज़ होती है। अवश्य ही कुमुद यहाँ रहते अत्यन्त हर्ष पाती होगी, ऐसा सोचता मैं फटाफट ज़ीना लाँघ गया।

किवाड़ खुल्ला पड़ा था, खटखटाने की ग़रज़ नहीं पड़ी। अन्दर चिमनी तो ज़रा सी जल रही थी मगर कुमुद ने अगरबत्ती मोटी जलायी थी। बड़ा जंगी कमरा था, मोटी-मोटी गादियाँ और बाँस की दरियाँ बिछी हुई थीं और चीनी साधु महात्माओं की मूर्ति के आगे चम्पा के फूल पड़े हुए थे। लगता था, कुमुद या नर्मदाप्रसाद जी ठौर ठौर ठोकर खाकर बहुत धार्मिक हो गये थे। रामदीन बीड़ी फूँकने वास्ते नीचे ही रुक गया था या नर्मदाप्रसाद जी की उसके पढ़े-लिखे और धनी न होने के प्रति मानसिक अवस्था को देखकर उसने बहाना बना दिया था। अत्यन्त अजायब अनुभवों के कारण मेरी नज़र गीली हो गयी। पहले तो मैं "कुमुद, कुमुद" चिल्लाता शाला से लौटता था, उसी के हाथ की परोसी रोटी खाता था और उसी के हाथ के दिये तौलिये से तन सुखाता था किन्तु आज उसके गृह के अन्दर आने के पश्चात् भी "कुमुद, कुमुद" की आवाज़ कण्ठ से न निकलती थी, जिह्वा जानो जड़ हो गयी थी। हाथ-पाँव में ज़ोर न रहा, लगा धड़ाम से भूमि पर गिर पड़ूँ और कुमुद दौड़ी आये।

बिना गुल नर्मदाप्रसाद जी के आँखों से अश्रु गिरते रहे जैसे ढलवाँ के मरीज़ों की नज़र चूती है और वे पतलून की गीली किनोरें ऊँची किये अन्दर भाग गये। देर तलक जब वे न आये तो मुझे अजीब लगा। न कुमुद का कोई ठिकाना था, क्या वह एकदम बदल चुकी है, लाड़कुमारी फुफेरी बेन से हांगकांग की घमण्डन सेठानी हो चुकी है? अन्दर कोई बेबखत बाजा बजा रहा था, बीना माफ़िक कोई बाजा जो बम्बई में श्रीनाथ जी की हवेली में बजाया जाता था, मैं बाट जोहता बैठा रहा कि दोनों शायद श्रीजी की शयन आरती करते होंगे। अगरबत्ती के मारे तन्द्रा हावी हुई और असमय आँख लग गयी। नर्मदाप्रसाद जी ने हाथ लगाकर जगाया तब उठा, उनके हाथ में स्वर्णिम फ्रेम में मढ़ी एक विशाल काली फ़ोटू थी जो वे मुझे देने लगे। कुमुद का फ़ोटू था, काले फ़ोटू पर सोने के पानी से गहने बनाये गये थे और लाल मख़मल की माथे पर बिन्दी चिपकी थी, मैंने आँख उठाकर नर्मदाप्रसाद जी को देखा, प्रश्नवाचक दृष्टि परखकर उन्होंने कहा, "कुमुद का अब यही बचा है।"

कुमुद काल कवलित हुई किन्तु नर्मदाप्रसाद जी ने बात छुपाये रखी। मैं और बुआ उसे जीवित मानकर जीते रहे। उसके नाम से आँख से आँसू न गिराया। उसके दाहसंस्कार के दिन भी पकवान-मिठाई खाते होंगे, "यह क्या किया आपने, जीजा जी?" कोप के मारे मेरी जिह्वा मेरे बस की न रही, "क्या मेरी बहन किसी पराये के घर मरी थी जो आपने यह बात छुपाई।" जी और बदन पर अंकुश न रहा और मैं चिल्लाने लगा, "कुमुद, कुमुद, हाय कुमुद।" रोना-गाना सुनकर बाजा बजना बन्द हो गया और अन्दर से एक चीनी औरत लाल रेशम का चोगा पहने बाहर निकली।

चिमनी की थोड़ी-सी ज्योति में भी उस औरत के चोगे का रेशम जगरजगर दीप्त हो रहा था। मैं भूमि से उठ खड़ा हुआ और नर्मदाप्रसाद जी को देखा, उन्होंने पुनः मेरी प्रश्नवाचक नज़र को परख लिया और कहा, "यह कुवा है, तुम्हारी नवादी बहन।"

मैंने घृणा से उस चीनी औरत को देखा, "आपने कुजात लग्न कर लिया? कुमुद की हत्या क्या इसी वास्ते की?" चीनी औरत रोते हुए अन्दर वापस भाग गयी।

"कुमुद को हांगकांग की हवा खा गयी, यहाँ आते ही उसे दस्त-बुख़ार ऐसा लगा कि दो दिन में प्राणलीला ख़तम हो गयी," नर्मदाप्रसाद जी ने सफ़ाई दी।

अवश्य ही वह असत्यभाषण था क्योंकि कुमुद के पत्र तो बदस्तूर आते रहे, "उसके पत्र सबूत हैं कि वह मेरे जहाज़ पर चढ़ने तलक जीवित थी।" नर्मदाप्रसाद जी ने बताया कि वे पत्रियाँ ख़ुद नर्मदाप्रसाद जी लिखते थे। कुमुद ऐसे फर्राटे से लिखना कहाँ जानती थी। बात दुरुस्त थी, शाला में विद्या उसने पूर्ण न की थी। पढ़ती फर्राटा थी क़लम के काम में अटकती थी।

किन्तु आपने ऐसा किया क्यों? इसका जवाब नर्मदाप्रसाद जी के कने न था। वे सोते से जगाकर एक तीन साल की बालिका को ले आये, "फुदु, फुदु" उसे पुकारते थे, मेरी गोद में देने लगे। उस बालिका का मुख कुमुद से मिलता था, "कुमुद की बेटी है?" मैंने पूछा तो उन्होंने जवाब देना ज़रूरी न समझा क्योंकि मुख देखकर ही यह ज्ञान हो जाता था कि वह कुमुद और नर्मदाप्रसाद जी की आत्मजा है। "नाम अत्यन्त अनुचित रखा है उसका फुदु," मैंने कहा किन्तु तब भी नर्मदाप्रसाद जी ने जवाब न दिया। कुजात ही नहीं विदेशी विधर्मिणी से लग्न रचाया जिसके न गोत्र की ख़बर न संगत और पंगत का ठिकाना। उसके साथ शय्या-रसोई एक की और उस पर अपनी और कुमुद की बरोबर कुल-गोत्र वाली कन्या का ऐसा सड़ा नाम फुदु रख दिया, छी: छी:, धिक्कार है।

"कुवा आबे चीनी नहीं है, उच्चकुलीन जापानी है," नर्मदाप्रसाद जी ने कहा जैसे जापान में सब नागर ब्राह्मण रहते हों। मेरी गोद में फुदु रो रही थी और कुमुद की फ़ोटू सीने से लगाये मैं विलाप कर रहा था।

"कुमुद ने फुदु का नाम धरा था फूलीबेन किन्तु यहाँ हांगकांग में ऐसा नाम टेरने वाला मानुष कहाँ मिलता, बताओ? जब कुवा को घर लाया तो उसने फूलीबेन से नाम फुदु कर दिया। उसे बा की कमी कभी खटकने दी हो तो पूछो। आज तलक ऐसे इसे रोते न देखा जैसे आज रो रही है।" नर्मदाप्रसाद जी बोलते गये किन्तु उनकी

बात पर मुझे किंचित् श्रद्धा न थी। इतनी देर से फुदु पराये मानुष की गोद में पड़ी रो रही थी, यदि नर्मदाप्रसाद जी की जापानी घरनी को इसकी चिन्ता होती तो दौड़ी न आती? सौतेली बा से आत्मीय व्यवहार की आस यों थी जैसे जलती सिगड़ी पर कोकम का ठण्डा शरबत बनाने की अपेक्षा करना।

इतने में नर्मदाप्रसाद जी की जापानी स्त्री एक नौकरानी को संग लगाये लकड़ी की तश्तरियों में केतली और चीनी प्याले जमाये चाय लेकर हाजर हुई। कुमुद ऐसी धज बनाकर कभी न रहती थी जैसी इस जापानी स्त्री की सज्जा थी–महँगा रेशमी चोगा, केश ऐसे काढ़े-बाँधे थे कि एक अलक इधर की उधर न थी, होंठ गुलाब की पंखुड़ी की माफ़िक रँगे थे और चार हाथ दूर से सुगन्ध आती थी। इसी सबसे नर्मदाप्रसाद जी पर मोहिनी फेरी होगी, मुझे लगा इसी चक्कर की वजह से कुमुद की जीवनलीला समाप्त हुई होगी। जापानी सौत छाती पर चढ़कर मूँग दले यह कौन से नागर ब्राह्मण कुल की स्त्री को स्वीकार होता। मुझे अत्यन्त तीव्र रोष हुआ और चाय की केतली को ठोकर मारकर मैं बाहर आ गया।

नीचे रामदीन नदारद था, सो अकेले ही जहाज़ लौटने का निश्चय करके मैं चल पड़ा। चार क़दम बढ़ाते-बढ़ाते ही मुझे ध्यान आ गया कि मैं नर्मदाप्रसाद जी को अत्यन्त कठोरता से जाँच रहा हूँ, विदेश में आकर उनकी घरनी का देहान्त हुआ, गोद में पुत्री और चाकरी बजाना भी आवश्यक, आख़ीर वह भला मानुष क्या करता फिर बारिस्टर गांधी की भाँति संयम क्या मैं ही साध पाया था हालाँकि रण्डी रगड़ने में और मलेच्छ औरत से लग्न रचाकर वंश परम्परा बिगाड़ने में ज़मीन-आसमान का फ़रक़ था किन्तु तब भी मुझे बनेवी जी को माफ़ करना चाहिए, ऐसा विचार हुआ। फिर उनकी जापानी स्त्री का मुख ध्यान में आया, कितना शान्त मुख था जैसे जापानी बुद्धों की मूर्तियों का मुख होता है जिनके आगे नर्मदाप्रसाद जी के गृह में अगरबत्तियाँ जली हुई थीं।

वापस कुमुद के घर जाने की धारणा बनी तो ध्यान आया कि अब वह कुमुद का गृह नहीं बल्कि कुवा की गृहस्थी है और जी तुरन्त नर्मदाप्रसाद जी के वास्ते रोष से भर गया, उन्होंने कुमुद के स्वर्गवास की पत्री हमें नहीं भेजी, बुआ जो कुमुद की बा थी, क्या उन्हें अपनी बेटी के बारे में जानने का हक़ न था? मेरी जासूस बुद्धि हरकत में आ गयी। कुमुद के अकाल देहान्त की वजह का पता लगाये बिना बम्बई लौटना अत्यन्त गलत होता और पता लगाने वास्ते नर्मदाप्रसाद जी की चौखट पर आना-जाना ज़रूरी था जिसके लिए हांगकांग प्रवास का इरादा ठाना। देर रात गये तलक भटकते, पैर पटकते जहाज़ पहुँचा। लगता था, भूख हमेशा के लिए शान्त हो

गयी। देखा रामदीन और हुआंग महाराज दारू पी रहे थे, मैंने भी बोतल पी और सो गया। हुआंग महाराज के अचानक आने की वजह तक पूछने का ख़याल न रहा।

रात भर में कई इंच वृष्टि हो गयी, जागने पर देखा सड़कों पर डोंगियाँ तैर रही थीं। देर तलक खटोले पर पड़ा मैं महादेव काणे जी को देने वास्ते इस्तीफ़े का मजमून बनाता रहा फिर मंसूबा बनाया कि ऐन बखत पर जब जहाज़ हांगकांग से रवाना हो तब चाकरी त्यागने का अपना मंसूबा उनके आगे प्रकट करूँ, इससे फ़ायदा यह था कि रहने को जहाज़ पर मुफ़्त ठिकाना और रोटी का इन्तज़ाम मिलता रहेगा और यदि कुमुद के ख़ूनी की ख़बर उससे पूर्व लगी तो ख़ूनी को पोलीस को सौंपकर बम्बई जा सकूँगा। हुआंग महाराज जहाज़ की रसोई में झाड़ू मार रहा था। मैंने टट्टी के हाथ धोए, फटाफट स्नान निपटाया और हुआंग महाराज का छाते माफ़िक टोपा लगाकर कुमुद वास्ते लाये उपहार लिये नर्मदाप्रसाद जी के घर की तरफ़ निकल पड़ा। वेलिंगटन स्ट्रीट के अलावा उनके मकान के बारे में और कुछ न पता था किन्तु भगवती ने संग दिया और चढ़ावदार वेलिंगटन स्ट्रीट का पता राह चलते अंग्रेजों से पूछते-पूछते मुझे लग ही गया।

उघड़ी ईंटोंवाली इमारत में उस बखत शान्ति थी। आदमी लोग दफ़्तर-कारख़ाने, अदालत-कचहरियाँ जा चुके थे। सीधे नर्मदाप्रसाद जी के माले पर पहुँचा तो देखा किवाड़ खुल्ला पड़ा था और नौकरानी सागवान का फ़र्श बैठी रगड़ रही थी। कर्पूर की सुगन्ध से कमरा क्या पूरा माला और उसके आगे पूरी इमारत भरी हुई थी। कोने में चन्दन के एक छोटे से गुटके को मोमबत्ती के ऊपर रखे कुवा जलाने का जतन कर रही थी। भात खदकने की गन्ध अलग चौके से उठती लग रही थी। एक कंटोनी डोकरा टोकरे में ताज़ी मच्छी लिये धीमे-धीमे ज़ीना चढ़ रहा था, जिसकी गरम-गरम गन्दी गन्ध से ज़ीना चढ़ते दफ़े माथा ठनका था। जापानी में कुवा कुछ गुनगुना रही थी, फुदु वहीं बाँस की चटाई पर जापानी गुड्डा लुढ़का-लुढ़काकर खेल रही थी। नर्मदाप्रसाद जी दफ़्तर निकल गये थे, ऐसा प्रतीत होता था।

कुवा ने कटि से शीश पर्यन्त झुक-झुककर मुझे सलाम किया और बैठने का इशारा किया। वह कंटोनी और जापानी मात्र में बात कर सकती थी, भाषा और अंग्रेज़ी उसे न आती थी। मैंने उपहार आगे किये तो कई दफ़ा झुक-झुककर सलाम बजाने के पश्चात् उसने उपहार को स्पर्श मात्र किया और नौकरानी ने मेरे हाथ से उपहार ले लिये। यह मुझे अपमानजनक गुज़रा किन्तु कुमुद की मृत्यु का पता लगाने वास्ते मैंने इसकी अनदेखी की। देर तलक एक-दूसरे के आगे शान्त विराजने के पीछे कुवा अन्दर गयी और नौकरानी के संग चाय लेकर हाज़िर हुई। चाय ख़ाली पानी

थी, दूध-शक्कर तो दूर पत्ती तलक डालने में कंजूसी वापरी है, सफ़ा अनुभव होता था किन्तु तब भी मैंने ख़ून के घूँट के माफ़िक वह गरम पानी का प्याला पिया और वहीं बैठा रहा। जो बुद्धि कल से हरकत में थी, वह अचानक यहाँ आकर जड़ हो गयी थी और बात कैसे बढ़ाऊँ, समझ में नहीं आता था। उमस के मारे बुशर्ट पानी पानी अलग हो रही और बैठे-बैठे ऊँघने की दशा हो गयी। कुवा ने ईंट के माफ़िक कॉर्क का तकिया लगाने वास्ते आगे किया, मैं आँख मूँदें पड़ा रहा–आधी निद्रा, चवन्नी जागृति और चौथाई टका स्वप्न जैसी दशा हो गयी थी, सम्भवत: भाँति-भाँति की सुगन्धों की तासीर थी। नौकरानी ने आकर मेरी बुशर्ट के बटन खोल दिये और निकट बैठकर पंखा झलने लगी। कल रातवाला बीना जैसा बाजा पुन: बजने लगा। कुनमुनाकर मैंने आवाज़ की तरफ़ नज़र की तो देखा कुवा एक चपटी बीना बजा रही थी–इस नारी का ढंग भले घर का मालूम न होता था, पराये मानुष के आगे कौन भले घर की गृहिणी बाजे आदि बजाती है।

जब उठा तब बारह के ऊपर बज चुका था। नौकरानी ने मेरे उठते ही मुझे मोरी तरफ़ जाने का इशारा किया, मन को अख़बार की तरह बूझने में सेठानी और उसकी नौकरानी निपुण है ऐसा आभास अब हो रहा था। मोरी में लघुशंका निपटाने की व्यवस्था थी। हाथ-पाँव धोकर बाहर आया तो भाँति-भाँति के भात और चटनियाँ, उबली शाक और मच्छी तैयार थी। फुदु चटाई पर ही मच्छी और शाक खा रही थी—ब्राह्मण कुल की तीन वर्षीय कन्या को मच्छी खिलाकर उसके धरम को ऐसे भ्रष्ट होते देखना मेरे लिए असह्य गुज़रा। मैंने थाली छीनकर दूर पटकी तो फुदु चिल्लाचोट करने लगी और कुवा ने कोपवती होकर मुझ पर नज़र की–कोप में कोप कम और निर्बल की वेदना जास्ती थी।

"मांसाहारी भोजन ब्राह्मण कुल की कन्या को देना महापातक है," मैंने हिन्दुस्तानी में कहा जिसे कुवा मोटा-मोटा समझ गयी। मैंने इशारे से बताया कि फुदु को शाक मात्र देना चाहिए, इस पर उसने ज़ोर-ज़ोर से मुण्ड हिलाया और हाथ से मक्खी मारने माफ़िक संकेत करने लगी। जापानी में नौकरानी कुछ बड़बड़ायी। "नर्मदाप्रसाद जी को जब इस बात की ख़बर होगी कि उनकी डीकरी मच्छी चबाती है तो उन्हें अत्यन्त क्लेश होगा, इसके वास्ते देश-देशान्तर वर न मिलेंगे," मैंने गुज़राती में कहा किन्तु नर्मदाप्रसाद जी के नाम के अलावा कुवा सम्भवतया कुछ न समझी थी। उसकी मुखमुद्रा कठिन पड़ गयी थी तो वह कुमुद की जगह पर कुमुद की भाँति मेरी बहन तो न थी, वह नर्मदाप्रसाद जी की जापानी औरत थी और मेरे वास्ते पराई थी। नर्मदाप्रसाद जी की ग़ैरहाज़री में यहाँ आकर बैठना, सोना और

भोजन करना क्या उचित था? कल को यह ग़ैर के आगे बाजे बजाने वाली जापानी औरत नर्मदाप्रसाद जी से मेरे बारे में अनुचित कहती तो कौन मेरा विश्वास करता? मैं फ़ौरन उठ खड़ा हुआ और जाने को उद्धत किवाड़ पर आकर जूते में पाँव डालने लगा। कुवा पीछे दौड़ी आयी और देहली पर खड़ी होकर मुझसे आँख-आँख में रुकने की अरज़ करने लगी। हथेली से हथेली मसलती देर तलक वह खड़ी रही और मैं भी रुका विचार करता रहा कि रुकने में मेरा किंचित् भी नफ़ा नहीं, जापानी या कंटोनी के अलावा यह नारी दूसरी भाषा का शब्द मात्र नहीं जानती, "कल आता हूँ," मैंने कहा, "tomorrow, कल, कल", टमॉरो का अर्थ उसने समझा और उसकी पुतलियाँ कौंधीं। उसने झुककर प्रणाम किया।

जहाज़ पर आकर लेटा तो कुवा के विचार माथे पर छा गये। लगता था, वह जापानी नारी हाड़-मांस की न होकर सुगन्धों और भाँति-भाँति की सुरीली आवाज़ों से बनी थी, ऐसे जीव से अब तलक सामना न हुआ था। कभी मुझे अनुभव होता जैसे गरुड़ देवता की पीठ पर बैठा मैं हवा में उड़ रहा हूँ तो कभी लगता शेषनाग पर लेटा समुद्र में तैर रहा हूँ। कुवा के बारे में धारणा बाँधने के चक्कर में कुमुद वास्ते शोक करने का विचार जाता रहता था, जिसकी वजह से ग्लानि होने लगती और ख़ुद पर और ख़ुद से अधिक नर्मदाप्रसाद जी पर रोष होता। अपनी सगी बहनों से ज़्यादा मेरे हृदय में कुमुद के वास्ते आसक्ति थी किन्तु अब उसकी जगह कुवा को पाकर दु:ख क्यों नहीं होता था? नींद लगी तो मुझे कुमुद को लेकर दोषपूर्ण स्वप्न हुआ और मैं माथा ठोंकता जाग पड़ा–स्वप्न में मैंने देखा मेरे चार हाथ हैं और मैं चारों हाथों से जल्दी-जल्दी कुमुद के वस्त्र हेड़ रहा हूँ, राम-राम। आवश्यक नहीं कि सबका अन्तिम संस्कार उसी प्रकार हो जैसे हिन्दुस्तान में होता था। दिमाग़ में ही कुमुद की चिता लगाना और आग देना करके उससे मुक्ति हो सकती है, ऐसी धारणा मैंने बनायी और कल्पना में कुमुद को श्मशान ले जाते हुए देखने लगा। मानसिक कर्मकाण्ड का महत्त्व भौतिक क्रियाओं से अधिक है, ऐसा बारिस्टर भी कहते हैं, आत्मा सफ़ा होना चाहिए।

इतने में टीन की एक पेटी लेकर रामदीन आ गया, "साहेब, साहेब", मैंने उसकी आवाज़ सुनकर आँख खोली और देखा। "यह पेटी जहाज़ में छुपाना पड़ेगी", रामदीन फुसफुसाया।

अव्वल तो पेटी थी किसकी और दूसरा पेटी वास्ते ऐसे फुसफुसाना बहुत अजीब था, इसलिए मैं खटोले से उछलकर दूर जा खड़ा हुआ, "ख़यानत-उठाईगिरी का माल है क्या इसमें?" मैंने कड़की से पूछा।

रामदीन का मुँह उतर गया, "कैसी बात करते हो, कारकुन साहेब! इतने बखत से संग है, आपने मुझे चोरी-चकारी करते हुए पकड़ा कभी?" उसका दायाँ बाज़ू कुर्ते के अन्दर से फड़कता दिखाई दे रहा था और पेटी इतनी हिलती थी कि ताला टनटन बज रहा था।

"तो फिर पेटी छुपाने का मंसूबा कैसे हुआ?" मैंने पूछा। तुरन्त धोती ढीली करके रामदीन ने लँगोट के सिरे से बँधी कुंजी खोली और पेटी खटोले पर रखकर ताले में कुंजी घुमाने लगा।

पेटी में विक्टोरिया की दस बारह पोटलियाँ, कोने में लाल मख़मल में सोने की एक ईंट रखी थी और हकीक की गुड़ियाएँ थीं। यह मालेख़यानत न था तो क्या था! मैंने घूरकर रामदीन को देखा, उसने पलटकर ऐसे देखा जैसे वह सर्वथा बेदोष हो, "आप इसे उठाईगिरी या डकैती का मालमत्ता मत मानना। यह हुआंग महाराज की पूँजी है।"

मेरी बुद्धि ऐसी भी भोथरी न हुई थी कि इसे चीनी रसोइये का ख़ज़ाना मानकर चुप बैठता, "हुआंग महाराज इतना धनी है तो जहाज़ों पर चौका क्यों करता है?" मुझे अब पूर्ण विश्वास हो गया था कि रामदीन और हुआंग महाराज हांगकांग में चोरी-डकैती करते हैं और जहाज़ी कामकाज इसे छुपाने वास्ते आड़मात्र है। "हुआंग महाराज का नहीं यह चीन में जनताराज लाने वास्ते जो इंक़लाब होना है, उसके ख़र्चे की पूँजी है।" रामदीन ने कहा। जनताराज का अर्थ भी रामदीन को पता था? इसका ही मुझे सन्देह था।

"तुम्हें यह भी पता है कि जनताराज होता क्या है?" मैंने खटोले पर बैठते हुए कहा। अब मुझे इस बात में रुचि हुई क्योंकि यदि यह मालेडकैती भी था तो भी रामदीन के निकट इसे लेकर कथा रोचक थी।

रामदीन ने पेटी बन्द की और उस पर राजे-महाराजे के माफ़िक टाँग फैलाकर बैठ गया और मुझे जनताराज पर प्रवचन करने लगा, "इसमें न राजा-महाराजा का हुकम चलता है न फ़िरंगी मानुष की हकूमत बल्कि हम जैसे ग़ुरबा लोग पंचायत लगाकर अपनी हकूमत आप चुनते है।"

रामदीन जैसा अनपढ़ मानुष को यह ज्ञान किसने दिया, मुझे जिज्ञासा हुई, "तुम्हें यह सब किसने बताया?"

रामदीन उठकर खड़ा हुआ और बोला, "सब बताता हूँ, पहले चाय बना लूँ, तम्बाकू की तलब लगी है।"

मैंने काग़ज़ की भोंगलियाँ बनायीं उनमें तम्बाकू लपेटा तब तक रामदीन चाय ले आया। फ़िलहाल खटोले के नीचे पेटी खसका दी गयी, कमरा तम्बाकू के धुएँ से भरने लगा, "हुआंग महाराज और उसकी टोली चीन में अन्धाधूँधी मचाकर जनताराज लाने वाले हैं", रामदीन ने चाय सुड़कते हुए कहा, "चीन में रानी बहुत अत्याचारी है, अब जनताराज क़ायम होगा।" जनताराज मतलब अराजक शासन, जहाँ साहू सिंग जैसे गुण्डे चर्पटनाथ जैसे निर्दोष निर्बलों पर हुकम बजायेंगे, "जनता आप अपने ऊपर राज करने में समर्थ नहीं है। भूल गये कैसे चर्पटनाथ को साहू सिंग ने समन्दर में धक्का दे दिया था। जिसकी लाठी उसकी भैंसवाली नीति चलेगी।" रामदीन ने जवाब देने की हड़बड़ी में जल्दी-जल्दी धुआँ फूँका मगर उसे ठसका लग गया, देर तलक खाँसने के पश्चात् उसने कहा, "न तो फ़िरंगियों की हकूमत अच्छी न राजा की। चाहे जैसी हो अपने ऊपर अपनी हकूमत भली। आप तो यह बताओ कि पेटी आप जहाज़ पर छुपाने दोगे या नहीं?" रामदीन का इस भाँति मुझसे वार्ता करना मुझे बर्दाश्त न था, गुण्डाशाही मुझ पर बेअसर रहेगी, यह पढ़े-लिखे मानुष से बात करने का कोई ढंग था? चोरी का माल जहाज़ में रखने दोगे कि नहीं? यह कोई सवाल था, सवाल था या धमकी थी। दो टके का हम्माल और बात बरोबरी से करे! मैंने टका-सा उत्तर दिया, "नहीं।"

रामदीन उठ खड़ा हुआ और घोषणा की, "मैं अपने ज़िम्मे यह पेटी लाया हूँ, कहीं और रख लूँगा। आप इतना ध्यान रखना कि पेटी की ख़बर काणे साहेब तक न पहुँचे। हुआंग महाराज को आप जानते ही हैं, बिना हथियार के ख़ाली हाथों से आदमी की जान ले लेता है।" साफ़-साफ़ धमकी दी, पेटी लादकर रामदीन चल पड़ा, हुआंग महाराज सच में मानुष के प्राण हाथमात्र से लेने में समर्थ था। मुझे इस मुश्किल से कोई निवेड़ा नज़र न आया, फिर पेटी हुआंग महाराज की थी, लाया रामदीन था, छुपायी भी उसने थी तो मैं क्यों फटे में टाँग अड़ाता। सबसे भली चुप, मैंने चद्दर तानी और पुनः सो गया।

हांगकांग पहुँचने पर एक बार भी कार्ल जहाज़ पर नहीं आया था, फ़िरंगी मानस की मैत्री ऐसी कच्ची निकलेगी पहले ख़बर न थी, एकान्त ने मुझे घेर लिया। कुमुद से भेंट होगी, गये दिन पुनः जीने की जुगत लगेगी, क्या-क्या स्वप्न न देखे थे और अब यहाँ पहुँचकर कुमुद का फ़ोटू मात्र हाथ आया। अगले बखत के पाठकगण जब मेरी जीवनगाथा पढ़ेंगे तब उन्हें मुझ पर कोप जास्ती और पाठन-सुख कम होगा, जो जीवन में आया वह यमराज का ग्रास बन गया। बा का मैंने श्राद्ध तो कर दिया था किन्तु उस क्षण मुझे पूर्ण श्रद्धा हुई कि बा जीवित है। अवश्य ही किसी परपुरुष के

गृह अपना बचा बखत काटती है किन्तु असंख्य मानुषों से भरी इस गोलमटोल पृथ्वी पर वह जीवित है, यही मुझे तोष देने वास्ते पर्याप्त था। खोदादाद की अब तलक सात सन्तानें हो चुकी थीं और मेरा मात्र एकटा पूत था, वह भी बेचारी बुआ के संग बम्बई में धक्के खाता था, ख़ुद को अभागा पुकारना मुझे मंज़ूर न था किन्तु कुण्डली में प्रबल ग्रह ढूँढ़े मिलना मुहाल भी तो था। मस्तक के मंच पर वे सभी पात्र जिनकी भूमिकाएँ ख़तम हो चुकी थीं, सज-धजकर पुनः-पुनः आने लगे, गणपति दादा और लीलावती का अभंग गायन चालू हो गया, रविशंकर महाराज चाय-तम्बाकू बँधवाकर ले आया बगल में दबाकर उपन्यास भी लाया था। नक़ली नाक बनाने वाले डॉक्टर के यहाँ रोकड़ का लेनदेन करने वाला लालची मुंशी तलक माथे पर आकर खड़ा हो गया। बम्बई में कितना सुख था, नित नवादी घटना होती थी, प्रतिदिन कोई अनोखा टण्टा खड़ा हो जाता था। उसी समय बारम्बार हृदय में यह धारणा होने लगी कि अब मैं कभी बम्बई न जा पाऊँगा। गरदन झटक-झटककर मैं ऐसी बदक़िस्मत धारणा हृदय से निकालने का यत्न करता किन्तु वह और गहरे पैठती जाती थी। अवश्य ही रात गये दारू अधिक पीने और भोजन बरोबर न करने का परिणाम है, फिर तम्बाकू के मारे अलग बुद्धि भाप इंजन के माफ़िक दौड़ती है। बम्बई जाना कौन सा पहाड़ चढ़ना था, पाशा जहाज़ में आया था इसी में बैठकर लौट जाऊँगा। कारकुनी से काणे साहेब ने किसी बात पर बेदख़ल कर दिया तो उनकी एड़ी पर नाक रगड़ूँगा। बा, बुआ और बच्चे का वास्ता दूँगा।

उठकर बैठा तो रामदीन पुनः चाय ले आया था, चार बजने आये थे, इस बार दूध और शक्कर डालकर चाय उबाली थी, "साहेब, आप पढ़े-लिखे आदमी हो, अंग्रेज़ी में भी फर्राटा हो, फ़िरंगी साहेब लोग आपको मुँह लगाते है। रुपये की कमी नहीं, न बार-बार आपको बेइज़्ज़त होने का अन्देशा मगर हम लोगों का कोई मालिक नहीं। चीनी लोगों में जनताराज आये तो एक दिन हमारी तरफ़ भी आ जायेगा, इस वास्ते मैंने पेटी छुपायी है। डकैती-उठाईगिरी से माल बनाना होता तो जहाज़ पर ख़लासी होकर क्यों भटकता फिरता!" रामदीन बैठा-बैठा बड़ी-बड़ी बातें बनाता रहा, घण्टाभर पूर्व धमकी देकर गया था और अब मेरा बाँधव होने की नाटिका खेल रहा था। चाय पीकर मैंने कुर्ता पहना और रामदीन से कहा, "तुम्हें कंटोनी में बोलना फर्राटे से आता है। क्या तुम नर्मदाप्रसाद जी के घर काम करने वाली उस कंटोनी औरत से निकट परिचय बढ़ा सकते हो?"

रिक्शे में बैठकर पहले हम दर्ज़ी की दुकान पहुँचे, रामदीन से पेटी छुपाने के बदले में नर्मदाप्रसाद जी के घर की कंटोनी नौकरानी से रामदीन निकटता बढ़ाकर

कुमुद के देहान्त का रहस्य वसूले–यह हम दोनों के लिए नफ़े का सौदा था और इसमें रामदीन को अपना हित और हर्ष दोनों ही नज़र आते थे। उसने अपनी रोकड़ से ख़ुद के वास्ते पतलून-क़मीज़ बनवाने का निर्णय भी कर लिया क्योंकि उसके अनुसार हांगकांग की नारियाँ धोतीवाले आदमियों को मुँह न लगाती थीं। फ़िरंगी दर्ज़ी देखकर मुझे भय हुआ कि वह जास्ती सिलाई लेगा और नखरे करेगा। रामदीन उसी से पतलून बनवाने पर आमादा था, "पतलून-बुशर्ट फ़िरंगी लिबास है, कंटोनी मानुष के बस का नहीं इसे सिलना, फिर हम कौन से रोज़ाना पतलून सिलवाते हैं।" बात तो दुरुस्त थी किन्तु जेब का मुँह भी देखना था। मुझे यह भी भय था कि रामदीन से ज़्यादा महँगा यह मुझे पड़ने वाला है क्योंकि मुझे रामदीन का साहेब होने के नाते महँगे थान से अपनी बुशर्ट और पतलून का कपड़ा कटवाना था।

दर्ज़ी ने यह बताने से सफ़ा मना कर दिया कि पतलून और बुशर्ट वास्ते कितना कपड़ा लगेगा। चार दफ़ा मैंने नाप लेने की अरजी की किन्तु उसकी मगरूरी दुनिया से निराली थी। "इसके गुमान का तो ठिकाना नहीं मिलता। अब कपड़ा पहले लायें और इसने कह दिया कमती है तो पतलून या बुशर्ट में जोड़ आवेगा" मैंने रामदीन को कोई कंटोनी या हिन्दू दर्ज़ी ढूँढ़ने वास्ते पटाने का प्रयास किया।

रामदीन डेढ़ सयाना था, फ़ौरन बोला, "उसकी कोई ग़रज़ नहीं। बजाज जानता होगा कितना कपड़ा लगेगा। अब फ़िरंगी लिबास बनवा ही रहे हैं तो बराबर ही बनवाये और फ़िरंगी से ही बनवायें।" मन मारकर बजाज के यहाँ पहुँचे, चीनी व्यापारी था और मोलभाव करने में बहुत बखत खोटी गया।

रामदीन ने सूती थान पसन्द किये, मुझे भी वही अच्छे लग रहे थे किन्तु रामदीन से अलग खड़ा होने वास्ते मुझे बुशर्ट के लिए चीनी रेशम का थान कटवाना पड़ा, बजाज के नौकर के बारम्बार आग्रह रखने की वजह से न चाहते हुए भी पतलून वास्ते भी बुशर्ट के थान माफ़िक चीनी रेशम का टुकड़ा ख़रीदा। जितना रुपये मैंने ख़र्चे उससे आधे की रामदीन ने रसीद कटवायी। दर्ज़ी के कने पुनः पहुँचे तो उसने ऐसा मुँह बनाया जैसे उसे हमारे लौटने की आस ही न थी। एक कंटोनी नौकर से हमारा नाप लेने को कहा। सम्भवतः वह हमारा नाप ख़ुद लेने में अपना अपमान समझता था। मेरी पतलून और बुशर्ट का कपड़ा दिखाने पर वह ज़ोर-ज़ोर हँसने लगा, अंग्रेज़ी में पहले उसने मुझसे पूछा, "तुम अंग्रेजी समझते हो?" मैंने अंग्रेज़ी में ही जवाब दिया, "indeed", फिर रामदीन को हिन्दुस्तानी में बताया कि यह अनपढ़ दर्ज़ी मुझसे पूछ रहा है कि क्या मैं अंग्रेज़ी जानता हूँ, इसे क्या पता कि बम्बई में मैं बैंक में बैठा अंग्रेज़ी में ही करोड़ों की बही बनाता था।

दर्ज़ी ने अंग्रेज़ी में बताया कि इस कपड़े से पतलून नहीं बन सकती, बहुत यत्न के पश्चात् बुशर्ट वह ज़रूर बना देगा किन्तु पतलून वास्ते यह कपड़ा बहुत बारीक है। मेरा दिल बैठ गया। रामदीन ने उसके नौकर से कंटोनी में हुज्जत करना आरम्भ कर दी, "चाहे कुछ हो, हमें इसी कपड़े से पतलून सिलवाना है।"

देर तलक रामदीन, दर्ज़ी और उसका नौकर कंटोनी में चर्चा-विचारणा करते रहे और दर्ज़ी ने कपड़ा लेकर ग़ुस्से में अपनी मेज़ पर पटक दिया, "मतलब उसने पतलून सिलने वास्ते कपड़ा स्वीकार कर लिया?" मैंने बाहर आकर रामदीन से पूछा।

"हाँ, उसका बापू भी बनायेगा पतलून। बार-बार यह दरख़ास्त लगा रहा था कि इतने मुलायम थान की पतलून तो क्या जापानी औरत वास्ते किमोनो तलक नहीं बन सकता।"

एक दरिद्री फेरीफ़रोश सिंघाड़े की चीनी मिठाई बेच रहा था, हम दोनों वही खाने बैठे थे। दिनों पश्चात् हांगकांग में धूप निकली थी। "तो फिर दर्ज़ी माना कैसे उसी थान से पतलून सिलने को?" मैंने पूछा, फीकी बासी बिस्कुट के माफ़िक मिठाई थी, खाते ही पलटी होने की शंका हुई।

रामदीन चटोरे के माफ़िक मिठाई खा रहा था, देर तलक खाता रहा, फिर पानी पीने के पश्चात् बोला, "साहेब, दर्ज़ी बोल रहा था कि ऐसी पतलून पहनकर नाटक कम्पनी में नाचोगे क्या? मैंने कहा, हाँ, जा नाचेंगे, तुझे सिलने से मतलब, अपना काम कर, मजूरी ले और चूल्हे में जा।" मतलब मेरी पतलून नाटक कम्पनी के नौकर के माफ़िक लगेगी, दिल मुँह को आ गया, वहीं पलटी हो गयी, हालाँकि रामदीन की बातें बढ़ी-चढ़ी थीं किन्तु रेशमी पतलून चढ़ाये मैंने आज तक कोई आदमी न देखा था–न बम्बई में न यहाँ हांगकांग में। इतना रुपया ख़र्चा और पतलून अब मिलेगी नाटक कम्पनी के नौकर जैसी–सन्ताप का विषय तो था।

"क्या वह फ़िरंगी दर्ज़ी जनाना लिबास बनाने का काम भी करता है?" मैंने रामदीन से पूछा, दुकान पर कोई जनाना लिबास लटका तो न देखा था किन्तु नारी के वस्त्र कोई भला मानस खुल्ले में लटकाया, ऐसा होने के वास्ते पर्याप्त बेशरमी चाहिए। फेरीफ़रोश को रुपया देते हुए मैंने रामदीन से कहा, "रामदीन, उस चीनी बजाज के यहाँ फिर चलना होगा, थोड़ा माल और ताकना रह गया।"

रामदीन को नर्मदाप्रसाद जी के गृह पहुँचने की उतावली थी, बहाना वह ये बनाता था कि पतलून-बुशर्ट आने से पूर्व वह कंटोनी नारी पर दूर से नज़र रखकर उसका चाल-चलन समझना चाहता था किन्तु मुझे ख़बर थी कि यह ख़ाली विषय

सुखेच्छा थी और इससे मेरा मंसूबा पूरा नहीं होने वाला था। मेरा नक़्शा यह था कि पहले रामदीन कुवा की कंटोनी नौकरानी से गाढ़ा परिचय करे और फिर कुमुद के देहान्त के बारे में जानकारियाँ जुटाये किन्तु रामदीन ख़ाली मज़े करना चाहता है, अब ऐसा लगता था, "जितना कहा उतना मानो। बजाज से यहाँ माल देखना आवश्यक है। कुछ ख़रीदी और दरकार है," मैंने कठोरता से कहा। बेपढ़े मानस से दोस्ती गाँठने में यह मुश्किल तो है कि उसे मुँह लगते देरी नहीं लगती, इसलिए बखत-बखत पर कठोर वचन बोलना पड़ते हैं।

चीनी बजाज हमें पुनः दुकान तरफ़ आते देख घबराया कि माल वापस करने आ रहे हैं और गरदन तानकर खड़ा हो गया। माथा सलवटी करके उसने कंटोनी में कुछ कटु बातें कहीं । मैंने रामदीन से कहा कि वह बजाज को किमोनो का कपड़ा दिखाने वास्ते बोले। रामदीन ने जब उससे यह बात कंटोनी में कही तो वह बुड्ढा बजाज खी-खी करने लगा और कंटोनी में भी कविता माफ़िक कोई बात कही जिसे रामदीन ने हिन्दुस्तानी में तर्जुमा करके बताया कि बजाज कह रहा है कि पूरा चीन जापानी रण्डियों पर बर्बाद हो रहा है। उच्चकुल की जापानी स्त्रियों को जैसे कि नर्मदाप्रसाद जी की पत्नी कुवा थी, रण्डी कहना मुझे बर्दाश्त न था। जी किया फ़ौरन बजाज की पिटाई कर दूँ। जहाज़ पर वर्जिश और मांसाहारी भोजन की वजह से मेरा बदन भी तगड़ा था किन्तु संयम साधा और उसे ज़ोर से अंग्रेज़ी में डपटा, "do you know what you are saying, bastard?" रामदीन ने मेरी तरफ़ नज़र की कि अंग्रेज़ी में मैंने क्या कहा। "इससे कहो, हरामी बकवास न कर।"

बजाज ने बात समझकर तुरन्त किमोनो वास्ते थान फैलाये, एक नीला थान अच्छा लगा जिस पर एक बड़ा जहाज़ बना हुआ था और बजाज ने ओढ़कर बताया कि किमोनो बनने पर जहाज़ कैसा लगेगा। कुवा मेरे आँख के आगे आ खड़ी हुई, वह इसी थान का किमोनो पहने खड़ी हुई थी और अत्यन्त रूपा लग रही थी किन्तु उस थान का भाव अत्यन्त ऊँचा था, महीने भर की पगार पूरी न पड़ती, और सस्ता और सस्ता करते-करते एक लाल रेशम का थान औकात में आता दिखा, रुपया देकर पुनः उसी दर्ज़ी के यहाँ पहुँचे। इस बार दर्ज़ी ने ज़रा-सी भी हुज्जत नहीं की और किमोनो का नाप क्या होगा कंटोनी में रामदीन से पूछा, मेरे आगे अंग्रेज़ी बोलने की जुर्रत अब उसमें न थी। रामदीन ने मेरी तरफ़ देखा, जापानी चीनी लोगों की तरह कुवा नाटी नहीं थी, ख़ासी लम्बी थी और शायद नर्मदाप्रसाद जी के क़द से निकलती उसकी लम्बाई थी। मेरे बरोबर होगी सो नाप देने वास्ते मैंने ख़ुद को आगे किया। पहले रेशम पतलून वास्ते सिलने को देना, फिर जनाना पोशाक वास्ते नाप देने को

खड़े हो जाना—दर्ज़ी को मेरे विषय में अजायब धारणा बनाते देर न लगी और मेरे सीने का नाप लेते हुए हँसने लगा, मैंने उसे घूरा और अंग्रेज़ी फटकार लगायी, "यह मेरी पत्नी के वास्ते है। मेरी पत्नी जापानी है", झूठ बोलते ही पश्चात्ताप होने लगा क्योंकि कुवा तो कुमुद की जगह थी–बहन माफ़िक फिर पत्नी मुख से कैसे निकल गया? बहन बोलता तो बात में दर्ज़ी और गम्मत पाता। उसकी ग़ैरसमझी पर तवज्जो करने में वैसे भी कोई फ़ायदा था भी नहीं। "कोई खोट-ख़ामी न होवे," मैंने कहा तो दर्ज़ी कंटोनी में देर तलक कुछ कहता रहा। कपड़े-लत्ते में ऐसे मोटा ख़र्चा हो गया, चिथड़ेहाल से लाटसाहेब तो बन गये थे मगर दोनों ने बटुए पोले कर लिये थे।

अँधेरी होते-होते जहाज़ पर पहुँचे, हालाँकि लाख दरख़ास्त लगाने पर भी मैं रामदीन को उस रोज़ नर्मदाप्रसाद जी के गृह नहीं ले गया किन्तु तब भी वह कंटोनी नौकरानी से गाढ़ापन करने की खुल्ली छूट पाने की कल्पनामात्र से अत्यधिक आनन्दी हो रहा था। सिंघाड़े की मिठाई के अलावा दिन भर से कुछ खाया न था, जहाज़ पहुँचते ही हम दोनों सीधे रसोड़े की तरफ़ भागे तो देखा हुआंग महाराज पोंछा लगा रहा था और भट्टी पर शाक और कोई मांसाहारी खाद्य उबल रहा था, हुआंग महाराज ने रसोड़ा चोखा कर दिया था। बटलोई में उबलने की बटर-बुटुर से शान्ति हुई कि ख़ुद पकाने की झंझट से आज बरी हुये इसलिए रामदीन और मैं फ़ौरन नहा और कपड़े धोकर रसोड़े में आ गये।

हुआंग महाराज पोस्ती था और हमारे वास्ते भी अफ़ीम लाया था। रामदीन तुरन्त पीने को तैयार हो गया किन्तु मैं सफ़ा नट गया क्योंकि मुझे कार्ल ने बताया था कि अफ़ीम मग़ज़ ही ख़राब नहीं करती बल्कि हाज़मा भी बिगाड़ती है और हांगकांग का पानी वैसे ही पेट के वास्ते मुफ़ीद न था। मेरी देखा-देखी रामदीन ने भी अफ़ीम पीने से मनाही कर दी जिससे हुआंग महाराज को ठेस पहुँची और वह अफ़ीम के वाजीकारक नफ़े गिनाने लगा। अफ़ीम पीना तम्बाकू फूँकने जितना आसान काम नहीं। इसमें ख़ासी झंझट है, अफ़ीम तौलने का तराज़ू दरकार है जिस पर रानी विक्टोरिया बरोबर अफ़ीम का वज़न करो, लकड़ी की भोंगली कुप्पी लाओ, चिमनी अलग वापरो। हुआंग महाराज का मानना था कि अफ़ीम का असर मर्दाना ताक़त और मग़ज़ वास्ते बहुत मुफ़ीद है और फिर आदमी का दिमाग़ और इन्द्री मज़बूत बनी रहे तो उसे और चाहिए भी क्या? पोस्ती की यार शक्कर है सो मीठे का बन्दोबस्त करना आवश्यक हुआ। इस वास्ते हुआंग महाराज ने चावल के चीनी रसगुल्ले तैयार कर दिये और उसके पश्चात् चीन में जनताराज वास्ते अन्धाधुँधी फैलाने की हुआंग महाराज ने कल्पना सुनाई जिससे मेरा जी किंचित् भी राज़ी न

था। बख़ुनिन के पैम्फ़लेट का जहाज़ी सफ़र के दौरान मैंने अध्ययन किया था और किसी भी भाँति की अराजकता के मैं विरुद्ध था किन्तु अफ़ीम चढ़ने के पीछे मस्तक ऐसा सुन्न हो गया कि हुआंग महाराज की बात पर दूसरी बात रखना उचित मालूम न पड़ा। रामदीन और मैं हुआंग महाराज के नक़्शे सुनते रहे कि कैसे चीनी पोलिस का ख़ात्मा होगा और पूरे चीन में मारकाट मचाकर वहाँ की महारानी और राजा को ठोकर मारी जायेगी और इसमें हमें कैसे उनकी मदद करना चाहिए। अफ़ीम की वजह से हाथ-पाँव की सुध चली गयी और उस रोज़ मुझे अनुभव हुआ कि मेरे शरीर में आत्मा मात्र है–हाड़, ख़ून, मांस, नसें आदि सर्वथा नामशेष हो गये लगते थे।

दूसरे दिन दोपहर ग्यारह पर नींद खुली और हाज़मा अलग बिगड़ा हुआ था। इस तरह प्रथम और आख़ीर बार अफ़ीम पीने का अनुभव किया। चाय, तम्बाकू जिनके मुख लग जाते हैं, उन्हें अफ़ीम सुहा नहीं सकती। दो दफ़ा चाय, चार बखत तम्बाकू पीने के पश्चात् भेजा चेतन हुआ, फिर भी पूरे दिन उचाट लगी रही और बारीक दिमाग़ी काज निपटाने में बाधा होती रही। निश्चय हुआ कि हुआंग महाराज के संग हम चीनी विप्लवियों से भेंट कर लें, भेंट में हमारे वास्ते क्या नफ़ाकारक है, इसका उत्तर न हुआंग महाराज के कने था न विप्लवियों से मिलने वास्ते आतुर रामदीन के निकट इसका जवाब था। नहाकर भागवत का पाठ निपटाया और चलने को हुए, तम्बाकू पीने की वजह से नाश्ते की ग़रज़ न थी और खोटी करने को पूरा दिन पड़ा था क्योंकि पतलून, बुशर्ट और किमोनो बनने तलक नर्मदाप्रसाद जी के गृह जाने का विचार न था।

जेलख़ाने जैसी दीवारों पीछे किसी जापानी सराय में हम पहुँचे, जहाँ दोपहर पड़े भी अन्दर चिमनियाँ और लालटेनें जल रही थीं क्योंकि खिड़कियों पर बाँस की चटाइयाँ और टाट बाँधे गये। "अवश्य ही यहाँ ख़तरनाक अराजक आदमियों का डेरा होगा," मैंने भाषा में रामदीन को बताया। इससे रामदीन डरने के बजाय अराजकतावादियों से मिलने वास्ते और तैयार होने कहा। सराय के बीच आँगन था जिसके पश्चिम में रसोड़ा बना हुआ था, जहाँ मूलियों और धान का ढेर लगा हुआ था। जल बहने की कलकल बरोबर सुनाई पड़ती थी किन्तु पता नहीं पड़ रहा था कि नल कहाँ है और खुल्ला क्यों छोड़ा गया था। जहाँ जाकर ही तलवे तलक पसीना पसीना हो जाये, ऐसी भयानक जगह थी। बीच-बीच में दो-तीन चीनी नारियों के भी दर्शन हुए जिनके केश बिखरे हुए और मुख बिगड़ा हुआ दिखा। बेचारी बड़े जंगी हण्डों में भात उबाल-उबालकर हड्डी तोड़ रही थीं। कन्धे पर बाँस रखकर और दोनों तरफ़ टोकरे लटकाये कंटोनी बहंगाबरदार असबाब ला-लाकर रसोड़े में पटक

रहे थे। हुआंग महाराज और रामदीन आगे बढ़ गये और मैं लघुशंका से फ़ारिग़ होकर हाथ धोने वास्ते पानी ढूँढ़ रहा था, रसोड़े से पानी बहने की आवाज़ आ रही थी, सो उधर ही निकल आया। वहाँ देखा असबाब आड़ में बन्दूकें, कारतूस और बारूद के गोले लाये जा रहे थे, मूली और शाक के पत्तों के नीचे दो चीनी नौकरानियाँ उन्हें छुपा रही थीं। एक औरत कूल्हे पर हाथ रगड़ती मुझे वहाँ खड़ा देखकर ख़ुद भी खड़ी हो गयी और कंटोनी में बड़बड़ायी, मैंने हाथ बताकर कहा, "पानी-पानी, water, water"। दूसरी बड़ी-सी मूली उठाकर मुझे मारने को उद्धत हुई तो मैं वहाँ से भागा और एक किवाड़ के पीछे जाकर छुप गया। पलटकर देखा तो वहाँ भी चार मानुष मिलकर खुसर-पुसर कर रहे थे और मुझे देखकर फ़ौरन चौकन्ने हो गये। कोट और फ़िरंगी ढंग का जाँघिया पहने एक आदमी उठा और मेरी गरदन पकड़कर मुझे घसीटा।

डर के मारे मेरा तीसरा नेत्र तलक घूर्णित होने लगा तब तक वह चीनी नौकरानियाँ भी मुझे ढूँढ़ते वहाँ पहुँच गयीं। यह अराजक चीनी ख़ून करके मानेंगे, सोचते-सोचते मैं बेहोश होकर वहीं गिर पड़ा। चेतन होने पर आरामदायक बिस्तरे पर ख़ुद को पाया और एक कंटोनी बालक बैठा माथे पर हवा कर रहा था। मेरे जागते ही पंखा मेरे पेट पर पटककर वह बालक किसी को बुलाने दौड़ा और आधा मिनट न बीतते हुआंग महाराज, रामदीन और कोट-जाँघिया पहने वह चीनी आदमी दौड़े आये। कोट-जाँघिये वाला आदमी नब्ज़ देखने लगा और चीनी में नौकरानी को कुछ हुकम किया, रामदीन ने मुझसे पूछा, "तबीयत अचानक बिगड़ गयी आपकी साहेब!" मैंने सभी को अपने अब ठीक अनुभव करने की बात बतायी तो हुआंग महाराज ने पूछा कि क्या मैं चलकर दूसरे कमरे में जा सकता हूँ और मेरे जवाब देने के पूर्व ही उस दुबले कोट-जाँघियेवाले मानुष ने मुझे बच्चे-सा उठा लिया और दूसरे कमरे में ले गया। मेरा क़द छह फ़ुट और वज़न अस्सी किलो था जब कि वह मानुष हड्डी-हड्डी था किन्तु बल में कमी न थी। गुड़हल के फूल लहसुन के संग तलकर जलपान में परोसे गये थे और साथ में चीन की मशहूर ख़मीर उठाई पूअर चाय थी।

नोन बुरककर कोट-जाँघिया पहने आदमी ने मुझे जलपान की तश्तरी दी, "मैं सुन चुंग शान (Sun Yat-sen) हूँ," परिचय पूरा दे भी न पाये थे कि हुआंग महाराज ने कंटोनी में जल्दी जल्दी कोई बात कही जिसका तर्जुमा मेरे वास्ते रामदीन करने लगा, "सुन चुंग शान साहेब, चीन में रिपब्लिक क़ायम करने वास्ते ग़दर मचाने में दुनिया भर में अव्वल है।" मैं निर्धन हिन्दू कारकुन आदमी, ग़दर मचाने वाले लोगों में उठना-बैठना क्या उनकी छाया से डर के मारे दूर रहने वाला यहाँ

आकर फँसा, सोच-सोचकर जी चकरी खाने लगा और फिर हुआंग महाराज ऐसे ख़ुफ़िया मण्डली में हमें लाया किस वास्ते था, हम ख़लासीगण इनके क्या काम आ सकते थे? क्या जहाज़ पर इधर से उधर शस्त्र-बारूद आर-पार करने की आस तो नहीं इन्हें हमसे? इससे पूर्व कि इनका जलपान खाऊँ, इन्हें बताना अच्छा कि मैं गदर मचाने में इनकी कोई मदद नहीं कर सकता और न शस्त्र-बारूद की तस्करी मेरे बस की है, सो मैंने अंग्रेज़ी में सुन चुंग शान जी से सफ़ा बात करना मुनासिब समझा, "देखिए साहेब हम ग़ुरबा हिन्दू हैं और बम्बई में हमारा घर-बार है, हम ग़दर मचाने और बम बनाने या बारूद की तस्करी करने का धन्धा नहीं कर सकते।" सुनकर सुन चुंग शान देर तलक हँसते रहे और मेरे गाल थपथपाकर कमरे के अँधेरे कोने पर खूँटी पर टँगी अपनी पतलून पहनते हुए जवाब दिया, "हमने फ़िलिपींस में आज़ादी वास्ते अस्ले-बारूद जुगाड़े थे और हिन्दुस्तान में भी ब्रितानी लोगों का राज है, इसकी ख़बर रखते है। हम तो दुनिया में कहीं भी रिपब्लिक वास्ते गदर में मदद करने को एक पैर पर तैयार खड़े रहते हैं। ज़रूरत लगे तो बताइएगा।"

एक घूँट में पूरी चाय निपटाकर मैंने साफ़-साफ़ जवाब दिया, "अंग्रेज़ी राज में हमें सब सुख-सुविधा है, अदालत, अस्पताल, बैंक, रेलगाड़ियाँ सबका ब्रितानी बंधुओं ने इन्तज़ाम बरोबर किया है, फिर पूर्वी मानुष दूसरे पूर्वी मानुष का सबसे बड़ा दुश्मन है। पूर्वी मानुष में राज करने वास्ते लायक़ी नहीं।" साहूसिंग का चर्पटनाथ का ख़ून करना और महादेव काणे जी का मामला दबा देना, मुझे अब तलक विस्मृत न हुआ था। सुन चुंग शान जी हँसते रहे जैसे बालक को देखकर बालिग़ लोग हँसते है।

रामदीन की पतलून-बुशर्ट मेरे जोड़े से लाख दर्जे अच्छे बने थे, रेशम का होने की वजह से मेरी पतलून अत्यन्त जनाना सिली गयी थी किन्तु इतनी रोकड़ पानी की थी तो पहनूँ यह मजबूरी भी थी। देर तलक हुज्जत करने के पश्चात् दर्ज़ी ने सिलाई में डेढ़ टका छूट भी नहीं दी, हाँ बारम्बार मेरे कहने पर गले में बाँधने का ब्रितानी कपड़े का रूमाल ज़रूर दे दिया। रेशमी नीली पतलून, रेशम की पीली बुशर्ट जिस पर लाल रंग का चीनी ड्रैगन बना था और जामुनी-हरा रूमाल बाँधकर हम लोग उस दोपहर नर्मदाप्रसाद जी के गृह को निकले रामदीन मोटे कपड़े के जोड़े में साहेब और मैं अत्तर बेचने वाला अधिक लग रहा था किन्तु मैं घड़ी-घड़ी ख़ुद को दिलासा बँधाता रहा। बीच रस्ते रामदीन ने मुझसे कहा, "ऐसी छवि सिनेमा में काम करने वाले मानुष बनाते हैं।"

रामदीन ने सिनेमा अब देखी, सुनकर आश्चर्य हुआ, "तुमने सिनेमा अब देखी?" मैंने पूछा। उसने बताया कि उसने सिनेमा जापानी बन्दर पर देखी थी और

मेरा मन हुआ भागकर जाऊँ और इन भड़कीले लत्तों को उतारकर अपनी सफ़ेद धोती और कुर्ता पहन लूँ मगर चारा नज़र न आया। कुवा वास्ते किमोनो लियें हम रिक्शा में वेलिंगटन स्ट्रीट तलक आ गये थे। लगता था हांगकांग में बखत के दो के बजाय दस पाँव थे ऐसे फटाफट वह गुज़रता था। ऐसा सोच ही रहा था कि कोई पीछे से सीटी मार-मारकर हँसने लगा, पलटकर देखा तो एक इमारत के द्वार पर कार्ल खड़ा था। उसके गले में मेरे माफ़िक ही रूमाल बँधा था।

वह दौड़ा-दौड़ा रिक्शे की तरफ़ आया, "तुम्हें भी इस जगह की ख़बर हो गयी! मोर के माफ़िक छब बनाकर किधर टहल रहे हो किस रण्डी के वास्ते?" कहकर वह ज़ोर-ज़ोर से हँसने लगा। मुझे अपने बुशर्ट-पतलून की वजह से अत्यन्त तीव्र लाज लगी मगर मैंने संयम साधकर कार्ल से कहा, "हमारे बनेवी जी का यहाँ गृह है। यहाँ हम कोई रण्डी रगड़ने वास्ते नहीं आये हैं।" इस पर कार्ल ने पुनः शीश से पग तलक मुझे देखा और होंठ दबाकर किंचित् मुस्कुराने लगा। मेरा गला भर आया।

कार्ल ने हाथ बढ़ाकर किमोनो का खोखा मेरे हाथ से झटककर ले लिया, "ओह, सिल्क किमोनो। अब यह मत कहना कि तुम्हारे बनेवी की बीवी जापानी है।" कार्ल कह तो ऐसे रहा था कि जापानी बीवी होना कोई अजूबा बात हो, फ़िरंगी लोग भी तो बम्बई में हिन्दू नारी से लग्न रचाते हैं तो नर्मदाप्रसाद जी ने जापानी पत्नी की तो कौन अचरज की गोष्ठी हो गयी! मैंने उससे जवाबतलबी करना बरोबर न समझा, पुनः रिक्शा पर चढ़ने को हुआ तो कार्ल ने कहा, "you don't know these are karayuki san's quarters"।

रिक्शा चलने को हुआ तो मैंने पीछे पलटकर कहा, "करायुकी सान लोगों की इमारतें है यहाँ। करायुकी सान माने?"

कार्ल के हाथ में किमोनो का खोखा रह गया था, सो वह देने को दौड़ा और हाँफते हुए बोला, "करायुकी सान माने जापानी रण्डी।"

आठ

पिता जी और गोबरगौरी के देहान्त के आसपास जब बम्बई में बारिस्टर गांधी की सभा बैठी थी तब बम्बई में रहते उनसे मेरी भेंट न हो सकी, इसका पश्चात्ताप सदैव मुझे होता था। इस वास्ते सुन चुंग शान को और ज़्यादा जानने का अवसर मैं हाथ से न जाने देना चाहता था क्योंकि सुन चुंग शान में भी मुझे बारिस्टर गांधी जैसे ही गुण नज़र आते थे। वे भी चीन में रिपब्लिक राज लाने को मरने-मारने पर उतारू थे और अपना खासगी जीवन भी इस वास्ते दाँव पर निधड़क लगा रहे थे। हांगकांग में रहने का मंसूबा यदि मैं पाल रहा था तो इसमें सुन चुंग शान की अराजक जमात में चाकरी पाना सबसे आवश्यक था, खाने-ख़र्चे पेटे रोकड़ का बन्दोबस्त तो आख़ीर कहीं से करना ही था, फिर सुन चुंग शान के अराजक दस्ते में चाकरी बजाने का मतलब था पगार जास्ती और काम के घण्टे कम, हालाँकि मारामारी से मैं ब्राह्मण जीव दूरी वापरना ही मुनासिब जानता था किन्तु मांसाहार और समुद्र की मुसाफ़िरी ने मुझे इतना जोखम उठाने वास्ते तैयार तो कर ही दिया था।

जहाज़ कम्पनियों पर नज़र रखूँ और पता लगाता रहूँ कि गोला-बारूद की आवक-जावक कहाँ से किधर है और ऊपर ख़बर करूँ ताकि उन जहाजों से ठगोरी पाड़कर गोला-बारूद हासिल किया जाये। ठगोरी मुमकिन न होने पर लूटमारी भी की जाती थी, ऐसा हुआंग महाराज ने बताया था किन्तु मैं किसी भी मोल पर हांगकांग में टिकना चाहता था और इसके पीछे कुवा से मेरा गाढ़ापन वजह था, उसके प्रेम ने मेरी बुद्धि का सत्यानाश कर दिया था। इसके साथ ही हथियार-बारूद गोदाम की कारकुनी और चौकीदारी का हिसाब रखना भी मेरे ज़िम्मे था। हिन्दुस्तानी होने के नाते हांगकांग में चीन के सरकारी जासूसों को मुझ पर सन्देह करने का कोई हेतु न था और इसी वजह से मुझे मुँहमाँगी पगार प्राप्त होती थी। डाक्यॉर्ड पर जहाज़ी तख़्तों से बनी विशाल इमारत के पिछवाड़े बने मकान में मुझे रहवास ख़ातिर स्थान

भी मिल गया था, कुवा के अनुसार बारूद गोदाम के पिछवाड़े रहने से मुझे प्राण का अन्देशा था किन्तु दूसरा ठिकाना लेकर रहता तो भाड़े में मोटी रक़म फ़ना होती और बम्बई भेजने को दमड़ी तलक न बचती।

रहवास के पिछवाड़े फल मण्डी और दायीं तरफ़ मच्छी बाज़ार था। चार क़दम चलो तो लोहा मार्केट और उसके आगे शीशे और आईने का बाज़ार था जिसके कारण रात-दिन गुल्ला मचा रहता था, शान्ति मुहाल थी। नौकरानी और फुदु के घर में चौबीसों घण्टे गुज़ारने के कारण नर्मदाप्रसाद जी के गृह में कुवा से मिलना मुश्किल था और उसे मेरे ठिकाने आना पड़ता था जो अब रोज़ाना की परिपाटी बन चुकी थी। ज़ाहिर बात है, आप यह बात सुनकर मुझे पापात्मा जाँचेंगे किन्तु इतना दु:ख उठाने के पीछे क्या चैन के कुछ घण्टे तलक पर मेरा हक़ न था? काँदो-काँटें में चल-चलकर जिसके तलवे ज़ख़्मी हो, उसे क्या लोटा भर गरम पानी की हक़दारी नहीं? इस विषय में मैंने अत्यन्त तीव्र मग़ज़मारी करके यह निकाल पाया था कि यदि कुवा के प्रति मेरे गाढ़ेपन में दुनिया चरित्र की ख़राबी देखती है तो इसके पीछे उसकी अपनी टकटकी की ख़ामी है। मैंने संसार में क्या-क्या दु:ख उठाये, क्या किया और कैसे जिया जाने बिना अच्छे-बुरे की परख करना दुनिया का दोष है। अपना आत्मवृत्तान्त लिखने के पीछे मेरी ग़रज़ दुखड़ा रोने की न होकर यही स्थापित करना है कि मानुष को हम कितना कमती जाने बिना जाँचते हैं। ज़ाहिर है, ऐसी जाँच दोषपूर्ण है और जगत् की अधिकतर ग़ैरसमझी की वजह है। इसका मुझे ज्ञान था कि नर्मदाप्रसाद जी को जिस रोज़ पता पड़ता कि उनकी औरत पर मेरी आसक्ति है, वह मेरा ख़ून तलक करने की विचार बाँधते किन्तु मैं लाचारी अनुभव करता था और हृदय के किसी कोने में मुझे यह तसल्ली भी थी कि जापानी नारी के पीछे नातेदार का ख़ून करने की हिम्मत सम्भवतया नर्मदाप्रसाद जी न करेंगे, भले कुमुद का देहान्त हो गया था किन्तु आख़ीर थी तो वह अब भी नर्मदाप्रसाद जी की बैकुण्ठवासिनी धर्मपत्नी।

बाँस का पाँच मंज़िला टिफ़िन लेकर साढ़े ग्यारह बजे वेलिंगटन स्ट्रीट से कुवा डाक्यॉर्ड आने वास्ते रिक्शा पकड़ती थी, अभी-अभी नहाकर नवा बदन इतना सुगन्धित रहता था कि जिस गली से रिक्शा गुज़रता, वह स्ट्रीट महकने लगती थी, काँच बाज़ार में धड़ाका मच जाता, कुवा को देखने की चटपटी में हम्माल एक-दूसरे से टकरा जाते और सेठों को दर्पण टूटने की वजह से घाटा उठाना पड़ता, हम्माल माहवार घाटे की रोकड़ अपनी पगार से कटवाते और उनके बच्चे भूखों मरते थे।

रिक्शा खींचने वाला हालाँकि तिरपाल की आड़ करता था किन्तु तब भी कुवा बाँस के अपने छाते के बिना चलती न थी और मुख के आगे धूप से बचने वास्ते छाता लगाये रखती थी। कई शोहदे और आवारा रिक्शे के पीछे-पीछे दौड़ते थे कि कुवा का दर्शन कभी नसीब हो जाये और इस अफ़रा-तफ़री में बहुत गोलमाल हो जाता, कइयों की जेबें कट जातीं, कई गिरकर हाथ-पैर तुड़वा लेते तो कई लम्पटों का ठेलों से टकरा सिर फूट जाता था। कुवा की परिपाटी इस सबसे बेख़बर बैठने की थी, वह अपने आसपास घटने वाले तमाशे पर किंचित् तवज्जो न करके रिक्शा में बैठी मेरे बारे में विचार करती रहती थी। रोज़ाना नवे स्वाँग-चमत्कार घटित होते थे, फलों के टोकरे उलटने या दूध-दधि की बहँगी में लटकी मटकियाँ फूटने पर भारी भगदड़ मच जाती। फलवाला फल बटोरने वास्ते दूसरों को डण्डे से दूर झटकता किन्तु ग़ुरबा की सन्तानें फल चुराने वास्ते दौड़ी आती थीं जब कि दूध-दधि फैलने पर बिल्लियाँ हमला कर देतीं। हांगकांग में वैसे बिल्लियाँ दूध-दधि के पीछे उतनी बावली न थीं जैसी बम्बई में, यहाँ जगह-जगह मटन-मच्छी बिकती थी सो बिल्लियों को दूध पीने की उतनी ग़रज़ न थी। कई दफ़ा बेचारे डंपलिंग बेचने वालों की टोकरियाँ उलट जातीं और दिन भर की कमाई मारी जाती। सुन चुंगशान जमात इकट्ठा करके जो अन्धाधुन्ध मचाने की योजना करते थे, वह कारनामा कुवा रिक्शे में हाथ पर हाथ धरकर बैठी-बैठी कर रही थी।

टिफ़िन, बटुआ, छाता और अपना किमोनो सँभालती कुवा गोदाम के पीछे एकटे लगे कचनार के पेड़ के नीचे रिक्शा से जब उतरती तो उसकी रिक्शावाले को भाड़ा भुगतान की आवाज़ सुनकर मैं फ़ौरन खिड़की पर जाकर खड़ा हो जाता। मच्छी बाज़ार के कोलाहल के मारे दो घड़ी का चैन दिन रहते मिलना मुश्किल रहता था, ऊपर से खिड़कियों के पल्लों पर शीशे जड़ने के बजाय बाँस और जापानी काग़ज़ चिपकाये गये थे जिनसे बाहर की आवाज़ तो अन्दर आती ही थी बल्कि अन्दर का भी ज़रा-सा खुटका बाहर जाता था।

पहुँचने तलक कुवा पसीने से भर जाती थी, गीला होकर रेशम शरीर से चिपक जाता और माथे से बूँदें छलकने लगती थीं, इससे कुवा और रूपमती नज़र आती थी। कई दिन बेसबरेपन की वजह से भोजन से पूर्व ही मैं कुवा को कस लेता, वह देर तलक कसमसाने के पश्चात् ढीली पड़ जाती थी, कई दफ़ा पहले मध्याह्न भोजन होता था। जापानी होने के कारण कुवा प्रत्येक काम रीतियुक्त करने की हामी थी, इस वास्ते पहले वह पटिया धोती और उस पर अगरबत्ती सुलगाती, पीछे संग लाया पाँच माले का टिफ़िन खोलती। व्यंजन गरम करने को घासलेट का स्टोव चेतन करती।

धूला, पसीने और क़ीमती अत्तर के मारे मैं कामुक हो जाता था और भोजन करने में मेरी किंचित् रुचि न जागती थी।

"इतने प्रयत्न पीछे तुम्हारे वास्ते ख़ुराक पकाती हूँ पर तुम हड़बड़ी में खाते हो ताकि थाली से फ़ारिग़ होकर बिस्तरे की हरकत करो।" कुवा अंग्रेज़ी और गुजराती भाषा, चार शब्द कंटोनी और दस जापानी के शब्द जोड़कर अटपटी बानी में वार्ता करती थी जिसे समझने में ज़ोर भले लगाना पड़े किन्तु अर्थ बरोबर प्राप्त हो जाता था। अब तलक मुने (胸) और डांकों (男根) यह दो निर्लज्ज जापानी शब्द मैं सीख सका था। मुने (胸) मतलब स्तन और डांकों (男根) माने पुरुष की इन्द्री, मैथुन के बखत कुवा इन्हीं दो शब्दों का अनेक बार उच्चारण करती थी, बाक़ी बेला भाँति-भाँति के शब्दों के घोल-मेल से काम चलता था। दोपहर के बखत कोई मानुष हमारी विश्रान्ति में ख़लल न करे, ऐसी मेरी कड़ी ताकीद थी और कोई जन इस बखत मेरे कमरे में आने की जुर्रत न करता था, बाक़ी सायंकाल से दोपहर तलक काम करने में मैं कोताही न वापरता था हालाँकि इतना काम था भी नहीं। हुआंग महाराज और रामदीन भी गोदाम में ही रहते थे, इस कारण खाद्य-ख़ुराक और चाय-पानी की कोई तकलीफ़ नहीं थी।

"बिस्तरे पर तुम्हारे संग बखत गुज़ारूँ, उसके पश्चात् भूख बहुत लगती है, इस मारे अभी अधिक नहीं खा रहा।" मैं लाड़ से कुवा को मनाने का यत्न करता और उसके कपोल पर चुम्बन टाँकता किन्तु वह हाथ रगड़कर मेरा चुम्बन मिटाते हुए कहती, "ख़बरदार जो तेल की वस्तु खाकर मेरे गाल पर चुम्मी टाँकी, फुँसी निकलते देर न लगेगी।" कुवा के इस व्यवहार से मुझे चोट लगती, मैं चुपचाप कटोरे में आँख दिए भोजन करने लगता। प्रियतम के चुम्बन के ऊपर जिसे फुँसी उठने का भय हो वह मुझसे प्रीति रखती भी थी या नहीं?

कुवा को अपनी चूक का तुरन्त अनुभव होता और आगे बढ़कर वह ही मेरे होंठ चूमने लगती। बात जिह्वा तलक आती और भोजन अपूर्ण रह जाता। ऐसा कई बार होता था और सप्ताह तलक घटनाक्रम ऐसे ही घटित होने के पश्चात् हम नाटिका खेलने की भाँति अपनी-अपनी भूमिकाएँ करने लगे थे। हम कई दुपहरियाँ इसी में बरबाद करते थे। तैलाक्त अधर से चुम्बन टाँकना, कुवा का ग़ुस्सा ज़ाहिर करना, मेरा माथे पर दु:ख की सलवट डालना और उसका पलटकर मुझे चुम्बन करना, यह नित्यक्रम की लीला थी।

"तुम्हारे गृह शान्ति का एक मिनट नहीं मिलता," कुवा ने कहा। वह हाँफ रही थी और चिल्लाती भी थी। एक हाथ से स्तन के नीचे खिंचती शिरा दबाती वह मुझे

ख़ुद से दूर धकेलती थी, जो मुझे और ज़्यादा सुहाता था और मैं उसे बस में करने वास्ते और ज़ोर लगाता जिससे उसे और ज़्यादा सुख होता, वह और ज़्यादा हाँफती और मुझे दूर धकेलती थी। बिस्तरे से लगी खिड़की के बाहर एक आदमी दूसरी औरत से रेशमी थान का सौदा पटा रहा था किन्तु दोनों को हाट की धूम की वजह से एक-दूसरे की बातचीत सुनने में बहुत ख़लल पड़ता था और दोनों कुछ कहते और कुछ का कुछ समझते थे। इस कारण और ज़ोर-ज़ोर से चिल्लाते थे। मैंने शीश उधर घुमाया तो कुवा ने मेरी गरदन पकड़कर अपनी ओर मोड़ ली, वह क्रीड़ा के बखत अत्यन्त निर्लज्ज हो जाती थी, "छोड़ो उन वेपारियों को", कहकर उसने मेरी गरदन को काटा।

"उन्होंने हमारी आवाज़ सुनी तो," मैंने कहा किन्तु ताजिरों के घोष की वजह से वह सुन नहीं पायी और जापानी में अत्यन्त भ्रष्ट भाषण करने लगी। नारीज़ात में ऐसी वासना से सामना होने का मेरा पहिला योग था। एक तरफ़ आनन्द होता था तो दूसरी तरफ़ भय भी लगता था कि ऐसी औरत को बस में रख सकूँगा कि नहीं।

उस बखत हांगकांग नगर न होकर एक बहुत बड़ी मण्डी था, प्रत्येक स्थान पर बेचवाल सौदे पटाने में मशग़ूल रहते थे। चाहे दिवस हो कि आधी रात प्रत्येक मानुष नफ़ा बनाने के चक्कर में लगा रहता था। नारी के आदमी से प्रेम में भी मन से ज़्यादा मुनाफ़े का लोभ होता था, इसलिए कुवा के अपने प्रति प्रेम को परखने की फ़िराक़ में मैं हर घड़ी रहता था। एक रोज़ भोजन में वह पोर्क के रसे में सूरन की सेंवई लायी थी, टिफ़िन के दूसरे माले में चावल, तीसरे में मांटॉओ (चीनी रोटी जो उबालकर बनायी जाती है), चौथे में अनानास का केक और पाँचवें में अरबी के पातरे थे। घर याद आ गया, बुआ को चार पत्र लिखने के पश्चात् दो लीलावती को भी लिखे और एक गणपति दादा को किन्तु किसी को भी उत्तर पहुँचाने की ग़रज़ नहीं लगी। अब तलक मैंने कुमुद के अकाल देहान्त का समाचार बम्बई को न लिखा था।

"यह तो नर्मदा जी पकाते हैं, एक घण्टा ख़रच होता है इसे बनाने में," मुझे पातरा खाते देख कुवा ने कहा। उसके इतने जतन से तैयार व्यंजनों के ऊपर नर्मदाप्रसाद जी के पातरों को तवज्जो मिलना उसे खटका था।

मैंने आख़िरी पातरे को बम्बई से लाये नीबू अचार के संग खाया और कहा, "तुम बनेवी जी को नाम से पुकारती हो?"

कुवा ने पोर्क सूप चम्मच से खाते हुए जवाब दिया, "तो नाम किसलिए रखा उनके माता-पिता ने?" जापानी नारियाँ पति को नाम लेकर पुकारती हैं, ऐसा सुनने में तो न आया था किन्तु मुझे जापानी संस्कारों के विषय में ज्ञान भी कितना था?

मुझे तो इतना तलक न पता था कि देहान्त पीछे जापानी मुर्दे को जलाते हैं या भूमि में गाड़ते हैं।

वासना ठण्डी होने पर मुझे इसकी जल्दी रहती थी कि कुवा अपने गृह चली जाये किन्तु वह दोपहर की चाय तलक बिस्तरे पर पड़ी रहती थी और मुझे भी चिपटाये रखती, इससे बखत ही खोटी नहीं होता था बल्कि काम का भी हर्जा होता था।

एक रोज़ तो रामदीन को दख़ल देना ही पड़ा। खिड़की से उसने साढ़े तीन बजे के आसपास आवाज़ लगायी, "साहेब, साहेब, ख़बर है।" कुवा को चद्दर ओढ़ायी और फ़िरंगी ढंग का जाँघिया चढ़ाकर मैं बाहर दौड़ा, कुवा पीछे किंचित् कुनमुनाती रही। रामदीन मुझे देख-देखकर मुस्कुरा रहा था। कुवा की कंटोनी नौकरानी डोकरी अवश्य थी किन्तु रामदीन ने उसे ख़ुशी से अपनी जीव-लगी स्वीकार कर लिया था और मुख पर अपनी सेठानी कुवा से उधार लेकर पाउडर लगाने पर सोलह और साठ में जास्ती फ़रक़ नहीं रहता था। वह भी जापानी औरतों के माफ़िक मुख पर अत्यधिक पाउडर लेपके जहाँ-तहाँ फिरती थी।

"आवाज़ थमी तो मुझे लगा, आप लोग निपट गये, इसलिए पुकारा," रामदीन के आगे अब तलक मेरे कोप की ख़ासी थरथरी बैठ गयी थी, इसलिए पहले ही बेचारे ने सफ़ाई पेश कर दी। "ख़बर लगी है कि एदा मेलमोरे नाम के किसी जहाज़ से बारह सौ पाउंड बारूद आने वाला है।" रामदीन दिन भर बन्दर से डाक्यॉर्ड तलक फेरे लगाकर नवी-नवी जानकारियाँ जुटाता था। उसे यह काम ख़ूब भाता था, जहाज़ पर रोटी बनाने से अच्छा काम है कि जासूसी करके पेट पालो, जान का अन्देशा भले हो किन्तु इज़्ज़त कमती न थी।

"नाम से तो जहाज़ इतालवी लगता है," मैं ख़ुद को अक्लवान बताने का कोई अवसर हाथ से जाने न देता था।

रामदीन दो घड़ी चुप रहा फिर कहा, "ब्रितानिया का मालवाहक जहाज़ है, ग़ैर-फ़ौजी कामकाज वास्ते बारूद ला रहा है।" इसका मतलब था खेप प्राप्त करने में अधिक माथापच्ची न थी, फ़ौज का माल उड़ाना अत्यन्त कठिन था या होता होगा, मुझे ख़ास पता न था क्योंकि अब तलक हम लोगों ने अराजक जमात वास्ते कोई बड़ा हाथ न मारा था।

मुख़बिर से आमना-सामना करना आवश्यक जान पड़ा, इसलिए कुवा को सोती छोड़कर धोती और बुशर्ट पहनकर सिंगापुर-शंघाई शिपिंग कम्पनी के दफ़्तर को निकला। रामदीन ने बताया कि मुख़बिर कंटोनी है किन्तु किसी संकट में नहीं

पड़ना चाहता, बस ख़बर पहुँचाने जितनी सेवा कर सकता है। देर तलक सिंगापुर-शंघाई शिपिंग कम्पनी के दफ़्तरवाली गली में तम्बाकू पीते रहे किन्तु कम्पनी का कंटोनी नौकर बाहर न आया। पास में बने काउलूं टी-हाउस में मोटी रक़म बर्बाद करके चमेली की चाय पी ली और रामदीन को गुढ़हल के पकौड़े खिला दिये किन्तु अन्धेरघुप्प होने तलक उस कंटोनी मुख़बिर से भेंट न हो सकी। हॉटेलवाले भी बारम्बार आकर मुख ताकने लगे कि हम लोग नयी वस्तु ख़रीदें या तो रवाना हों, इसलिए मैंने एक प्याला सिलॉन टी मय दूध-चीनी का हुकम किया। रामदीन सिंगापुर-शंघाई शिपिंग कम्पनी के दफ़्तर का एक और फेरा लगाने गया था, लौटा तो साथ में एक काना कंटोनी मानुष भी था, उसकी दूसरी आँख पर भी मोटी ऐनक चढ़ी हुई थी।

एक पर्ची पतलून की जेब से निकालकर उसने टेबुल पर रखी, "इनका नाम श्रीमान ग्वान पेहोजी, जहाज़ी कम्पनी में मोटे कारकुन हैं।" रामदीन ने श्रीमान ग्वान पेहोजी का परिचय दिया जिस पर पेहोजी ने मेरी तरफ़ अपनी एक आँख से देखा, ऐनक की दूसरी आँख का काँच काला था। पर्ची पर चीनी या जापानी में कुछ लिखा था, "डाइनमाइट जायेगा तारीख़ 15, ऑस्ट्रेलिया तरफ़ रवानगी, जहाज़ का नाम एदा मेलमोर (Ada Melmore)।" इसका अर्थ था, माल हांगकांग से चढ़ेगा तो बारूद आयेगा कहाँ से? इसकी जानकारी पेहोजी को न थी, वह पर्ची पर चन्द चीनी शब्द लिखकर लाया था और इसके एवज़ नगद पाना चाहता था, "तो क्या इन्हें ख़बर मोल देना है?" मैंने रामदीन से पूछा, उसने भाषा में जवाब दिया, "कहा तो था कि चीन में राजपाट के ख़ात्मे वास्ते ख़बर देना चाहता है, अब इसमें अपना नफ़ा निकालना चाहता है।"

"रुपये वास्ते सफ़ा मनाही है। पहले बताया होता तो टका-धेला दे देता परन्तु अब नहीं" मैंने निश्चय कर लिया था कि ख़बर पक्की है ऐसा पता लगने पर ही रोकड़ दूँगा वरना रोज़ाना मानुष आकर नवी ख़बर देंगे और फ़ायदा बनायेंगे भले ख़बर सच्ची हो कि काल्पनिक, वैसे भी हमारा जत्था चीन देश का भला चाहने वालों को संग करना चाहता था न कि व्यापारियों को।

पेहोजी लोभी था, दंगल करने पर उतारू होने लगा। रामदीन अलग पेहोजी को रुपया न देने पर मुझसे रूठा होकर किनारे बैठा था। मैंने पेहोजी को धमकाया, "हम लोग सुन चुंग-शान के संगाती हैं, हमारे आगे ज़बर निष्फल है। चीन में पब्लिक राज आये, इस वास्ते सुन चुंग-शान ने यह इतनी बड़ी जमात बैठायी है न कि लोग मुनाफ़ा बनाये इस वास्ते।" पेहोजी की आँख भले कमज़ोर थी बदन में ज़ोर कमती

न था, उसने टेबुल पर हाथ मारकर हॉटेल में तूफ़ान खड़ा कर दिया, रामदीन कूदकर मेरे आगे खड़ा हो गया कि पेहोजी मुझसे मारपीट करने से पूर्व उससे लड़ाई करे।

पेहोजी ने कहा, "मैं क़ानून से चलने वाला मर्द हूँ। पास में मेरा दफ़्तर है, इसलिए फ़साद नहीं करना चाहता। हाँ, तुम लोगों को नहीं छोड़ूँगा। तुम्हारे विरुद्ध रियासती पोलीस में उपालम्भ दाख़िल करूँगा," और चलता बना।

हॉटेल का सेठ आकर टूट-फूट का हिसाब माँगने लगा, "जिसने फ़साद खड़ा किया, टेबुल आड़ी की उसे जाने दिया और हमसे हिसाब माँगने खड़े हुए, क्यों?" मैंने पूछा।

वह सेठ कंटोनी में देर तलक कुछ बोलता रहा, रामदीन ने बताया, "हॉटेल के सेठ का कहना है, वह हमारा मेहमान था, इसलिए नुक़सान भरपाई हमारे ही माथे है", सेठ के चार पाँच नौकर और आकर खड़े हो गये तो मैंने रुपया निकालकर सेठ को दिया और जैसे-तैसे बाहर आये।

"जान बची तो लाखों पाये" रामदीन ने कहा किन्तु मुझे वापस हॉटेल में जाने की ग़रज़ थी क्योंकि पेहोजी के हाथ की लिखी पर्ची वहीं रह गयी थी। मैं दौड़कर अन्दर गया तो सेठ मेरे पीछे-पीछे दौड़ा, कंटोनी में अब भी कुछ बड़बड़ा रहा था। मैं पर्ची ढूँढ़ने लगा, ऐनक लगाना मैंने जहाज़ से ही छोड़ दिया था क्योंकि इससे मेरे पौरुष में कमी आती थी, इसलिए ढूँढ़ने में बखत लगा मगर पर्ची मिल गयी। दो पर्ची और मिली जो मैंने उठा ली—चीनी पढ़ना अब तलक मुझे आया न था।

"कारकुन कह रहा था, चीनी हकूमत की पोलीस से हमारा शिकवा लगायेगा," रामदीन ने कहा। रिक्शावाले शाम पड़े भाड़ा बढ़ा देते थे इसलिए हम लोग पैदल ही चल रहे थे।

"हम लोग ब्रितानी शासन के नागरिक हैं चाहे बम्बई में हों चाहे हांगकांग में। चीनी हकूमत का यहाँ बोलबाला नहीं", मैंने उसे ढारस बँधाया किन्तु मेरा हृदय भी भय के मारे संकुचित हो रहा था। कौन जाने शिकवा लगाया और चीनी हकूमत की पोलीस हमें उठाकर ले जाये, फिर हमारे वास्ते ब्रितानी सरकार चीनी हकूमत से झगड़ा क्यों मोल लेगी? सुनते थे चीन में चिंग राज कुटुम्ब की जुलमशाही थी और अत्याचार की वे नित नई रीतियाँ ईजाद करते थे, अराजकतावादियों को जेलख़ाने के बजाय सीधे गोलोक भेजा जाता था। चीन में अंग्रेज़ों के माफ़िक क़ायदे की हकूमत न थी। मौन ही हम दोनों चलते गये, भयभीत अवश्य थे किन्तु ख़ुद को शूर बताने में पीछे न रहना चाहते थे।

घर पहुँचकर देखा कुवा अब तलक घर पर खर्राटे भर रही थी, अँधेरा हुए भी

बहुत बखत हो गया था, आठ बजने आये थे, "कुवा, कुवा, ओत्तो नोइए (夫の素)" जैसे-तैसे जापानी में मैंने पति के गृह का अनुवाद किया, "अब तलक यहीं हो, ओत्तो नोइए।" जापानी पुस्तकों से पढ़कर सीखने से उसे बोलना बिलकुल न्यारी बात है। जापानी उच्चारणी ढब में मैं अज्ञानी था और गुजराती लय में जापानी बोलता था। देर तलक रीते मुख कुवा मेरे मुख को हेरती रही, घड़ी भर पूर्व जागी बेचारी गुजराती ढंग में बोली जापानी क्या समझ पाती किन्तु मेरी अवस्था तीव्र रोष के मारे उसके माथे पर मुष्टिप्रहार करने की हो चुकी थी। उसने ग़ैर मिलावटी कंटोनी में कुछ कहा और बिस्तरे में मुख छुपाने लगी, "तेरी गाँड पर लात मारकर भगाऊँ दारी तुझे," मैंने कहा किन्तु मेरी साध कुवा का हृदय भेदने की न थी, बस अपने जी का रोष निकालने की थी और इस वास्ते मैंने गुजराती में अपनी बात कही किन्तु तब भी कुवा ज़ोर से रोने लगी, हिचकी बँध गयी। बात बनना तो दूर अब तो बात करना भी मुश्किल था।

इतने में रामदीन चाय की केतली और प्याले लेकर हाज़र हो गया, पूरा संसार हमारे प्रेम की जासूसी में मशग़ूल था, हम एक-दूसरे को चुम्बन टाँकें या तमाचा लगाये कान सबके इधर ही लगे रहते थे, "चाय का तगादा किसने किया था जो इस बखत लाये?"

मैं रामदीन को डपटा, पीछे हुआंग महाराज भी जलपान की तश्तरी लाता दिखाई दिया, "साहेब, रोज़ की रीत है, बाहर से आकर चाय-जलपान करना," रामदीन ने कहा और कुवा को बिस्तरे में छुपा मुख देख मसले की थाह पाते ही पलट गया।

हुआंग महाराज भी दिमसम की तश्तरी घुमाता पलटकर चलता बना ही था कि मैंने ही उन्हें पुकार लगायी, "आसपास कोई औरत जो कंटोनी और अंग्रेज़ी जानती हो, आ सकती है क्या?"

केतली से प्यालों में चाय ढालकर मुझे पकड़ाते रामदीन ने हुआंग महाराज से कंटोनी में कुछ कहा, फिर मुझसे बोला, "दो गोदाम छोड़कर एक चीनी डोकरी रहती तो है जो अंग्रेज़ी में ख़त-पत्री लिखने का काम करती है मर्चेंट मरीन ऑफ़ नानकिंग के जहाज़ कारख़ाने में, आप कहे तो उसे बुला लाऊँ?" इस पर हुआंग महाराज ने ज़ोर-ज़ोर से मुख हिलाना आरम्भ कर दिया और देर तलक रामदीन और हुआंग महाराज कंटोनी में मुबाहिसा करते रहे। कुवा का रोना थम गया था, बस बीच -बीच में हिचकी भरकर मौन हो जाती थी। दोनों झगड़ते ही दफ़ा हो गये, मुझे तड़प लगी कि कंटोनी-अंग्रेज़ी जानने वाली डोकरी को लायेंगे भी कि नहीं और कि चीन में ऐसी पढ़ी-लिखी औरत है भी? बम्बई तलक में ऐसी औरत मुहाल थी।

प्याले में चाय निकालकर कुवा को दी तो उसने ठण्डीगार कहकर परे रख दी। "तुम घर क्यों नहीं जाना चाहती?" मैंने अंग्रेज़ी में कुवा से पूछा, कितना समझी यह तो ज्ञात नहीं हुआ, उलटे उसने रोना पुनः आरम्भ कर दिया। अजब औरत माथे पड़ी थी, पहले ज्ञान होता तो बन्दरगाह की रण्डियों से काम चलाता। साढ़े आठ बजने आये थे और रोटी का भी कोई ठिकाना न था।

फिर एक चीनी डोकरी को लेकर रामदीन और हुआंग महाराज आये, साथ में एक चीनी छोकरा भी था, "साहेब यह आपकी बातें करवा देंगी", रामदीन ने कहा। मतलब उसे ज्ञात था कि कुवा से बात साफ़ करने वास्ते मैंने इस डोकरी को बुलवाया था।

चीनी डोकरी ने हाथ मिलाने वास्ते हाथ आगे बढ़ाया और फर्राटेदार अंग्रेज़ी में अपना परिचय दिया, "आई अम मिस मिनी मून।"

रामदीन ने हुआंग महाराज के कान में कंटोनी में फुसफुसाकर कहा, "कह रही है, मैं मिनी मून माने छुटक चन्द्रमा हूँ", फिर दोनों हँसे, "देखा, इतनी अंग्रेज़ी तो मुझे भी आती है।"

मैंने मिस मिनी मून से हाथ मिलाया, फिर रामदीन और हुआंग महाराज को डपटा, "तुम दोनों बाहर जाओ, आप भी," संग आये चीनी छोकरे को भी कहा। मिस मिनी मून की वय साठ-बासठ होगी, कुवा और मेरे सम्बन्ध का रहस्य वह उजागर करेंगी ऐसा अन्देशा न होता था। मैंने अंग्रेज़ी में उनसे कहा, "यह मेरे बनेवी जी की धर्मपत्नी है किन्तु दोपहर से यहाँ आकर बैठी है और घर नहीं जा रही", पूर्ण बात सफ़ा-सफ़ा कहूँ इतनी हिम्मत मुझमें न थी। डोकरी ने कुवा के कान में जाकर कुछ कहा और मुझे भी बाहर जाने का संकेत किया।

बाहर रामदीन, हुआंग महाराज और चीनी छोकरे का ठट्ठा चल रहा था, "भागो यहाँ से" मैं गरजा।

दस मिनट पीछे कुवा ने मुझे पुकारा, आवाज़ से चित्त उजला है, ऐसा अनुभव होता था। मिस मिनी मून ने मुझसे कहा, "आपकी मेम कह रही है कि उनके जीवन में आपके आने के पश्चात् उनके ख़सम पहले चार पाँच दिवस तो उन्हें पीटते रहे परन्तु गयी रात उन्होंने आपकी प्रेमिका के शीश का चुम्बन लिया। पिटाई बर्दाश्त है, चुम्बन अब बर्दाश्त नहीं, इसलिए पति के गृह नहीं जाना चाहती", कहते-कहते डोकरी हाँफने लगी और छाती पर हाथ धरकर बिस्तरे पर कुवा के पास बैठ गयी। मेरी कुवा मुझसे कितना गाढ़ा अनुराग रखती थी और मैंने उसे गाँड पर लात मारकर भगाने की बात कही, मुझे पश्चात्ताप होने लगा किन्तु यह विचार भी विकल करता

था कि इस परदेशी नारी के पीछे अपने बनेवी से कपट करना कितना सही था और फिर छोटे कपट की अनदेखी तो की जा सकती थी, उनकी धर्मपत्नी को मैं रखूँ, ऐसा वह बामन मर्द कैसे बर्दाश्त करता किन्तु यदि कुवा करायुकी सान यानी जापानी रण्डी थी तो उससे किस भाँति नर्मदाप्रसाद जी का लग्न हो सकता था?

कुवा के संग रात काटना ज़हर हलाहल पीने के बरोबर था, इस मारे उससे देर रात तलक घर जाने वास्ते मनाता रहा, आख़ीर में गेज गली में अपनी किसी सहेली के संग जाने की उसने हामी भरी। हुआंग महाराज ने मोटे भाड़े पर रिक्शे का बन्दोबस्त किया। मैंने पतलून और बुशर्ट पहनी और टोप लगाकर कुवा को छोड़ने निकला। जगह-जगह बत्ती रोशन थी और रात पड़े भी हांगकांग में टोले के टोले मानुष टहल रहे थे। डेढ़ घण्टे तक रिक्शा खींचते-खींचते क़ुली का दम निकल गया, दया खाकर मैं मील तलक पाँव-पाँव चला। कुवा मुख पर अँधेर-घुप्प में भी छाता लगाए थी, "रस्ते पर न गर्द न मानुष फिर छाता वापरने की वजह?" मैंने पूछा।

कुवा ने देर तलक शब्द न बोला, मेरे उसके मुख पर आँख गड़ाये रखने पर उसे जवाब देना ही पड़ा, "बत्ती से मेरी नज़र चौंधती है।" रिक्शा खींचने वाले ने कंटोनी में कहा, "उजेला भी अन्धा करता है, हज़ूर।"

मुझे रिक्शावाले का बीच में बोलना नागवार गुज़रा, "घरवाले-लुगाई के बीच में बोलने वाले तुम कौन हुए?" अंग्रेज़ी उसे समझ न आयी किन्तु बात समझ गया। कुवा मुझे अपलक ताकने लगी, उसकी कंटोनी समझने में मुझे बाधा गुज़रती है किन्तु रिक्शावाले की बात समझने में घड़ी ख़र्चा न हुई और उस पर मैं और वह आदमी-घरवाली कैसे हो गये और फिर घरवाली के संग रात बिताने पर कौन सी रोक हुई कि गेज गली में छोड़ने जाना पड़े।

गेज गली पहुँचे तो वहाँ भगदड़ मची हुई थी, पोलीस के लोग कोने आँतर सब तरफ़ पहरेदारी करते खड़े थे। मुख का अत्यन्त चटक बनाव करके कई निर्लज्ज नारियाँ जगह-जगह खड़ी हुई थीं, "इस रण्डी रहवास में तुम्हारी सहेली का गृह है!" मैंने त्यौरी चढ़ायी किन्तु कुवा ने जवाब न दिया, बस आसपास देखती रही, जंघामथानियों की गली में रहने वाली कुवा की सहेली कैसी है? मैंने कुवा को कुपित आँख से देखा तो वह मुख दूसरी तरफ़ करके बैठ गयी।

इतने में पोलीस के एक आदमी ने रिक्शा रोका और अंग्रेज़ी में कहा, "आगे जाना मना है। ख़ून हुआ है।" रिक्शावाले की सुनकर आँख फटी की फटी रह गयी और वह रिक्शा वहीं छोड़कर, भाड़े भुगतान के बग़ैर वहाँ से भागा, पोलीस का आदमी उसकी धरपकड़ वास्ते दौड़ा।

दो सिपाहियों ने हमें बैठा लिया और पूछताछ करने लगे, "आप यहाँ किस वास्ते?" देर तलक समझाने पर भी सिपाही यह मानने को तैयार न थे कि कुवा अपनी सहेली के संग रात गुज़ारने यहाँ आई और मेरी पत्नी है।

"यंग कुवान जी के माथे पर गोली चलाई गयी है। जाँच का निकाल आने तलक आपको यहीं बैठना होगा," पोलीस अफ़सर ने हमसे कहा। कुवा रोने लगी, मेरी भी घबराहट के मारे हृदयगति तेज़ थी।

"हमारा उससे क्या लेनदेन। वारंट बग़ैर हमें आप यहाँ बैठा कैसे सकते है!" अफ़सर ने आव देखा न ताव, कुवा और अन्य पोलीसकर्मियों के आगे मुझे एक तमाचा लगाया, आज तलक जीवन में मेरा इतना बड़ा अपमान न हुआ था। पलटकर मैं भी उसे तमाचा लगाता किन्तु वर्दी से भय हुआ और गाल मसलता मैं वहीं खड़ा रहा, समझ नहीं आता था कि इस अपमान को कैसे ग्रहण करूँ और संग खड़ी कुवा से आँख मिलाऊँ।

पोलीसकर्मी अपने-अपने काम में मगन हो गये किन्तु मेरा बदन तो वहीं जड़ होकर रह गया, लगा हांगकांग और मेरा हृदय एक हो गये हैं और लोहे की चाशनी की भाँति मेरी सब भावना बह रही है किन्तु मैं उसका अर्थ लगा सकने में असमर्थ हूँ, हाथ लगाते ही जी जलता है। पढ़े लिखे मर्दुम से मारापीटी हो, ऐसा तो बम्बई में देखने में कभी न आया था और यहाँ वारण्ट माँगने पर खुलेआम मुझे तमाचा लगा दिया। कौन था यह यंग कुवान जिसके ख़ून होने की जाँच हम लोगों पर बैठायी गयी थी, यह तलक न ज्ञात था। किसी बापड़े ने जल का गिलास लाकर दिया और कुवा भी कने आकर खड़ी हो गयी।

आधी रात गँवायी तब पुनः पैदल चलकर गृह पहुँचे तो नज़ारा किया कुवा की कंटोनी नौकरानी के साथ रामदीन ज़ीने के नीचे खटिया पर सोया हुआ था, फुदु भी खटोले के नीचे टोकरे में सोयी पड़ी थी, "यह दोनों यहाँ कैसे आ गये?" चलकर-चलकर वैसे से पसीना हो रहे थे, अब तो ठण्डा पसीना छूटने लगा। कुवा बेहोश होते बची, गिरती उससे पहले मैंने कन्धा दिया, "तुम अन्दर देखो, कहीं नर्मदाप्रसाद न हो अन्दर।" कुवा ने फ़ौरन चतुराई बतायी वरना उस दिन तो मान मटियामेट होते घड़ी ख़र्चा न होती। दबे पाँव अन्दर आया तो नर्मदाप्रसाद जी पर नज़र पड़ी, नींद में उनका मुख हताश लगता था, बेचारे की चिन्ता करते-करते नींद लग गयी थी। मैं उलटे पैर बाहेर आया तो देखा कुवा नदारद थी। रामदीन और उसकी कंटोनी औरत के खर्राटों से सन्नाटा भंग हो रहा था।

देर तलक ढूँढ़ने पर कुवा को बारूद गोदाम में बैठी पाया। पैदल चल-चलकर

पिण्डलियाँ अकड़ गयीं और कटि में भी दुख था, भूख अलग थी। बिना ज़्यादा ग़ुल मचाये जैसे-तैसे मैंने चायपत्ती उबाली और बिस्कुट निकाले, "तुम सकाल जैसे ही रिक्शा मिले घर को रवाना हो जाना तब तक मैं नर्मदाप्रसाद जी के संग तुम्हें ढूँढ़ने की नाटिका करूँगा" कुवा की चाय केतली से कप में उलटते मैंने कहा किन्तु कंटाल के कारण कुवा कुछ बूझ न सकी। कुमुद के स्थान पर जिस स्त्री को नर्मदाप्रसाद जी ने अपने घर बैठाया था, उसके साथ नागवार सम्बन्ध मैं कर चुका था और अब कुवा की टेव से हटना मेरे वास्ते मुमकिन न था, मेरी आँखें मूतने लगी, हृदय में कल का हौल पैठ गया था। आज अकारण पड़े तमाचे से अलग ख़ुद के वास्ते मान चौथाई टका रह गया था। गणपति दादा उचित ही कहते थे कि ब्रितानी राज पेटिकोट गवर्नमेंट है जिसमें चाहे जिसे जर मिलता था और चाहे जिसे जूते पड़ते थे।

दूसरे रोज़ कुवा को पिछले रस्ते से रवाना करके नर्मदाप्रसाद जी के संग उसे ढूँढ़ने का ढकोसला करते आधा रोज़ बिगाड़ा, "उसके रोज़ाना रिक्शे में भाड़ा ख़र्चा करके अपनी सहेली से मिलने जाना मुझे उसकी चूक गुज़रती थी, मैंने वांदा डाला तो हमारे मध्य तकरार हो गयी, बस उसके पश्चात् कुवा का मुख नहीं देखा," नर्मदाप्रसाद जी के अश्रु बहकर उनकी मूँछों तलक आ गये थे। मुझे खेद होने लगा, पराई नारी के वास्ते अपने बनेवी से बदी करना कहाँ तलक उचित था! आख़ीर में उन्हें मशवरा दिया कि गृह चलकर देखे कभी रोष के ख़ात्मे पश्चात् पुनः आ गयी हो तो। "गोबरधनभाई, मैं कुवा की कुदरत ख़ासी समझता हूँ, वह पुनः घर में आवेगी लगता नहीं।"

कुवा के लौटने में जास्ती श्रद्धा न दिखाऊँ, ऐसा विचारकर उसे ढूँढ़ने गेज गली जाने के नर्मदाप्रसाद जी के निर्णय का मैंने टेका दिया और रिक्शा ठहराकर हम उधर निकले। मेरे हृदय में भय के मारे थरथरी मची हुई थी, कल के पोलीस अफ़सर ने यदि मुझे देखा तो अवश्य ही ख़ून करने का आरोप लगाकर जेलख़ाने में डालेगा। सहज है कि रात-दिन मुझे गेज गली में जाने की आवश्यकता ही क्या है? न वहाँ मेरा गृह था न कोई मेरा परिचित मानुष का वहाँ रहवास था, यदि बारम्बार वहाँ आने की वजह पूछी तो क्या कहूँगा?

गेज गली शान्त पड़ी थी, पोलीस के आदमी कहीं दिखाई न पड़े, हाँ एक घर के आगे भीड़ लगी थी, गर्दा उड़ रहा था और बाइयाँ भेली होकर रोना-पीटना कर रही थीं। अवश्य ही इस घर में कल गृह-मालिक का ख़ून हुआ है, सोचकर मैं रिक्शे से कूदकर एक तरफ़ हो गया।

"बीच रस्ते कूद क्यों गये, गोबरधनभाई" नर्मदाप्रसाद जी ने पलटकर पूछा, रिक्शावाला भी रुक गया, आगे गली बन्द थी।

"आगे भीड़-भड़क्के में जाने की हमें क्या ग़रज़, जीजा जी?"

मैंने कहा तो नर्मदाप्रसाद जी ज़ोर-ज़ोर से गरदन हिलाने लगे, "आगे ही कुवा की सहेली रहती है," और हाथ आगे बढ़ाया कि मैं पुनः रिक्शा पर सवार हो जाऊँ। मैं जी नाख़ुशीपूर्वक पुनः रिक्शा पर सवार हुआ और चप्पल में कोई दोष आया है, ऐसी लीला करते हुए झुककर चप्पल ठीक करने लगा।

रिक्शा भीड़ में जाकर फँस गया और मैंने पुतलियाँ तिरछी करके देखा तो पोलीस के लोग भी बाइयों के बीच में दिखाई पड़े। कल रात्रि मुझे तमाचा मारने वाला तो नहीं था किन्तु मेरे वास्ते जल लाने वाला खड़ा था। मैंने जल्दी से पुनः मुख नीचे किया और कपोल मसलने लगा ताकि कोई मुझे देख न सके। एक गिरती इमारत के आगे नर्मदाप्रसाद जी ने रिक्शा रुकवाया जो उस गृह से अधिक दूर न था जहाँ ख़ून हुआ था, जैसे ही रिक्शा रुका, अन्दर से चार-पाँच नारियाँ छज्जे पर दौड़ी आयीं, सभी बदन बेचवाल नज़र आती थी—कुवा की सहेलियाँ ऐसे करम करती है और नर्मदाप्रसाद जी को किंचित् एतराज़ी नहीं, मुझे अचरज हुआ।

"ये कहाँ आ गये!" रिक्शे से उतरते नर्मदाप्रसाद जी से मैंने कहा।

"अरे उतरो, कब तलक यहाँ बैठे रहोगे? यहीं तो तुम्हारी कुवाबेन की सहेली का घर है" नर्मदाप्रसाद जी रिक्शे का भाड़ा चुकाते बोले। रिक्शा छोड़ने का मेरा बिल्कुल मन नहीं था, रिक्शा छोड़ देता तो पैदल भटकते पकड़े जाने का अन्देशा था।

पोलीस के आदमी गली में अब भी चक्कर मार रहे थे, सो मैंने कहा, "आप ज़रा अन्दर जाकर देख आइए, मैं तब तक यहीं रिक्शे में बैठता हूँ।" नर्मदाप्रसाद जी मुझसे थोड़ा चिढ़ गये, उन्होंने कहा, "भाड़ा बेवजह बढ़ेगा। हम दोनों ही अन्दर जाकर बात कर लेते है, फिर रिक्शा वापस कर लेंगे।" मन मारकर मैंने भी उतरने की ठानी, फिर दूसरी निगाह से विचारने पर लगा कि उतरने में ही नफ़ा है। अगर उतर जाऊँ तो अन्दर इमारत में खड़ा रहूँगा और पोलीस की नज़र में नहीं आऊँगा। सो मैं उतरकर अन्दर चला गया। अन्दर का तो हाल बताते मेरी जिह्वा जलती है। चीनी, जापानी, कंटोनी, मद्रासी भाँति-भाँति की रण्डियाँ वहाँ पर खड़ी हुई थीं।

"वह भला यहाँ क्यों आती होगी! उनकी सहेली रण्डी है क्या?" मैंने नर्मदाप्रसाद जी से पूछा। नर्मदाप्रसाद जी ने मेरी ओर नज़र की और ताकने लगे। थोड़ी देर

पश्चात् तकनी घूरने में बदल गयी और मुझे लगा कि उनके जी में मैंने कोई आग भड़का दी है। मैंने शान्ति साधी और रण्डियाँ निहारने लगा।

नर्मदाप्रसाद जी ने महँगे रेशम का किमोनो पहने एक जापानी नारी से कहा, "अजी, कुवा यहाँ आई है क्या?" वह जापानी नारी अपने मुख पर पाउडर की मोटी थर जमाये नारियल पानी पी रही थी। देर तलक उसने नर्मदाप्रसाद जी को उत्तर देना उचित नहीं जाना। छोटा-सा किमोनो पहने एक जापानी बच्ची जापानी नारी के निकट खड़ी हुई थी। उसने छटका मारकर उस जापानी नारी का ध्यान नर्मदाप्रसाद जी की तरफ़ करवाया। जापानी नारी सोच-समझकर ही नर्मदाप्रसाद जी पर तवज्जो न करती थी और इस वजह से उसे जापानी बच्ची का नर्मदाप्रसाद जी पर उसका ध्यान लाना अनुचित गुज़रा।

मन मारकर उसने नर्मदाप्रसाद जी से कहा, "तुम्हारी ब्याहता है, तुम जानो। यहाँ क्यों आयेगी हम रण्डियों के बीच तुम जैसे शरीफ़ हिन्दू की औरत!" नर्मदाप्रसाद जी पलटे और मेरी आँख में आँख दी। फिर उस जापानी नारी से कहा, "सही-सही बता दो कल रात से ही कुवा घर से बाहर है। पूरा हांगकांग छान लिया, कहीं उसका ठिकाना नहीं।"

उस जापानी नारी ने नारियल पानी पीने के पश्चात् खाली नारियल धड़ाम से पटकते हुए कोप से कहा, "क्या मैं तुम्हें उस कुवा की नाउन लगती हूँ! जो मैं जानूँगी कि वह कहाँ फरार हुई! कितने दिन गुज़रे वह तो मुझसे मिलने तलक नहीं आई।" जापानी बच्ची उस नारियल को उठाकर अपने मुख में पूरा औंधा करके पीछे की ओर झुके हुए नारियल में जो पानी की दो एक बूँदें बची थीं, उसे पीने का प्रयास करने लगी।

नर्मदाप्रसाद जी ने उत्तर दिया, "वह तो रोज़ कितना भाड़ा भुगतान करके तुमसे मिलने आती है और अब वह जब मिल नहीं रही तो तुम ऐसी नुगरी बनती हो।"

जापानी नारी ने नर्मदाप्रसाद जी को तरेरा। बात बिगड़ती अनुभव हुई तो मैंने नर्मदाप्रसाद जी से अर्ज किया कि हम बाहर कुवा को ढूँढ़ते हैं और आवाज़ बढ़ाकर बाईजियों को सुनाते हुए कहा कि कुवा अगर यहाँ होगी तो पोलीस उसे ज़रूर ढूँढ़ लेगी। हाथ पकड़कर मैं नर्मदाप्रसाद जी को बाहर ले आया। वापस रिक्शा ठहराने में बहुत बखत खोटी हुई क्योंकि देर तक नर्मदाप्रसाद जी भाड़े को लेकर मचमच करते रहे। इस गली में अय्याश जास्ती आते थे, इस वजह से जाते बखत का भाड़ा रिक्शेवाले हमेशा अधिक माँगते। अब घर जाने के सिवा कोई उपाय न था, इसलिए वेलिंगटन स्ट्रीट हम लोग लौट आये। अपनी इमारत में घुसते ही किसी ने नर्मदाप्रसाद

जी पर लीड़ा निचोड़ दिया और उनका माथा भीग गया। उन्होंने चिढ़कर कंटोनी में गाली दी और ऊपर निहारा तो सहसा प्रसन्नता के मारे रोने-रोने हो गये और जल्दी से पैड़ियों की तरफ़ दौड़े। कुवा नहा-धोकर छज्जे में अपना किमोनो सुखा रही थी। मुझे यह समझ में न आया कि मैं यहाँ रुकूँ या अपने गृह जाकर गोदाम और जासूसी का कामकाज देखूँ। सकाल से मुख में चाय नहीं बिस्कुट नहीं, जल की बूँद तलक न पड़ी थी, इसलिए मैं भी कुवा के हाथों बनी ख़ुराक खाने का सोचकर पैड़ियाँ चढ़ने लगा।

पहुँचा तो नज़ारा दुखदायी गुज़रा। कुवा को नर्मदाप्रसाद जी आलिंगन में चपेटे जा रहे थे और कुवा भाटे के बुत की भाँति खड़ी हुई थी। फुदु वहीं पड़ी दूध पी रही थी और कुवा की कंटोनी नौकरानी चटाई पर बैठी शलजम काट रही थी। नर्मदाप्रसाद जी का कुवा के प्रति अपने लाड़ का ऐसा प्रदर्शन करना मुझे किंचित् भी नहीं सुहाया। मुझे वहाँ खड़ा देखकर नर्मदाप्रसाद जी को थोड़ा संकोच हुआ और उन्होंने मुझसे मुख़ातिब होकर कहा, "सकाल से दुफेर होने आई, पूरे हांगकांग नगर की ढुँढ़ैया पाड़ी और देखो कुवा अपने गृह में बैठी मिली," ऐसा करके वे खी-खी करने लगे।

कुवा ने कंटोनी में कहा, "चाय-जलपान की व्यवस्था करवाती हूँ तब तलक आप दोनों नहा आइए।" नर्मदाप्रसाद जी ने कुवा पर लाड़ से गाढ़ी नज़र फेरी और नहाने वास्ते निचले माले पर बने स्नानघर को जाने लगे। दासी दौड़ी आयी और बाल्टी, लोटा और साबुन नर्मदाप्रसाद जी को दिये।

कुवा ने कंटोनी दासी को नर्मदाप्रसाद जी का फ़िरंगी जाँघिया देकर स्नानघरवाले माले पर पहुँचाया, जैसे ही कंटोनी दासी ज़ीना उतरने लगी, कुवा मेरे अत्यन्त निकट आकर खड़ी हुई। मलागिरी रेशम के किमोनो में वह दुखियारी जोगन की भाँति दिख रही थी। हाथ में किरमिजी सूत का डोरा बाँधा था और कानों के पीछे जहाँ पर उसके अम्बरीं केस खुँसे थे, वहाँ तेज़ इत्र के फाहे पोंछे थे। देर तक वह मुझे निहारती रही, फिर अपनी शर्बती हथेली उठाकर उसने मुझसे कहा, "तुम आज के आज मेरे वास्ते दीगर गृह का इन्तज़ाम कर लो, अब मैं एक दिवस और नर्मदाप्रसाद जी से लगकर बिता सकती नहीं।"

मुझे उसकी बात से किंचित् भी सहमति नहीं हुई, मैंने पलटकर कहा, "इतने फटाफट दीगर गृह का इन्तज़ाम कैसे कर लूँ! मेरी पगार इतनी नहीं बम्बई अलग रक़म भेजना पड़ती है। थोड़ा ठहरकर अगले मास पेशगी पगार लेकर ही नवादे मकान की व्यवस्था सम्भव है।"

कुवा ने कटे शलजमों की टोकनी उठायी और छज्जे की तरफ़ चलती बनी। मैं भी उसके पीछे दौड़ा। वहाँ पहुँचकर कुवा ने कहा, "यदि तुमने मुझे एक दिवस और नर्मदाप्रसाद जी के संग बखत बिताने का कहा तो मैं प्राण त्यागना पसन्द करूँगी", कुवा का यह चोंचला मुझे बर्दाश्त न था।

मैंने कहा, "मेरे आगे नाज में आकर तुम्हें कुछ प्राप्त न होगा। यह नख़राबरदारी मेरे बस की नहीं", इस पर कुवा ने अपनी बायीं टाँग उठायी और छज्जे की मुँडेर के उस पार पाँव रख दिया।

इतने में कुवा की कंटोनी नौकरानी भी नर्मदाप्रसाद जी को जाँघिया देकर ऊपर लौट आयी और कुवा का तमाशा देखने लगी। मैंने नीचे झाँका किन्तु तब तलक नीचे आती-जाती भीड़ को ख़बर न हुई थी कि ऊपर क्या नाटक चालू हुआ है। तब मैंने कुवा की जंघा अपनी तरफ़ खींचने का जतन किया, कुवा की कोमल, मांसल जंघा जिसका स्पर्श मुझे किमोनो के रेशम के पीछे होता था, मुझे अत्यन्त उत्तेजना से भरने लगा। मैंने उसे बचाने वास्ते जंघा के अन्दरूनी भाग पर पकड़ मज़बूत करके उसे अपनी ओर ज़ोर लगाकर खींचा। वह चिल्लायी, "मैं नर्मदाप्रसाद के संग एक रात्रि और गुज़ारा नहीं कर सकती।" अब नीचे आते-जाते लोग मुण्डी उठा-उठाकर ऊपर का नज़ारा करने लगे। कंटोनी नौकरानी फटे-फटे दीदों से हमें देखने लगी, फुदु अलग बुक्का फाड़-फाड़कर रो रही थी। मुझे भय हुआ कि नर्मदाप्रसाद जी नहाकर ऊपर न आ जायें।

मैंने कुवा से कहा, "कुछ न कुछ जुगत भिड़ाकर तुम्हें आज रात यहाँ से भगा ले जाऊँगा किन्तु अभी इस तमाशे पर परदा डालो। यदि नर्मदाप्रसाद जी ने इस नाटक का दर्शन किया तो अन्धेर होते देर न लगेगी। बनेवी और साले का सम्बन्ध नष्ट हो जायेगा और फिर मेरी बहन की बेटी फुदु के बापू नर्मदाप्रसाद जी हैं तो मैं उनसे सदैव वास्ते हेठी करूँ सम्भव नहीं।" कुवा ने अपना पाँव पुनः मुँडेर से छज्जे की ओर करने का प्रयास किया किन्तु यह उसे मुश्किल गुज़रा तो मैंने उसे स्तनों से थामकर उठाया और हम दोनों छज्जे पर गिरे।

कुवा से जैसे-तैसे निस्तार पाकर घर पहुँचा। कुवा के यहाँ जलपान की योजना उसकी लीला देखने के बाद वहीं त्याग चुका था, रास्ते में फल पर नमक लगा-लगाकर खाता चला। गोदाम पर हुआंग महाराज और रामदीन मेरी इन्तज़ारी में तम्बाकू पीते गपोड़गोष्ठी करते थे। आते ही मेरे पीछे दौड़े और निरन्तर अभिनव समाचार देने लगे। मैंने कहा, "सबूरी करो, टट्टी स्नान से फ़ारिग़ होकर तुमसे बात करता हूँ।"

इस पर हुआंग महाराज ने मेरा हाथ पकड़कर ऐसे स्वर में बताया जैसे बड़ा भारी रहस्यफ़ाश करता हो, "गयी रात गेज गल्ली में मर्डर हुआ और यंग कुवान जाते रहे।" गेज गली नाग महाराज के माफ़िक मेरे भाल से बारम्बार लिपटी आती। इतने बड़े नगर में ख़ून होना तो रोज़ाना की घटना है फिर क्यों बार बार इसकी बात चलती, कल खाया तमाचा पुनः दुखने लगता।

"तो इसमें हमारा क्या मामला और कौन सा नफ़ा नुक़सान जो हम किसी की हत्या का हिसाब रखें!" मैंने चिढ़कर हुआंग महाराज से कहा।

रामदीन ने अजायबी प्रगट की और बोला, "यंग कुवान चीनी ग़दर का लीडर था।" हुआंग महाराज ने कहा कि सुन चुंग शान ने हुकम किया है कि हम फ़ौरन अपने स्थान से ग़ायब हो जायें। उसकी भाषा मेरे पल्ले न पड़ी तो रामदीन ने फिर समझाया, "साहेब, सुन चुंग शान का हुकम है कि हम लोग फ़ौरन जापान रवाना हों। यहाँ से तुरत-फुरत रवानगी डालें।"

अपने आत्मवृत्तान्त के आख़ीरनामे का मैंने मनोमन मसौदा तैयार कर रखा था मगर हमारे मन्सूबों से राम राज़ी कब होता है! आख़ीर में यह नक्की हुआ कि जापान में रामदीन, हुआंग महाराज और मैं तब तलक आरज़ी निवास करें जब तक हांगकांग में सुलह-शान्ति स्थापित न हो और पोलीस की चुस्ती कमती न हो जाये। जापानी बन्धुओं से मेलजोल बढ़ाकर चीन में जनताशाही हेतु जुगत-जतन जारी रखें। कुवा के प्रति जो अत्यन्त उत्कट विषयवासना बीते बखत हुई थी, उसका मुझे भारी पछतावा था और प्रायश्चित्त करने को यह मौक़ा उत्तम था। मैंने भी इस योजना वास्ते तुरत हाँ भर दी। बिस्तर-बक्से बँधने लग गये। हुआंग महाराज जहाज़ी सफ़र हेतु खाने पीने की फुटकर वस्तुएँ मोल ले आया। उसने तम्बाकू, बोतल तथा पोस्ती का भी बन्दोबस्त कर लिया था। हांगकांग छोड़ने से पहिले एक दफ़ा कुवा से मिलने की उत्कण्ठा होने लगी। मन के आधे हिस्से ने बारम्बार ताकीद की कि जाना मुनासिब न होगा। आख़ीर बार मानकर अगर उसके संग बैठक करता तो लाग और लड़ाई दोनों भड़कने का बरोबर सन्देह था। अन्तरात्मा हज़ार जतन से भी राज़ी न हो कि जिसके संग विषय-प्रसंग में इतने बखत मशग़ूल रहा, उससे मिले बिना चला जाऊँ। नौउमरी में टॉमस हार्डी के कथानक पढ़ने से ब्राह्मण बुद्धि पर फ़िरंगी पानी चढ़ गया था। जनाना ज़ात पुरुषों के बराबर है, ऐसी हृदय में पैठ हो गयी थी।

ग़ैरसमझी बारम्बार मुझे नर्मदाप्रसाद जी के गृह तरफ़ खींचती थी और दो दिन तलक मैं जैसे-तैसे सबूरी धरकर बैठा रहा पण रवानगी से दो रोज़ पहिले हालत पतली हो गयी और कुवा के निकट जाये बिना जापान चला जाऊँ, ऐसा करने से

मेरी अन्तरात्मा पूर्णरूपेण नट गयी। इसमें कुवा से स्त्री-प्रसंग की इच्छा का भी ख़ासा हाथ था। एक दफ़ा उसके वदन से लगकर दोपहर काटने को जी बेचैन था। मोटी रक़म फ़ना करके मैंने हजामत बनवाई और नहाकर वेलिंगटन स्ट्रीट हेतु रिक्शा पर बैठा अपना मुस्तक़बिल विचारने लगा। बैठते बखत श्रीकार वर्षा हो रही थी, छाता लेना आवश्यक नहीं समझा पण थोड़ी दूर पीछे धोधमार पानी गिरने लगा। पतलून लंगोट तलक सोरबोर हो गयी। कानों में पानी भर गया। राम-राम करता वेलिंगटन स्ट्रीट पहुँचा और नर्मदाप्रसाद के गृह के चढ़ाव पर देखा नर्मदाप्रसाद जी बायें हाथ में मच्छी का बदबूदार थैला पकड़े आगे चल रहे थे। ऐसा अनुभव हुआ, हृदय अत्यन्त भारी पत्थर है जो फेफड़ों की ओर डूबता जा रहा है। आख़ीर दफ़ा भी कुवा से एकले भेंट न हो सकेगी, इस धारणा से अश्रु आने लगे।

पगथाप सुनकर नर्मदाप्रसाद जी पलटे और कानों तलक मुस्की उनके मुख पर फैल गयी। "अच्छे पधारे। आज गृह पर ही हूँ पूरे रोज़। तबीयत बिगड़ी लग रही थी सो नागा किया।" गृहस्थ होकर मांस-मच्छी की टेव तो नर्मदाप्रसाद जी को लग्न पीछे रंगून जाने पर ही लग गयी थी किन्तु अपने नातेदार के आगे ऐसे निर्लज्ज बनेंगे, अपेक्षा न थी, फिर जी ठीक न लगने पर मच्छी खाने का कौन सा उद्‌देश्य हुआ। कुवा मेरे वास्ते नित्य मांस-मच्छी लाती थी पण बनेवी-साले मध्य आँख का पानी रखना भी आवश्यक था। कुवा से एकान्त में मुलाक़ात तो न हो सकेगी पण उसके हाथों बनी मच्छी आज आख़ीर दफ़ा खाऊँगा, यही आस लेकर मैं खटाखट ज़ीना चढ़ने लगा। दातुन के बजाय दन्तमंजन वापरना मैंने चन्द दिवस पूर्व शुरू किया था। दन्तमन्जन में रोकड़ मोटी ज़ाया होती थी और अँगुली से देर तलक दाँत घिसने पड़ते थे पण ऐसे मुख की चुम्मी लेने की कुवा को तीव्रेच्छा होती थी। लगता है, उस दिवस मैंने कुबेला में ही यात्रा शुरू की थी जो दन्तमंजन से स्वच्छ मुख की चुम्मी कुवा को देने न पाने का योग हुआ।

बैठक में सुगन्धित काठ का धुवाँ हो रहा था और देखने में ज़ोर पड़ता था। कुवा दिखी न फुदु, नर्मदाप्रसाद जी के गृह काम करने वाली कंटोनी नौकरानी जापानी देवों की मूर्तियाँ सफ़ा कर रही थी। सागवान का फ़र्श ज़रा देर पूर्व ही पोता पड़ने के कारण गीला था, तलवे चिपकते थे। "विराजो, गोबरधनभाई! कुवा स्नान वास्ते नीचे होगी।" कंटोनी बाई नर्मदाप्रसाद जी के निकट आकर चन्द मिनट कुछ फुसफुसाती ठाढ़ी रही, नर्मदाप्रसाद जी ने उत्तर कहा, "बटुआ ला," और बिना एक शब्द उचारे बाहेर चले गये।

नौ

मालवाहक जहाज़ में कुवा को ले जाना जोखमकारक था। अकेली नारी की चौकीदारी में मेरा पूरा प्रवास फ़ना होता और कुवा भी कमती बखत देने पर सन्ताप करती पण दीगर उपाय भी न था। कुवा को मालवाहक जहाज़ में रखने पर पूरे बखत धुकधुकी लगी रहती, बीच समुद्र ख़लासी-हमाल एकली नारी को देख भड़के और हाथ डाले, यह मुझे बर्दाश्त न था, इस वास्ते अराजक दस्ते के एक कंटोनी अफ़सर से मैंने दरख़ास्त लगायी कि जहाज़ के ऊपरी माले पर जहाँ कप्तान आदि ऊँचे अफ़सरों का रहवास है, हमें भी रहने दिया जाये। पहले तो कंटोनी अफ़सर सफ़ा नट गया कि अराजक दस्ते के कामकाज में नारी ले जाना निषेध है और अपनी नारी की सलामती करने का अगर मुझ में ज़ोर न था तो लग्न न करना था, यदि लग्न कर लिया तो एक ठिकाने पर अपनी नारी को रखने के बजाय बन्दर-बन्दर घुमाने की क्या ग़रज़ हुई। यदि वासना का ऐसा प्रबल वेग है तो प्रत्येक बन्दर पर वैसे भी दारियाँ उपलब्ध होती ही हैं। यह बताने पर कि मेरी औरत जापानी है, उस कंटोनी की अफ़सरी में किंचित् नरमी आयी और दूसरे दिवस आने का कहकर उसने मुझे लौटा दिया।

गृह पर कुवा की तबीयत में अब तलक सुधार आने लगा था। फुदु को बाल्टी में बैठाकर वह नहला रही थी। भानजी जिसे बा बोले, वह तो नाते से मेरी बहन ठहरी पण मैं उसे अपनी औरत माफ़िक वापरूँ, यह पातकी कर्म था। मैं वहीं विचारता बैठा रहा। जो घटा सो घटा अब इसमें फेरबदल मुमकिन न था पण इस पातक को कन्धे पर लादकर पहले जापान प्रवास और फिर अपने घर बम्बई लौटूँ, क्या यह मुनासिब था? जहाज़ पर ख़लासी और कामगारों से न्यारा रहवास हो भी पायेगा या नहीं? अगर नहीं हुआ तो इन दोनों स्त्रियों का कैसे ध्यान रखूँगा, यह सवाल मेरा मग़ज़ मूषक की माफ़िक खा रहा था।

पूरा दिवस इसी दिमाग़पच्ची में गया। संझा पड़े रामदीन ने भाजी और सौदा चौके में धरकर जल्दी ही दिवस समेट लिया और मच्छरदानी लगाकर खटोले से जा लगा। परसों हांगकांग त्यागकर मुसाफ़िरी पुनः प्रारम्भ होनी थी, इससे उसका जी किंचित् उचाट था। ऐसा जहाज़ी जीव को प्रवास पूर्व अनुभव होता ही है पण तब भी मुसाफ़िरी वास्ते वह निकल पड़ता है। दिन छिपे सन्ध्या निपटाकर मच्छी-तन्दुल खा सोने की तैयारी होने लगी। तूफ़ान-पावस की वजह से रात्रि पूर्व ही रात्रि हुई ऐसा लगता था। बिस्तरे के निकट बत्ती जल रही थी और कुवा दूर बैठी बक्से से लत्ते-लीड़ों की निकाला-धरी में व्यस्त थी। फुदु मेरे निकट सो रही थी। कुवा के निकट क़न्दील जलता था, प्रकाश देखकर मुझे गिरगाँव में कास्ट आयरन की इमारत में बने दवे कुल के अपने निवास की याद आ गयी। वहाँ ठीक ऐसा ही प्रकाश दिन पीछे माँ करती थी जिसमें गोबरगौरी गृहकाज निपटाती मँडराती। संझा से ही स्त्री-प्रसंग की तलब मुझमें भड़क जाती और मैं उसके गृहकाज पूरा होने की प्रतीक्षा करता रहता। अत्यन्त व्याकुलता के कारण मुख और वदन पसीना-पसीना हो जाता और गोबरगौरी के जब गले लगता तो वह नाक सिकोड़ती, "राम, लगता है पिछली पूर्णमासी से स्नान नहीं किया है। कितनी दुर्गन्ध, छी!" और मेरे सीने में नासिका देने लगती। कुर्ते के बटन खोलने की हड़बड़ी में कई दफ़ा उसकी नासिका पर मेरा हाथ ज़ोर से लग जाता और वह उछलकर पलटती, तकिये में मुँह घुसा लेती। उसके पोलके के पीठ पर लगे बटन खोलकर मैं उसकी पीठ पर दन्तपंक्ति बना देता था। "हटो, मुझे गुदगुदी होती है" खिलखिलाती वह पीठ झटकती पण तब तलक मैं उसे दोनों हाथों और दोनों टाँगों से जकड़ लेता था जैसे भगवान चतुर्भुज चार हाथों से लक्ष्मी का आलिंगन करते हैं। मैं नश्वर नर था मेरे कने कहाँ नारायण माफ़िक बेशुमार सकत थी, सो मेरी लक्ष्मी काल का ग्रास बन रही अन्यथा क्यों ब्यालू में मांसाहार खाकर जापानी नारी के संग गृहस्थी करता। डेढ़ वर्ष हो गये हांगकांग आये अब तलक तो यज्ञदत्त भी वय बरोबर पुख़्ता हो गया होगा। बालपन में ही बड़ी-बड़ी बातें बनाता था, अब तो चारों वेद उचारता होगा। क्या ख़बर मिशनरी अस्पताल में अब तलक बुआ उसे ले जाती हो और उसे ख्रिस्तानी संस्कार पड़ गये हों। पादरी और ख्रिस्तानी ननों ने उसका बपतिस्मा कर दिया हो। मैं नेम से बम्बई रोकड़ इस वास्ते ही भेजता था कि बुआ को ख्रिस्तानियों के अस्पताल में रोटी न बेलना पड़े और यज्ञदत्त का बामनपण अखण्ड रहे। समुद्र की मुसाफ़िरी ने मुझे तो बेजात कर ही दिया था और कौन सा पातक दुनिया में था जो मैंने न किया था!

कुवा को सम्भवत: मेरे हृदय की ख़बर हो गयी और वह हाथ का काज छोड़कर मेरे निकट आकर बैठ गयी। मैं खाट पर लेटा था और फुदु मेरे सिरहाने सोती थी, इस वास्ते कुवा भूमि पर बैठी। उसने मेरा हाथ गहा और उससे माथा टिकाकर झूलने लगी। कंटोनी, अंग्रेज़ी, जापानी और गुजराती मिलाकर वह भेल बानी बोलती थी जिसे समझने में मेरी कनपटियों की नसें खिंच जाती तब भी कई दफ़ा अनर्थ ग्रहण हो जाता। "चिन्तन नक्को" ऐसा कहकर उसने मेरी अँगुली की चुम्मी ली और दु:ख ऊपर इंद्रिय हावी हो गयी। फ़ारिग़ होकर जगत् का होश हुआ तब तलक मध्यरात का घण्टा बज रहा था। लघुशंका निपटाने जब बाहेर गया था तो कण्टाल से वदन टूट रहा था पण वापस आते-आते नींद नदारद हो गयी।

मिकाइल बकुनिन का एक नवादा पैम्फ़्लेट बीते दिनों मेरे हाथ लगा था। अमरीका के बोस्टन नामक महानगर से प्रकाशित यह ग्रन्थ अपनी शुरुआत ही जड़-जगत् को असल और आत्मिक संसार को फ़र्ज़ी बताकर करता है। बकुनिन महाशय अनीश्वरवाद की पग-पग पर ज़ाहिरात करते और इससे मेरे हृदय को ऐसा मज़ा मिलता जैसे गुनाहग़ार को पातक अंजाम देते हुए प्राप्त होता है। उनके फ़िलॉसॉफ़िकल दाख़लों पर मैं भले ईमान लाऊँ कि न लाऊँ, उनकी मर्दुमी का हामी तो था। यह दाख़िला कि जगत् की तामीर अमल और माल से होती है न कि मंसूबे गाँठने से मेरी बनावट के सर्वथा मुताबिक़ था। ईश्वर मग़रूर, ग़ैरवाजिबी और मत्सरी है, ऐसा मेरा रोज़ाना का तजुर्बा था पण कहने की बहादुरी न थी। बकुनिन ने यह बात अपने पैम्फ़्लेट में खुले तौर लिखी थी। शैतान को बकुनिन विप्लवी बताता है। ईश्वर के आगे सीनाज़ोरी की सकत बस शैतान में है। मालमत्ता यदि भगवान है तो मुफ़लिसी दुष्टात्मा। मुफ़लिस ही अराजक हो सकता है क्योंकि उसके कने खोने को पॉकेट में धेला नहीं होता। ऐसे ग़दर बस दुष्टात्मा के बस की बात है। पैम्फ़्लेट पढ़ते-पढ़ते अर्ध रात्रि फ़ना हुई तब आँख लगी और साढ़े चार बजे किसी ने फाटक की साँकल बजा-बजाकर गुल्ला बरपा दिया। इससे पूर्व कि मैं फाटक तरफ़ दौड़ता, हमारे कमरे का किवाड़ कोई ठोंकने लगा। फुदु जाग पड़ी, कुवा हालाँकि पेट के बल तकिये में मुँह दिये सोती रही।

बाहेर कोई ऐसी उतावल से किवाड़ पीट रहा था कि फुदु को रोती छोड़ मैं द्वार खोलने दौड़ा। फ़िरंगी लँगोट के ऊपर पजामा तलक पहनने का बखत न था। देखा पल्ले की ओट हुआंग महाराज खड़ा है और सम्मुख कोई कंटोनी डोकरा है। "ऐसी हाय की ग़रज़?" मैं दाँत चबाते हुए बोला। दोनों जनें कंटोनी में हुज्जत करने लगे। कच्ची निद्रा से जागी फुदु अलग मोटे सुर में रो रही थी। कुवा घोड़े नीलाम करके औंधी पड़ी थी। उस पर किंचित् असर न होता था। इन दोनों की ज़बानदराज़ी का

ख़ात्मा न था। "चिल्लाचोट करते रहोगे कि मतलब की बात भी होगी। आधी रात इतना हल्ला क्यों?" मैं चिल्लाया और बिस्तरे से अपना पजामा ढूँढ़ने लगा, कुवा के वदन पर चद्दर पटकी और फुदु को गोद में उठाया।

रामदीन लुंगी बाँधता हुआ आया, "साहेब, सुन चुंग शान का नवादा हुकम लेकर आया है यह डोकरा", तो यह मसला है–ख़्याल करके धुकधुकी होने लगी।

तब तलक उसे रोकता डोकरा कमरे के भीतर दाख़िल हुआ, कंटोनी मानुष उचित तहजीब में नाकारा होते हैं, डोकरे ने किंचित् तवज्जो नहीं की कि अपनी गृहिणी के संग आदमी सोया है। सीधे कमरे में दाखिल हुआ। हुआंग महाराज भी पीछे-पीछे आ गया। ख़ाली रामदीन लिहाज़ के मारे बाहेर खड़ा रहा। डोकरा जैसे ही कमरे में आया अपना तर-ब-तर छाता खोल दिया। फुदु की आँख फूटते-फूटते बची।

"यहाँ कौन सी पावस पड़ रही जो छाता फैलाने की ग़रज़ पड़ी!" मैंने डपटा। डोकरे ने बेख़बर छाते की ताड़ियों से एक परची निकाली और मेरे हाथ में धर दी। खुल्ला छाता ही माथे पर तान बाहेर चलता बना। गुड़ीमुड़ी परची खोली तो उसमें अंग्रेज़ी में जो हुकम लिखा था, उससे मेरी सिफ़त पूर्णपने से पलटी खा गयी। जब के जब बक्से बुगचियाँ बाँधकर निकलने का हुकम था। मुसाफ़िरी के दस्तावेज़ बरोबर किये, काग़ज़-पत्तर जमाये, रसद बाँधी और कुवा, फुदु, रामदीन और हुआंग महाराज के संग मैं विक्टोरिया हार्बर शंघाई जाने वास्ते सन् 1901 की जनवरी के आख़िरी इतवार को उषाकाल साढ़े पाँच बजे निकला। चलती रिक्शा तलक में चैन न था, अगर सुन चुंग शान की उदूली करूँ भी तो वह कौन मेरे मुल्क की रानी विक्टोरिया है, पण यह ध्यान भी था कि ब्रितानी हकूमत में तो क़ानून-कचहरी का क़ायदा चलता है, यहाँ तो यह चीनी विप्लवी सीधे गोली मारकर निकाल करेंगे।

बा और बुआ दोनों कहती थीं कि पलंग खींचने से भी हवाई जीवों की हत्या होती है। फिर जहाज़ी जीवन के चलते मांसाहार की टेव पड़ी तो मानकर बैठा कि पोत पर पानी का क़ानून मानूँ और पराये मुल्क में ग़ैरमुल्की माफ़िक रहवास करूँ पण खरा मर्दुम होने के चक्कर में इतनी हिंसाख़ोरी करना होगी, ख़याल तलक न था। बन्दर पर रोज़ाना की अफ़रा-तफ़री मची थी। परची अनुसार पोर्ट तक आ तो गये थे पण कौन सा जहाज़ चढ़ना है, उसके पेटे रोकड़ किधर से जुगाड़ना है, कहाँ जाना है, ख़बर न थी। बन्दरगाह पहुँचते ही हुआंग महाराज को दौड़ाया, विप्लवी गुट का एक मानुष यांग होलिंग हांगकांग में ही एक जनरल स्टोअर की आड़ में चीन प्रान्त में अन्धाधुन्ध मचाने में इमदाद करता था। रामदीन चाय-अफ़ीम के बन्दोबस्त में मशग़ूल हो गया। मैं और कुवा फुदु को खिलाते बैठे रहे। बारम्बार मेरा माथा पसीने से भीग

जाता और कुवा अपने किमोनो की आस्तीन से उसे सफ़ा करती। हवामान शीतल था और तड़के की झरमर पावस में लोग काँप रहे थे। "धुकधुकी कि माँदगी?" बापड़ी कुवा ने जैसे-तैसे वचन तलाशकर पूछा।

ठण्डगारी और अजान मुस्तक़िल से भय के मारे थरथर हड्डी और रोने-रोने को उमड़ा आता जी सँभालकर मैंने कुवा तरफ़ देखा। आज तलक इस जापानी नारी को मैंने मात्र मैथुनी मज़े की मशीन माना था जो बदनसीबी वश मेरे माथे आ पड़ी थी पण उस रोज़ बूँदा-बाँदी, इंजनों की भाप और चालू जहाज़ों की बत्तियों से मढ़े उसके मुख पर कितनी कोमलता थी। ऐसा लगता था जैसे वह मुझे नहीं अपने बालक को देख रही थी। मेरा जी उसकी छातियों में मुख देकर रोने को हुआ। कुवा यह मेरी आँखें देखकर जान गयी पण एक शब्द नहीं बोली। ख़ाली फुदु को थपकारते हाथ को उठाकर हामी भरी कि हमारा आगा अच्छा होने वाला है। उसकी पुतलियाँ पानी में तैरने लगीं। जब कुवा से पहली दफ़ा भेंट हुई थी तब वह षोडशियों माफ़िक़ अम्लान थी, लाड़-लगाव के फेर और दुःख-दरद के मारे आज जास्ती उमर की औरत लग रही थी पन जैसी भी थी डुकरिया-अधेड़न-षोडशी कुवा मेरी औरत थी।

आँख पड़ी तो देखा चीनी प्यालों में रामदीन सिगड़ी से उतारकर चाय छान रहा था। उसके जी भी धुकधुकी थी कि कहाँ जा रहे हैं और क्या काम करना होगा। बेचारे का अपने देस-कोस जाने का मन था पन नगद सब ख़रच चुका था। ठन ठन बटुआ लेकर किसी पोत पर चाकरी करता हिन्दुस्तान चला भी जाता तो घरवालों के हाथ पर रखने को कानी कौड़ी न थी। कुवा की नौकरानी वह कंटोनी डोकरी, जिसका पाउडर से थोपा थोबड़ा रामदीन को रूपसी माफ़िक लगता था, वह भी नर्मदाप्रसाद जी के यहाँ रह गयी थी। अब चाय और अफ़ीम के आसरे बखत काटने का मनसूबा ठाना था। चीनी रेशम के मोज़े से चाय छानने की हांगकांग में रीति थी उसी भाँति चाय छान-छानकर रामदीन ने मुझे और कुवा को पकड़ायी। कुवा पहले फुदु को पिलाने लगी। हार्बर के घण्टे ने आठ बजाये पण हुआंग महाराज का ठिकाना न था। इतने सबेरे ठिकाना छोड़ो बोलकर परची पकड़ाने की क्या ग़रज़ थी जब दिन चढ़े तलक जहाज़ में न बैठना था। कुछ मग़ज़ न पड़ा। चाय पीकर मैंने ही जनरल स्टोअर जाने का मनसूबा किया। कुवा और फुदु के हुकम बजाने और कामकाज करने वास्ते रामदीन को हार्बर पर ही रुकने की ताकीद की।

बन्दर से रिक्शावाले तगड़ी रक़म वसूलते थे, भले जाना हाथ से पिछवाड़े तलक हो। देर तक रामदीन ने ज़बानज़ोरी करके एक कंटोनी ठहराया कि मुझे यांग होलिंग के स्टोअर ले जाये। पाँच सेंट से कमती में जाने को कोई राज़ी न था। पहले तो स्टोअर का नाम सुनते ही रिक्शावाले मुख टेढ़ा करते, फिर एक आँख खोलकर

कुछ बुदबुदाते हुए आगे बढ़ने का ढोंग करते थे। रामदीन पीछे दौड़ा जाता तो खीझ जतलाते और पाँच सेंट का कलदार माँगते। "मलिका दिये बग़ैर जाने को राज़ी नहीं" हारकर रामदीन मेरे कने आया। कुवा उठी, बोली मैं मोल-तोल करती हूँ। चार सेंट में सौदा नत्थी करके पलटी और मैं फ़ौरन रिक्शा पर सवार हो गया। रिक्शा पहले दायीं ओर मुड़ा और दस क़दम चला पीछे पुनः मुड़ा और बन्दर पर पहुँचा फिर पिछवाड़े का रस्ता पकड़ बन्दर का चक्कर काटा और उसी जगह पहुँचा जहाँ से पलटा था, मुझे कड़क कोप हुआ पण मौन मारकर बैठा रहा। प्रवास के बखत ऐसे ठगलाडू निगलना मुसाफ़िर के माथे बदा है सो खाये। एक दफ़ा और जब उसने वही बाट की तो मग़ज़ गरम हुआ। अंग्रेज़ी में वैसे तो बम्बई में मेरी ख़ासी बढ़त थी पण हांगकांग में पूरी बात कहते ज़बान दग़ा करती थी तो भी अंग्रेज़ी कादम्बरियों के भरोसे मैं ऊँचे शब्द में बोला, Why are you circumambulating Queen Victoria harbour? Do you think I'm an idiot!" वह अफ़ीमची की भाँति गोल-गोल तारक फाड़े मुझे देखता रहा जैसे मैं कोई सच का अहमक हूँ। फिर मुझे भाव हुआ कि मैं हूँ ही असल अहमक, बन्दरगाह की घेरियाँ रिक्शा कैसे खा सकता, है उसके एक तरफ़ तो समुद्र है। यह तो एक ही रस्ते बारम्बार पलटकर आता था। यह बात अंग्रेज़ी में बोलने की बहादुरी नहीं हुई। तीसरी फेरी में आँख खोली तो यांग होलिंग के स्टोअर आगे रिक्शा खड़ा था। भाड़ा पटाकर फ़ारिग़ हुआ पण रिक्शावाला वहीं खड़ा हो गया। कहीं चीनी राजशाही का जासूस तो नहीं अंदेशे के मारे मैं भी वहीं खड़ा रहा। लघुशंका निपटायी, पॉकेट घड़ी दो बखत देख ली पण रिक्शा टस से मस न हुआ। अब निकाल करना आवश्यक हो गया। मैं उसके निकट जाकर खड़ा हुआ और जाने को अँगुली दिखाई पण उसने अनदेखी की। मैं उसके और निकट गया और अपने पूरे ज़ोर से उसे एक तमाचा लगा दिया। कूकर की भाँति टाँय-टाँय करता वह भूमि पर गिर गया। इससे पूर्व कि दूसरे रिक्शावाले उसके कंटोनी भाई आते मैं स्टोअर के अन्दर भाग आया।

स्टोअर अन्दर से ख़ासा बड़ा था। बाहेर बाँस के भाण्डे एक के ऊपर जमे थे जो कंटोनी मानुष भोजन को भाप से पकाने वास्ते वापरते है। अन्दर गृहस्थी की तमाम मद बिक्री हेतु सुलभ थी। चीनी फली का दूध फाड़कर बनाये फीके गुल्ले जिसकी दीन कंटोनी बाइयाँ सब्ज़ी बनाती हैं, भाँति-भाँति की चायपत्तियाँ और बूटियाँ जिन्हें छानकर यहाँ की जनता चाहे मुफ़लिस हो या जगतशेठ रात-दिवस पीती है, बिरंगी टीन और काँच के मर्तबानों में रखे थे। मर्दाना सकत में इज़ाफ़े के ढेरों नुस्ख़े लेकर एक डोकरा न्यारा होकर कोने में बैठा था और एक नौजवान कंटोनी मानुष को खुसफुस जाने कौन सा उपदेश दे रहा था। हमाल रीते बारदानों के सुतली से बँधे

गट्ठर और बोरे लेकर घड़ी-घड़ी बाहेर-अन्दर हो रहे थे। स्टोअर में भीड़-भड़क्का और गर्दा तो था पण इस सकल तमाशे का ज़िम्मेवार जन कौन है, पता न था। नगद लेकर बैठे मुनीम के निकट जाना मुनासिब समझ उसी से मैंने जवाबतलबी की, "मेरा नाम गोवर्द्धनचन्द्र दवे है। सुन चांग शान साहेब का हुकम पत्र बीती अधरात प्राप्त हुआ। उस बाबत पूछताछ करना थी। मुसाफ़िरी हेतु नगद की ग़रज़ है", मैंने एक-एक लकीर सुथरी अंग्रेज़ी में कही। मुनीम ने "सूँ चांग शान, सूँ चांग शान" कहकर ज़ोर-ज़ोर से माथा हिलाया और क़लम कान पीछे खोंसकर मुझे घूरने लगा। इतने में एक मजूर सिर पर गाजर का टोकना उठाये मुनीम कने आया और चोपड़े धरने की पेटी के पास टोकना पटककर भूमि पर लोटने लगा। लगता था, उसे मिर्गी का दौरा पड़ा था। मुनीम ने उचटती नज़र से उसे काले फ़र्श पर लाल-लाल गाजरों बीच लोटते देखा और कान पर खोंसी क़लम निकालकर पुन: चोपड़े के वरक़ पलटने की नाटिका करने लगा।

मुनीम की नज़रअन्दाज़ी से कारण अब मजूर अत्यधिक नाटकीय रूप से फ़र्श पर ही लेटे-लेटे उछलने लगा और कण्ठ से अत्यन्त बीभत्स आवाज़ निकालने लगा जैसे फेफड़ों तलक मिर्गी की अकड़न आ गयी हो। मुझे यह असहनीय गुज़रने लगा। मेरा बखत नाहक़ खोटी हो रहा था। मुनीम हिसाब में मसरूफ़ बना बैठा था। नाबर्दाश्ती से विवश मैंने पुन: अरज़ की, "मुंशी जी, जहाज़ी प्रवास पेटे रोकड़ का बन्दोबस्त हो पायेगा? मैं ख़ासगी ख़रच हेतु रुपया नहीं माँग रहा, चीनी लोकशाही वास्ते माँग है।" मैं अपना ख़ुलासा पूरा भी न कर पाया था कि मजूर अब कपाल से फ़र्श पीटने लगा। मुनीम ने उस पर तो तवज्जो न दी बल्कि अँगुली से मुझे बाहेर जाने का हुकम दिया। यह मुल्क में मुनीमी करता है तो मैं पानी पर मुंशी तैनात था। बम्बई में बैंक की मुनीमी कर चुका। परचून की पेढ़ी के चोपड़े बरोबर रखने वाले की क्या औक़ात कि मुझे हुकम दे! मैं टस से मस न हुआ, उसके सिर पर खड़ा रहा। मजूर ने और ज़ास्ती शोर-शराबा करना आरम्भ कर दिया था। मुनीम के मुख पर अब तीव्र खीझ ज़ाहिर होने लगी, वह अपने स्थान पर खड़ा हुआ और मजूर मानो कोई मकोड़ा हो यों उसे ताकने लगा। मुझे तो पूर्व से अपना बखत फ़ना होने पर खीझ थी सो मैंने चिल्लाकर कहा, "जहाज़ छूट गया तो आपके माथे ज़िम्मा होवेगा। मैं तो यहाँ आधे घण्टे से अपनी ग़रज़ की ज़ाहिरात करता खड़ा हूँ।" मजूर की चिल्लाचोट में सम्भवत: मेरा वचन ख़ाली गया। मुनीम बहियों का बक्सा उलाँघकर उछला और एड़ी के नीचे आया मजूर का मुख देर तक कुचलता रहा। बापड़े का जबड़ा दब गया और ख़ून की पलटी के साथ दाढ़ बाहेर आ गयी। ख़ून देखकर मुनीम के ख़ून में और

अधिक उबाल आया और उसने मजूर के सीने में ऐसी लात मारी कि वह कपड़े के गुड्डे की भाँति फ़र्श से घिसटता सड़क पर जा गिरा।

भय के मारे मेरा कण्ठ सूख गया। धुकधुकी से सीना चलने लगा। टाँगों में कँपकँपी छूटने लगी। पुतलियों आगे अँधेरियाँ छा गयीं। मुनीम में ऐसा ज़ोर और ऐसा ताव देखने में न आया था। ज़बानज़ोरी तो मैंने भी ख़ासी की थी। मेरा करतल दायाँ कपोल यों रगड़ने लगा जैसे किसी ने तमाचा जड़ा हो। मांसाहार और जहाज़ में की गयी वर्जिश से पैदा हुई मर्दुमी और बहादुरी सब एक मिनट में फ़ना हो गयी थी। मुझसे कौन सी ऐसी कड़क चूक हुई थी कि यह कंटोनी मुनीम मुझे मारता पण हृदय के एक हिस्से ने झाँकी दे दी थी कि आज ज़ाहिर बेक़दरी होने वाली है। गफ़लत का फल पढ़े-लिखे मानुष को पीटकर कौन दूसरा पढ़ा-लिखा मानुष देगा, ऐसी धारणा हृदय में जमाते मैं अपना दायाँ कपोल रगड़ता रहा कि मुनीम ने अपनी गादी पर विराजमान होते-होते पुन: उछलकर मेरे उदर में एक अत्यन्त उग्र मुक्का दे मारा मानो तोप का मुँह बारूद समेत मेरे उदर में घुस गया। मुझे फ़ौरन पलटी हो गयी और आँखों में पानी आ गया। मुनीम को इससे भी अमन न पड़ा, उसने मेरे बायें कान पर दायाँ हाथ पहले ढीला छोड़ा और कान तलक पहुँचते ज़बर ज़ोर लगाकर एक तमाचा दिया, फिर दूसरा तमाचा मारा, फिर तीसरा। पीछे बाल पकड़कर माथा झुकाया और चोपड़े धरने के बक्से पर एक के बाद दो दफ़ा मेरा माथा ठोंका। बेभान होते-होते होश हुआ पण मैंने ख़ुद को हालत के हवाले करके भू पर गिरना-लोटना उचित समझा। अनुभव हुआ कि आँखों आगे ढेरों फ़ानूस चेतन है पण तब भी अन्धकार है और टकसाल में जैसा हल्ला होता है, वैसा कानों में हो रहा था।

थोड़ी देर तलक मैं वहीं औंधे मुख पड़ा रहा। जब जाने की चेतना हुई तो शरम का दौरा पड़ गया। आफ़त सहना सहल है पण उसकी ज़ाहिरात से जन्मा संकोच लाइलाज रोग है। खड़ा होने पर स्टोअर के चाकरों की निगाह में पड़ना मुनीम की मार से जास्ती चोट थी। फिर मुनीम के आगे घड़ी पूर्व तो चीन में अन्धाधुन्ध मचाने वास्ते रोकड़ माँग रहा था और मुझसे उसका हाथ तलक पकड़ते नहीं बना। ग्राहक लोग क्या सोचेंगे, नारी-ज़ात जो ख़रीदारी वास्ते आयी है, ऐसे मार खाये मर्दुम का मुख देख देखकर ठट्ठा करेंगी सो अलग। बड़ी देर बाद मैं ढीठपना बटोरकर खड़ा हुआ और पतलून झटकारता बाहेर जाने लगा। ख़ाली खीसा लिये कहाँ जाऊँ, ख़याल न था। पहले तो एकाकी मर्द, कहीं भी पसीना बहाकर दो रोटी कमा लेता पन अब कुवा और फुदु का भरण भी करना था। गोदाम लौटने का विचार बनाकर ही बाहेर आया।

शरम जैसे मूषक मख़मल कुतरता है, उसी भाँति आत्मा कुतरती है। बाहेर आते-आते मेरा इतना ह्रास हो चुका था, कि लगता था धड़ बाहेर आया था माथा अन्दर ही रह

गया था और मुनासिब ही घटा कि मेरा माथा बाहेर नहीं आया वरना माथा फ़ौरन ख़याल करता कि लोग उसके मार खाये बदन को देख रहे हैं, जहाज़ के मुनीम की सब हेकड़ी फ़ना हो गयी और साख दो कौड़ी की रह गयी। बेदरकारी में मैं सड़क के बीचों बीच खड़े लक्कड़ और कुन्दे लादे एक गधे से टकरा गया। गधे की पहले आगे की टाँगें धीरे-धीरे मुड़ीं, फिर पिछवाड़े झोल पड़ा और रेंकता हुआ वह वहीं सड़क पर बैठ गया। मेरा क़सूर नहीं था, गधे पर भार जास्ती था। कुन्दे ठोस काठ के थे और ख़ासे भरकम थे। गधा मालिक बेसबरा था, गधे की हुकमउदूली उससे बर्दाश्त न हुई और एक लक्कड़ उठा-उठाकर उसने गधेड़े को पीटना प्रारम्भ किया। कंटोनी में चिल्ला-चिल्लाकर गधा मालिक गालीगुफ़्तार कर रहा था। गधा भूमि से अपना लार टपकाता मुख रगड़ते हुए मद्धी आवाज़ में रो रहा था हालाँकि बीच-बीच में उग्र मार पड़ने पर उसके कण्ठ से तीव्र कराह छूटती थी। मेरी आँख गधे की आँखों पर गयी तो देखा अश्रु और कीचड़ से उसके पपोटे से गाल तलक भरे थे। दाँतों से ख़ून बह रहा था। मेरी भी क्षण भर पूर्व इसी भाँति निर्दयपने से पिटाई हुई थी। गधेड़े के गले लगकर रोऊँ ऐसी भावना मुझे हुई और बिना विचारे कि इससे मेरी साख और कमती होगी, मैं सड़क पर बैठकर गधे से लिपटने लगा।

गधा मालिक को मेरा गधे से लिपटा-झपटी करना असहनीय गुज़रा और उसने मुझ पर चिल्ला-चोट करना आरम्भ कर दिया। गधा मेरे छूते ही और जास्ती रोने लगा, उसके बदन की गरमी से मुझे भी तीव्र रुदन आवेग हुआ। अपनी ऐसी हरकत का वाजिब कारण आज तलक मेरे कने नहीं है। दु:ख दु:ख तरफ़ खिंचता है और इसमें मानुष-गधेड़े का भेद नहीं हो सकता। हमारी हालत पर संसार का कौन दिलगिरी जताने आने वाला था। हम दोनों ही एक-दूसरे का दर्द अनुभव कर सकते थे। गधा मालिक को जब लगा कि उसकी चीख़ पुकार पर मेरा किंचित् भी ध्यान नहीं है, उसने काठ का एक वज़नी कुंदा उठाकर मेरी पीठ पर दे मारा। तीव्र पीड़ा के कारण मैं उछला और अजायब आवाज़ मेरे कण्ठ से निकली पण गधेड़े ने जैसे वही पीड़ा अनुभव की और वह भी बहुत ज़ोर से रोने लगा। इतनी देर में जनता इकट्ठा हो गयी और उन्होंने मुझे गधे से अलग करके सड़क किनारे धूले में पटक दिया। गधेड़ा एकाएक चुप गया। गधा मालिक बेचैन होकर बारम्बार उसे झँझोड़ने लगा पन गधे में किंचित् हरकत न हुई। पीछे दूसरी गाड़ीवालों की सबूरी अब जवाब दे गयी और उन्होंने गधे को उसकी टाँगें पकड़कर घसीटा और सड़क किनारे मेरे निकट पटक दिया, गधा मालिक रोते हुए सड़क पर गिरे लक्कड़ और कुन्दे बीनने लगा। बेचारा ग़ुरबा दर्जे का मानुष था, गधेड़े के मरने से उसकी दाल-रोटी उजड़ने का अन्देशा था।

पतलून झाड़ी तो बटुआ नदारद था सो तुरन्त अन्दर ढूँढ़ने दौड़ा। मुनीम गादी से ग़ायब था।

उसकी जगह एक नवजवान कंटोनी बैठा चाय पी रहा था। मेरे होंठ कट गये थे सो ख़ून से जिह्वा कटु हो रही थी जैसे लोहा चबाकर बैठा था। कंटोनी नवजवान मुझे देखकर खड़ा हुआ और झुककर सलाम ठोंका, "आपके ज़िम्मे बन्दर की जासूसी का काज है न।" उसने विशुद्ध अंग्रेज़ी में कहा। मेरा मार खाते इस नवजवान ने भी नज़ारा किया होगा, इससे मुझे अत्यन्त संकोच हुआ और शब्द तलक बोला न गया। किसी भी भाँति वापस बम्बई चला जाऊँ, यही धारणा मेरे हृदय में घुमड़ रही थी। चीनी राजशाही अपनी रैयत को लाख आफ़त देती हो, चीनी मानुष कौन सा दूसरे के वास्ते दर्दी रखता था। "

आप गोदाम में बक्सा बिसारकर आये, इस कारण मुनीम जी आपसे रुष्ट हुए," नवजवान ने बताया और मेरे आगे ताँबे की एक कुंजी की, कुंजी मुट्ठी में करके मैंने उसके मुख पर टकटकी जमा दी कि वह बक्से का ठिकाना बताये।

नवजवान गूँगा चीन की ख़मीर खाई चाय सुड़कता बैठा रहा तो पूछना पड़ा, "बक्से का ठिकाना?"

नवजवान ने दीदे उठाकर मेरा एकटक नज़ारा किया और कहा, "आपकी नासा से लोहू टिपटिप गिर रहा है, पहले उसका ख़याल करो।" मैंने हथेली से नासा रगड़ी तो ख़ून से करतल भर गया। जी पुनः घेरी खाने लगा, अपना ख़ून देखकर मुझे घेरी खाने का रोग था।

हालाँकि नवजवान के आगे फ़र्शी पर बैठने में मेरी मानहानि थी पण गिरकर माथा फोड़ूँ इससे उत्तम था कि पराये मानुष के आगे फ़र्शी पर आप ही लोटूँ। देर तलक यों ही भूमि पर पसरा रहा पण किसी ने पानी तलक न पूछा। जिस चीनी जनताशाही वास्ते जान जोखम में डाली, उसने किंचित् मुरौवत न की। इससे अधिक भलमनसी तो हिन्दुस्तानी मर्दुम बैरी वास्ते भी रखता है। नवजवान थड़ी पर ऐसे विराजमान रहा जैसे जजसाहेब इजलास करते हों और मैं उसके सम्मुख बँधा कोई उचक्का-उठाईगीर हूँ। ख़ूनखच्चर से जो मेरा ख़ात्मा हो जाता तो यह चीनी मुझे गटर में बहा देते, पण्डित मर्दुम दफ़न-दहन तलक से वंचित रहता। मग़ज़ बरोबर हुआ तब मैंने नवजवान से बक्से के बारे पुनः पड़ताल की। "तलतल्ले में जाकर देखो। किवाड़ की कुंजी तुम्हें दो मिनट पहले पकड़ायी। क्या पोस्ती फूँककर बैठे इधर!" नवजवान ने फिर मेरा तिरस्कार किया पण मुझमें अब मुख़ालफ़ी का बल न था। मैं माथा छाती में दिये तलतल्ले तरफ़ चल दिया। तलमंज़िले पर गाढ़ा अँधार था, हाथ को हाथ सूझने के लाले थे। चार दफ़ा ठोकर लगी पण बक्से पर हाथ न पड़ा। पुनः ज़ीना चढ़कर ऊपर

गया और स्टोअर से दियासलाई का पूड़ा मोल लिया। देर तलक दियासलाई जलाकर बक्सा ढूँढ़ता रहा, अस्ला-बारूद, बम बनाने की वस्तुएँ, चाँदी की सिल्लियाँ, लट्ठ, धारदार औज़ार, जूने अख़बारों की रद्दियाँ, अनाज के कट्टे, नक़ली मूँछें-दाढ़ियाँ और खोटे बालों की टोप और चोटियाँ, भाँति-भाँति की कॉस्ट्यूम, भगवान जाने क्या-क्या असबाब गोदाम में पड़ा था, यहाँ तक कि दो कंकाल और खोपड़ियों की एक ढेरी भी थी। मानुषज़ात की हड्डी से उँगली छुआ गयी थी, अब पोर्ट जाकर नहाने का बन्दोबस्त अलग करना होगा, इसकी फ़िकर हुई। फिर पाँव किसी लिसलिसी वस्तु पर पड़ा और मैं फिसलकर धड़ाम, दुर्गन्ध से माथा भड़क गया। टट्टी से पहले तलवा बिगड़ा, फिर कोहनी से हथेली पर्यंत बदन दूषित हो गया। हाय राम कौन मुहूर्त में गृह-निकास किया था। राम-राम करके बक्सा मिला और उसे सिर पर धरकर उजाले वास्ते जलती दियासलाई होंठों में बीड़ी माफ़िक़ दबाकर, विष्ठा से बासता, हाँफता, अत्यन्त यत्न से ज़ीना चढ़ पाया।

रिक्शा वास्ते रोकड़ पॉकिट में नहीं थी और पोर्ट पहुँचकर कुवा से नगद लूँ इसके बजाय कलदार खुँटाकर मय ख़ुर्जी एक टट्टू भाड़े पर ढूँढ़ने का मंसूबा किया। जैसे-तैसे बक्से को दीदों पर झुकाये सड़क तक आया कि किसी से आँख न मिले। पिटने पश्चात् किसी के सम्मुख होने की दिलेरी फ़ना हो गयी थी। ऐसा अनुभव होता था जैसे भीड़-भरे स्टोअर में पिटने का लांछन मेरे माथे पर मानवज़ात को दृष्टिगोचर है। एक कंटोनी डोकरा चौक पर टट्टू की लगाम पकड़े खड़ा हुआ दिखाई दिया तो मैं उसकी तरफ़ दौड़ा। देर तलक हुज्जत पीछे बन्दर जाने को राज़ी हुआ। पहिले तो भाड़ा भार और दूरी की दर से जितना बैठा उससे दुगुना भाड़ा यह कहकर जोड़ा कि बन्दर से लौटती बखत असामियों का अकाल है। पीछे जब डेढ़ी रक़म नत्थी हुई तो पहिले हवाले करूँ, कहने लगा। मैंने बक्सा माथे पर धरकर बन्दर जाने की नाटिका की तो ख़ुद ही पीछे दौड़ा आया। ख़ुर्जी में ट्रंक लादा और चले। रस्ते भर धुकधुकी रही कि डोकरा भीड़ में बक्सा लेकर फ़रार न हो जाये, इस वास्ते टट्टू के बायें पुट्ठे पर हाथ धरे-धरे मैं चलता रहा। मुर्दे की छूत हुई, टट्टी अलग लगी और मारापीटी से बहे ख़ून-पसीने से मैं सर्वथा गदला हो चुका था तब टट्टू के पुट्ठे पर करतल धरकर कौन सा और अशुद्ध हो जाता।

पौ फटे पोर्ट से रवाना हुआ था और अब चार बजने आये थे, रोटली बग़ैर जी छटपट होने लगा। ठाँव-ठाँव बाँस के खाँचों पर खारी-मधुर वस्तुओं की ताजिरी हो रही थी—डंपलिंग, सिंघाड़े की मिठाइयाँ और चाय पीते जन एक दूसरे से हँस-हंसकर बातें कर रहे थे—इसी भाँति गिरगाँव की गलियों में बारिस्टर गांधी और मैं भी गप्प हाँकते थे। खाने पीने का कोई टोटा न था और आज अशुभ-नसीबी से

यह दिन देखना पड़ा। किसी श्रीमन्त के बाड़े के आगे झाबा रखा था, उसकी टोंटी झुकाकर जल पीने का जतन किया। दो घूँट मैला जल कण्ठ तलक गया था कि टट्टू आगे निकल गया। मैं झाबा पटककर दौड़ा। टट्टू बायीं तरफ़ गर्दन मोड़े ठुमककर चलता था, "भार एकतरफ़ा है बोलो तो दूजी ओर भाटे बाँध दूँ?" डोकरे ने मुझसे पूछा। उसने मुझे ऐसे देखा जैसे मैं उसका बड़ा भरोसापात्र हूँ। आस से उसके नयन झलमल होने लगे, "टट्टू बैठा तो गया, किंचित् आराम कर लें तो" टट्टू भी चलते चलते रुक गया और मुझ पर टकटकी बाँधकर खड़ा रहा। देर हो रही थी। कुवा और फुदु की अब तलक क्या अवस्था हुई होगी, विचारकर जी घबराता था। खड़ा रहूँ ऐसा बल बदन में अब न था पण तब भी टट्टू पर करुणा करके ठहर गया। डोकरा लगाम मेरे हाथ में देकर किनारे मूतने लगा। मुस्की मारते आया और टट्टू की ग्रीवा में बँधा एक बोरा खोला। उसमें दो-तीन दिवस बासा भात रखा था, ख़मीर की दुर्गन्ध से मुझे ऐसा पता पड़ा था। "आप भी लो" कहकर डोकरे ने बाँस के टिफ़िन में रखा भात मेरी ओर बढ़ाया। लघुशंका निपटने पश्चात् डोकरे ने हाथ भी न धोये और खाने लगा था। मुझसे भी ढीठ ने कहा, "खाओ।" असत्य वाचा करने में क्या नफ़ा, मैं भात खाने से मना न कर सका। ऐसी मैली हालत में खाना मुनासिब तो न था पण भूख के मारे बदन मग़ज़ से न्यारा आचरण कर रहा था। एक फेरीवाले की सिगड़ी से राख लेकर हाथ और पग धोये और जीमने बैठ गया। डोकरा एक मच्छीमार नारी से जल माँग लाया, शीतल-सफ़ा जल, खा-पीकर प्राण में प्राण पड़े। खाकर आचमन किया तो मनोमन भीति हुई कि डोकरा कहीं खाने के अदलाबदल रोकड़ न माँगे, बण्डी की जेब टटोल से एक इकन्नी मिली, हम दोनों पुन: चल पड़े। अबके टट्टू के पुट्ठों में भी ज़ोर था, फुरत चाल में पोर्ट पहुँचते देर न लगी।

पोर्ट पहुँचे तो कुवा, फुदु और रामदीन नदारद थे। पहले भाड़ा पटाकर डोकरे को फ़ारिग किया, फिर माथे पर बक्सा लादे पूरा पोर्ट छान मारा, कुवा तो कुवा रामदीन तलक नामौजूद था। बन्दरगाहों पर संझा जल्दी घिरती है, हम्माल पाँच बजते ही काम समेटने लगते हैं, सूरज डूबते जहाज़ रवाना होने लगते, ख़लासी कमती हो जाते और चाहे फडणवीस हो कि कोठनीस, या कारकुन, कारोबारी हो कि दलाल सब रोज़ी मंगल कर देते। ख़ाली दारियाँ पोर्ट-पोर्ट धन्धे का श्रीगणेश करने सई-संझा को बैठती थीं। ज़ोरदार पावस पड़ने लगी, अंधेर में मिनट-मिनट पर दामिनी दमकती और घटा गरजती। मेरे लत्ते जाँघिये तलक सोरबोर हुए जो एक तरफ़ सरस सूझते कि ऐसी गंदली काया का नहान हो गया, काठी चोखी निकल आयी पण हृदय की धुकधुकी से कुवा के मिलने तलक निस्तार न था। दो मिनट विश्राम करने को एक छप्पर नीचे मैंने बक्सा उतारकर भूमि पर धरा और बक्से पर बैठकर माथा पोंछने लगा। रात्रि गाढ़ी हो

गयी थी, त्रास के मारे रोना आने लगा। तभी सम्मुख एक तालाबन्द खोली के किवाड़ में हरकत हुई और ताला लगे दोनों कपाट को खोली के किसी मानुष ने उठाकर अलग धर दिया। अन्दर से रामदीन निकला, "साहेब, मुझे अन्देशा था कि आप जापानी बाई और बच्ची के मारे दीगर पोत से निकल गये पण आप तो यहीं पावस में तरबोर बैठे।" कहकर मुझे भीतर ले गया, पीछे स्वयं भी बक्सा उठाये आया।

भीतर एक सिगड़ी को घेरे कुवा और दो जापानी बाइयाँ और बैठी थी, फुदु कुवा की गोद में सोयी थीं। मैंने बक्स सलामती से धराया और सिगड़ी के निकट आकर बैठा। कुवा के दीदे मेरा दर्शन पाकर एकाएक मूतने लगे, जी तो मेरा भी रोने-गाने का हुआ पण दुःख को बिसारना नरज़ात वास्ते अत्यन्त ज़रूरी है अन्यथा बाइयाँ और नौकर मर्द के माथे पर बैठ जाये। मैं अश्रु टपकाने से बचने हेतु अपने दसों ओर अवलोकन करने लगा। लत्ते सराबोर होने के कारण सीने से तलवे पर्यंत बदन ठण्डगार हो रहा था। सिगड़ी पर कुवा संग दो और गोरी नारियाँ बटाटे सेंक रही थीं, सुवास से कोठरी महक रही थी। सिगड़ी के निकट ताँबे की केतली में जल उबाल खा रहा था पण महदाश्चर्य का मज़मून यह था कि ताँबे की उस केतली के ऊपर एक और केतली रखी थी। मैं टकटकी बाँधे ताँबे की केतली देखता बैठा। "इस सिगड़ी को समोवार बोलते हैं। कोयला बीच में चार बाज़ू जल खदकता है। ये रूसी बाइयाँ चाय इसी पर खदकाती हैं" रामदीन अपना ज्ञान बघारने में पीछे कब रहने वाला था।

"जहाज़ में कई दफ़ा वापरा है" मैंने सफ़ा असत् भाषण किया।

समोवार देखने का मेरे वास्ते यह पहिला अवसर था पण रूसी कादंबरियों में समोवार की तफ़सील मैंने कई दफ़ा पढ़ी थी। बारिस्टर सिगरेट-बीड़ी और बोतल पीने से मनाही करते थे तो किसी रूसी महात्मा लेव तोलस्ताय के निबन्ध 'मानुष उन्मत्त क्यों होता है?' (Why People Become Intoxicated) का हवाला दफ़ा दफ़ा देते थे। बहुत रोज़ तलक मैं महात्मा तोलस्ताय को मज़मूननवीस मानकर बैठा रहा, फिर कारकुनी के दौरान विलियम साहेब कने तोलस्ताय की एक मोटी पोथी देखी– 'अन्ना करेनिना।' पीछे चाकरी से निकाला तो गाँठ में इतनी मोटी पोथी लेने वास्ते रोकड़ न था। फिर ससून ग्रन्थालय में उस पोथे का वाचन करने का अवसर मिला तब जानकारी हुई कि तोलस्ताय कादम्बरीकार हैं और ढेरों मोटी नवलकथाएँ उन्होंने बनायी हैं, हांगकांग तलक में मैंने अख़बारों में उनकी नवलकथाओं की ज़ाहिरात पढ़ी थी। 'संग्राम और सुलह' नाम की उनकी नवलकथा पढ़ने का ऐसी बजबजपुरी में भी मुझे स्वप्न हुआ। अभी भले अगले मिनट जीने का ठिकाना न हो पण भावी जीवन में तोलस्ताय की नवलकथा 'संग्राम और सुलह' पढ़ूँगा, ऐसी धारणा हृदय में नत्थी की। दिवस भर की गुज़री जी पर चढ़कर न बैठे इसका उपचार क़िस्से-कथानकों में

मैंने ढूँढ़ा था। आज तो आपबीती का घड़ी-घड़ी स्मरण होता था। नागर पण्डितों के कुलदीपक को मकोड़े-परवाने, साँप-केंचुए भक्षने वाला सड़ा-सड़ाया चीनी मुनीम पीटे, इससे बढ़कर कौन सी अशुभनसीबी हो सकती थी। सम्भवत: पुष्टिमार्ग की कुल परम्परा का त्याग, दरिया पार करना और मांस-मच्छी खाने की वजह से मेरी यह दुर्गत हो रही थी। जिसे भानेज बा बुलाती थी, नाते से वह मेरी बेन हुई पण उसे रगड़ने का पातक मेरे माथे था, एक बार कुकर्म हुआ सो नहीं उसे तो मैंने बारम्बार अंजाम दिया। उसकी लत लगायी, ऐसे चाले पाड़ें तो अब उसकी देनी तो चुकानी ही पड़ेगी।

कुवा मेरे कने खसक आयी और मेरे मुख में अपना मुख देने लगी जैसे फ़िरंगी स्वामी-लुगाई करते हैं, मुझे लिहाज़ हुआ, मुख परे किया तो कण्ठ फाड़कर मोटे अश्रु ढारने करने लगी।

"कानवेधी रुदन की क्या ग़रज़ हुई?" मैंने कहा तब और खीजकर गगनफोड़ू क्रन्दन करती बैठी।

रूसी बाइयों ने आलू बिसारकर मेरी ओर टकटकी बाँध ली, कुवा अलग रोने लगी। बस रामदीन चायपत्ती लाता हूँ, कहकर बाहेर निकल गया और किवाड़ पर जाकर खड़ा हो गया। देर तलक कुवा का क्रन्दन चलता रहा और मैं हक्का-बक्का सभी नारियों को हेरता बैठा रहा। फिर खुले किवाड़ की रामदीन साँकल बजाने लगा। मैंने किंचित् तवज्जो न की। जब किवाड़ निचाट खुल्ला था तब साँकल बजाकर अकारण गुल्ला क्यों करना! चीनी मुनीम ने मनहूस ग्रहगति में अगर मुझ पर हिंसाज़ोरी की तो मैं ऐसा कमक्रूवत तो नहीं हो गया कि चाकर मानुष खुल्ला किवाड़ खटकाकर मुझे उठाये।

कोलाहल के मारे मेरे मग़ज़ ताब चढ़ गया, "फोकट हल्ला-हो का कारण?" कहते हुए मुझे अपने नासिका की नोक ताती अनुभव हुई, दुनियावी दु:खों के मारे मैं चाहे जब कोपमान होता था।

"साहेब, आप दो घड़ी वास्ते इधर आओ, बस दो घड़ी वास्ते," रामदीन के नेत्रों में ग़रज़मन्दी थी। मैं बाहेर जाने को खड़ा हुआ, कुवा के नेत्रों से अब तलक अश्रु टपक रहे थे।

"बाईसाहेब पोलीस के मारे खोली में छुपकर बैठी है," रामदीन ने मेरे बाहेर आते ही मुझे सूचना दी। पोलीस किस कारण से कुवा के पीछे लगी? पोलीस के मामले में फँसना मतलब बेमतलब तमाचे खाना, बेइज़्ज़त होना, जेलख़ाने जाने का अन्देशा अलग।

"कुवा कोई गुनहगार है जो पोलीस उसके पीछे लगे," मैंने रामदीन को डपटा, भीति कोप रूप में प्रगटी।

"बन्दर पर उन्होंने पोलीस को ठाँव-ठाँव पड़ताल करते देखा। जी निर्बल पड़ा तो हम सब यहाँ छुपकर बैठे", रामदीन के नेत्र भीरुता के मारे फटे जा रहे थे।

"पण मेरे भेजे यह नहीं पड़ता कि कुवा को किस बदकर्म वास्ते पोलीस खोजेगी?"

मेरी गरदन के रोमकूप किसी की गरम, सुगन्धित श्वास से पुलकित हुए तो मैंने पलटकर देखा, कुवा पीछे थी, बोली, "फुदु को अगवा करने के बदकरम का शिकवा नरमदपरसाद ने पोलीस को लगाया होगा।" कुवा ने जैसे-तैसे बात बयान की। बात बरोबर थी पण इस न्याय से तो नर्मदाप्रसाद जी की भार्या और छोकरी दोनों को अगवा करने का जरायम मेरे माथे हुआ, पोलीस तो मुझे ही पातकी ठहरायेगी। बाहेर खड़े होकर बात बनाना जोखमकारक था, सो मैं अन्दर आकर बैठ गया। कुवा और रामदीन भी मेरे पीछे दौड़े।

"इन रूसी बाइयों के पल्ले हिन्दू बानी कहाँ पड़ेगी। यहीं बैठकर तदबीर विचारना संगत होगा," कहते-कहते मेरा दायाँ करतल समोवार के सिर पर धरी केतली पर पड़ गया, कुवा मेरा हाथ छीनकर उसे चूसने लगी, "जल गया, फफोला पड़ गया।"

"सबके सम्मुख ऐसी हरकत," मैंने हाथ झटका। कुवा को बम्बई ले जाना भी अत्यन्त जोखम का काज था, बात बेबात करतल गहना, चूमाचाटी करना, भुजाओं में भरना जैसी भर्ता-घरनी के एकलेपन की क्रिया खुल्ले-खुल्ले करने पर नागर समाज में ख़ासी बदनामी हो सकती थी।

"रामदीन, फाटक पुनः ठिकाने से खड़ा कर दे," मैंने ताकीद की। पोलीस रात पड़े छापेमारी करती थी, ऐसा ज्ञान मुझे था। कुवा फुदु को बटाटा मसलकर खिला रही थी। एक रूसी बाई ने समोवार पर चढ़ी केतली उतारकर बशियों में सबके वास्ते चाय उड़ेली। कप के बजाय खोली में ख़ाली बशियाँ थीं। चिन्ता के मारे मेरी कनपटियाँ तप्त हो रही थीं पण पेट भी ख़ाली था। बटाटों की सुवास से नासापुट फड़क रहे थे। कुवा की टकटकी मेरी तरफ़ लगी थी, उसने चार बटाटे और कोने में नमक धरकर मेरे आगे तश्तरी धर दी। पोर्ट के कौएँ और समुद्री कोकिलाएँ गुल मचा रही थी। फुदु खाते-खाते सो गयी और उसका हाथ कुवा के पोलके को निद्रा में खींच रहा था, सम्भवतः दूध वास्ते। कहाँ तो लक्ष्मी कमाने मैं हांगकांग प्रवास को आया था और कहाँ ज़िन्दगी बट्टे खाते में गयी, ऐसा अनुभव होता था।

रूसी बाइयाँ खोली में समोवार के निकट दरियाँ बिछाने लगीं। रामदीन उन पर एकटकी लगाये वहीं चाय सपोड़ता बैठा था, वासनावश उनके दीदें रंच भी नहीं डोल रहे थे। फुदु कुवा की गोद में सो रही थी। मेरे नेत्रों में निद्रा न थी, पोलीस का त्रास मग़ज़ खा रहा था। कुवा ऊँघती बैठी थी। कुवा मर्द मानुष के माथे सकल त्रास पटक

चैन से सो सकती थी पण मुझे तो अपने मरे ही बैकुण्ठ देखना था। वदन वेदना और थकावट के मारे थिरता तो धुकधुकी एकाएक झँझोड़ती। कोई जुगत हांगकांग से फ़ौरन फ़रार होना पड़ेगा। घड़ी-घड़ी यह ख़याल भी आता था कि कुवा और फुदु को यहीं बिसार बम्बई भाग जाऊँ पण कुवा को तो त्याग भी दूँ कि उससे बस मौज-मज़े का नाता था पण कुमुद की छोकरी का बापू छुड़ाकर इस जापानी नारी कने छोड़ जाऊँ हृदय को किसी भाँति मंज़ूर न था। फिर कुवा से भी मुझे गाढ़ा लगाव हो गया था। गोबरगौरी के पीछे इतना बखत एकला काटने के पश्चात् यह मेरे जीवन में आयी थी। गगन में मोटी खलबली मची थी, चण्ड वृष्टि हो रही थी और झंझावात के मारे छप्पर यों धड़क रहा था जैसे अन्तकाल किसी डोकरी की छाती धड़कती है। अचानक उढ़का किवाड़ झंझा में झटके से उड़ गया और मोटी बौछार से भीतर सोये सब भीग गये। छींट ऐसे पड़ने लगे जैसे गाल पर कोई काँकरियाँ मार रहा हो। फुदु कुवा की गोद में बेख़बर पौढ़ती रही। बाइयों में भगदड़ मच गयी। बाहेर किसी चीनी कुब्जा के ऊपर किवाड़ का पल्ला गिर गया, वह अलग बिलखती खोली भीतर आ गयी।

कुवा ने मशवरा दिया कि पीछे भूसा गोदाम में जाकर रात्रि गँवायें। रामदीन ने फ़ौरन बक्स माथे पर धरा और अपना बोरिया-बिस्तर लेकर कुवा, फुदु और मैं खोली के पीछे बने भूसा गोदाम तरफ़ चले गये। रूसी बाइयाँ अपना मालमत्ता बटोरने में ख़ासा बखत खोटी कर रही थीं। कुवा ने भूसे की एक जंगी पहाड़ी के पीछे भूसे के टीले जैसे ढेर पर चद्दर बिछाकर बिस्तरा बना लिया। रामदीन को कोई जगह नेक न लगी और वह बाहेर रूसी बाइयों के आसपास घेरी काटने पहुँच गया। खोली से जो प्रकाश आ रहा था, गोदाम में प्रकाश का उतना ही बन्दोबस्त था। अँधेरी में कुवा का गोरा मुख चेतन बत्ती की भाँति धजधज कर रहा था, किमोनो के कण्ठ से छातियों की चमड़ी भी इसी भाँति धजधज करती देख मेरे बदन वासना कौंधने लगी। उसके निकट आकर मैंने उसके कण्ठ नीचे हँसिया-सी हड्डी से लेकर ओठ तलक भाग जिह्वा से चाटा, खारेपन से वासना और भड़क गयी। फुदु को किनारे सुलाकर कुवा ने उसे कामरी ओढ़ा दी और मैं कुवा ऊपर चढ़ गया। बीच प्रसंग रामदीन और रूसी बाइयों के गोदाम में आते पग बजे। कुवा लाजवश मुझे परे करने लगी पण मेरी इन्द्रियाँ बेरोक हो गयी थीं। बिन ग़ुल मचाये मैंने क्रिया पूर्ण की। मुझे सौ टका अन्देशा है कि राजचन्द उसी काल कुवा की कोख में आया होगा। अगले रोज़ सात बजे तलक जलपोत करंजा एसएस पर हम सवार हो गये। जहाज़ सिंगापुर होते कोलंबो पोर्ट जावेगा, ऐसा बतलाया गया था और इसके पलटे में मुझे अपने जीवन का सबसे मोटा बदकर्म करना था।

दस

अत्यन्त भयभीतपने से मैंने बॉम्बे में इतने बखत पीछे पाँव धरा। बुआ कुमुद की ख़बर सुन कैसे विलाप करेंगी, सोचते ही अश्रु आने लगते। उस पर नागर ब्राह्मण मानुष जापानी नारी के संग गृहस्थी करे, यह दुर्घट तो बम्बई के किसी मानस हेतु शोचनीय न थी और भी कितने गुनाह और पापाचरण जो उस युग का मानुष विचार तक न सकता था, मैंने आगे बढ़कर अंजाम दिये थे। समुन्दर की सुगन्ध से जी में बीती चेतन हो गयी, हृदय रोना-रोना होने लगा। कुवा मेरी अवस्था जानकर ओट वास्ते पुतली फेरकर बक्से-पेटियाँ बटोरने लगी। मालमत्ता समेटा, फुदु को गोद में लिया और पोत से हम बाहेर आ गये।

धुकधुकी बढ़ती जाती कि घर पहुँचकर सबको मुख कैसे दिखाऊँगा। यज्ञदत्त भी उमर परवान होशियार हो गया होगा, मगज तो उसका मेरे प्रवास शुरू करते टेम ही पुख़्ता था। ख़याल बना कि रस्ते से धोती-पोल्का मोल लेकर कुवा को पहना दूँ पण पेढ़ियाँ खुलने में अबेर थी और मेरा अन्तस अत्यन्त व्याकुल हो रहा था। जल्दी से जल्दी घर पहुँचकर सबके सरमुख हो जाऊँ, बीती सुनाकर माफ़ी ले लूँ, कुवा को सब स्वीकार कर ले इससे जास्ती मंसूबा न था। सबके नाम पर था कौन? बा की तेरहवीं पण्डित कबके जीम चुके थे पण जी में यह सत्य न बैठता था कि बा रविशंकर महाराज के संग न रहती होगी। जब गोबरगौरी की प्राणलीला पूरी हुई और मैंने पराई नारियाँ अपने कने सुलायी तो क्या बा के मन में किसी का संग करने की अभिलाष होना गुनाह हो गया। हांगकांग प्रवास और दुनिया दीद करने के पश्चात् छोटे मन का पसार होना अस्वाभाविक नहीं, हिन्दू मानस बखत के साथ नवेला होता जाता है, ऐसा अब हिन्दुस्तान के सभी अक़्लवान और दूरन्देशी बताते थे। राँड लग्न की परिपाटी डालने के जतन चल रहे थे पण तब भी पोते-नाती वाली नारी दूसरा ख़सम करे, ऐसा चिन्तन भी पाप था। कोई नवजवान औरत दूसरी दफ़ा मण्डप में

बैठे, इतना तलक स्वीकार करने में जी मुँह को आता था। घर तक कैसे पहुँचा, इसकी याद किंचित् नहीं पण कोई जुगत इतना मालमत्ता लादे अपने पते पहुँचे, इसका सफ़ा सुमिरन है।

पहिले-पहल आँखों के अपने ही तारों पर सन्देह बैठा। ऐसा नहीं हो सकता। जहाज़ निकल जाये, इतना चौड़ा रस्ता तो कास्ट आयरन की इमारत के आगे न था। पिछवाड़े से पिछवाड़ा टकराता, इतनी सँकरी गली थी। इतने कम काल में ऐसा अचरज कैसे मुमकिन हुआ, मालूम नहीं पण घटा ऐसा ही था। कास्ट आयरन की इमारत तो क्या इमारत के आगे का सायबान, पाख़ाना, कुआँ सब फ़ना था। अधटूटा खँडहर अवश्य सड़क से बहुत पीछे गिरने-गिरने को खड़ा था, लोहे का ज़ीना ऐसा-डगमग हो रहा था कि पाँव धरने की बहादुरी न दिखा सका। कुवा ने अपनी जापानी गुजराती में पूछा, "हमारा गृह किधर है?" देर तलक कुछ सूझ न पड़ा, पेटी पर हम तीनों बैठे कास्ट आयरन की गिरी हुई इमारत का नज़ारा करते रहे। बुआ और यज्ञदत्त के ऊपर ऐसी विपद मेरे पीछे पड़ी, रुपया भी उन्हें प्राप्त न होता होगा। भोजन-छाजन का क्या इन्तज़ाम होगा, कहाँ गये होंगे क्या किया होगा? अमृतलाल चाचा के गृह जाकर पूछताछ करना होगी, यही सोचकर मैं उठा पण उससे पहिले कुवा और फुदु का किसी धर्मशाला में बन्दोबस्त करना आवश्यक था। अमृतलाल चाचा तो अत्यन्त जूनामतवादी थे, वे यदि कुवा का मेरे संग दर्शन कर लेते तो बिरादरी बाहेर होना ही होना था। ससून वाचनालय के पिछवाड़े एक धर्मशाला है, ऐसा सोचकर मैंने वहीं जाने का मंसूबा ठाना। कुवा बारम्बार पूछती रही, 'हमारा गृह किधर है।'

ताँगे का देर तक बन्दोबस्त न हुआ तो मैंने दो बक्से अपने माथे पर धरे और बिस्तरा हाथ में लिया, एक हाथ में कुवा ने फुदु को पकड़ा और दूसरे में पेटी, इस भाँति पाँव-पाँव ससून वाचनालय जाने का निश्चय हुआ। किमोनो में छोटे डग भरती कुवा को लोग घूरें, ऐसा मुझे बर्दाश्त न होता था, उस पर बम्बई की घाम में दोनों कुवा और फुदु पसीना-पसीना होने लगीं। कुवा का किमोनो पूर्णरूपेण भीग गया और कमर और छाती के नीचे से चमड़ी प्रगट होने लगी। एकटी नारी को बैठाऊँ भी कहाँ समझ नहीं पड़ती थी। घर फ़ना हुआ इससे जास्ती दुःख इसका होने लगा कि जिस नारी के संग मेरा नाता है, उसे जगत् ऐसे देखे। आधे रस्ते मिशनरी अस्पताल जाकर बुआ और यज्ञदत्त बाबत पूछूँ, ऐसा मंसूबा बना, फिर इसके अलावा कोई और निवेड़ा था भी नहीं। पुनः पलटे और गिरगाँव तरफ़ चलने लगे। कुवा का मग़ज़ तपने लगा, बम्बई में पहिले ही रोज़ इतना त्रास मिलेगा, उसे स्वप्न में भी अन्देशा

न था। हिन्दुस्तान में ताँगे तलक का ऐसा अकाल है, हांगकांग में तो वह मज़े में रिक्शे से आती-जाती थी। तगड़े कंटोनी मर्द उसका बोझा खींचते थे और यहाँ तो फुदु को गोद लेने वाली कोई बाई तक का बन्दोबस्त न था। उसका जी खट्टा हुआ है, उसके मुख से ज़ाहिर था पण उपाय क्या था। उजड़े गृह के आगे इस किंचित् त्रास की परवा कौन करता।

ऐसा अनुभव होता था, घण्टा भर पहिले ही यहाँ पुताई हुई थी। गीले चूने की सुगन्ध से मस्तक चकराता था। नूतन पुती इमारत में जैसे चोखेपन का तजुर्बा होता है, वही तजुर्बा हो रहा था। ऊँची छत और लम्बे-चौड़े दालान, कमरों में चौड़े पाट की काठ की मज़बूत टेबुल-कुर्सी और स्थान-स्थान पर पलंग बिछे थे। लट्ठे के पर्दे भी शीशम की तगड़ी लाठियों से लटके थे। बिजली से घूमने वाले पंखे छत से लटक रहे थे और भनन-भनन घिर्री माफ़िक घूमने पर भी उनकी दोनों पत्तियाँ गिरने का ख़तरा अनुभव न होता था। डॉकसाहेब और नर्सें उसके नीचे बैठकर रोज़मर्रा के काज निपटाने में मशग़ूल थे। दिवस के उजियारे में भी बिजली के लट्टुओं के नीचे मरीज़ों के पेट उघाड़कर डॉक्टर साहेब उसकी जाँच कर रहे थे। ख्रिस्तानी संन्यासिनें जिन्हें नन पुकारा जाता था, वे ही नर्सों या दाइयों का काम करती थीं। उन्हीं में से एक अति खड़ूस नज़र आने वाली नन ने कुवा को बीच दालान रोक लिया।

“जापानी?”

कुवा घबरा गयी और फुदु को कसकर पकड़कर पीछे मुझे आवाज़ लगायी, “सुनोओ।” मैं मुड़ा।

“वह मेरी भार्या है” मैंने कहा। नन फ़िरंगी थी पण गुज़राती भाषा समझी।

“बीमार है कि तुम्हारी बेटी बीमार है? उधर से जाओ,” खड़ूस नन ने मुझसे कहा। जापानी नारी वास्ते उसके कण्ठ में नरमी थी पण मेरे वास्ते कण्ठ को और भी कर्कश करके बोली।

“हम लोग हमारी बुआ और बेटे वास्ते यहाँ आये हैं?” मैंने थूक निगलते हुए कहा। जहाज़ी मुसाफ़िरी और चीनी अराजक दस्ते में रहने पश्चात् मैं फिरंगी नारी से भीति मानूँ ऐसा होने से रहा।

“कबसे भर्ती है?” नन ने जवाबतलबी की।

“यहाँ चाकर है,” मैंने नरम कण्ठ से जवाब दिया कि कुवा न सुन ले। क्या सोचती कि मेरी बुआ और बेटा ख्रिस्तानी मिशनरी में चाकरी बजाते हैं।

“क्या नाम?” नन ने नयन नीचे करके पूछा, एक पर्ची से निकालकर कुछ बाँच रही थी।

"सुभद्रा," मैंने कहा।

कुवा हैरान हो रही थी, गृह जाते इस मिशन अस्पताल में हम क्यों आये थे।

"Who is Subaadra?" अब नन किंचित् इठलायी। सुभद्रा नाम से उसे लगा होगा कोई ग़ुरबा नारी है। मुझे सूझ न पड़ा कि क्या जवाब दूँ, अगर कहता कि वह यहाँ रोटियाँ बेलने को चाकर है तो कुवा के आगे नीचा देखना पड़ता और जो यह नहीं बताता तो सुभद्रा बुआ से मिलना मुश्किल हो जाता। चुप्पी पकड़कर खड़ा रहा।

"कहीं तुम नकटी की बात तो नहीं कर रहे?" बुआ को नकटी पुकारना मुझे नागवार गुज़रा। उनकी नाक प्लेग में गल गयी थी पण इसका मतलब यह नहीं कि उन्हें कोई नकटी कहे, उनकी मांस-मज्जा की नाक भले प्लेग में बह गयी हो पण मान की नासा सलामत थी। यह लोग बुआ को ऐसे 'नकटी-नकटी' कहकर बुलाते होंगे तो उन्हें कितना तिरस्कार अनुभव होता होगा!

"नकटी की तो कब से मैयत हो गयी। तुमको अब टेम मिला मिलने का," नन ने आँख उठाते हुए कहा।

बुआ वास्ते ऐसे अपवचन यह डुकैया उछाले मुझे बर्दाश्त न हुआ, मैं आगा-पीछा बिसारकर उछला और उसके मुख पर एक तमाचा जड़ डाला। बुढ़िया तमाचे का ज़ोर सह न पायी और धड़ाम से पीछे गिरी, खोपड़ी एक निहत्थी कुर्सी से टकरायी और ख़ून बहने लगा। उसने किंचित् भी चूँ-चपड़ न की और अपना कपोल रगड़ती मुझे घूरती रही। मैं भाग नहीं सकता था क्योंकि कने कुवा और फुदु थी और बुआ तथा यज्ञदत्त से मिलना मेरे लिए अत्यन्त ज़रूरी था। कुवा फुदु को छाती से लिपटाये मुझे भौंचक हेर रही थी। हिन्दुस्तान में पहिले ही दिवस ऐसा घमासान मचेगा, उसे उम्मीद न थी। फ़ौरन दो ननें और चार मर्दुम बुड्ढी नन को गिरा देख दौड़े आये।

"छोड़ दो उसे। वह अहमक लगता है," डोकरी नन ने कहा।

उसकी खोपड़ी से ख़ून बहकर उसका पोल्का मैला कर रहा था, "उसका माथा फिर गया है नकटी की मैयत का सुनकर, बावला माफ़िक आचरण कर रहा है। उसकी कोई नातेदार थी," डोकरी अपनी फटी खोपड़ी से बेपरवा बोल रही थी बल्कि अब वह पहिले से भी ज़्यादा बड़बड़ा रही थी।

खोपड़ी फटने से मगज़ अपने स्थान से सम्भवत: हिल गया था, "वार्डबॉयज़, इसे कसकर पकड़ रखो," उसने कहा और अस्पताल के मर्द चाकरों ने मुझे कन्धों से कसकर लिया। दो घड़ी पूर्व कह रही कि इसे, छोड़ दो। कुवा ने चीत्कार की और डोकरी के आगे झुक-झुककर सलाम ठोंकने लगी। जापानी चाल-चलन इससे दीगर

है, यही मैं सदैव समझता था पण कुवा का व्यवहार उल्टा निकला। वह खोटी जापानी है, इससे मुझे अधिक ठेस लगी, मुझे इस मिशनरी अस्पताल के मर्दुम मारें-पीटें, पोलीस को दें, इसका कोई ख़याल मुझे न था। जापानी नारी के अश्रु और शोभा से अस्पताल के चाकर किंचित् नरम पड़ गये और उनकी पकड़ ढीली हो गयी। इतने में मलहम-पट्टी का बक्सा लिये श्वेत धोती पहने एक नर्स वहाँ हाज़र हुई।

"लीलावती," मैंने मुख उसके माथे में लगभग देकर कहा। लीलावती ने मुख उठाया। जंघा तलक काले और मोटे केशों की एक मोटी चोटी झूल रही थी और वदन एकदम पान माफ़िक पतला और नाज़ुक, स्तन बड़े हो गये थे और मध्य में चाँदी की सलीब लटक रही थी। लीलावती ने ख्रिस्तानी संस्कार अपनाया, देखकर भी विश्वास न ठहर रहा था। उसके कान तलक पहुँचते नेत्र एकाएक पहचान से रोशन हो गये।

"श्रीयुत, आप," लीलावती ने मात्र यही एक शब्द कहा और डोकरी की मलहम-पट्टी करने लगी।

"बुआ कहाँ है? हमारा घर तो गिर गया, लीला", मैंने लीलावती से कहा।

मेरी आवाज़ में गाढ़ा दु:ख रहा होगा क्योंकि कुवा मेरे पास आकर खड़ी हो गयी, मुझसे चिपकने लगी। लीलावती मलहम की डिबिया खोलते हुए कुवा को आँख गड़ाकर देख रही थी। फाहे से घाव रगड़ने पश्चात् उसने केश हटाकर डोकरी का घाव देर तक देखा, फिर वहाँ फाहा धर-धरकर जाँचा कि ख़ून निकलना रुक रहा है कि नहीं। पीछे देर तलक मलहम लगाती रही, फिर एक नौकर से कहा, "टाँका लगेगा। डॉक्साब कने लेकर जाओ। ख़ून बहना पट्टी से बन्द नहीं होने वाला," उसका ऊँचे दर्जे की नर्स माफ़िक व्यवहार था। अस्पताली मुलाज़िम मर्दुम लीलावती का हुकम मानकर डोकरी को डॉक्टर कने ले जाने लगे।

अस्पताल के पिछवाड़े लीलावती के संग कुवा, फुदु और मैं पोला के पेड़ के नीचे एक कच्ची क़बर को घेरकर बैठे थे। पेड़ फूलों से भरा था और पेड़ पर लगे फूल पीले और क़बर पर झड़कर नारंगी हो जाते थे। "यहीं है सुभद्रा बुआ," लीलावती ने कठोरतापूर्वक कहा जैसे बुआ बस मिशन अस्पताल की एक चाकर थी, वह भी नकटी और उसकी कुछ न लगती थी।

बुआ एक नागर पण्डित का रंडापा काट रही कुलीन नारी थी, उसकी मिट्टी कोई ख्रिस्तानी ढंग से ठिकाने लगाए यह मुझे नाबर्दाश्त था। बुआ प्रेत बनकर भटक रही होगी। मेरा हृदय मुख मिट्टी में देकर माथा पटकने का हुआ। कुवा बापड़ी को भी अश्रु आने लगे। फुदु बा-बापू को ऐसे हताश देख बुक्का फाड़कर रोने लगी पण

मजाल कि लीलावती की पुतली किंचित् भी भीगी हो जैसे उसका कभी बुआ से कोई नाता न रहा हो, जैसे वह दौड़-दौड़कर हमारे गृह कभी न आती हो या ख़्रिस्तानी संस्कारवश उसका जी ऐसा काठ हो गया था। उसे तो इतना भी याद न होगा कि कभी मैं उससे लग्न रचाने का इच्छुक था।

साढ़े चार हाथ की मिट्टी ख़ुदी थी जहाँ बुआ की मिट्टी गाड़ी गयी थी। एक सिल्ला सिरहाने किसी ने धर दी थी कि क़बर किधर है, यह याद रहे। खुजली की मारी एक कुतिया निकट बैठी अपने पिल्लों को वहाँ दूध पिला रही थी। हवामान ऐसा ठण्डा था कि कपोल का अश्रु अत्यन्त उष्ण अनुभव होता था।

"सुभद्रा बुआ को शक्कर हो गयी थी। जब से लाटसाहब के हुकम से इमारत टूटी चिन्ता-फ़िकर से उनकी तन्दुरुस्ती बिगड़ गयी थी। बारम्बार पेशाब जाने लगी तो यहाँ डॉक्टर ने कम खाने की ताकीद की। यहीं निकट ही हमने कमरा किराये पर लिया था। एक रोज़ काम पर आने निकलीं तो बीच रस्ते बुआ घेरियाँ खाने लगी। कहने लगी भूख लगी है। मैं पास एक बनिये के गृह रोटी लेने दौड़ी। रोटी लिये लौटी तो बुआ बीच सड़क पड़ी थी। दो लोग यज्ञदत्त के संग खड़े थे। बुआ शान्त हो गयी थी" लीलावती कठोर कण्ठ से कहती गयी।

"पण बुआ ईसाई नहीं हो सकती," मैंने कहा।

अब लीलावती की बरौनी भीग गयी, "यज्ञदत्त के वास्ते उन्होंने बपतिस्मा करवा लिया था। तुम्हारे अमृतलाल चाचा माली इमदाद देने हेतु सफ़ा नट गये थे न उनके बेटा-बहू बुआ और यज्ञदत्त को अपने गृह में रखने को राज़ी थे। बुआ का नकटी होना उन्हें खला कि नाती-पोतों के लग्न में अड़चन लगेगी। मेरे पिता जी ने दूसरी नारी घर बैठायी वहाँ मेरे रहवास का बन्दोबस्त न था, बुआ और यज्ञदत्त का तो क्या होता सो ख़्रिस्तानी संस्कार करवाना पड़ा।"

"रोकड़ वास्ते बुआ को धरम त्यागना पड़ा"

मेरी बात पूर्ण तलक न हुई थी कि लीलावती ने टोका, "रोकड़ वास्ते नहीं जीने हेतु, यज्ञदत्त के वास्ते।"

अस्पताल के सण्डास तरफ़ से चलो तो सीधे लीलावती के कमरे पर पहुँच सकते थे। लीलावती ने बताया था कि बुआ सबेरे यहाँ से नहा-धोकर न निकलती थी पण रात गये इधर से घर आती थी। कमरा बुरा न था। छत ख़ूब ऊँची थी और बड़ी खिड़कियाँ जिन पर चद्दर बाँधी गयी थी। चौका दीगर न था, वहीं सिगड़ी धरकर रोटी-पानी करो, ऐसा बन्दोबस्त था। दीवारें बहुत मज़बूत थीं, एक चितपावन ब्राह्मण जोड़ा संग लगे कमरे में रहते थे। लीलावती ने जानकारी दी कि वे भी ईसाई

हो गये है और आदमी कविता करता है। उसके घर ग़ुरबा जन और वाचक बंधुओं की भीड़ लगी रहती थी। उपनाम तिलक था नाम याद नहीं पण इतना याद है कि नाम फ़िरंगियों माफ़िक था। यह पूरी इमारत ही ख्रिस्तानी धर्मान्तर वालों की थी, सनातन धरम में जन्मे और अब न्यारा मज़हब मानने वालों की। खिड़कियों पर जेलख़ाने की भाँति लोहे की जंगी छड़ें लगी थीं। बिजली की भी इमारत में व्यवस्था थी हालाँकि प्रत्येक मानुष को एक कमरा मिलता था पण आरामदायक इंतज़ाम था। लीलावती के कमरे में पच्छम तरफ़ खिड़की थी जहाँ डूबते दिवस ताँबई-जामुनी उजाला भर जाता था। उसी बखत चाकरी बजाकर वह लौटी थी। कुवा चावल उबाल रही थी। नर्मदाप्रसाद जी के हवादार, ऐशपूर्ण गृह से इस कमरे में जीवन बसर करना उसके वास्ते त्रासदायक तो था पण यह ज़्यादा रोज़ की बात न थी। रोकड़ मेरे कने थी बस इन्तज़ाम करने की देर थी जो देर अबेर होना ही था।

शाला से लीलावती यज्ञदत्त को ले आयी थी, कितना बड़ा हो गया था। उसने फ़ौरन मुझे पहचान लिया। उसके कण्ठ से ख्रिस्तानियों ने चन्द्रमा-सूरज उतार सलीब लटका दी थी। एकदम गोबरगौरी की भाँति दिखता था, वैसे ही बड़े-बड़े कंचों-से नेत्र थे और लम्बी आयु की निशानी बड़े बड़े कान, जंघा तलक झूलते हाथ। शुद्ध अंग्रेज़ी में पटर-पटर गोष्ठी करता था। कुवा ने उसे भी कण्ठ लगाया, इससे मुझे बहुत ठण्डक हुई कि सौतेली बा और बेटे में कटुता न रहेगी। आगे कुवा को जब सन्तान हुई तब क्या उसका व्यवहार न बदलेगा इसकी फ़िकर का फ़िलहाल तो कोई कारण न था। फुदु भी तो कुवा वास्ते पराई औलाद थी पण उसका ख़्याल वह सगी से अधिक करती थी। लीलावती ने चायपत्ती केतली में डाली और पानी डालकर केतली सिगड़ी पर चढ़ा दी।

"तुम्हें रसोइया महाराज याद है?" लीलावती ने पूछा।

केतली से उठती भाप जाते सूरज के प्रकाश में सुवर्ण की धूल-सी लगती थी। चाय, अदरक और इलायची की मिश्रित सुगन्ध ने मुझे कास्ट आयरन की इमारत में जैसे ला पटका। रविशंकर महाराज ने ही हमें चाय की लत लगायी थी। यदि बा जीवित होती तो घर गिरने पर बुआ और यज्ञदत्त की मदद को अवश्य ही आती। मेरे द्वारा की गयी बेइज़्ज़ती की वजह से उन्होंने प्राणलीला समाप्त की, यह सच अब भाटे पश्चात् प्रगट हुई सीप की भाँति सामने था।

रात के जेवनार पीछे फ़र्श पर ही बिस्तरा फैलाकर सोने का निर्णय हुआ, एकमात्र खटिया पर मैं और यज्ञदत्त सोयें, ऐसा प्रस्ताव लीलावती ने दिया। चिमनी बुझाने पूर्व लीलावती मेरे निकट आकर बैठ गयी। उसके केश खुले हुए थे और नेत्र दिवस भर के काम के कारण बोझिल हो रहे थे। पपोटें झुके जा रहे थे और राखोड़ी

के रंगवाली पुतलियाँ अत्यन्त चपल हो रही थीं। उतावल के मारे वे एक जगह ठहर न पातीं और शिकार वास्ते निकली बिलौटी-सी इधर उधर भटकतीं। कुवा को खाद्य-खोराक की कमी न थी, इस मारे उसका पेट मोटा-मोहक था पण मेहनतकशी के कारण लीलावती का पेट कसा और कटि अत्यधिक पतली थी। चिमनी की हिलती ज्योत में उसका वदन भी उजली परछाईं की तरह नाज़ुक लगता था। वह सदैव सफ़ेद धोतियाँ ही पहनती थी जैसे वह भी नन हो और कपाल भी ख़्रिस्तानी नारियों जैसा सूना रखती। हाथ में अवश्य लोहे के दो कंकण डाले थी, एक हाथ में दो और दूसरे में एक, जो काज निपटाते समय बजते थे। कान में नीम की काढ़ियाँ डाल ली थीं।

गणपति दादा ने दूसरा लग्न किया और लीलावती गृहहीन हुई, यह तो मेरे वास्ते अनहोनी थी। बेटी-बापू में कैसा लाड़ था। लग्न लायक़ कन्या के बजाय गणपति दादा ख़ुद दूल्हा बने, ऐसा मानते न बनता था। उनकी पहली भार्या जाने कब गुज़र गयी थी और पीछे उन्होंने कभी रण्डी रगड़ी न कोई बदकर्म किया। पठन-पाठन में बखत काटते थे, फ़लसफ़ा इत्यादि पढ़ते थे।

लीलावती के नेत्रों नीचे काले गोले थे, लगता था वह रात्रि को सोती कमती और रोती जास्ती है। वह मुझे इस भाँति देख रही थी जैसे कोई डूबता मानुष दूर जाते जहाज़ को निहारता है। इस बीच इतना कुछ अघट हमारे जीवन में गुज़रा था, कुछ समझ न आता था कि वार्ता कहाँ से शुरू करें, किसकी बात करें। बार-बार बीती की कोई बात उठाते और चुप्पी साध लेते। ऐसा लगता जैसे भविष्यकाल के बारे में बात करें, ऐसे गोष्ठी करें जैसे आज ही हमारा जनम हुआ है जैसे हम कल और परसों और पारसाल थे ही नहीं। कुवा लीलावती को रात पड़े मेरे निकट ऐसे बैठे देख क्षुब्ध हुई और हमारे निकट आकर बैठ गयी। लीलावती ने खटिया के नीचे से बक्सा निकाला और मेरे आगे खसका दिया।

बुआ का सामान था। ऐसा जान पड़ता था, हमारी गृहस्थी का अधिकतर सामान बिक या खो गया था। बासनों में अवश्य दवे कुटुम्ब के जूने भाण्डे दिखते थे पण फ़र्नीचर न था, न बा के ब्याह का खटोला था न गोबरगौरी के पिता का दिया पलंग। बक्से में बुआ की तीन धोतियाँ थी, और कास्ट आयरन की केतली जो मैं कालबादेवी से लाया था, बा ने अबेरकर न्यारी धर दी थी कि जास्ती चाय उबालने से क़लई न खुले। चाँदी के लड्डूगोपाल थे जिनकी सेवा हमारे पुष्टिमार्गीय कुल में बरसों से होती आयी थी। बक्से में बुआ की खोजा डॉक्टर से बनवायी नाक भी रखी थी। हमने कितने कष्टों और रोकड़ की तंगी में यह नाक गढ़ायी थी। बुआ ने इस नाक की वजह से भीषण त्रास झेला था, बेचारी का कपोल तलक मुख लाल

चटक हो जाता था और लग्न भोजन आदि में जब बुआ यह नाक पहनकर जाती तो यज्ञदत्त कितना भयभीत होता था। मुझसे चिपककर सोता मेरा बालक कभी ख्रिस्तानी नहीं हो सकता, भले इसका बपतिस्मा ईसा मसीह कर दे। मैंने यज्ञदत्त के कण्ठ से काले डोरे में बँधी सलीब तोड़कर खिड़की से बाहेर फेंक दी और उसी क्षण मन में करार ठाना कि बुआ की इसी नासिका के आसपास कुश का वदन बनाकर उनका नागर ब्राह्मणों की रीति से दाघ संस्कार करूँगा। मिशनरी अस्पताल वालों ने बुआ की क़बर खोदने की परवानगी देने से मना कर दिया था और ताकीद की थी कि मैं मिशनरी इमारत के आसपास तलक न दिखूँ वरना मुझे पोलीस को दे दिया जावेगा। लीलावती ने हाथ-पाँव जोड़कर जेलख़ाने जाने से बचाया था।

एक रोज़ कालबादेवी में शेठ रेवाशंकर जनजीवनदास मेहता के पेढ़ी पर रायचन्द जी के चित्र दर्शन हुआ। वे चित्र में समाधि साधकर बैठे थे। वदन की प्रत्येक हड्डी उजागर थी, कपोल कान तरफ़ धँस गये थे पण नेत्रों से ज्योत फूट रही थी जो अनशन ठानने वालों के नेत्रों से फूटती है, वदन से भी रोशनी निकलती थी। चमेली की माला चित्र पर चढ़ी थी। आँख गढ़ाकर देखने पर ज्ञात हुआ, यह चित्र उनके शरीर छोड़ने पीछे किसी फ़ोटोनवीस ने निकाला था।

चित्र देर तलक देखने पर मुनीम जी ने पूछताछ की, "आपकी पहचान थी क्या इनसे? सेठ जी के ख़ानदान के दामाद हैं यह। बड़ी साधु आत्मा थे" और चित्र को कपाल तक हाथ ले जाकर प्रणाम किया। मुनीम नवेला था, इसे पहिले कभी पेढ़ी पर देखा न था।

"रायचन्द जी का देहान्त कब हुआ?" मैंने चित्र देखते हुए पूछा।

इस सरायेफ़ानी में मरे हुए मानुष जास्ती हैं जीवित कमती। खोटे नॉविलनिगार को जब कोई नया वृत्तान्त नहीं सूझता तब वह अपने चरित्र को यमराज का ग्रास बना-बनाकर कादम्बरी आगे बढ़ाता है, ईश्वर भी मेरे वास्ते ऐसा ही खोटा नॉविलनिगार था। ऐसा तर्जुबा होता था जैसे नाटकघर में मैं एकटा कलावन्त बचा हूँ, दीगर सब नट और प्रेक्षक इत्यादि एक-एक करके ग़ायब हो गये थे। बारिस्टर गांधी के रायचन्द वास्ते बहुत ऊँचे ख़याल थे। हिंसाख़ोरी का जीवन से पूर्ण निकाला कैसे हो, इस बारे में वे कई दफ़ा वार्ता करते थे। किसी जीव को मानुष त्रास न दे, इसका ख़्याल करके जीना उनका मुक़ाम था। "चैत में गये," मुनीम ने बताया। सम्भवत: उसी बखत रोकड़ वास्ते, ख़ुदग़रज़ी हेतु चीनी राजशाही के हाकिम को बारदान में भरकर करंजा एसएस पोत से मैंने दरिया में फेंक दिया था। उसके पलटे में गर्दी मचाने वास्ते इकट्ठे मालमत्ते का चौथाई हिस्सा मुझे प्राप्त हुआ था। ऐसे बदकर्म को अंजाम देने वाला आदमी रायचन्द जैसी पहुँची हस्ती के चित्र के आगे

खड़े होने के लायक़ भी न था। बारिस्टर से यदि एक दफ़ा मेरी भेंट होती तो उन्हें ज़रूर अपने बदकर्म का बयान करके जी रूई करता पण फ़िलहाल तो मुझे हृदय में यह तोप बरोबर बोझा ढोना था। बारिस्टर को क्या बताने की हिम्मत कर सकूँगा? वे अगर पोलीस के आगे हथियार डाल दूँ कहते तो क्या मैं पोलीस के आगे शरणागत हो जाता? यज्ञदत्त, कुवा, फुदु, लीलावती का ज़िम्मा कौन लेता?

बम्बई पहुँचने पश्चात् इस बदकर्म की याद मुझे कमती ही आती थी। मर्द मानुष को रोज़ी कमाने वास्ते कई दफ़ा ऊँच-नीच करना पड़ती है अन्यथा बेरहम दुनिया उसका जीना हराम कर दे। ठनठन गोपाल होकर हांगकांग से आता तो मकान किराये से कैसे लेता? कारकुनी मिलने पूर्व रोटी का बन्दोबस्त कैसे करता? यज्ञदत्त को शाला कैसे भेजता? फुदु के दूध का इन्तज़ाम कैसे करता? कुवा का ख़र्चा कैसे उठाता? लक्ष्मी बग़ैर जीना मुमकिन होता तो जहाज़ पर मुनीमी क्यों पकड़ता? पण्डित कुल में जन्मा यदि तो पण्डितपना बचाने वास्ते भी रोकड़ दरकार थी।

बुआ के नाक को आधार बनाकर उनका शरीर घास-फूस से बनाकर अन्तिम संस्कार करने के निर्णय का नागर ब्राह्मण समाज ने बॉयकाट किया। रिवाज़ बरोबर हो, उसके वास्ते पण्डित मिलना भी मुहाल था। लीलावती ने भी मेरे निर्णय का बहिष्कार कर दिया। यज्ञदत्त और मैं बस दो मानुष ही बुआ की हिन्दू मैयत में शामिल हुए। पण्डित मुश्किल से राज़ी हुआ और अन्तिम संस्कार वास्ते रक़म भी तगड़ी माँगी। मैं बुआ को मौत पीछे पुनः पण्डिताइन बनाने को आमादा था। मसान घाट पर नक़ली नासा और भूसे की लाशवाली चिता देखने को लोग अपना मुर्दा छोड़कर दौड़े आये पण मैंने हिम्मत न हारी और नेम धरम का संग न छोड़ा। दसवाँ, राँड होने के नाते तेरहवीं की जगह बारहवाँ सब निपटाया। हालाँकि बुआ के ससुराल वालों को मैंने पत्री भेजी थी पण न जवाब आया न वहाँ से कोई कुटुम्बी। घी की नुक़्ती और बुआ की प्रिय बेसन चक्की उनके आख़िरी जेवनार में बनवायी हालाँकि लोगों के नाम पर उसी पण्डित का परिवार और ग़ुरबा जन थे। गणपति दादा और उनकी नयी भार्या भी आयी, गर्भ से थी पण आयी इसे मैंने अपनी और बुआ की शुभनसीबी मानी। लीलावती हालाँकि हिन्दू रिवाज़ से आख़िरी रीत करने के ख़िलाफ़ थी पण बारहवें के भोज में उसने बहुत साथ निभाया। कुवा को कार्यक्रम से दूर रखना पहिले ज़रूरी समझा पण नागर ब्राह्मण समाज के लोगों द्वारा बॉयकॉट के पश्चात् उसे भी भोज में मैंने शामिल कर लिया। गणपति दादा की भार्या ने लीलावती वास्ते इतनी हिक़ारत दिखाई कि उसकी आँखों खाना परोसते अश्रु गिरने लगे। उसे पुनः पण्डिताइन बनाने का मैंने उसी बखत मनसूबा ठान लिया था। कैसे यह करूँगा इसका नक़्शा भेजे में साफ़ न था पण करूँगा, यह नक्की था। सवा माह पीछे यज्ञदत्त

का जनेऊ करना था, जो किया। इसका बॉयकॉट भी नागर ब्राह्मण समाज ने किया। बुआ और यज्ञदत्त के ख्रिस्तानी संस्कार से मुक्ति हो, इसके वास्ते काफ़ी रोकड़ मैंने फ़ना की पण नफ़ा नहीं बैठा। किसी भी तरह से यज्ञदत्त को ब्राह्मण मानने से समाजवाले राज़ी न थे। इस बीच रायचन्द की भगत मण्डली का मैं भी सभासद बन गया। यज्ञदत्त को भी वहाँ नेम से ले जाता। ईसाई संस्कार से उसे धीमे-धीमे आज़ाद करना था।

कई दफ़ा अपने बदकरम याद करके जब मेरी तबीयत भारी होने लगती, मैं चौपाटी की हवा खाने चला जाता। एक दिवस ऐसे ही अपराह्न आँख लगी और सपना हुआ कि घर पर नर्मदाप्रसाद जी हांगकांग की पोलीस लेकर आये हुए है। पसीना-पसीना होकर उठा और चौपाटी तरफ़ दौड़ा। एक रोज़ संझा पड़े चौपाटी पर अचानक बारिस्टर दिख गये। उन्हें देखते ही जूने दिवस जाग्रत हो गये। ऐसा लगा जैसे घर जाऊँगा तो बा रोटी बेलती मिलेंगी और बुआ कुमुद को डपटते। पिता जी नाटक कम्पनी में टिकट बिक्री से रोकड़ का मिलान कर रहे होंगे और गोबरगौरी मुझसे लड़ाई ठानकर बिस्तरे पर औंधे मुख पड़ी होगी या भाण्डे रगड़ रही होगी। सब कुछ वैसा का वैसा हो गया होगा। जो ढेरों बदकर्म करने से पहिले गोवर्द्धनचन्द्र गंगाशंकर दवे था, वही मैं अब भी हूँ। जुनूबी अफ़्रीका से बारिस्टर वापस बम्बई आ गये हैं, यह देखकर मैं बीती में लौट गया था। उनसे गोष्ठी करने की हिम्मत न हुई। जो मानुष मैं अब था, उससे मिलकर उन्हें त्रास ही होता। एक ऐसा भी बखत था जब मेरा जी गोमूत्रकि माफ़िक बेदोष था। अपनी नारी छोड़ मेरा नाता किसी ग़ैर-नारी के संग न था, मेरे हाथ पर लहू न था और अपनी कमाई का अन्न मैं खाता था। बारिस्टर गांधी को देखकर मुझे लगा कि वह मेरा हाथ गहकर मुझे रायचन्द जी की पेढ़ी पर ले जा रहे हैं। कौवों ने हमारे माथे पर गुल्ला मचाकर रखा है और समन्दर की फरफराती हवा में हमारे केश उड़े जा रहे हैं। बॉम्बे की चालाक बिल्लियाँ इधर से उधर सड़कें फाँद चूल्हे पर चढ़े उबलते दूध में मुख दे रही है। दुनिया हज़ारों इमकान से भरी है। कुछ भी हो सकता है, और आज की भाँति सब कुछ हों नहीं गया है। बारिस्टर को आँख गड़ाकर देखा तो लगा उन्हें कुछ तकलीफ़-हैरानी है। मैं दुर्जन हुआ तो हो सकता है उनके हाथों भी बदकर्म हुए हो पण मैंने यह ख़्याल फ़ौरन झटक दिया। दुर्जन मानुष सदैव सबको दुर्जन ही देखता है। मेरे वास्ते बारिस्टर साधु आदमी थे और रहेंगे। ऐसा सोचकर मैं उनसे जितनी दूर तलक आ सकता था, भाग आया ताकि उनकी तस्वीर मेरे जी में बेदोष रहे।